ARTHUR SCHNITZLER

GESAMMELTE WERKE IN EINZELAUSGABEN

DAS ERZÄHLERISCHE WERK
Band 1–7

DAS DRAMATISCHE WERK
Band 1–8

FISCHER TASCHENBUCH VERLAG

ARTHUR SCHNITZLER

DIE FRAU DES WEISEN
UND ANDERE ERZÄHLUNGEN

Das erzählerische Werk
Band 1

FISCHER TASCHENBUCH VERLAG

37.–39. Tausend: Mai 1989

Ungekürzte Ausgabe
Veröffentlicht im Fischer Taschenbuch Verlag GmbH,
Frankfurt am Main, August 1977

Lizenzausgabe mit freundlicher Genehmigung
des S. Fischer Verlages GmbH, Frankfurt am Main
© S. Fischer Verlag GmbH, Frankfurt am Main 1961
Umschlagentwurf: Jan Buchholz/Reni Hinsch
Foto: Süddeutscher Verlag
Druck und Bindung: Clausen & Bosse, Leck
Printed in Germany
ISBN 3-596-21960-4

INHALT

Welch eine Melodie 7
Er wartet auf den vazierenden Gott 11
Amerika 15
Erbschaft 18
Mein Freund Ypsilon 23
Der Fürst ist im Haus 35
Der Andere 40
Reichtum 47
Der Sohn 79
Die drei Elixiere 87
Die Braut 92
Sterben 98
Die kleine Komödie 176
Komödiantinnen 208
Blumen 220
Der Witwer 229
Ein Abschied 239
Der Empfindsame 255
Die Frau des Weisen 262

Nachwort und bibliographisches Verzeichnis 279

WELCH EINE MELODIE

Es hört sich an wie ein Märchen ... Ein Knabe saß beim Fenster eines Landhauses und blickte nur ab und zu in den Wald hinunter, der gleich an die Villa grenzte und so still dalag, als regte sich kein Zweig in seinem ganzen Bereiche. Es war ein schläfriger Sommernachmittag, und die tiefblaue Luft lag schwer und heiß über der Erde. – Der Knabe hatte vor sich auf dem Fensterbrett ein Notenblatt liegen, auf welches er musikalische Zeichen, wie sie ihm eben einfielen, planlos eintrug. Ganz mechanisch, während er an alles mögliche dachte, zeichnete er vielerlei Notenköpfe auf das Papier und versah sie in einer Art von kindischem Eifer mit Taktzeichen, Kreuzen, bis eine ganze Zeile ausgefüllt war, worauf er seine Spielerei mit befriedigtem Lächeln überblickte. Er hatte keine Ahnung, was nun eigentlich auf dem Blatte stand. Die Schwüle, welche zum offenen Fenster hereingezogen kam, machte ihn müde, er legte den Bleistift aus der Hand und schaute nur so vor sich hin, mit offenen Augen träumend. Es kam ein leiser, ganz leiser Wind ... der wehte das Notenblatt hinaus, und ohne Bedauern sah ihm der Knabe nach ... wie es sich zuerst in den Ästen verfing und dann langsam auf den schmalen Waldweg herunterglitt, an dessen Saume es liegen blieb. Der Junge kümmerte sich nicht weiter darum und ging nach kurzer Zeit auf sein Zimmer, setzte sich an Klavier und übte Skalen. –

Ein junger Mensch, dessen Äußeres auch einem flüchtigen Beobachter den angehenden Künstler oder mindestens den Kunstenthusiasten zu erkennen gab, schritt bald darauf, irgendein Lied vor sich hinträllernd, über jenen Waldweg der Hauptstraße zu, als sein Auge auf dem Blatt Papier haften blieb, welches der Wind hergeweht hatte und das nun seine beschriebene Seite dem Jüngling zukehrte. Dieser hob es behend vom Boden auf und betrachtete es neugierig. »Ei, sieh doch!« scherzte er vor sich hin – »also nicht einmal in diesem stadtfernen Wäldchen bin ich der einzige Komponist! – Nun, rechte Kratzefüße das, die mein unbekannter Kollege im Schatten dieser Bäume hergemalt!« Er versuchte nun sich zurechtzufinden und summte allmählich, stückweise sozusagen, die Melodie vor sich hin, die er langsam aus dem Exerzitienblättchen enträtselte. »Nicht übel, wahrhaftig! – Ja, zweifellos – in diesen Noten da steckt etwas! Wer so etwas wegwerfen kann, der muß wohl den Kopf noch voll von ganz andern Ideen haben – bei Gott, ich ließe so etwas nicht im Walde liegen, wenn es mir überhaupt einfiele.« – Dabei begann er nochmals, nun im Zusammenhang, die Melodie, welche der Knabe so ahnungslos auf das Blatt gezeichnet, vor sich hinzusingen – schüttelte den Kopf und sagte: »Innig, sehr innig, etwas für die Weiber, etwas für Ännchen!« –

Und er eilte zu seinem Mädchen, eilte zu Ännchen. Das war nun ein ganz reizendes, süßes Kind und ihrer Mutter, einer armen Witwe, einzige Freude und Seligkeit. Die helle Unschuld sprach aus den Zügen ihres Antlitzes, und der junge Künstler liebte sie mit einem Feuer, mit einer Leidenschaftlichkeit, deren eigentliches tieferes Wesen dem keuschen Sinn des jungen Mädchens noch gar nicht aufgegangen war. Nun trat er zu ihr ins Zimmer. Sie war allein, die Mutter bei einer Verwandten. Der Geliebte setzte sich nach einer flüchtigen, beinahe hastigen Begrüßung zum Flügel und hob an auf den Tasten zu phantasieren. Sie setzte sich zu ihm, blickte ihm still mit holder, ruhiger Freundlichkeit ins Auge und lauschte seinem Spiel. Nach einigen Tönen und Akkorden aber änderte sich der Ausdruck ihres Gesichtes. Sie hörte gespannter und aufmerksamer zu. Auf ihren blassen Wangen stieg eine leise Röte auf – ihr Auge, eben noch klar und ernst, erschien in einem sonderbaren feuchten Glanz. – Eine heftige Bewegung gab sich in ihren Mienen kund. Sie sah aus, als wäre sie mächtig ergriffen, als hätte sie etwas unendlich tief berührt. »Welch eine Melodie!« flüsterte sie. Der junge Künstler improvisierte weiter, immer über jenes Thema, welches ein lächerlicher Zufall ihm im Walde zugetragen. Seine Finger zauberten eine prächtige Fülle von Variationen aus den Tasten hervor, und aus allen tönte jene *eine* wundersame Melodie, die immer herzlicher, immer schöner erklang, je öfter sie gebracht wurde! – Welch eine Melodie! Nur ein Genius hat solche Gedanken! Ein Genius nur kann durch ein kurzes einfaches Motiv so außerordentlich wirken, daß der Zuhörer wie weltentrückt in der höchsten, unvergleichlichsten Entzückung schwelgt ...

Welch eine Melodie! Und als sie jetzt, zum letzten Male angeschlagen, allmählich verhallte, als der junge Künstler geendet –

wie zitterte sie nach, als schlürfe die Luft den Wohllaut ein und wollte sich daran berauschen. –

Und das Mädchen, hingerissen, wie in einen himmlischen Traum verloren, saß unbeweglich da. Nur wenige Sekunden freilich, dann heftete sie die großen, schimmernden Augen auf ihn, und ihr Blick hing an ihm mit dem Ausdruck einer leidenschaftlichen, rückhaltlosen Bewunderung. Er wollte eben die Lippen zur Rede auftun – als sie ihm schon zu Füßen gesunken war, des Erstaunten Hände an ihren Mund führte und mit heißen Küssen bedeckte. Er beugte sich sprachlos zu ihr herab, und nun umschlang sie ihn seufzend und lachend, mit einer Wildheit, wie er sie nie von ihr gesehen, nie erwartet. Sie lag in seinen Armen, und ihr Atem umflutete den Geliebten mit betäubender Süßigkeit...

Welch eine Melodie! – Sie war das Präludium unendlicher Seligkeit für ihn und für sie...

Oh, nicht etwa, daß er sie geheiratet hätte – so trivial schließt ein großer Künstler seine interessantesten Abenteuer nicht ab! Aber er blieb ihr lange Zeit treu – ein paar Monate, und während dieser Zeit schrieb er ein Klavierstück und wurde berühmt.

Wahrhaftig, das klingt wie ein Märchen!

Es war ein unglaubliches Motiv darin, wie die Enthusiasten sagten. »Die Ausführung ist talentvoll, die Idee aber ist die eines Genies«, sagte ein Kritiker. Die musikalische Welt war voll von diesem Stück und die Frauen besonders. Das hat kein Liebender komponiert – die Liebe selbst hat das geschaffen. Ja, es war auch ein Thema – für die Weiber besonders! – Armes Ännchen, du hast's an dir erfahren!

Selten war man auf etwas so gespannt wie auf das nächste größere Werk des Komponisten. Es ließ lange auf sich warten, während er, der als der glückliche Erfinder jener schönen musikalischen Idee angesehen wurde, in allen Gesellschaften gefeiert, in manchen Kreisen in den Himmel erhoben wurde und in den Armen der schönsten und elegantesten Damen der Stadt sein Ännchen bald vergaß... Denn die Frauen sind Künstlern gegenüber außerordentlich nobel, sie lieben es, sich für die gebotenen Genüsse zu revanchieren.

Sein Klavierstück wurde populär – man arrangierte es für Streichorchester, und das Motiv machte die Runde durch alle Musiksäle der Welt... Aber wann wird er wieder etwas schreiben? Man wartete, wartete vergebens – und begann enttäuscht zu sein. – Man kannte bald nur mehr jenes herrliche Motiv, und es war daran, daß der Name des Komponisten langsam ins Vergessen kam.

Da, nach einem Jahre vielleicht, lief die Nachricht in der Stadt herum, der kürzlich erst so sehr Gefeierte habe sich eine Kugel ins Herz gejagt. Und es war so – der junge Künstler war tot! Warum hatte er sich erschossen? Unter allen, mit denen er gelebt, konnte es freilich keiner wissen. Ob etwas Großes mit ihm dahingegangen war – wer durfte es entscheiden? ...

Wahrscheinlich ist nur, daß in einer dunklen Stunde das Bewußtsein in ihm erwacht war, er verdanke seine plötzliche Berühmtheit weniger seiner eigenen Kraft – als dem Wirken eines sonderbaren Zufalls, dem glücklichen Gedanken irgendeines Träumers, der jenes Notenblatt im Walde verlor; und was ihn getötet, war vielleicht Reue, gekränkte Eitelkeit, vielleicht selbst Neid auf den, welcher jenes Thema geschaffen. Gleichviel, er schied aus der Welt, seines Bleibens war nicht mehr unter denen, die ihn verehrten.

Und der, welcher jene Melodie in der Tat, wenn auch unbewußt, geschaffen? Hört es sich nicht an wie ein Märchen? Wie eine Historie, lächerlich, trübselig und erstaunlich zugleich!

Jener Knabe versuchte das berühmte Klavierstück zu spielen – er brachte es nicht zuwege und ließ es sich von seinem Lehrer vortragen. Den Kopf auf die Hand gestützt, saß er da und lauschte andächtig den wunderbaren Klängen – ... und es war ihm wie jedem, der sich in die Schönheit des Themas versenkte. Eine neue, ungekannte Welt stieg von ihm auf, es überkam ihn wie eine Ahnung von einer fernen, phantastischen Herrlichkeit, die man wohl tief empfinden, aber kaum zu fassen vermag ...

Es war die Musik der Sphären, die ihn umquoll. »Welch eine Melodie!« –

ER WARTET

AUF DEN VAZIERENDEN GOTT

Nämlich mein Freund Albin wartet auf ihn. Er ist ein Poet, Albin, und zwar ist er das Genie des Fragments; er hat noch nie etwas bis zu Ende geschrieben. Die Ideen strömen ihm zu, das erzählt er mir oft, und ich war dabei, wie er in seiner Kaffeehausecke saß, auf die Marmorplatte des Tisches starrte und plötzlich aufsprang – weil die Ideen ihn nicht in Ruhe ließen. Ich faßte es sofort auf: er flüchtete vor den hunderterlei Gestalten, die da im Qualm des Kaffeehausdunstes um ihn tanzten, und ich, der ihm gegenübersaß, schaute ihm bewundernd nach. Ich wußte schon, daß er morgen mit der Mitteilung vor mich hintreten würde: Gestern nacht um ein Uhr hab' ich eine Novelle zu schreiben angefangen ... Oder gar ein Drama! Oder er würde auch sagen: Höre einmal ... dann pflegte er Reflexionen vorzulesen, abgerissene Sätze oder nur einzelne Worte mit irgendeinem überraschenden Epitheton.

Seine Reflexionen enden gewöhnlich mit einem Gedankenstrich, so ein Gedankenstrich, der zu einem spricht: Bitte sehr, setzen Sie jetzt diesen Gedanken fort, wenn Sie können! Ich weiß, daß ich einmal über einen solchen Gedankenstrich sehr pikiert war, weil ich nicht fortsetzen konnte, und zwar insbesondere, weil ich das Aphorisma nicht verstand. Albin aber würdigt mich seiner Freundschaft nach wie vor; denn ich bin nichtsdestoweniger der einzige, welcher ihn versteht. Man wird jetzt begreifen, warum ich manchmal stolz erscheine.

Ganz seltsam wird mir, wenn er mir gestattet, seine Papiere zu durchblättern. Abgerissene Szenen, Brouillons zu Komödien, erste Kapitel die schwere Menge, Skizzen, Pläne flattern in losen Blättern vor mir auf, und es überkommt mich wie ein ehrfürchtiger Schauer. Ich weiß, warum Albin eigentlich nichts arbeitet: es fällt ihm zuviel ein.

Neulich erst brachte er seine Papiere mit ins Kaffeehaus. Er las mir an diesem Tage nichts vor als kurze Sätze, Worte oder, wie es in der Überschrift geschmackvoll hieß: »Plötzliches.« Im Anfang mußte ich ihn manchmal unterbrechen und fragen: Was bedeutet das? Da empfing ich meist eine Antwort in folgender Art: Das wird im Zusammenhange klar, oder: ich weiß es selber nicht mehr, oder: das gehört in irgend etwas hinein, was mir noch nicht eingefallen ist, oder: wie? das begreifst du nicht? ... Und dann las er unbeirrt weiter. Zum Beispiel: Er spielte eine Tangente am Kreise ... Wer? fragte ich. Er warf mir einen vernichtenden Blick zu und las weiter: Was ist Treue? Zufall, Mangel an Gelegenheit zur Untreue – eine Art Krankheit. (Pause.) Toter Orkan. (Pause.) Als ich sie das erstemal sah, gähnte sie just. (Pause.) Er ging daher wie ein vazierender Gott.

Wer? rief ich dazwischen.

Das weiß ich ja noch nicht, erwiderte er beinah erregt; ich warte auf den vazierenden Gott.

Ah! Du wartest auf ihn ... Was ist das eigentlich, ein vazierender Gott?

Das läßt sich nicht erklären, das muß man empfinden ...

Ich empfinde es bereits, versetzte ich – jedenfalls etwas voreilig. Ein Gott, hm – ein Gott, der vaziert ... der, auf den der Vergleich paßt, muß entschieden ein gewaltiger Kerl sein!

Stelle dir vor, sagte Albin ...

Ich stelle mir bereits vor, erwiderte ich. Er geht daher ... im vollen Bewußtsein seiner Göttlichkeit, aber er hat keine Verwendung für diese Göttlichkeit ... Jupiter ohne Anstellung ...

Du bist nah daran, eine Ahnung zu haben, meinte Freund Albin.

Selbst dieses bescheidene Lob regte mich mächtig an. Also wer? fragte ich mich selber eifrig. Ein entthronter Fürst zum Beispiel – ich kann mir das sehr gut denken –, er hat den Purpurmantel über den Arm geworfen, wie gewöhnliche Menschen den Überzieher; die Krone hat er schief aufgesetzt und strabanzt durch die Welt ...

Der Blick Albins schien mich fragen zu wollen, ob ich scherzte. Und mir war es so heiliger Ernst! Immerhin hielt ich inne.

Hier – – hier, rief plötzlich Albin, indem er zum Fenster des Kaffeehauses hinausdeutete.

Ich sah ein junges Mädchen stolz mit einer Musikmappe vorüberwandeln und betrachtete sie aufmerksam, bis sie dem Auge entschwunden war. Mit einem gewissen kühnen Lächeln, welches ich nur furchtsam zu erwidern mich getraute, blickte Albin mich an. Dann machte er eine fragende Gebärde, die im Laufe einiger Sekunden sich so entschieden, beinahe drohend gestaltete, daß ich unbedingt etwas auf diese Gebärde antworten mußte. Ich rief daher: Ah! Ja – sie ist's! –

Die vazierende Göttin, sagte er mit sonorer Stimme, und ich hatte das Gefühl der Beschämung und Erlösung zugleich.

Ja, ja, bestätigte ich, die Göttin ohne Engagement ...

Da geht sie hin, sagte Albin, den Stempel des Genius auf der Stirn, aber wer weiß es außer den Sehenden? Das Erkennen ist eine schwere Kunst, und die Welt ist blind!

Blind, blind! – rief ich erschüttert aus.

Vazierender Gott – phantasierte er fort –, mancher vaziert freilich so lange in tiefen Sphären umher, bis die letzte Spur seines herrlichen Wesens verlorengeht ...

Ja, sagte ich, und die wallenden Gewänder schleppen im Kote nach.

Weißt du, wandte er sich jetzt lebhaft an mich, daß auch der Gott der Bibel einmal nichts zu tun hatte?

Diese Bemerkung setzte mich in Erstaunen.

Er aber fuhr fort: Jetzt freilich hat er genug zu tun; aber was tat er denn, bevor er die Welt erschuf; vor den gewissen sechs Tagen, an deren letztem er den Vater unseres unglückseligen Geschlechts erschuf?

Bei diesen Worten nahm er Notizbuch und Bleistift, um dieses Aperçu rasch aufzunotieren. Es wird der Nachwelt erhalten bleiben.

Ich schaute durch das große Spiegelfenster auf die Straße, und meine Phantasie suchte in jedem harmlosen Bummler den vazierenden Gott zu entdecken. Die Leute sahen aber so gewöhnlich aus ... Vazierend erschien mir wohl der eine oder andere; aber nach dem Stempel der Göttlichkeit spähte ich vergebens.

Mit einem Male nahm Albin das Wort: Die Genies, denen die letzte Inspiration fehlt, sind es! Verstehe mich wohl! Die letzte Inspiration; denn wie diese käme, so könnten sie das Wunderbare, Vollendete schaffen, das sie zum Himmel emporträgt – als Götter, die ihre Heimat gefunden. Aber die Genies, an denen die Natur sozusagen die letzte Feile vergessen, die sie als Torso mitten auf den Markt der großen Geister warf und die nun mit dem Funken aus einer anderen Welt im Busen unter den Menschen umherwandeln – sie sind es! Das sind die vazierenden Götter!

Ich nickte beifällig mit dem Kopfe. Der Vergleich paßt im allgemeinen, sagte ich. Aber, setzte ich zögernd hinzu, sind es doch nicht eher diejenigen, welche eigentlich alles vollbringen könnten und denen nicht die letzte Inspiration fehlt, sondern, welche diese Inspiration vorübergehen lassen und mit allen ihren großartigen Plänen gemütlich weiterbummeln, ohne was Rechtes anzufangen, und sich genügen lassen im Bewußtsein ihrer himmlischen Würde? Sie mischen sich unter die Sterblichen und lassen sozusagen die Unsterblichkeit verfallen, auf die sie eine Anweisung in der Tasche tragen.

Albin hatte mir aufmerksam zugehört und lächelte. Ja, ja, sagte er ganz still vor sich hin; recht, recht ... wir sind es!

Wir ... Wir sind es?

Ein Blick von ihm belehrte mich, daß ich nicht im geringsten gemeint sei. Wir? ... Er! –

Ich schaute Freund Albin an, und er mochte etwas wie Ehrfurcht in meinen Augen lesen.

Er stand auf, durchmaß mit großen Schritten den Saal des Kaffeehauses, nahm Hut und Rock vom Nagel. Ich verstand ihn.

Mit diesem Gefühl mischte er sich jetzt unter die Gewöhnlichen, unter die Tausende. Wortlos reichte er mir die Hand und ging dahin – wie ein vazierender Gott.

AMERIKA

Das Schiff landet; ich setze meinen Fuß auf den neuen Weltteil...

Der graue Herbstmorgen überschattet Meer und Land; noch schwankt alles unter mir; noch immer fühle ich den unruhigen Gang der Wogen... Aus dem Nebel erhebt sich die Stadt... Neben mir, mit offenen Augen, lebendig, hastet die Menge. Nicht das Fremde empfinden sie; nur das Neue. Ich höre, wie der oder jener vor sich hinflüstert: Amerika – als wenn er sich's nur recht einprägen wollte, daß er jetzt wirklich hier sei, so weit!...

Ich stehe allein am Ufer. Nicht an das neue Amerika denk' ich, von dem ich das Glück zu fordern habe, das mir die Heimat schuldig geblieben – ich denke an ein anderes.

Ich sehe jenes kleine Zimmer, so deutlich sehe ich es, als hätt' ich es gestern verlassen, nicht vor so vielen Jahren. Auf dem Tisch die Lampe mit dem grünen Schirm, der gestickte Lehnsessel in der Ecke. Kupferstiche hängen an der Wand; die Bilder verschwimmen im Schatten. Anna ist bei mir. Sie liegt mir zu Füßen, den Lockenkopf an mein Knie gelehnt; ich muß mich niederbeugen, um in ihre Augen zu sehen.

Wir haben aufgehört zu plaudern; der Abend schreitet weiter, und stille ist's im Gemach. Draußen beginnt es zu regnen, wir hören die Tropfen an die Fensterscheiben schlagen, langsam, schwer. Sie lächelt, und ich beuge mich zu ihrem Munde. Ich küsse ihre Lippen, ihre Stirn, ihre Augen, die sie geschlossen hat. Meine Finger spielen mit den feinen goldenen Haaren, die sich hinter ihrem Ohre kräuseln. Ich schiebe sie zurück und küsse sie auf diese süße, weiße Hautstelle hinter dem Ohre. Sie schaut wieder auf und lacht. »Was Neues«, flüstert sie, wie erstaunt. Ich halte meine Lippen fest hinter das Ohr gepreßt. Dann sage ich lächelnd: »Ja, was Neues haben wir entdeckt!« Sie lacht auf, und wie ein Kind fröhlich ruft sie aus: »Amerika!«

Wie drollig war das damals! So toll und dumm! Ich sehe ihr Gesicht vor mir, wie es zu mir aufschaute mit den Schelmenaugen, und wie von ihren roten Lippen der Ruf erschallte: »Amerika!«

Wie haben wir damals gelacht, und wie hat mich der Duft berauscht, der aus ihren Locken heraus über unser Amerika strömte...

Und bei dieser großartigen Benennung blieb es auch. Zuerst riefen wir es immer aus, wenn von den unzähligen Küssen einer sich hinters Ohr verirrte; dann flüsterten wir es – dann dachten wir es uns nur mehr; aber immer kam es zum Bewußtsein.

Eine Fülle von Erinnerungen steigt in mir auf. Wie wir einmal auf einer Anschlagsäule ein großes Schiff abgebildet sahen und, nähertretend, lasen: »Ab Liverpool – An New York – Ab Bremen – An New York«... Wir lachten auf, mitten auf der Straße, und sie behauptete ganz laut, während Leute herumstanden: »Du, wir reisen heute noch nach Amerika!« Die Leute schauten sie ganz verwundert an; besonders ein junger Mann mit einem blonden Schnurrbart, der noch dazu lächelte. Mich ärgerte das sehr, und ich dachte: Ja, der möchte wohl mitreisen...

Dann saßen wir einmal im Theater, ich weiß nicht mehr, bei welchem Stück, da sprach irgendeiner auf der Bühne von Kolumbus. Es war ein Stück in Jamben, und ich entsinne mich des Verses: »– und da Kolumbus auf die Brücke trat...« Anna stieß mit ihrem Arm leicht an den meinen; ich sah sie an und verstand ihren geringschätzigen Blick. Der arme Kolumbus... als wenn der das wahre Amerika entdeckt hätte! Als wir nach dem Theater in einem Weinhause saßen, da sprachen wir viel von dem guten Manne, der sich so viel eingebildet hatte auf sein armseliges Amerika. Eigentlich bedauerten wir ihn. Ich konnte mir ihn lange Zeit hindurch nicht anders vorstellen, als mit trauervollem Blicke an der Küste seines neuen Weltteiles stehend, sonderbarerweise mit einem Zylinder und einem ganz modernen Überzieher, und enttäuscht den Kopf schüttelnd. Einmal zeichneten wir ihn gemeinschaftlich auf der Marmorplatte eines Kaffeehaustisches und fanden immer neue Details. Sie bestand darauf, daß er eine Zigarre rauchen müsse; außerdem trug der große Entdecker auf unserem Gemälde einen Regenschirm, und sein Zylinder war eingedrückt – natürlich – wegen der Meuterer. So wurde Kolumbus für uns die humoristischste Figur der ganzen Weltgeschichte. Wie toll! Wie dumm!...

Und nun stehe ich mitten in der großen, kalten Stadt. Ich bin in dem falschen Amerika und träume von meinem süßen, duftenden Amerika da drüben... Und wie lange das schon her ist! Viele, viele Jahre. Ein Schmerz, ein Wahnsinn kommt über mich, daß so etwas unwiederbringlich verloren ist. Daß ich nicht einmal weiß, wo eine Kunde von mir, wo ein Brief sie treffen könnte – daß ich nichts, gar nichts mehr von ihr weiß ...

Weiter hinein in die Stadt führt mich mein Weg, und mein Gepäckträger folgt mir. Ich bleibe einen Augenblick stehen, schließe die Augen, und durch ein seltsames trügerisches Spiel der Sinne umfängt mich derselbe Duft, wie er an jenem Abend von Annas Locken über mich wehte, da wir Amerika entdeckten ...

ERBSCHAFT

Es war einer jener inbrünstigen Augenblicke, in denen ihn die Empfindung seines Glückes mit unwiderstehlicher Süßigkeit überkam. Er saß vor dem Café Impérial, an einem der kleinen Tische, die man aus den dunstigen Zimmern auf die offene Straße hinausgebracht hatte, wo die Strahlen der Sommernachmittagssonne sengend lagen. Er rauchte andächtig seine Havanna und dachte an Annette.

An Annette! An ihre großen, braunen Augen und an ihr schwarzes Haar, das sie im Sommer in Flechten trug. Er dachte an das Landhaus, das sie bewohnte, ganz nahe von Wien und doch einfach abgeschlossen, eine Villa, an deren Türe er ein- oder zwei-, auch dreimal in der Woche abends anklopfen konnte, um mit tausend Küssen von wilden, süßen Lippen empfangen zu werden. Und dann dachte er an den Gatten, der tagelang unsichtbar war und Sonntags, wenn man doch einmal draußen mit ihm zusammentraf, sich nach Tisch auf den Diwan legte, mit halbgeschlossenen Augen Zigaretten drehte und rauchte.

Emil liebte ihn beinahe, diesen ernsten, gereiften Mann mit dem grauen Kopf- und Barthaar, und ein Gefühl von Hochachtung und Mitleid beschlich ihn, wenn er die hohe Stirne dieses ahnungslosen Betrogenen sah. Und nun dachte er jenes letzten Zusammenseins. Annette und er saßen neben dem kleinen Tischchen, auf dem der schwarze Kaffee stand, und ihre Augen glühten in die seinen, während sie aus der Schale schlürfte. Da fiel dem Gemahl die Zigarette aus der Hand. Er schlief. Annette lächelte und stand auf. Auf den Zehenspitzen eilte sie zur Tür, die in den Garten führte, und winkte Emil. Er folgte ihr langsam, während sie voranlief. Er fand sie zwischen zwei großen Bäumen auf der Hängematte liegen, mit schwellenden Lippen, feuchten Augen, mit verlangendem Atem! Sie küßte ihn und biß ihn in die Wange. Er mußte fast schreien. Doch erinnerte er sich an den Schläfer im Zimmer. Sie schien seine Gedanken zu erraten. »Der wacht nicht auf«, sagte sie, lachte und nahm Emils Kopf in die Hände und hauchte ihren warmen Atem über sein Haar.

... Doch wie, das alles geschah ja vor eben drei Tagen, wie kommt es denn, daß ich seitdem nicht draußen war, dachte Emil. Warum hat sie mir nicht geschrieben? Vielleicht finde ich einen Brief, wenn ich nach Hause komme. Einen jener Briefe, auf dem nur zwei Worte stehen: »Heute abend.« Und dann werde ich mich in das Kupee setzen und hinausfahren. Sie wird mir entgegenkommen, und wir werden den Waldweg einschlagen. Sie wird mir vielleicht, wie neulich, den letzten Brief zeigen, den ich ihr geschrieben, den sie am Busen verwahrt, den sie zerknittert, geküßt, ans Herz gepreßt hat ...

So dachte Emil und sah zugleich, ohne sich dessen recht bewußt zu werden, einen hochgewachsenen Mann in dunkler Kleidung von der anderen Seite der Straße auf das Kaffeehaus zukommen. Geradewegs zu dem Tische, an welchem Emil saß, nahm er den Schritt. Es war Annettens Mann! Schon zwei- oder dreimal des Sommers war er nachmittags ins »Café Impérial« gekommen, hatte eine Zeitung gelesen und war wieder gegangen. Jetzt setzte er sich nach einem höflichen und eiskalten Gruß an Emils Tisch, indem er sagte: »Ich dachte Sie hier zu finden.«

Emil fühlte eine leichte Beklommenheit, die er hinwegzuscherzen suchte. Er betrachtete lächelnd den schwarzen Anzug des Mannes und bemerkte: »So düster an einem schönen Sommertag?«

Der Herr achtete nicht auf die Worte und sagte nur kurz: »Ich habe Ihre Briefe gelesen.«

In Emil stieg eine schauerliche Ahnung auf, er lächelte aber wieder und entgegnete: »Ich habe Ihnen doch nie geschrieben.«

Im selben Augenblick kam ihm diese Antwort albern und elend vor. Der andere aber, ruhig wie bisher, fuhr fort: »Ihre Briefe an meine Frau.«

Emil zuckte zusammen. Er wollte etwas reden und nahm die Miene eines Beleidigten an. Zugleich traf ihn aber der Blick des andern, fürchterlich ernst, bannend: Emil brachte nur ein Wort mit gepreßter Stimme hervor: »Wieso ...«

»Wieso ich sie gelesen habe?« setzte sein Nachbar fort. »Nun, sehr einfach. Ich habe sie geerbt.«

Emil starrte ihn an.

Ganz ruhig aber sprach jener weiter: »Annette ist gestern gestorben. Der Arzt sagt, ein Herzschlag, was für uns beide, glaube ich, gleichgültig ist. Als sie zusammensank, löste man ihre Kleider, ihr Mieder, man fand Briefe. Sie begreifen, daß ich einiges

Interesse daran fand, meine Erbschaft sogleich anzutreten. Nach zwei Minuten wußte ich, daß Sie Annettens Geliebter waren.«

Vor Emil versank alles. Der schöne Sommertag, die sonnige Straße – er sah irgendeinen weißen Glanz, der ihm in den Augen wehe tat –, und der Mann im schwarzen Traueranzug saß regungslos mitten in diesem Glanze. Emil sah auch den Flor am Hute des Mannes; und zu seinem eigenen Erstaunen schoß ihm der peinliche Gedanke durch den Kopf, daß er auch sich einen solchen Flor um den Hut schlingen müßte. Sprechen aber konnte er keine Silbe.

Der andere fuhr fort: »Ich danke Ihnen, mein Herr, daß Sie es überflüssig finden, mir etwas zu erwidern. Sie ersparen uns eine längere Unterhaltung. Ich brauche Ihnen auch weiter nicht die letzten Gründe meines Kommens auseinanderzusetzen.« Er hielt ein und nahm den Hut ab, worauf er sich mit der Hand über Stirn und Augen fuhr.

»Ich stehe Ihnen jederzeit zur Verfügung«, brachte Emil tonlos, doch verständlich genug hervor.

»Ich erwartete nichts anderes«, entgegnete der Witwer. »Nur muß ich, so peinlich das auch sein mag, auf einige Eile in der Austragung dieser Angelegenheit dringen. Morgen mittag findet das Leichenbegängnis Annettens statt.«

»Also übermorgen früh«, meinte Emil, wobei sein Gesicht einen außerordentlich verbindlichen Ausdruck annahm, da einige Herren von den Nebentischen zu den zweien herüberschauten.

»Das wäre zu spät«, erwiderte ihm der Mann. »Ich muß Ihnen bemerken, daß es mein ethisches Gefühl beleidigen würde, wenn zur Zeit, da man meine ... die Tote in die Erde senkt, noch ihre beiden Männer die Möglichkeit hätten, an ihrem Grabe zu weinen ... wenn überhaupt noch beide unter den Lebenden weilten. Sie sehen das ein?«

»Vollkommen«, erwiderte Emil, dem es unterdessen gelungen war, seine Haltung wiederzufinden. »Morgen früh also, wenn es Ihnen beliebt.« Er wollte aufstehen und sagte: »Wir können das übrige von diesem Augenblicke an den anderen Herren überlassen. Und was den Arzt anbelangt, so werde ich selbst ...«

»Wir werden keinen nötig haben«, erwiderte ihm der Witwer, indem er sich erhob.

Jetzt erst gewahrte Emil große Schweißtropfen, die jenem von der Stirne ins Barthaar rannen. Während er den Hut wieder aufsetzte, bemerkte er noch: »Meine Wohnung ist Ihnen bekannt. Verständigen Sie gefälligst Ihre Herren Sekundanten, daß die meinen um acht Uhr abends in meiner Wohnung ihres Besuches gewärtig sein werden.«

Auch Emil stand auf. Der andere grüßte und ging gemessenen Schrittes auf die andere Seite der Straße. Emil, der mit einer leichten Verbeugung dankte, setzte sich wieder und griff mechanisch nach der Tasse schwarzen Kaffees, der noch unberührt vor ihm stand. Er trank und wunderte sich, daß er noch ganz warm war. Dann wollte er seine Zigarre frisch anzünden, sie brannte noch. Er fühlte, wie sein Herz klopfte, wie seine Beine zu zittern begannen und er schämte sich. Nun wollte er fort, seine Sekundanten suchen. Leutnant Fechner von den Achter-Husaren und Doktor Willner hatte er dazu ausersehen. Es fiel ihm ein, daß er dem Kellner noch nicht gezahlt habe. Morgen, dachte er einen Moment lang. Da fuhr es ihm plötzlich durch den Kopf, daß es vielleicht kein Morgen früh für ihn gäbe. Es war ihm, als könnte er sich von seinem Sessel nicht erheben. Er sah ihn sich gegenüberstehen mit der Pistole in der Hand. Wer wird den ersten Schuß haben? Unwillkürlich schwebte ihm ein Bild aus einem Witzblatte vor, wo zwei Duellanten abgebildet waren, die beide mit Pistolen, beide zugleich getroffen, der Länge nach auf den Boden hinfallen. Er versuchte sich auf den Witz zu besinnen, der unter dem Bilde stand. Doch es gelang ihm nicht. Jene zwei Leute erhoben sich am Nebentische und gingen in den Kaffeehaussaal, während einer sagte: »Also eine Partie Karambole. Ich gebe dir zehn vor.«

Kann man heute Billard spielen, dachte Emil. Es kam ihm sonderbar vor. Jetzt erschien der Kellner, offenbar hatte Emil ihn gerufen, ohne etwas davon zu wissen. Er zahlte seinen Kaffee und stand auf. »Wenn Doktor Willner kommt, möge er auf mich warten, auch Leutnant Fechner.« Dann warf er seine Zigarre weg, die ihm nicht mehr schmeckte, und ging auf die Straße. Die Steine waren hart, die Füße schmerzten ihn. In einem Fiaker fuhr eine Schauspielerin an ihm vorüber, er mußte einen Moment stehen bleiben und sah dem hübschen Weibe voll und starr ins Gesicht. Er hätte aufschreien mögen. Jetzt erst dachte er an Annette ...

Am nächsten Tage stand nur einer von Annettens Männern an ihrem Grabe. Der rechtmäßige! Der andre lag mit durchschossener Brust auf der Bahre. Auf der Stelle war er tot hingesunken, in das hohe, weiche Gras, und der Leutnant von den Achter-Husaren hatte ihm die Augen zugedrückt.

»Mein Lebtag werde ich daran denken«, erzählte der am Abend seinen Kameraden im Kaffeehaus, »wie ich mit dem Toten in einem Fiaker mit herabgezogenen Rouleaux nach Wien zurückfahren mußte, weil kein anderes Fahrzeug zu finden war. Es war schauerlich. Das Blut auf seinem Hemde trocknete ein, und ich mußte den Kopf immer halten, damit er nicht vornüber sänke.«

Alle schwiegen und waren ernst. Es kam ihnen vor, als ob die Gasflammen trüber brannten und der Kognak kein Feuertrunk wäre wie sonst. Auch das Pferdebahngeklingel auf der Straße klang müde und traurig.

MEIN FREUND YPSILON

AUS DEN PAPIEREN EINES ARZTES

Wenn auf irgendein Menschenschicksal das Wort »Tragikomödie« passen mag, so ist es sicherlich das Schicksal meines nun verstorbenen Freundes Ypsilon, auf dessen Grab ich gestern wieder einen Kranz gelegt habe, einen Kranz aus Immortellen, in den ich auch etwelchen Lorbeer einflechten ließ. Denn meiner Ansicht nach hat kaum jemals ein Dichter ihn so sehr verdient als mein Freund Ypsilon – nicht wegen seines Genies, das kaum gegen alle Anfechtungen der Kritik sich hätte gefeit erweisen können, sondern wegen der großartigen Weise, in der ihm seine Kunst zu Herzen ging. Nimmer habe ich seinesgleichen gesehen, und mancher von den großen Poeten, die von der Mitwelt hoch gepriesen werden, könnte wohl hinausgehen auf den Währinger Friedhof und ein stilles Gebet verrichten an dem kleinen Kreuze, so die Inschrift trägt:

HIER RUHET IN GOTT
MARTIN BRAND

Martin Brand, so hieß er mit seinem wahren Namen. Möge man sich nur nicht wundern, daß dieser Name, dessen Andenken ich so sehr verehre, keine besonderen Erfolge aufzuweisen hatte. Seine Gedichte, deren einige allerdings, mit »Y« unterzeichnet, in einem kleinen Salzburger oder Grazer Blättchen veröffentlicht wurden, ragten nicht sonderlich hervor, und auch bei mir, an den sich der Studiosus philologiae – dies war Herr Martin Brand im bürgerlichen Leben – zuweilen mit seinen geschriebenen Phantasien wandte, vermochte er selten eine wahrhaftige Aufmunterung oder Anerkennung zu finden.

Aber wie die meisten jungen Dichter gab er wenig auf das Urteil derjenigen, denen seine Schreibereien nicht gefielen, und fühlte sich bei seiner Muse, die unsichtbar ihm stets zur Seite wandelte, so unendlich wohl, daß er bis zu einer gewissen Zeit zu den glücklichsten Menschen gehörte, die mir jemals begegnet sind. Allerdings war er manchmal trübselig; doch sicherlich nie wegen irgendeines mißlichen Zufalles, der ihm in dem verächtlichen Alltagsleben zugestoßen war, sondern nur, wenn sein Sinn sich mit einem recht traurigen Thema befaßte: wenn er an einem Drama arbeitete, in dem Königinnen an gebrochenen Herzen und Prinzen an einem gespaltenen Schädel starben, oder wenn er ein Märchen schrieb, in dem eine böse Fee aus angeborener Bosheit das Glück zweier braver Menschenkinder zu vernichten drohte. Dagegen war er wieder unbändig heiter, wenn er den Frühling besang oder eine Ballnacht, in welcher eine schöne Maske einen als reichen Nubier verkleideten Kunstakademiker auf den Mund küßt und nachher sagt: »Ja, du bist's, und keiner soll dich mir rauben!«

Hier aber, das steht unbestritten fest, fing schon der Wahnsinn meines Freundes Ypsilon an. Ich pflegte ihn auch zu ermahnen, ernstlicher als mancher andere: er solle nicht allzu enge Freundschaft mit seinen Schatten schließen, sondern sich auch im Leben ein bißchen umschauen, wo es manch lebendig Ding gäbe, des Besehens wert; auch Mädchen, blonde, braune, die mir zum Beispiel viel lieber wären als seine schwirrenden Eintagsgestalten.

Nun, eine kleine Liebschaft fing er wohl an – einmal, nach dem Theater natürlich, mit einer Choristin, die ihm eigentlich auch mehr in die Arme gelaufen kam, als daß er sich um sie bemüht hätte; aber das ging gar ärgerlich, ja so traurig aus, daß mir das Verwunderliche und Närrische der Sache erst recht zu Sinn kam, als alles zu Ende war.

Das Mädchen kam an einem Nachmittag zu mir gelaufen und traf mich an, als mich eben auf dem Fauteuil vor dem Klavier ein leichter Schlummer überfallen hatte. Ich hatte noch die Hand auf dem Piano liegen, irgendeine Dissonanz klang mir im Ohr.

Ich sah der Kleinen mit einigem Erstaunen ins Gesicht, um so mehr, da ich Freund Ypsilon nicht an ihrer Seite gewahrte, ohne welchen sie mir noch nie in meinem Heim einen Besuch gemacht hatte. Mein rascher Blick nach der Tür mochte ihr die ungesprochene Frage klären, die auf meinen Lippen lag, und sie sagte, indem verhaltenes Weinen in ihrer Stimme zitterte: »Er sitzt zu Hause und schreibt!«

»Du kommst von ihm?« Dabei stand ich auf und lud sie ein, auf dem Diwan Platz zu nehmen, zu dessen Seite ich mir einen Sessel rückte.

Kaum saß sie da, als sie heftig zu schluchzen begann.

»Was ist dir denn, Kleine?« fragte ich sie. »Nun?«
Sie aber gab keine Antwort.

Ich wartete geduldig. Dann fragte ich nochmals, ganz ohne Unruhe im Ton: »Nun –?«

Sie nahm ihr Taschentuch und trocknete ihre Tränen. »Spielen Sie einen Walzer, irgend etwas Lustiges, dann werde ich's Ihnen erzählen...«

Ich begab mich zum Piano und schlug die Tasten an. Schon bei den ersten Akkorden hörte ich ihre Stimme neben mir.

»Er liebt mich nicht«, sagte sie tonlos.

Ich hielt im Spiel inne und sah sie mit einem überraschten Blicke an, der eigentlich nicht so ganz aufrichtig war, da ich auf einen Bericht dieser Art vorbereitet war.

»Spielen Sie weiter«, sagte sie traurig.

»Ja, aber einen Walzer kann ich jetzt nicht spielen«, entgegnete ich, um uns beide mit einem Scherze über den peinlichen Moment hinwegzubringen – und intonierte einen Trauermarsch... Ich wollte, ich hätte ihn damals nicht gespielt – heute quält mich der Gedanke daran in lächerlicher, abergläubischer Weise.

Die Kleine sprach weiter: »Er muß eine andere haben«, sagte sie, »denn ein übers andere Mal rief er heute aus: ›Du bist doch nicht wie sie – nicht wie sie –‹ Und dann, als ich ihn ganz ängstlich küßte, sah er mich an – so von oben herab – und sagte: ›Geh, siehst du nicht, daß du mich störst?‹ Ich war erstarrt, er aber schrieb weiter, sein Gesicht war gerötet, und seine Augen glänzten. Nach einer Weile sah er sich um und sah mich noch immer dastehen. ›Noch immer?‹ fragte er; da ging ich.«

»Was glaubst du eigentlich?« fragte ich.

Sie zuckte nur die Achseln.

»Ich will es dir sagen«, fuhr ich fort, »wenn du mich auch anfänglich nicht verstehen magst. Du hast keine Nebenbuhlerin aus Fleisch und Bein –, jene andere, von der du da sprichst – lebt gar nicht und ist nur eine Einbildung unseres Freundes Ypsilon.«

Sie starrte mich an.

»Ich kenne ihn«, sagte ich, »und weiß, daß er verrückt ist!«

Auf ihrem Antlitz las ich das Erstaunen über die Ruhe, mit welcher ich diese Wahrheit aussprach. »Es ist nicht das erste Mal, daß er sich in seine eigenen Phantasiegebilde verliebt. Laß ihn zu Ende kommen mit seinem Gedicht, laß es ihn ins Pult werfen, und der Spuk ist wieder verschwunden.«

»Da muß man ja Angst vor ihm haben!« rief sie aus.

»Das eben nicht«, entgegnete ich, »aber schon das eine oder andere Mal habe ich daran gedacht, wie sehr es seiner Liebe zu dir zustatten käme, wenn du ihm erklärtest: ›Mein süßer Ypsilon, ich existiere ja eigentlich nicht, ich habe mich davongestohlen aus einem Märchen, und diese holde Wirklichkeit in deinen Armen ist nur ein Traum . . .‹«

»Wie?« fragte sie. Sie verstand mich kaum.

»Nun, ich will dir nur erklären, daß du keinen vernünftigen Grund hast, eifersüchtig zu sein. Laß ihn arbeiten, noch zwei, drei Tage, dann wird er selber zu dir kommen und dich bitten, wieder die Alte zu sein. Verlaß dich auf mich!«

»Er ist also ein halber Narr!« rief sie aus.

»Ein halber Narr? Ein halber Dichter, also wohl ein ganzer Narr! Aber beruhige dich nur und weine jetzt nicht!«

Wieder griff ich in die Tasten und spielte einen Walzer.

Währenddessen ging sie zur Tür, und als ich aufstehen wollte, sie zu begleiten, wehrte sie mit einer Handbewegung ab und sagte:

»Ich komme schon wieder!« Damit verschwand sie, und ich ließ die Hände in den Schoß sinken . . .

Des anderen Morgens besuchte ich Freund Ypsilon. Obzwar der helle Tag ins Zimmer schien, brannten auf seinem Schreibtisch vier rote Kerzen (er konnte nur bei roten Kerzen arbeiten), und mit trüben Augen saß Ypsilon davor, während seine Feder ruhelos über das Papier irrte.

Ich löschte die Lichter aus; beim letzten gewahrte er überhaupt erst meine Anwesenheit. »Ach du«, sagte er.

»Ypsilon«, sagte ich ernst, »wirf augenblicklich das Zeug da beiseite; geh mit mir frühstücken, widrigenfalls ich alles aufbieten werde, dich in den Narrenturm stecken zu lassen.«

Er heftete seine großen glanzlosen Augen auf mich.

»Die Kleine war gestern bei mir«, erzählte ich ihm weiter. »Was hast du denn angestellt?«

Er lächelte. »Rede mir nicht von diesem armseligen Menschenkind! Ich habe dieses Geschlecht übersatt.«

»Ja, natürlich!« sagte ich. »Diese lebendigen Weiber! Sie sind brutal genug, zu essen, zu trinken, zu lieben und mit einem Riesenaufwand von wirklicher Existenz durchs Leben zu schreiten.«

»Rede mir nicht von ihnen«, unterbrach er mich. »Es gibt nur *eine* mehr für mich. Du wirst mich ihr nimmer entreißen! Höre! Es war einmal – – –«

Nun begann er mir eine Geschichte zu erzählen, während deren er manchmal auf die Blätter schaute, die vor ihm lagen. Es handelte sich da um irgendein sonderbares Mägdelein, das auf einer Insel im Indischen Ozean lebte, Türkisa hieß und das Holdseligste war, das jemals von Menschen oder Göttern war erschaut worden. Ypsilon konnte nicht Worte genug finden, den unendlichen Zauber, der von ihr ausging, zu beschreiben. Mit verzückten Blicken erklärte er mir schließlich, daß er, seit Türkisa ihr Reich ihm in Kopf und Herzen aufgeschlagen, für nichts anderes mehr das geringste Interesse empfinden könnte.

»Du liebst sie wohl?« sagte ich.

»Ich bete sie an«, sagte er im Tone des tiefsten Ernstes. »Aber ach, sie muß sterben!«

Ich schüttelte ganz entsetzt den Kopf.

»Da ist dann noch ein afrikanischer Prinz«, setzte er seine Geschichte fort und berichtete ein Näheres von diesem Prinzen, der eine unselige Leidenschaft für Türkisa gefaßt hatte.

»Du bist wohl eifersüchtig?« fragte ich.

»Was hilft's«, sagte er mit gepreßter Stimme, »sie liebt ihn wieder.«

»Aber du Narr«, schrie ich ihn an. »Wach doch auf, bedenke doch, daß du den afrikanischen Prinzen von einem Tiger auffressen lassen, daß dann ein deutscher Dichter namens Ypsilon mit einer Barke an den Ufern dieser Insel landen kann und ...«

»Das kann er nicht«, erwiderte Ypsilon im Tone der tiefsten Überzeugung.

»Wie? – Warum nicht?« rief ich aus. »Das liegt doch in deiner Hand! *Du* leitest die Fäden, *deinem* Schädel ist doch dieser Wahnwitz entsprungen, diese Türkisa existiert doch nur in deiner Phantasie!«

»Gleichviel!« antwortete er ruhig, »es muß gehen, wie es geht, die Dinge spielen sich ab, ich kann es nicht ändern.«

Ich sprang auf. »Du bist vollkommen wahnsinnig!«

Er verzog die Lippen zu einem leichten Lächeln und sagte nur ganz ruhig: »Nein.«

Ich ging im Zimmer hin und her und fühlte, wie eine heftige Erregung meiner Meister wurde.

»Ich bitte dich, gehe! Du störst mich!« sagte er.

Ich blieb vor ihm stehen, sah ihn mit einem erbitterten Blicke an und entgegnete: »Mittags komme ich wieder, um dich zu fragen, ob du essen willst.«

Während ich die Tür hinter mir zuschloß, sah ich, wie Ypsilon seine roten Kerzen wieder anzündete. Ich aber trat hinaus ins volle Licht, unter die Leute, die mit wuchtigen Alltagsschritten durch die Straßen wandelten. Im ersten Augenblicke war ich nahe daran, über diese allgemeine Lebensfrische zu erstaunen. Man begreift die Gesundheit nicht mehr, wenn man aus dem Hause der Verrückten tritt ...

Als ich zu Mittag bei meinem Freunde Ypsilon anklopfte, ward mir nicht aufgetan. »Komm abends«, sagte er durch die Tür, »ich arbeite, du störst mich.«

Abends widerfuhr mir dasselbe. Ich rief höhnisch hinein: »Ist Türkisa noch nicht tot?« Da hörte ich ein tiefes Seufzen. Offenbar war die Arme ihrem Ende nahe. Ich empfand etwas wie Freude, denn ich hoffte, daß damit der Bann wieder gelöst sei.

Auch am nächsten Morgen klopfte ich zeitig an seine Tür. Ich hörte kein »Herein«, doch gab die Klinke nach, und ich sah meinen Freund Ypsilon, der blaß und abgehärmt vor seinem Schreibtisch saß.

»Ypsilon!« rief ich aus.

Er sah mich mit todesmatten Augen an.

»Was ist dir?« fragte ich.

»Sie stirbt«, flüsterte er.

»Gott sei Dank!« entgegnete ich.

Sein Blick überschattete sich, er begriff diese Freude nicht mehr.

»Komm, Ypsilon«, sagte ich, und ich fühlte, daß ein beengender Schauder mir durchs Herz zog, »komm!«

»Ich kann nicht«, erwiderte er und wies auf das beschriebene Papier, dann auf seinen Kopf.

»Du bist lächerlich, Ypsilon, du bist ja krank.«

»Rasch, rasch, es geht zu Ende«, sagte er, wie vor sich hin, die Hand auf den Kopf pressend.

»Aber das ist ja nicht nötig«, sagte ich und nahm ihm die Hände von der Stirne, sie in die meinen legend.

Er schaute mir wieder wehmütig lächelnd ins Gesicht.

»Es ist nicht nötig, sagst du? ... Du kannst das nicht versteh'n!«

»Wahrlich, Ypsilon! Ganz wohl versteh' ich dich, du bist überangestrengt; deine Nerven sind krank von dem überheftigen Reize, dem deine wilde Phantasie dich überliefert ... Ein gesunder, frischer Hauch aus dieser lebenswahren Welt, und alles ist weggeblasen.«

Ich ging zum Fenster und riß es auf. »Fühlst du es? Merkst du, wie übermütig der Morgenwind da auf deinem Schreibtisch in den Blättern wühlt, wie keck die Sonnenstrahlen über dein müdes Haupt und über den bestaubten Boden hinwegglänzen? Merkst du, wie diese tausendfarbige Welt sich in das gebenedeite Blau des Himmels taucht?«

Er sah meinen Blicken nach, zum Fenster hinaus. Er mußte blinzeln, das Licht tat ihm wehe. Ich wandte mich nach ihm um und zog ihn vom Stuhle auf, was er sich schier willenlos gefallen ließ.

Um ihn aus diesem unbewußten Geschehenlassen nicht mehr aufzustören, schwieg ich und geleitete ihn so bis zum Stiegenhause. Da fuhr er zusammen, aber nur einen Augenblick, dann folgte er mit schleppendem Gange über die Stiege und ließ sich auf der Straße ohne Widerspruch von mir den Arm reichen. Jetzt erst getraute ich mich, wieder zu reden.

»Was ist's nun, Ypsilon?« fragte ich, »tut dir diese Luft nicht wohl?«

Er aber erwiderte nichts, und wenn ich hie und da ein Gespräch einzuleiten versuchte, gab er keine Antwort.

Unser Spaziergang führte uns an den Gärten der vorstädtischen Villen vorüber, und herrlich dufteten die morgendlichen Blumen. Von den jungen Blüten der Bäume strömte es würzig in unseren Atem. Die Brust hob sich stärker, der Schritt wurde frischer und fester. Ypsilon aber wandelte weiter wie durch eine tote Landschaft. An einem Frühstücksplatz ließen wir uns nieder, und gleich mir schlürfte auch Ypsilon seinen Kaffee, und mich wollte es bedünken, als wenn er zu einem wirklichen Leben erwachte. Nach einem Schluck schüttelte er wohl auch den Kopf und strich sich über die Augen.

»Wollen wir nicht über Land fahren?« fragte ich, »das Wetter ist günstig.«

»O ja!« sagte er, und ich war ganz erfreut über dies erste Wort.

Wir setzten uns in einen Wagen und fuhren dem Wienerwald entgegen. Anfangs saß Ypsilon regungslos an meiner Seite; erst als wir ins Freie kamen und die Bäume der Landstraße uns überschatteten, sah er sich wie erstaunt um, als wollte er sich besinnen. Endlich lächelte er.

»Ist's nicht schön da?« fragte ich.

Er sah mich wieder lächelnd an, als wollte er sagen: »Du Narr, meinst du wirklich, daß mir dies endlich helfen soll?«

Ich sprach weiter, so gut es mir vom Herzen ging, das sich sehr gepreßt fühlte, und redete von der großartigen, versöhnenden Einsamkeit des Waldes, in dem wir jetzt fuhren ...

Er schloß die Augen, und seine Stirne runzelte sich. Dann schüttelte er den Kopf. Ich hatte die Empfindung, als wenn er sagen wollte: »Du wirst es doch nicht besser machen!«

So führte ich in der Einbildung immer ein Gespräch mit ihm, ohne daß er eigentlich den Mund auftat.

In einem stillen Wirtshause ließen wir uns ein Mittagmahl auftragen. Um uns flüsterte der Wald mit geheimnisvollen Stimmen, und der Wind strich über die Wipfel.

Ich sprach meinem Freunde zu, von den vorgesetzten Speisen zu nehmen, was er endlich befolgte. Nach ein paar Bissen aber legte er Gabel und Messer weg, sah mir voll ins Gesicht und sagte: »Du bist ein guter Mensch, aber du wirst es doch nicht besser machen!«

Ach! Dasselbe hatte er mir ja schon gesagt, mit seiner kummertrüben Miene.

»Nein, ich werde es vielleicht nicht besser machen«, entgegnete ich, »aber es wird gut werden, wenn du vernünftig bist. Ich begreife dich ja«, fuhr ich fort, »mir fehlt das Verständnis nicht für dein reizbares, krankes Poetengemüt, du wärst eigentlich gar kein Dichter, wenn du in deine Türkisa nicht verliebt wärest.«

»Und da sie stirbt, muß ich elend sein«, unterbrach er mich und sah mich bebend an.

Von dieser fixen Idee ließ er nun nicht mehr, und auf all mein Zureden hatte er nur mehr eine ablehnende Kopfbewegung. Ich fühlte, daß diesem Wahne gegenüber meine Weisheit zu Ende sei.

Wir saßen geraume Zeit da, dann gingen wir auch im Walde umher. Es war ein entsetzlicher Tag. Wie verging er mir? Kaum weiß ich's selbst; so schwer, so bange lasteten die Stunden auf mir.

Die Sonne stand weit im Westen, als wir uns wieder in den Wagen setzten. Die wohlausgeruhten Pferde trabten mit vergnüglicher Schnelle über den Waldweg.

So waren wir eine Strecke weit gefahren, als ich bemerkte, daß mein Freund unruhig wurde.

Die Sonne begann zu sinken, und die Dämmerung breitete sich langsam über die Auen ... »Schneller!« sagte er leise ...

Wir fuhren genugsam rasch, und da man schon die ersten Häuser der Stadt am Ende der Landstraße gewahrte, schien es, als ob wir noch vor Dunkelheit zu Hause ankommen sollten; doch die Abendschatten täuschten.

»Schnell, schnell!« rief Ypsilon, so daß es der Kutscher hörte und seine Pferde antrieb ...

»Was ist dir denn?« fragte ich.

»Nach Hause!« murmelte er. »Ich muß zu Ende kommen.«

Sein Atem ging rascher; in seinen Mienen zuckte es, zeitweise saß er still da, dann wieder entstieg ihm ein jammervoller Seufzer. In den Kastanien zu seiten des Weges raschelte es, und ein kühler Luftzug erhob sich ... Mir schauerte es ein wenig ...

»Nach Hause, nach Hause!« rief Ypsilon laut, doch wie stöhnend.

»Laß doch«, beschwichtigte ich ihn, »wir kommen früh genug heim. Was willst du auch daheim? ... Du darfst nicht mehr arbeiten.«

Er sah mich an, ganz erstaunt. »Ich muß doch«, sagte er.

Jetzt fuhren wir zwischen den ersten Laternen der Vorstadt. Immer ruheloser wurde Ypsilon. Er fuhr mit den Händen hin und her, und seine Augen irrten; auch atmete er wie ein Fieberkranker ...

Er atmete so heftig, daß sich der Kutscher umwandte und ihn mit Verwunderung betrachtete. Dann hieb er auf die Pferde ein, und mit großer Geschwindigkeit rollten wir auf dem lärmenden Pflaster dem Wohnhause meines Freundes zu. Ein oder das andere Mal rief ich ihn noch an: »Ypsilon! Ypsilon!« Er aber hörte gar nicht auf mich; in unendlich hastiger Arbeit schien sein Geist befangen, und meiner bemächtigte sich eine immer trübseligere Stimmung.

Ein Bild tauchte vor mir auf, als wir durch die schlechterleuchteten Gassen fuhren, das ich nimmer loswerden konnte ... Ich sah die Prinzessin Türkisa im Sarge liegen, der ganz von Glas war, und davor stand mein unseliger Dichter mit tränenlosen, schmerzlichen Augen.

Da hielten wir vor dem Hause; Ypsilon sprang aus dem Wagen und stürmte über die Treppen. Als ich hinaufkam, saß er schon vor seinem Schreibtisch mit den vier roten Kerzen und hörte mich nicht, als ich eintrat.

Eben begann er zu schreiben. Alles um ihn war versunken. Die sterbende Türkisa bannte ihn in ihren Kreis.

Ich legte mich auf den Diwan und gedachte hierzubleiben, da ich ernstlich unruhig war.

Seine Feder hastete übers Papier, das Fenster war offen, die

Kerzenlichter flackerten. Die losen Blätter seiner Geschichte flogen auf dem Tisch durcheinander. Der Ausdruck seines Gesichts ward immer bewegter; dabei war er aber totenblaß.

In einem Augenblick hatte ich das deutliche Gefühl, daß Türkisa starb. Er schrieb plötzlich etwas langsamer, während er schwer atmete und mit stierem Blicke auf die vor ihm liegenden Zeilen starrte. Dann ließ er die Feder aus der Hand fallen, sein Kopf sank herab, und er weinte bitterlich, herzbrechend. Mir wurde wohler, freier. Ich dachte, jetzt sei es vorbei, der Bann gelöst, die schreckliche Phantasie, in der er tagelang gelebt, sei zerstoben, verweht. Ja, mir war, als ginge in der ganzen Atmosphäre rings um uns her eine Veränderung vor. Böse Geister rauschten durchs Fenster davon – und die roten Lichter im Zimmer brannten ruhiger und heller. Auch die Blätter auf dem Tisch regten sich nicht mehr; der Friede war wiedergekehrt. Und mein armer Freund weinte, weinte still und stiller.

Ich schlummerte auf dem Diwan langsam ein ...

Es muß ziemlich lange gewesen sein, denn als ich wieder aufwachte, waren die Kerzen tief herabgebrannt. Ypsilon aber saß noch immer da mit gesenktem Haupte.

Ich trat zu ihm. Er sah mich voll, mit einem ganz beruhigten Blick an.

»Geh doch schlafen«, sagte ich zu ihm.

Er erwiderte, und seine Stimme klang fest und gemäßigt: »Geh du doch und sorge dich um nichts weiter.«

»Nun, Ypsilon«, rief ich freudig bewegt aus, »es ist doch alles vorüber!«

»Alles vorüber«, sagte er und küßte mich auf die Stirne.

»Nun, so erlaube mir doch«, sagte ich, »den Rest meiner Nachtruhe hier auf dem Sofa in deinem Zimmer zu halten, Ypsilon.«

»Bleib immerhin«, erwiderte er mit freundlichem Blicke.

Er behielt mich im Auge, während ich mich auf das Lager streckte. Und als ich ihm zurief: »Also ins Bett!«, nickte er mir lächelnd zu. Ich fühlte sein Auge weiter auf mir ruhen, als ich zu schlummern begann.

Eine warme Luft strömte jetzt von draußen ins Zimmer, einer von den Leuchtern verlöschte, die andern flackerten weiter, mit ruhigem Schein, ich sah das alles im Halbtraum, dann schlief ich vollends ein ...

Es dämmerte, als ich aufwachte, Ypsilon war nicht mehr im Zimmer.

Noch dachte ich an nichts und erhob mich, um zu dem Tische zu gehen, wo ich im Dämmerlichte einen zusammengefalteten Zettel liegen sah.

Bevor ich ihn öffnete, trat ich zu dem Bette meines Freundes. Es war nicht berührt worden.

Ich schauderte und sah vor allem, wie schon so die Verwirrung in solchen Augenblicken mit uns ihr Spiel treibt, nach den Kerzen. Sie standen nicht mehr auf dem Tisch, sie lagen samt den Leuchtern in der Ecke neben dem Ofen. Ich sah nach den Blättern, sie lagen zerstreut da, wie früher.

Jetzt erst öffnete ich den Zettel. Darauf stand:

»Türkisa ist tot! Alles ist vorüber!«

Meine Zähne schlugen zusammen. Wo war er, wo war er denn nur?

Ich eilte ins Vorzimmer – leer! Riß die Tür auf, trat ins Stiegenhaus – es war dunkel. Ich ging zurück, entzündete eine von den in der Ecke liegenden Kerzen und trat in den Flur. Dort lag etwas Schwarzes ganz unten! Ich hielt das Licht über das Geländer, um besser zu sehen. Ein roter Wachstropfen fiel hinunter, ich rannte mit dem Lichte die Treppe hinab – da lag sein Leichnam vor mir –

Dann kamen wohl, durch meinen hastigen Lauf über die Stiegen aufgeweckt, noch andere Leute hinzu und erblickten den Körper.

»Was ist's?« fragte man. Einige schrien auch laut auf.

Ich hielt mich zu einer Erklärung verpflichtet: »Er war wahnsinnig«, sagte ich.

Einer nahm mir das Licht aus der Hand; es muß gezittert haben.

Ich habe die letzte Erzählung meines Freundes Y. gelesen; sie ist ganz mißlungen, und es steckt kaum etwas Talent darin.

Sicher ist das ein trübseliger Abschluß meiner Geschichte; er gehört jedoch zur Vollständigkeit meines Berichtes.

Nichtsdestoweniger war Y. ein wahrer Dichter, ja, ein großer Dichter! Denn welch eine Phantasie muß es sein, die ein Wesen hervorzuzaubern vermag, in das sich der Phantast selbst bis zum Wahnsinn verliebt. So sehr verliebt, daß er nicht weiterleben kann, wenn die eingebildete Gestalt wieder durch andere Spiele der Phantasie ins Nichts herniedertaucht.

Die Muse hat zuweilen Launen ... Das Werkzeug einer solchen war mein Freund Y. Er ist verrückt geworden und gestorben.

Nun, es haben ihn wenige bei Lebzeiten gekannt ... seine Werke werden ihm die Unsterblichkeit nicht verleihen. Sein Wahnsinn jedoch wird ihn manchem liebenswert erscheinen lassen, dessen Interesse von den traurigen Scherzen angeregt wird, an denen die Natur zuweilen Gefallen findet.

Launische, goldene Phantasie! Dem einen nahst du schmeichelnd in duftender Freundschaft und bildest ihn zum glücklichsten aller Narren, zum Dichter; wie einen Feind überfällst du den andern und machst ihn zum Bedauernswertesten der Poeten: zum Narren!

DER FÜRST IST IM HAUSE

Florian Wendelmayer saß auf seinem Platze im Orchester, die Flöte an den Lippen, und sah aufmerksam auf den Kapellmeister hin, der eben zweimal mit dem Taktstocke auf sein Pult geklopft hatte. Im ganzen Hause war es still geworden. Die Ouvertüre begann. Florian Wendelmayer blies die Flöte, wie alle Tage seit siebzehn Jahren. Er sah nicht mehr auf das Notenblatt; hundertmal hatten sie ja schon dasselbe Stück gespielt, er kannte es auswendig. Ganz mechanisch blies er seinen Part. Er hörte eigentlich nicht einmal zu. Seit siebzehn Jahren saß er da, auf demselben Stuhle, vor demselben Pulte. Drei Kollegen hatten schon neben ihm gesessen und geblasen. Einer war gestorben, zwei hatten an andern Theatern Stellungen erhalten. Jetzt saß ein junger Mann neben ihm, der nebenbei auch Privatstunden gab. Florian hatte die seinen verloren, daran dachte er während der Ouvertüre, und er überlegte, ob er wieder ein Inserat ins Wochenblatt geben sollte, um vielleicht eine neue Lektion zu bekommen ...

Und jetzt kam eine große Pause für die Flöte. Zweiundvierzig Takte mußte sie schweigen, und Florian guckte über die Orchesterrampe hinüber in das schöne, helle, gefüllte Haus. Die meisten Leute kannte er. Die Stadt war nicht groß, und es waren immer dieselben, die ins Theater kamen. Jetzt ging eine leichte Bewegung durch das Haus, und man wandte die Augen zur Hofloge, wo eben der Fürst an der Seite seines Adjutanten erschienen war. Der Fürst rückte den Sessel zurecht, und zwar ganz leise, fast unhörbar, er war immer sehr rücksichtsvoll.

Die zweiundvierzig Takte waren um, und die Flöten setzten wieder ein. Es kam der Schluß der Ouvertüre. Sehr laut, lärmend, alle Instrumente spielten mit. Endlich drei breite, von Trommelschlägen begleitete Akkorde, und der Vorhang ging in die Höhe. Ein altes Lustspiel wurde aufgeführt, dessen erste Aufführung Florian vor zehn Jahren mit angesehen hatte. Die meisten Musiker eilten ins Freie. Es war ein warmer Frühlingsabend, und da pflegten sie hinter dem Theater hin und her zu spazieren oder sich auf die grün angestrichene Bank zu setzen, die draußen stand. Sie plauderten und rauchten Zigaretten.

Florian blieb aber im Theater auf seinem Platz sitzen. Was sollte er draußen tun? Wegen der paar Minuten! Es war langweilig und überflüssig. Er legte die Flöte vor sich hin auf das Pult und sah auf die Bühne. Ach ja, das alte Stück! Es kam ihm sonderbar vor, wenn die Leute lachten. Immer wieder dieselben Späße, und immer wieder klatschte man Beifall, lachte, unterhielt sich. Florian wollte, es wäre schon aus. Dann könnte er hinüber ins Wirtshaus gehen, sein Glas Bier trinken und dann nach Hause ins Bett. Er war so abgespannt, er fühlte sich alt.

Wie lange, wie viele Jahre saß er nun schon da; er erinnerte sich kaum, daß es je anders war. Und doch, was war er einmal für ein Mensch gewesen. Er hatte komponiert, Lieder, Symphonien; seine Lieder waren sogar in manchem Konzert gesungen worden vor fünfzehn, zwanzig Jahren. Nun gab es für ihn keine Melodien mehr! Seine Liebe für die Musik war nach und nach erstorben. Es war ihm alles nur Geräusch und Lärm, unausstehlich all das Geigen- und Flötenspiel, das die Leute entzückte. Aber es mußte weiter geflötet werden, er lebte davon. Ach, wie liebte er früher seine Kunst! Er hatte seine Schulen nicht beendet, hatte nichts studiert. Stundenlang war er durch den Wald gewandert, Melodien rauschten in ihm, er hörte nur zu. Nur wenig schrieb er auf. Es war nicht möglich, all diesen Überfluß festzuhalten. Das Wehen der Luft, das Säuseln der Bäume, seine knisternden Schritte wurden zu Musik.

All das war lange vorüber, auch der Schmerz, daß es entschwunden war, lang vorüber. Nun spielte er seine Flöte und tat seine Pflicht, ruhig und dürftig floß sein Leben hin.

Das ganze Haus lachte. Auch Florian lächelte – er lächelte zum hundertsten Mal über dieselben dummen Späße. Der Aktschluß war nahe. Die niedere Orchestertür öffnete sich, und die Musiker erschienen wieder. Alle bückten sich, nicht an den Türpfosten anzustoßen, außer dem kleinen Kontrabassisten, der hocherhobenen Hauptes seinem Platze zuschritt. Auch der Kapellmeister trat ein, setzte sich auf seinen erhöhten Stuhl und nahm den Taktstock zur Hand, um sofort beim Fallen des Vorhangs das Zeichen zum Beginn der Musik zu geben. Der Vorhang senkte sich unter lebhaftem Applaus. Und schon fiel das Orchester ein; das Lachen und Plaudern im Zuschauerraum mischte sich drein. Es war ganz seltsam lärmend heute, so schien es wenigstens dem

Florian Wendelmayer. Es war auch heißer als sonst, und als er einen Ton auf der Flöte ziemlich lang aushalten mußte, schwindelte ihm ein wenig. Er setzte wieder ein ... wie merkwürdig, die Hände wurden ihm so schwer. Er blies weiter. Wieder überkam ihn ein Schwindel. Es wurde dunkler im Hause ... es schwankte ... die Lichter verlöschten. Die Flöte entfiel Florians Händen. Welch ein Lärm. Das Haus stürzt ein! Und Florian wollte aufstehen, sich retten, – er sah nichts mehr. Die Füße waren ihm schwer. Er konnte sich nicht rühren. Und da stürzte er vom Sessel herunter vor das Pult hin, und der Sessel fiel nach rückwärts. Es klang dumpf. Die Musikanten wandten sich hin. Der Nachbar Florians sprang erschrocken auf. Im Publikum merkte man die Unruhe, erhob sich von den Sitzen. Der Fürst in seiner Loge beugte sich über die Logenbrüstung, aber der Kapellmeister, dem der Schweiß auf der Stirne stand, hob und senkte den Taktstock und sagte ziemlich vernehmlich: »Weiterspielen!« – »Was ist's, was ist's?« fragten die Leute, und die Direktorin stürzte von der Bühne zur Türe des Orchesters heraus. Man wußte es schon. Einem Flötisten war unwohl geworden. Der Kapellmeister schlug noch immer Takt, aber man spielte nicht mehr. Aller Augen richteten sich nach der Türe des Orchesters. Zwei Theaterdiener waren dort zu sehen, und zwischen Trommler und Posaunisten schritten sie zu dem Platze hin, wo Florian Wendelmayer lag. Sie hoben ihn auf, er hatte die Augen halb offen, seine Unterlippe hing schlaff herab. Sie nahmen ihn bei den Armen, legten ihn auf ihre Schultern, faßten ihn um den Rücken und schleppten ihn so hinaus. Man konnte im Zuschauerraum glauben, er ginge selbst. »Was ist's, was gibt's?« flüsterte man im Publikum. »Es ist nichts, nein, nein, wirklich nichts, ein Musikant ist unwohl, er kann ja selbst gehen.« Und kaum hatte sich die Orchestertüre geschlossen, so tat der Kapellmeister zwei Schläge auf das Pult, und die Musik begann zu spielen. Der andere Flötist hob Florians Stuhl auf und legte die Flöte des Kollegen darauf. Die Zuschauer aber wollten sich noch nicht beruhigen. Hinter der Orchestertüre stand die Direktorin. »Gerade heute«, rief sie aus, »gerade heute der Lärm, wenn Seine Durchlaucht zugegen ist! Hat er denn nicht selber gehen können?«

Die zwei Männer legten den Flötenspieler in dem schmalen Gange, der zur Straße führte, auf den Boden und blieben ruhig stehen. »Der Schlag hat ihn getroffen«, sagte der eine. Die Frau Direktorin betrachtete den Sterbenden. Bis hierher hörte man das Murmeln des Publikums. Jetzt kamen auch einige Herren herzu, fragten, erkundigten sich sehr besorgt. »Ach«, meinte die Frau Direktorin, »es ist nichts, ich bitte recht sehr, sich nicht weiter zu bemühen, es ist wirklich nichts. Er schlägt schon die Augen auf. Das Nötige ist schon veranlaßt. Ist der Doktor verständigt?«

»Der Müller ist um ihn gegangen«, erwiderte ein Arbeiter.

Nun kamen auch Leute von der Straße herein. Die Direktorin war verzweifelt. »Ich bitte recht sehr, kein Aufsehen zu machen, es ist ja nichts geschehen. Ich bitte die Herrschaften, sich zu entfernen. Wo nur der Doktor bleibt?«

Eben kam er. Man machte ihm Platz. »Aber was ist denn das«, sagte er, »man legt doch einen Kranken nicht auf den Fußboden, das ist ja unglaublich. Trage holen, rasch.«

»Trage holen«, wiederholte die Direktorin.

Der Doktor beugte sich zu dem Flötisten nieder und fühlte ihm den Puls. Es war ganz still in dem Raum, und vom Zuschauerraum drang ein dumpfes Gemurmel her.

»Ich bitte um Licht«, sagte der Doktor, »ich sehe nichts.«

Ein Herr nahm das Öllämpchen von der Wand. Ein schwacher Schein fiel auf das Antlitz Florian Wendelmayers. Der Doktor betrachtete es aufmerksam, indem er noch immer den Puls hielt. »Der Mann ist ja tot«, rief er aus. Während alle erschrocken dastanden, trat ein Lakai ein. »Seine Durchlaucht geruhen sich zu erkundigen«, sagte er, »wie sich der erkrankte Musikant befindet.«

»Bitte sehr, Seiner Durchlaucht ehrfurchtsvollen Dank zu melden«, entgegnete die Direktorin mit etwas gepreßter Stimme, »dem Musikanten geht es schon besser.« Der Lakai ging ab. Und nun dankte sie für die freundliche Teilnahme und bat höflichst, sich aus dem engen Gang, wo es ja ohnehin so unbequem sei, zu entfernen. Die Herren aus dem Publikum waren bewegt. Es war so seltsam, daß sie nun wieder ins Theater zurück sollten zu einem lustigen Stück, und sie fanden darin wieder einmal einen Beweis dafür, was das Leben für ein seltsames und widerspruchsvolles Ding wäre. Und langsam gingen sie. Die Türe gegen die Straße zu war weit offen. Spaziergänger, die die Unruhe und Bewegung in dem Gange bemerkt hatten, blieben davor stehen. Die weiche Luft des Frühlingsabends zog herein. Die Direktorin wandte sich an die Umstehenden aus dem Publikum. »Man braucht es im Hause nicht zu erfahren, nicht wahr?« meinte sie.

Nein, nein, sie würden nichts sagen.

»Hat er Familie?« fragte der Doktor.

»Nein«, erwiderte die Direktorin, »es ist ja der Wendelmayer.«

»Ach, richtig, der Wendelmayer«, sagte der Doktor mit einem ganz beruhigten Ausdrucke, als wenn er hätte sagen wollen, »die Wendelmayers mögen nur ruhig sterben, das tut nichts«. Und er stand auf und hing die Öllampe wieder an die Wand. Zwei Arbeiter waren gekommen, draußen stand die Bahre bereit, und sie hoben den Toten auf, um ihn darauf zu legen.

Im Theater war es ruhiger geworden. Die Musik spielte. Man erwartete den Anfang des zweiten Aktes. Die Herren, welche den Toten gesehen hatten, waren gefaßt und würdig, und wenn man sie nach dem Befinden des Musikanten fragte, so antworteten sie ernst und beruhigend. Eben ging der Vorhang auf, als die Türe der fürstlichen Loge geöffnet wurde und man einen Lakaien eintreten sah. Der Fürst wandte sich zu ihm um. »Der Musikant befindet sich wohl, Hoheit«, sagte der Bediente.

Der Fürst sah wieder hinunter ins Publikum, aus dem einige Köpfe sich zu ihm wandten. Er glaubte eine Frage darin zu lesen und nickte freundlich Antwort. Er teilte seinem getreuen Volke durch ein beruhigendes Lächeln mit, daß sich der Flötenspieler Florian Wendelmayer vollkommen wohl befinde.

DER ANDERE

AUS DEM TAGEBUCH EINES HINTERBLIEBENEN

Allein! – Ganz allein ...
 Vor meinem Schreibpulte sitze ich; die Leuchter brennen ... die Tür zu dem Zimmer, das einst das ihre war, steht weit offen, und wie ich meinen Blick erhebe, versinkt er in den dunklen Raum. Glitzernd von den Häusern drüben spielen Lichtreflexe an meine Fensterscheiben ... Wie neu, wie brutal das ist ... Sie hat die Vorhänge in meinem Arbeitszimmer immer niedergelassen, wenn der Abend kam; kein Lärm der Straße, kein Licht des Gegenüber durfte zu uns herein ...
 Und die Stunden gingen hin. Ich bin auf und ab spaziert in meinem Zimmer; auch in dem ihren. Auf ihren Diwan hab' ich mich hingestreckt, bin da lang gelegen und habe in die überflüssige Welt vor den Fenstern hinausgestarrt ... Vor ihren Schreibtisch hab' ich mich hingestellt, die Federstiele in den Händen gehalten, an denen noch der Duft ihrer Fingerspitzen haftet ... Und vor dem Kamin, dem ausgebrannten, bin ich gestanden, habe mit der Ofengabel in der Asche herumgewühlt ... Und das zischelte und knirschte von zerstäubtem Papier und Kohlenstücken.

Morgen für Morgen wandere ich auf den Friedhof hinaus ... Es ist heuer ein Spätherbst mit einer kalten und frechen Sonne, und wenn ich die weiße Mauer von weitem sehe, so brennen mir die Augen. Dann wandle ich durch die Gräberreihen und betrachte mir die Leute, die da kommen, zu beten und zu weinen. Ich fange an, einzelne zu kennen ... Sonderbar an diesen Gestalten berührt mich das Typische, das immer Wiederkehrende ... Das Mädchen, das schluchzend vor jenes Kreuz nahe der Kapelle hinsinkt, immer mit demselben Schluchzen, mit denselben Veilchen, die sie auf die feuchte Erde hinlegt, und wenn sie dann aufsteht, immer der gefestigte Ausdruck im Antlitz, das rasche Weggehen ... Sie beweint einen Jüngling; er starb im vierundzwanzigsten Jahre, gewiß, sie war seine Braut ... Immer packt mich der Gedanke:

Ja, wie kann sie denn da wieder aufstehen, woher der getröstete Blick, mit dem sie von dannen geht?... Ich möchte ihr nacheilen: Es gibt keinen Trost, Närrin!... Und ich, der ich täglich da bin, was suche ich eigentlich?... Sie ärgern mich manchmal, die Leute da mit dem Flor um den Hut, mit den dunklen Handschuhen... Dabei sehe ich wohl auch so aus wie all die Anderen, blaß und verweint... Oh, ich weiß es schon... ich bin eifersüchtig auf den Schmerz der Anderen, es geht mir hier, wie es mir mit erhabenen und entzückenden Dingen widerfuhr. Ich konnte den Ausdruck der Begeisterung auf den Zügen Anderer nicht vertragen, wenn ich mich an etwas Großem berauscht hatte... Neidisch sah ich meinen Nachbarn an, den ein gleicher Schauer zu durchfließen schien wie mich... Etwas in mir lehnte sich dagegen auf, daß alle diese da zwischen den Gräbern herumirren mit demselben unsäglichen, ewigen Schmerz... Ach, es ist erbärmlich. Dasselbe empfinden sie alle, und dann rollen die Tage weiter... mit neuen Gedanken, frischeren Hoffnungen... am Ende kommt noch trügerisch und weich der Frühling und blüht einem zudringlich ins Gesicht... Die Lüfte wehen, und die Blumen duften, und die Frauen lachen, und wir sind wieder die Genarrten, sind um unsern großen und ewigen Schmerz betrogen...

Ich stehe meist ein paar Schritte weit weg von dem Fleck Erde, unter dem sie ruht... Wenn einmal das steinerne Grabmal aufgerichtet ist, so werde ich mich wohl an die kalten Stufen lehnen können, werde mein Haupt herabbeugen, werde knien; auf die Erde selbst wage ich mich nicht nieder. Mich schauert vor dem Gedanken, daß Stücke von dem Staub unter mir wegbröckeln, daß ich sie auf den Sarg aufschlagen höre... Und doch, manchmal durchrast mich eine schier unbezwingliche Lust, mich niederzuwerfen, mit den Händen in der Erde herumzuwühlen... Meine Trauer hat nichts Mildes... ich bin zornig, ich knirsche mit den Zähnen, ich hasse alles und alle... Vor allem diejenigen, die mit mir leiden... Alle diese Männer, Weiber, Kinder, unter denen ich umherwandle, sie sind mir widerwärtig, ich möchte sie davonjagen... Besonders hat der Gedanke etwas unsäglich Erbitterndes für mich, daß irgend wer gestern zum letzten Male da war. Er hat sein Leid zu Ende gelitten... Er hat gefühlt, daß es immer linder wurde... er ist tagtäglich befreiter von hinnen gegangen. Und eines Morgens erwacht er und kann wieder lächeln... Wie hasse ich die Leute, die wieder lächeln können...

Aber eines Morgens werde ich auch wieder lächeln!... Auch ich werde vergessen!... In mir taucht heute die Erinnerung an meine Jünglingszeit auf... wie ich an der Seite der Süßen, Liebsten durch den Wald schritt und so unendlich glücklich hätte sein können... Ich war es ja auch. Es gibt Augenblicke, die alles verschlingen, Vergangenheit, Zukunft, die eben die Ewigkeit selber sind... Aber ich habe nie zu jenen gehört, die geruhig ihres Weges zu Seiten der Landstraße wandern, sich ab und zu tiefer in die Wiesen und Wälder verirren und sich ins Grüne legen können, selig den Morgen eintrinkend. Auf die Bäume bin ich gestiegen und habe ins Weite hinausgesehen, dorthin, wo die Landstraße im Grauen verschwindet und der Lenz zu sterben anfängt... Und hier... hier in diesem Zimmer, beim Fenster, war es ja, als mein Weib einmal zärtlich meine Wangen küßte und mich ein so eisiger Schauer durchlief... Die Minuten, Stunden, Tage, Jahre tollten davon, unsere Zeit war um... Alt, Beide, das Ende, das Ende!... So habe ich meine Liebe entheiligt, weil ich dachte, daß sie verblassen mußte... Und nun entheilige ich meinen Schmerz, indem ich daran denke, daß ich wieder einmal lächeln werde!...

Wer ist jener Mann mit dem blonden Haar und den klagenden Augen? Um wen weint er? Die Ruhestätte, die er Tag für Tag aufsucht, liegt wenige Schritte von dem Grabe meiner Gattin... Der Mann ist mir aufgefallen, weil ich ihn nicht so sehr hassen kann wie die anderen. Er ist früher da als ich und bleibt noch, wenn ich mich entferne... Vielleicht wäre ich nicht auf ihn aufmerksam geworden, wenn ich nicht einmal seine Blicke mit einem Glanz so tiefen Mitleids auf mir ruhen gefühlt hätte, daß ich fast erbebte. Ich schaute ihn fest an; er wandte sich langsam um und schritt der Friedhofsmauer entlang... Ich muß ihn übrigens kennen... von früher her... Aber woher?... Haben wir uns auf einer Reise getroffen?... Habe ich ihn im Theater gesehen?... Oder nur auf der Straße?... Er muß mein Schicksal ahnen und ein ähnliches erlebt haben wie ich; nur so erkläre ich mir jenen Blick, der mir unvergeßlich bleiben wird... Er ist schön und jung. –

Nun... da ich wieder hier vor meinem Schreibtisch sitze und das Konterfei der Teuren, die mein Weib, mein Alles, mein Glück, meine Welt war, von welken Blumen umrahmt, vor mir steht ... kehrt mir die Besinnung langsam wieder. Tage, wie die letzterlebten, rauben doch wahrlich jegliches klare Urteil ... Ich habe heute Großes vor ... das erste Mal wieder seit einem Monat will ich den Bücherschrank aufsperren, will wieder versuchen zu lesen, zu sichten, zu denken ...

Nichts von alledem habe ich getan. Ich mußte wieder hin ... am späten Abend ... Einsam der Friedhof. Niemand weit und breit ... Das erstemal heute bin ich niedergesunken und habe die Erde geküßt, unter der sie ruht. Und habe dann geweint, ja, geweint ... Es war so still ... die Luft kalt und ruhig. Ich bin dann aufgestanden und durch die Gräberreihen gegangen, der Kirchhofstüre zu. Und es blieb vollkommen einsam; so scharf blickte der Mond über die Kreuze und Denkmäler, daß ich jeden hätte sehen müssen. Eine Frau sah ich auch im Weggehen, mit dem schwarzen flatternden Schleier und dem Taschentuch ... ich kenne sie schon so genau, diese Frauen. Und die breite Straße, die der Stadt zuführt, lag weiß im Lichte des Mondes da. Ich hörte immer meine Schritte; niemand kam hinter mir; lange blieb ich ganz einsam da, bis die ersten Vorstadthäuser kamen und die ersten Wirtsstuben. Da gab es auf einmal wieder Menschenstimmen und Tritte und Lärm. Mir aber tat es ganz wohl, und jetzt, da ich nach meiner Abendwanderung zu Hause angelangt bin, habe ich ein seltsames, seit lange nicht gehegtes Verlangen empfunden, mein Fenster aufzumachen, wieder Menschenstimmen und Straßenlärm zu hören. Aber die Nacht ist weitergeschritten, und es wird stille unten ... Auch frieren mich die Finger, während ich dieses niederschreibe, weil es kalt zu werden beginnt; und das Licht zittert trotz der unbewegten Luft ...

Ich stand da, hart an der Friedhofsmauer, und die hohe Weide verbarg mich seinen Blicken. Frühmorgens war ich gekommen – der Allererste. Im Häuschen des Totengräbers brannte sogar noch ein Licht. Bald nach mir aber erschienen andere, Frauen zumeist ... Endlich er ... Ruhig schritt er dem Platze zu, wo er gewöhnlich weilt ... Immer dieselben großen, klagenden Augen ... Und er kniete nieder ... Ich schaute hin, scharf hin ... Er kniete auf dem Grabe meiner Gattin ... Ich aber stand da, atemlos, hatte meine Finger in den Weidenästen. Das dauerte minutenlang ... Er kniete, er betete nicht ... Er weinte auch nicht... Nun erhob er sich wieder ... wandelte, wie er's gewöhnlich zu tun pflegt, die Wege kreuz und quer. Nach einiger Zeit kam er wieder in meine Nähe... Ich hatte mich dem Grabe meiner Gattin genähert und stand da, gestützt auf das Gitterwerk eines benachbarten Grabmals... Er schritt an mir vorüber, sah mich gelassen an... Ich wollte ihn anrufen, ich habe es nicht getan... Ich habe gesehen, wie er sich dem Ausgang des Kirchhofes näherte, und bin noch immer dagestanden... Ich weiß nicht, mir war... Ich weiß auch nicht, wie mir jetzt ist... Aber es kommt ein Tag, morgen... morgen schon, wo ich ihn wieder sehen, wo ich ihn fragen, wo ich alles wissen werde...

Welch eine Nacht ist das! Ich kann nicht schlafen!... Es ist kaum Mitternacht vorüber... Ich will doch jetzt hin... was soll ich hier, in meiner Wohnung tun... Ein paar Stunden nur, und die Tollheit ist wieder vorüber... Wie klar wird alles sein... Aber bis dahin!... Nun, es sind ja nur Stunden...

Ja, ja! Auf dem Grabe meiner Gattin! Wieder habe ich ihn dort knien gesehen; ich bin nur zehn Schritte von ihm gestanden... Und warum bin ich nicht gleich auf ihn gestürzt? Warum habe ich ihn nicht aufstehen, ein paar Schritte unbehindert weitergehen lassen. Wie? Habe ich das Recht nicht, ihn zu fragen, wer er ist?... Wen kann ich fragen als ihn?... Er hörte aber meine Schritte hinter den seinen, als er dem Tore zuschritt... Und ich irre mich nicht, er hat seinen Gang beschleunigt. Aber ich bin ihm nach... und das merkte er... Wie er aus dem Tore hinausgetreten war, entschwand er mir natürlich für zwei Augenblicke... Ich aber ihm nach... Da raste ein Wagen davon... der einzige rings im Umkreis... Ich dem Wagen nach... Ich konnte ihn nicht erreichen... Ich sah ihn noch minutenlang, denn die Straße ist lang und gerade – endlich war er aus meinen Augen... Und da stand ich... so wie ich jetzt vor diesem Blatt Papier sitze... dem Wahnsinn nahe... Wer ist dieser Mann, der es wagt, auf dem Grabe meiner Gattin zu knien?... Was war er ihr?... Wie erfahre ich's?... Wo finde ich ihn wieder?... Plötzlich verzerrt sich mir die ganze Vergangenheit... Bin ich denn toll?... Hat sie mich denn nicht geliebt?... Ist sie nicht hier hinter meinem Sessel hundertmal gewesen, hat ihre Lippen auf meinen Kopf gepreßt und mit den Händen meinen Hals umschlungen?... Waren wir nicht glücklich?... Wer aber ist dieser blonde, schöne, junge Mann?... Warum ist mir sein Gesicht so bekannt erschienen? ... Ist mir's jetzt nicht, als hätte ich ihn zu wiederholten Malen, wenn ich mit ihr im Theater war oder in einem Konzert, uns gegenüber gesehen, den Blick unverwandt auf sie gerichtet? War es nicht er, der einmal, als ich mit ihr spazierenfuhr, dem Wagen so lange nachgeschaut? ... Wer war er? Wer? Wer? Ein Schwärmer vielleicht, den sie nicht einmal gekannt ... den sie nicht einmal eines Blickes gewürdigt ... Auch ich hätte ihn ja kennen müssen ... Er hätte doch einmal in irgendeiner Gesellschaft sich uns zu nähern versucht ... Nein ... er hat mich vielleicht vermieden ... Er hat meine Frau gekannt, ohne mich zu kennen ... Er hat sie auf der Straße verfolgt ... er hat es gewagt, mit ihr zu sprechen ... Nein! Sie hätte es mir erzählt! ... Erzählt! ... Wenn sie ihn liebte? ... Ach, sie liebte ja mich ... Mich? ... Woher weiß ich das? Weil sie mir's gesagt hat? ... Sagen sie's nicht alle, und die Falschesten öfter als die Besten? ... Oh, ich werde ihn finden ... ich werde ihn finden ... und fragen ... Und er ... selbst wenn er von ihr geliebt wurde, was wird er antworten? ... Ich bin zu ihrem Grabe hinausgewandert, weil ich sie liebte ... sie aber hat nie etwas davon erfahren ... Kann ich denn die Wahrheit aus ihm herauszwingen? ... Ja ... was also soll ich tun? ... Weiterleben? ... So weiterleben? ...

Seit drei Tagen habe ich ihn nicht wiedergesehen. Ich bin all die Zeit draußen gewesen, er erschien nicht mehr. Die Totengräber wissen nicht, wer er ist ... Die nächsten Tage will ich straßauf, straßab rennen, ich muß ihn finden ... Er ist vielleicht abgereist ... Einmal muß er wiederkommen ... Er muß wiederkommen? ... Und wenn er tot ist ...? Wenn er nicht leben kann ohne sie? ... Oh, es wird humoristisch! Noch einer, der ohne sie nicht leben kann ... Ich hätte nur die eine Sehnsucht, ihm zu sagen ... Mein Verehrter! Betrüben Sie sich nicht allzu tief. Sie hat jedenfalls auch mich geliebt ... Ja, eifersüchtig möchte ich ihn machen ... Ihr Bild habe ich von meinem Schreibtisch heruntergeschleudert, da liegt es, mitten im Zimmer ... Und da, mitten im Zimmer, auch ihre Briefe, die Briefe, die sie in ihren Schränken und Pulten aufbewahrt hat ... Denn ich habe alles aufgerissen und durchstöbert ... Was habe ich gefunden? ... Briefe von mir, Blumen von mir, Bänder, Schleifen ... vielleicht auch eine Blume von ihm ... wie soll man das der Blume ansehen? ... Was habe ich denn finden wollen? ... Bewahrt denn eine Frau etwas auf, was sie verraten könnte?... Ich habe auch in ihren Kleidern, die noch dahängen, herumgesucht... ein kleines Briefchen, ein Zettel, den man in die Hand drückt, ist leicht vergessen... Sie aber hat nichts vergessen...

Ich bin nicht mehr auf dem Friedhofe gewesen. Mich schaudert davor, das Grab wiederzusehen... Es kommen ruhigere Minuten... Nachdem die ersten Tage vorübergegangen sind, ohne daß ich wahnsinnig geworden, muß ich mich dareinfinden, nie die Wahrheit erfahren zu können... Wie beneide ich jene Betrogenen, die über ihr Unglück klar geworden sind! Wie beneide ich selbst das Los derjenigen, welche ein Verdacht quält und die weiter wachen, weiter spionieren dürfen, die den glückseligen Augenblick erwarten, in dem die Ungetreue sich durch einen Blick, ein Wort verraten wird... Ich aber bin ein Verdammter für ewige Zeit; denn das Grab gibt keine Antwort... Und manchmal fahre ich des Nachts aus meinen wüsten Träumen auf, von dem Gedanken gequält, daß ich vielleicht das Andenken einer Unschuldigen entweihe... Wie gern möchte ich sie weiter lieben, das Weib, das mich so selig gemacht hat... Wie gern möchte ich sie hassen können, die Erbärmliche, die mich betrogen und beschimpft... Vor mir, hier auf dem Schreibtische, steht wieder ihr Bild, denn ich habe es vom Boden aufgehoben und lasse es an seinem früheren Platze stehen. Wenn ich dich anbeten dürfte, hinstürzen vor dieses Bild, wie vor das einer Heiligen und weinen! Wenn ich dich verachten dürfte, dieses Bild zertreten unter meinen Füßen!...

Abende, Nächte lang starre ich in diese stummen, lächelnden, rätselhaften Augen...

REICHTUM

I

Frühmorgens, in den Schlummer herein, hörte Weldein die Stimme seiner Frau. Sie stand, zum Fortgehen angekleidet, neben seinem Bette und sagte: »Guten Morgen, Karl, ich muß in die Arbeit.« Sie nähte außer dem Hause. Weldein zog die Decke bis über das Kinn, er erinnerte sich dunkel, daß er sich angekleidet ins Bett geworfen hatte. »Guten Morgen«, erwiderte er. Sie sah ihn an, mitleidig, resigniert. »Der Kleine ist schon in der Schule . . . und was machst denn du?«

»Hab' heut keine Arbeit. Laß mich schlafen.«

Sie ging. Alles das war ihr nichts Neues. Bei der Türe wandte sie sich um. »Vergiß nicht, heute ist der Zins zu zahlen. Das Geld liegt abgezählt in der Lade.« Und sie sah wieder ihren Mann an, schien sich eines andern zu besinnen. Sie schritt zu dem Wäschekasten, öffnete die Lade und nahm Geld heraus . . . »Ich will es lieber selber zahlen.«

»Gut, zahl es selber«, lachte er.

Sie ging mit einem letzten traurigen Blicke. Und Karl Weldein lag da, allein, halb wachend, mit offenen Augen. Das Zimmer sah ärmlich, aber wohlgehalten aus. Durch die zwei blanken Fenster blitzten die Morgenstrahlen der Frühlingssonne. Die Wanduhr schlug in einförmigem Tick-Tack . . .

Plötzlich sprang Weldein aus dem Bette. Er stand da in Frack und mit weißer Krawatte; das Hemd zerknittert, die Schuhe bestaubt, die kurzgeschnittenen Haare wirr, die Augen rotgerändert. Er trat zu dem einfachen Wandspiegel, der über der Kommode hing. Er betrachtete sich und lächelte. »Guten Morgen, Herr Weldein«, sagte er, »guten Morgen.« Dann tänzelte er im Zimmer umher und begann ein Lied zu pfeifen. Dann setzte er sich auf den Bettrand, schlug die Beine übereinander und dachte nach . . . Er mußte sich allmählich besinnen. Daß es kein Traum gewesen, das stand nun fest; wie wäre er sonst in diesem Anzug ins Bett gekommen? Es war also Leben und Wahrheit.

Und er sah sich wieder in jenem Wirtshaus, wo das Abenteuer

begonnen hatte. Er sah sich mit jenen ärmlich gekleideten Leuten an einem Tische sitzen und Karten spielen, wie er es so oft getan. Er empfand sogar wieder den Geruch der qualmenden Lampe, die wie immer auf dem Tische stand, und die rundliche Gestalt des Wirtes erschien vor ihm, die in der Türe gelehnt war, als jene Fremden hereintraten. – Gestern abend war es geschehen...! War es denn möglich?

– Er hatte sein Geld verloren, alles, alles! Und die Fremden, die an dem Spiel ein heiteres und neugieriges Gefallen fanden, hatten ihm Geld gegeben, damit er weiterspielen könnte, und – nun begann das Glück, das unerhörte, rätselhafte Glück.

... Weldein erhob sich vom Bettrande und begann im Zimmer hin und her zu gehen. Seine Augen glühten, wie er nun sein Erlebnis in Gedanken ein zweitesmal durchlebte... Er sah sich mit den beiden Fremden die dumpfe Wirtsstube verlassen, er hatte dort nichts mehr zu suchen; die anderen Spieler, denen er all ihr Geld abgewonnen, waren verdrossen aufgestanden.

Und wie er nun in der engen Vorstadtgasse stand und die beiden Fremden näher betrachtete, die ihm erschienen waren wie die guten Geister im Märchen!... Er mußte ihnen erzählen, wem sie eigentlich geholfen hatten. Ach ja, wem! Einem armen Anstreicher, der einmal Maler hatte werden sollen und dem alles fehlgeschlagen war, was er begonnen... aber wahrhaftig auch alles! Nun hatte er für Weib und Kind zu sorgen, brachte sich auch mühselig und redlich durch die Welt. Nur zuweilen kam es wie ein böses Verhängnis über ihn; das war in jenen Wochen, in denen er spielen und trinken mußte, ja, mußte! ob er wollte oder nicht. Und auch im Spiel immer das alte Unglück! Heute wieder, wie jedesmal!

Wer aber waren die Fremden? Er hatte sie einfach darum gefragt, und sie nannten sich vor ihm: der eine Graf Spaun, der andere Freiherr von Reutern, was ihm weiter nicht sonderbar vorkam; denn daß es junge Leute von Adel waren, das hatte er ihnen auf den ersten Blick angesehen.

... Und jetzt, während sie durch die abendlich stillen Gassen der Vorstadt schritten, entschied sich Weldeins Los! – Denn die beiden Männer an seiner Seite waren erfindungsreich, lustig und kühn. Wäre ihnen sonst ein so seltsamer Plan durch den Kopf geflogen? Hätten sie sonst den Streich ausgedacht, den sie mit ihm vollführten?

Und nun zogen, der Reihe nach, die seltsamen Bilder der heutigen Nacht vor ihm vorüber. Er erblickte sich im Laden des Friseurs, wo sein wirres Haupt- und Barthaar sorglich hergerichtet wurde; er sah sich in dem Ankleidezimmer des Grafen, wo man ihn mit dem eleganten Gesellschaftsanzuge versah, den er jetzt noch am Leibe trug. Und dann – dann sah er sich mitten unter all jenen reichen und vornehmen Herren am grünen Tische sitzen, in dem großen, prächtigen Spielsaal des Klubs mit den vielen glänzenden Spiegeln, und er erinnerte sich, wie er, der Verabredung getreu, einen schweigsamen Amerikaner vorstellen mußte, den der Zufall der Reisen einmal auch hierher gebracht, die alten Freunde aufzusuchen, die er kennengelernt... wo nur?... in Moskau... oder Paris. Die zwei Herren, die ihn heraufgebracht, hatten wohl nicht gedacht, wie ihr Karnevalsscherz enden würde... Mit brennender Deutlichkeit sah Weldein alles wieder vor sich; ihm war, als fühlte er die glatten Karten in seiner Hand; er erblickte die Goldstücke, die Banknoten, die sich vor ihm häuften; er erinnerte sich, wie auf dem Stuhl neben ihm ein eisgefüllter Kübel mit einer Flasche Champagner stand, und wie er Glas auf Glas von dem berauschenden Getränke hinunterstürzte. Auch des eigentümlichen Ausdruckes in den Gesichtern der anderen Spieler entsann er sich völlig genau: wie sie zuerst erstaunt waren über sein nie versagendes Glück, und wie dann das Erstaunen in Bestürzung überging, als er mit jeder Karte gewann... und endlich aufstand, leuchtenden Auges, aber wortlos starr ob seines Abenteuers – ein reicher Mann!

Und nun hatte der Graf ihn über die breite mit Teppichen bedeckte Treppe hinabgeleitet, ohne ein Wort mit ihm zu sprechen. Sie standen unten beim offenen Tore. Die Straße vor ihnen war menschenleer. Die Laternen brannten hell, eine wunderbare milde Luft wehte durch die Nacht. »Gehen Sie... Herr Weldein ... gehen Sie nach Hause...«, sagte der Graf. Und Weldein stand auf der Straße, allein – mit einem Vermögen in der Tasche. Er wandte sich um, sein hochgeborener Freund verschwand eben im Stiegenhause, ohne sich noch einmal umzusehen... Die Flammen in den Straßenlaternen tanzten, und Weldein schwankte davon...

Und wie er nun überdenken wollte, was in dieser Nacht weiter mit ihm geschehen, stauten sich seine Gedanken. Er besann sich kaum, wie er nach Hause gekommen. Aber alles hatte er erlebt, wahrhaftig erlebt, und er war reich, daran gab es keinen Zweifel mehr... Und während er im Zimmer auf und ab ging, murmelte er vor sich hin:

»Was nun? – Die heutige Nacht bleibt mein Geheimnis... denn diese Nacht ist nur der Anfang eines neuen Lebens... In einigen Tagen verschwind' ich aus der Stadt, jawohl, ich verschwinde aus der Stadt... Meine Frau mag ohne Sorge sein, ich werde ihr schreiben, wohin sie mir nachzukommen habe. Nach dem Süden – – nach Monte Carlo... wo ich nicht der Anstreicher Weldein bin, wo mich niemand kennt!...« Er versank in Sinnen.

»Gut, sehr gut...« Er warf den Frack ab, tat ihn samt dem übrigen Zubehör seiner eleganten Person von gestern in ein Bündel. Bald stand er im Arbeitsgewande vor dem Spiegel. Er lachte wieder... »Guten Morgen, Herr Weldein«, rief er laut, jubelnd beinahe. Er trat zum Fenster, schaute auf die Straße. Ein sonniger Frühlingstag! Er öffnete beide Flügel. Lind wehte der Morgen um seine Stirn. Er tat einen tiefen Atemzug, mit einem stolzen erobernden Blicke schaute er in die Höhe... Drüben im Nachbarhause war alles wie sonst; bei einigen Fenstern noch die Vorhänge herabgelassen; bei anderen sah man Frauen im Morgenkleid putzen und abstauben, dann wieder ganz im Hintergrunde der Zimmer verschwinden. Unten bei der geöffneten Ladentür hämmerte der Schuster... Alle waren fleißig, waren bei der Arbeit.

Karl Weldein trat vom Fenster zurück, zündete sich eine Zigarre an und legte sich der Länge nach aufs Bett. Er war reich, er war glücklich. Er ruhte vielleicht eine Stunde lang, die Zigarre lag neben dem Bette ausgebrannt auf dem Boden, als er erwachte. Mit einem dumpfen Gefühl im Kopfe erhob er sich... Es war ihm etwas Wichtiges eingefallen. Wo war sein Geld? – Er hatte irgend etwas damit getan. Aber was? Ach ja, freilich... wie er von jenem Tore aus durch die Straßen taumelte, da war es ihm ja plötzlich durch den Sinn gefahren, daß er das Geld nicht mit sich nach Hause nehmen konnte... es war zuviel!... Da war ihm nun der tolle Gedanke gekommen, seinen Reichtum zu verstecken...

In der Nacht war es ihm so ganz natürlich erschienen – in jenen Augenblicken, da ihm der Kopf von dem glühenden Weine wirbelte und heiß war –, daß er das Geld vor der Frau, vor den Nachbarn, vor allen Menschen überhaupt verstecken müßte!... Er hatte eine seltsame Empfindung von Angst, beinahe von Schuld gehabt, als er in der Nacht durch die Straßen schwankte, die ihm jetzt fast sonderbarer vorkam als sein ganzes Abenteuer...

... Aber was tat es weiter? – Am Ende hätte auch wahrhaftig seine Frau das Geld vorzeitig gefunden ... und da ... hätte es dann im Kasten liegen und einrosten können ... Nun, es war jetzt geschehen ... er hatte seinen Reichtum versteckt – und er hatte einfach nichts anderes zu tun, als ihn wieder zu holen. Freilich nicht jetzt ... erst in der Nacht. In der Nacht mußte er hingehen ... hingehen ... hingehen ... Er griff sich an die Stirn ... Wohin gehen? ... Nun ja ... von dem Gebäude des Klubs aus durch jene lange Straße ... und dann ... ja, wohin dann ... ja, links ... und dann ... Ja, wohin? Wohin war er gegangen? ... Links ... links ... links ... Und Weldein suchte in seinem Gedächtnisse. Er fuhr sich mit beiden Händen durchs Haar. Er stampfte auf den Boden. Er murmelte ... Wohin ... Er schrie ... Wohin? Er ging mit gesenktem Haupte im Zimmer hin und her, im Kreise. Er fing an, in singendem Tone vor sich hinzusagen: Wohin ... wohin ... wohin?

Nun stand er wieder beim offenen Fenster. Wagen rasselten vorbei. Er schlug die Flügel wieder zu. – Wagenrasseln. Das hatte er auch heute nacht gehört, kurz vorher ... »Nun, nur Ruhe«, sagte er sich. »Also ... die Wagen rasselten in der Straße ... gut ... und dann ging ich links.« Er stand still da, die Stirn am Fensterkreuz, und grübelte. Er erinnerte sich genau an die dunkle lange Straße ... dann kam eine Kreuzung – er war zur linken Hand weitergegangen – und von da an ... wohin? ...

Er stand da, minutenlang, totenblaß, den Schweiß auf der Stirn. Es war, um toll zu werden! Er nahm seinen Hut, der auf dem Tische lag und setzte ihn auf. Er stürzte die Tür hinaus, die Treppe hinunter und fort, fort – dorthin!

II

Da lag sie vor ihm, die lange, lange Straße im hellen Sonnenschein des Morgens, und er eilte den Häusern entlang weiter. Da kam die Kreuzung, endlich – und da ... da war er links gegangen, wieder durch eine schöne, aber viel weitere Straße! Er kannte sie natürlich, aber er erinnerte sich nicht, nachts hier gewesen zu sein. Nun freilich, es war ja ganz dunkel gewesen. Und nun entsann er sich eines wichtigen Moments ... er hatte sich gebückt. Er wußte es ganz deutlich ... aber wann hatte er sich gebückt? Wie weit war er gegangen? Minutenlang? Eine

Stunde lang?... Ruhe, Ruhe, sagte er sich wieder, indem er stehenblieb. Er stand da und ließ das Leben der Stadt um sich fluten... Sommerlich angetan spazierten sie daher, jung und alt, alle freuten sich des neuen schönen Tages. Niemand kümmerte sich um ihn... Er versuchte zu pfeifen, irgendein Ding, das ihm just über die Lippen kam. Er konnte nicht, die Kehle war ihm zugeschnürt. »Warum bist du so aufgeregt« – sagte er sich dann... »du bist links gegangen – eine gute Weile... und hast dich dann gebückt. Also unten, irgendwo unten muß es liegen... das ist ja schon sehr viel... so viel zu wissen... denn gestern um die Zeit warst du noch ein armer Schlucker... Aber... wozu bückt man sich... Um etwas zu vergraben... Ich habe es also vergraben... oh... ich weiß ja noch mehr... es rauschte durch die Bäume... In einem Garten also hab' ich's vergraben... Nein... es war kein Garten... es hallte wider... es war ein Brunnen... ja, ein Brunnen, und darum rauschte es... und ich stieg hinunter, und darum hallte es wider.« Er ging immer dieselbe Straße auf und ab und sagte wohl hundert Mal' vor sich her... »Es rauschte... und es hallte wider...« Nach einer Weile hielt er inne... »Und wenn es ein Brunnen war... wo... wo? – Aber nein, es ist zum Lachen, es war kein Brunnen... gewiß nicht! Und wie gut, daß es kein Brunnen war, denn ich könnte ihn doch nicht finden, das ist gut...« Er lachte. – Die Zähne klapperten ihm, er glaubte toll zu werden. Dann fing er wieder an: »Es rauschte und hallte wider...« Er stand vor einer Branntweinschänke... Er ging hinein und ließ sich ein Gläschen füllen... Durch die Fenster sah er wieder auf die Straße, wo die Menschen teilnahmslos und fröhlich vorüberzogen... Er trank und trank... »Nun muß es mir ja einfallen... denn im Rausch sieht der Mensch klarer... Gewiß... heute nacht fand ich den Weg ja im Dunkeln... nur weil ich betrunken war... ich werde ihn jetzt wiederfinden.« Als er hinaustrat, schwankte er ein wenig, aber sein Herz war leichter... »Nun bin ich ja lustig«, murmelte er... »Lala, tralala... lustig... Und warum bin ich lustig?... Weil ich fühle, wie mir die Erinnerung zurückkommt... Links... ja links! Da bin ich... und ich ging... irgendwohin, wo es rauschte und widerhallte... Nur lustig... Du wirst schon finden, Weldein!«

Er war an das Ende der Straße gelangt und befand sich am Eingang eines großen Parkes; ein leichter Wind zog durch die Blätter...

»Siehst du, Weldein ... es rauscht schon ...« Er taumelte vorwärts ... über einen breiten Kiesweg, zu dessen Seiten hohe Bäume im Blätterschmuck prangten. Auf den grünen Bänken saßen Kindsmägde und junge Mütter; alte Herren, Studenten schritten vorbei; Kinder spielten mit Reifen und Steinen. Weldein nahm einen Seitenweg; er kam bald auf einen freien Wiesenplan, auf den die Sonne glühte ... Der Rasen war nicht eingezäunt; im Abendschatten pflegten hier die Kinder zu spielen; jetzt lagen da einige junge Burschen, die schliefen. Über diese Wiese schwankte Weldein weiter. Das Gezweig bewegte sich leicht; ganz leise säuselte es in den Blättern ... »Es rauscht, es rauscht ...«, lallte Weldein. Dann sank er hin auf den heißen Rasen, und ein dumpfer Schlummer befiel ihn. Nach kurzer Zeit schon setzte er sich auf und starrte vor sich hin ... Sein Kopf war freier, und er begann von neuem nachzusinnen. »Es ist wohl Mittag vorbei, und gestern war ich ein armer Schlucker ... Es kommt darauf an, nun ja, natürlich, darauf kommt es an, daß ich ruhig genug werde, um mich an alles zu erinnern. Unsinn! Erinnern muß ich mich am Ende ... Jetzt ist's zu heiß ... man kann nicht nachdenken, wenn einem die Mittagssonne auf den Schädel brennt ... Also Ruhe ... und warten, bis es kühler wird.« Er stand auf und spazierte mit gemächlichem Gange durch die Alleen des Parkes. Manchmal war es ihm, als ob er sich auf die Erde werfen, mit den Nägeln im Sande wühlen müßte. Er knirschte mit den Zähnen; er biß sich in die Lippen. Einigemal setzte er sich auch auf eine Bank; doch hielt es ihn nicht lange. Es war ihm, als müßte er schreien und fluchen. Plötzlich stürzte er davon – weg aus diesem Park, wo die Bäume unaufhörlich rauschten. Er begriff nicht, was er so lange darin gemacht hatte ... Er wanderte durch die Gäßchen und Gassen; bald langsam, bald schnell; er dachte nicht daran, daß er noch keinen Bissen gegessen hatte ... Die halbe Stadt durcheilte er kreuz und quer, Tränen der Wut im Auge, und als der Abend kam, stand er wieder in jener langen Straße vor dem Branntweinladen, todmüde. Und wieder ging er hinein, setzte sich zu einem kleinen Tischchen und ließ sich ein Glas vom allerstärksten geben. Und wie er es vor sich stehen hatte und an die Lippen führen wollte, da konnte er nicht trinken; die Tränen flossen ihm über die Wangen, und das Gesicht in den Händen, schluchzte und weinte er wie ein Mann, der sein Liebstes verlor! Anfangs schaute man ihn wohl an; das hübsche Mädchen, das beim Schanktische stand, und auch die Leute, die sich in dem

Laden neue Kräfte oder einen neuen Rausch holten; aber ernstlich kümmerte es ja keinen, und sie ließen den guten Mann da ruhig weinen, wie es ihm beliebte. Nach einer geraumen Weile wischte sich Weldein die Tränen aus dem Gesicht und trank seinen Branntwein aus ... Er ließ sich einen frischen geben, und dann wieder einen; er trank wohl eine Stunde lang. Auf der Straße brannten die Laternen; die Nacht brach herein. Ein dünner, warmer Regen fiel nieder. Das Wagengerassel wurde schwächer, der Menschenstrom spärlicher. Und Weldein trat wieder hinaus, er nahm den Hut vom Kopfe, ließ den Regen über seine Haare rieseln. Die Abendluft kühlte ihm die Stirne ... Langsam schritt er weiter ... so ruhig hatte er sich seit dem Morgen nicht gefühlt ... »Nun, an die Arbeit«, sagte er sich ... »Nun wirst du's finden.« Und zum hundertsten Mal wiederholte er sich ... »links – und es rauschte und hallte wider ...« Er schüttelte den Kopf ... »Das ist nicht alles ... das ist zu wenig.« Er schaute vor sich hin ... und plötzlich glitt ein Schein von Hoffnung über sein Gesicht ... »Vom Gebäude des Klubs aus bin ich hingegangen ... warten wir noch eine Weile, und dann machen wir's ebenso wie gestern. Ja, ja, so muß es gehen, und nun ruhig ... ruhig.« Und wieder spazierte er hin und her; nahm seine kurze Pfeife aus dem Sack, stopfte sie und zündete sie an ... Die Zeit wird schon vergehen ... Und Weldein durchkreuzte wieder die Stadt. »Sollte wohl einen Augenblick nach Hause schauen ... Ach, lassen wir's lieber ... Hm ... aber essen ... Im Gasthaus, wo mich gestern die Herren trafen? Nein, nein, später, wenn der Hunger kommt ...«

Die Minuten und Viertelstunden schlichen hin ... endlos dehnte sich die Zeit. Ab und zu hatte Weldein auf einer Bank für eine kurze Weile geruht; dann war er wieder aufgestanden; die Mitternacht wollte nicht kommen. In den Straßen wurde es menschenleer ... Der Regen fiel heftiger als früher ... Dann wurde es wieder lebhaft in der Stadt; die Wagen fuhren zahlreicher, man begegnete auch mehr Fußgängern; die Theater waren aus. Also zehn Uhr vorbei ... Noch zwei Stunden bis dahin ... Und was tun bis zwölf Uhr ... Es zog ihn wieder unwiderstehlich in jene lange Straße. Essen? Nein, er konnte nicht. Aber trinken! ja ... Das beruhigt doch wieder ein wenig. Also wieder in die Schänke! Doch nein, nicht in die, wo man ihn schon kannte ... Lieber in irgendein Wirtshaus, um irgendeine Kleinigkeit zu essen. Es trinkt sich besser dabei ... So ... hier.

Und er ging in ein kleines Wirtshaus, ließ sich eine Speise auftragen und trank Wein dazu. Er aß langsam; er wartete von Bissen zu Bissen. Über der Eingangstür war eine Uhr... sie war wohl stehengeblieben... Nein, nein, die Zeiger rückten nur so langsam. Draußen hörte er eine Turmuhr schlagen. Er zählte ... neun ... zehn ... elf ... Oh ... elf Uhr! und da ist eben dreiviertel vorüber... Dieser Wirt! Natürlich. Damit man länger sitzt und mehr verzehrt. Er ließ sich eine Zeitung geben, las sie vom Anfang bis zu Ende durch, mit brennenden Augen, mit dem festen Willen, nur an das zu denken, was er las, aber er faßte kein Wort auf... Er zahlte und ging. Die Uhr zeigte ein Viertel nach elf – es war also halb zwölf... Einsam, tot die Straße. Langsam begab er sich nach dem Klubhaus... Da war es – da lag es vor ihm; das Tor weit offen, die Fenster erleuchtet, glänzend inmitten der von matten flackernden Laternenlichtern erhellten Straße... Das Herz klopfte ihm, als er, auf der gegenüberliegenden Seite stehend, das Gebäude betrachtete. Es kam ihm wie etwas Riesiges vor, wie eine steinerne Macht. Es schaute ihn an, wie er es anschaute... Die strahlenden Fenster waren hundert glühende Augen, die ihn verschlangen. Und der Augenblick trat ihm wieder ins Gedächtnis... Der große Augenblick, in dem er die Bank sprengte und ein Gleichberechtigter war unter all den vornehmen Herren, die mit ihm am selben Tische saßen... Da oben, ja... Das waren die Fenster. Und jetzt fort... noch einmal, noch einmal das Geld gewinnen!

Er ging bedächtig... er bog um die Ecke... die lange, lange Straße... weiter, noch weiter... links... er versuchte an nichts zu denken... so... gut. Da muß es gewesen sein... und jetzt wieder eine andere Straße... gut... hier war es... denn hier zog es ihn weiter... so... und nun... ja... dort... es rauschte... es rauscht... wahrhaftig... was ist das... ah, der Fluß... war es hier vielleicht... gewiß... nein... ja! Da stand er... Vor ihm, leise schäumend, glitzernd von den Laternen, die an seinen Ufern stehen, der Strom, der die Stadt durchschneidet. Und drüben wieder Häuserreihen... und darüber der wolkenbedeckte Nachthimmel, von dem unaufhörlich der warme Regen niedertropfte. Seltsam mischte sich das Geräusch der fallenden Tropfen mit dem schläfrigen Brausen der Wellen. Also da?... Und er schritt dem Ufer entlang; links... dann kehrte er um... rechts... und dann hielt er inne an einem mächtigen steinernen Löwen, der ein Standbild am Ende einer Brücke vorstellte. Er betrat die Brücke, über die eben ein schwerer Wagen rollte...

Das Geräusch verlor sich. Stille ringsum, nur der Regen und die Wogen da unten. Und am Geländer lehnend schaute er hinab; ratlos, bebend... »Was hat mich hierher geführt... Mußte ich nicht hierher? Und jetzt?« Immer blickte er hinab... es schwindelte ihn. Plötzlich ein schauerlicher Gedanke, daß er zusammenzuckte. »Vielleicht... hab' ich's ins Wasser geworfen!« Und er begann wie ein Kind zu wimmern. »Ins Wasser geworfen... weil ich betrunken war... Betrunken hab' ich mich! Und warum denn? Da oben! Und warum hab' ich's denn verstecken wollen? Vor meiner Frau? Vor dem Kind? Hätten sie mir's denn gestohlen? War ich denn verrückt! Was hab' ich denn getan?... Was hab' ich denn getan?... Ich weiß doch, daß mich das Trinken verwirrt macht... Da drinnen, da unten das Geld! Spring nach, Weldein, du Dummkopf, du Trunkenbold, du Schuft!«

Und er hielt sich am Geländer fest, während er schrie und raste... »Verstecken! ich hab' es verstecken müssen... Im Strom... Auf dem Grund?... Nein! Ich kann es nicht hineingeworfen haben! So närrisch ist der ärgste Narr nicht!... Aber wo ist es?... Wo? Wo? Wo?...«

Der Regen ließ nach... am Himmel zeigten sich dunkelblaue Streifen, und einige Sterne blickten nieder. In tiefem Schlummer lag die nächtliche Stadt; ab und zu ein Ton aus der Ferne, der kaum zu deuten war; einmal ein verklingender Gesang von heimkehrenden Zechern... dann wieder alles ruhig; und unter ihm, von ihm weg, den verhüllten Bergen zuströmend, die gleichmäßig rauschenden Wogen... Lange, sehr lange lehnte er noch da; die Augen waren ihm wieder trocken; er selbst war ruhig geworden... Und wieder ein Hauch von Leben... Von der anderen Seite der Brücke kam es... Karren, von feisten Gäulen gezogen; zuerst einer, dann zwei oder drei zu gleicher Zeit; die Bauern kamen vom Land zu Markte... Eine nahe Turmuhr schlug... eins... zwei... Und wieder tiefer, großer Frieden. Weldein verließ die Brücke, und das Rauschen verklang allmählich hinter ihm... Als er es gar nicht mehr hören konnte, wollte er wieder dahin zurück... Aber er schüttelte den Kopf und ging seines Weges weiter... gedankenlos vorwärts... Er sah auf die Pflastersteine zu seinen Füßen... er begann seine Schritte zu zählen... Er zählte immer weiter, kam bis hundert – dreihundert – sechshundert. Dann hörte er auf. Es kam wieder über ihn; er mußte wieder daran denken... »Und kann man denn so weiterleben?« fragte er sich. »Und was ist's jetzt mit mir? Bin ich reich? Bin ich arm? Werde ich es finden? Muß ich's nicht einmal finden? Natürlich, ich muß ja... Es wird die Stunde kommen, wo ich's wieder weiß. Wenn ich im Bett liege... oder morgen... in einigen Tagen... wenn ich wieder ruhig bin...«

Und vorwärts... der heimischen Vorstadt zu. Ein grauer Morgenschimmer im Ost... Bald erwacht alles wieder zum neuen Tage, zur neuen Arbeit. »Und ich?« dachte Weldein. »Auch ich wieder zur Arbeit –? Ich, der Millionär?... Wieder auf die Leiter steigen und anstreichen?... Und heute früh noch hat mir die ganze Welt gehört?...« Da vor ihm lag das Haus, in dem er wohnte... Er erschrak, da er es mit einem Mal sah... dort oben sein Fenster offen, nur die Vorhänge heruntergelassen, die sich leicht bewegten. – Und Weldein lehnte sich eine Weile ans Haustor, dann nahm er seinen Schlüssel und sperrte die Türe auf. Schauerlich klang es ihm, als sie ins Schloß fiel. Hinter ihm alle Hoffnung, alles Glück! Langsam stieg er die Treppe hinauf... zurück ins alte Elend.

III

Und die Jahre zogen dahin. Karl Weldein strich die Zimmerdecken und Wände an, betrank sich zuweilen und spielte nicht mehr. Er, der reiche Mann, um lumpige Groschen! Und manchmal, wenn ihm der Branntwein zu Kopfe gestiegen war, da durchzuckte es ihn, als hätte er's gefunden. Und mit einem Male alles wieder dunkel. Manchmal kam es wie ein gewaltiges Staunen über ihn, daß er damals nicht verzweifelt war. Aber als nur die ersten Tage überwunden waren, ging es schon besser. Anfangs machte er allabendlich den Weg jener Nacht... immer ruhiger aber, und manchmal nur mit dem Gedanken: ein recht schöner Spaziergang. Andere Abende jedoch und ganze Tage und Nächte kamen, wo ihm der Wahnsinn nahe schien. Dann... der Schnaps! Auf ein paar Augenblicke Hoffnung, ein Schein des Glücks. Zuweilen, wenn er mit dem großen Pinsel in der Hand auf der Leiter stand und die Farben auf die Zimmerdecke hinwarf, wünschte er sich, herunterzufallen, damit endlich einmal dieses dumme Leben zu Ende sei! War denn das ein Leben! Die kränkliche Frau zu Hause, die mit ihrer Näharbeit gar wenig verdiente und dabei immer blasser und magerer wurde. Der Bub mit den geflickten Kleidern, der wild aus der Schule gestürmt kam und immer Hunger hatte. Und dann das kärgliche Mittagmahl in der ärmlichen Stube, ohne daß was Rechtes dabei gesprochen wurde. Im Wirtshaus die Kameraden, die alle doch nur an sich selber dachten. Und draußen in der Welt das viele Glück und all das Schöne, an dem er vorüber mußte – er, der reiche Mann! ... Und all den Kummer mußte er in sich verschließen. Wenn er's in die Welt hineingerufen hätte: »Ich bin sehr reich ... unendlich reich ... ich weiß nur nicht, wo ich mein Geld habe!« – wie hätte man da gelacht! Gelacht? Ins Narrenhaus hätte man ihn gesteckt!

Eines Tages las er in der Zeitung den Tod des Freiherrn von Reutern angekündigt. Das war ein Trost für ihn. Ja, man stirbt schließlich doch. Es kam ihm vor, als wenn er an diese angenehme Lösung ganz vergessen hätte. Nun gab es nur einen mehr, der die Geschichte jenes Abends kannte, den Grafen Spaun. Weldein haßte ihn. Einmal bestürzte ihn der folgende Gedanke: wie, wenn Graf Spaun, plötzlich verarmt, sich an ihn erinnerte und zu ihm käme mit den Worten: Mein lieber Weldein, ich hab' dich reich gemacht, gib mir einen Teil von deinem Reichtum ... Der Gedanke ließ ihn nicht mehr los. Er zitterte vor dem Grafen Spaun. Und wie, wenn dieser es einmal in einer lustigen Stunde seinen Freunden erzählte! Und die kämen zu ihm – alle – lustig, höhnend! Heda, Herr Anstreicher, nicht so karg! Man läßt sein Weib und seine Kinder nicht hungern, wenn man Geld im Kasten hat! Und er, was könnte er sagen? Ich hab' es nicht im Kasten, – ich hab's – ich weiß nicht wo? Wer glaubt solchen Unsinn! Dann überlegte er wieder: das Beste wäre, er suchte den Grafen auf und teilte ihm sein Mißgeschick mit! ... Sein Mißgeschick! Mehr als das! Das tollste Unglück, das je einem Menschen widerfahren war.

Aber was kümmerte sich die Welt, die Zeit um ihn! Er stand auf seiner Leiter und strich an. Die Haare an seinen Schläfen wurden grau; er wurde dick, begann an schwerem Atem zu leiden und hustete. Die Trinker werden früh alt.

Als sein Sohn zwölf Jahre alt war, starb die Mutter. Sie war nicht lange im Bett dahingesiecht; sie legte sich erst hin, als sie bald sterben mußte. Sie war mild und gut die letzten Tage; sie küßte die Hand ihres Mannes, der neben ihrem Bette saß; sie streichelte die Haare ihres Buben.

»Geh, Karl«, sagte sie noch an ihrem letzten Lebenstag ...

»laß den Buben doch werden, was ihm Freud' macht... er wird schon mehr Glück haben als du und ich.«... Beide weinten still an ihrem Bette, der Junge kniete, und der Mann saß auf einem wackeligen Stuhl, der manchmal knackte. Und der Abend kam, ein Frühlingsabend, so mild, so maienduftig wie jener verhängnisvolle Abend vor sechs Jahren. Weldein dachte daran... er sah sich wieder auf jener Brücke stehen und hörte die Wellen rauschen, den Regen herabtropfen. Er hatte schon zwei Nächte gewacht... nun schlief er ein... Ganz dunkel war es, als er aufwachte; der Junge hatte ihn leise und ängstlich gerüttelt. »Was gibt's?« fragte Weldein... Kein Atemzug mehr vom Kopfpolster her... »Ein Licht zünd an«, rief er mit verhaltener Stimme, aufspringend und sich zu seinem Weib herniederbeugend. Er rief: »Du... du, du... du... hör doch?« Der Knabe kam mit dem Licht. Er traute sich nicht ganz heran. Der Vater nahm ihm das Licht aus der Hand und hielt es zum Kopfende des Bettes hin. Eine Minute vielleicht starrte er auf das blasse Gesicht, das auf dem weißen Polster lag. Hinter ihm der Bub weinte... Weldein stellte das Licht auf das Nachtkästchen, wandte sich um zu ihm, und leise sagte er: »Hast recht, Franz, daß du weinst; die Mutter ist tot.«

IV

Der junge Weldein wollte Maler werden, und sein Vater war stolz darauf. Er mag erreichen, was mir nicht geglückt ist, dachte er. Aber die erste Zeit war schlimm genug! Die Künstlerschaft fing damit an, daß man den Jungen aus der Schule jagte. Er taugte nichts; er zeichnete während der Schulstunden und kümmerte sich nicht um die Dinge, die man von ihm verlangte. Und zu Hause! Da saß er zuweilen vor einem Blatt Papier und übte sein Talent; meist aber stand er müßig beim Fenster und starrte in die Luft. Dann ging er auch hinunter in den Hof, tollte herum mit den Buben und Mädeln. Spät abends erst kam der Vater; – nach der Arbeit das Wirtshaus, dann die Familie. – Und manchen Abend, wenn das Geld für die Schänke nicht mehr reichte, dann nahm er wohl den Jungen mit sich und spazierte durch die Straßen der Stadt. Und beinahe jeden Tag denselben Weg... vor dem Klub vorbei, durch die lange Straße... links... links... und zum Flusse hin. Und er dachte: »Was hätte aus ihm werden können, wenn ich das Geld hätte! Und jetzt wird er sich plagen müssen, bis man überhaupt bemerkt, daß er da ist... er wird verhungern, bevor er etwas Großes geworden.« Und sie wanderten zusammen am Ufer des Flusses hin und her, arm beide, der alternde Vater mit den halberloschenen Augen in dem aufgedunsenen Gesicht und der Jüngling an seiner Seite mit dem sehnsüchtigen Blick... Und manchmal sah ihn der Vater an und dachte, wie er selbst einmal so Herrliches gewollt und wie die Welt vor ihm schön und weit dagelegen. Und noch einmal, später, an jenem Abend, wo er reich geworden, ja noch einmal so schön und weit. Und von neuem ergriff ihn eine stille Verzweiflung... wollte es denn nicht enden? Und dabei zog es ihn immer denselben Weg zur selben Brücke. Oh, es war besser, sich betrinken, als immer daran denken müssen!... Der Franz zeichnete und malte weiter, Köpfe zumeist, in denen ein gewisser leidenschaftlicher Ausdruck steckte; der Vater glaubte Talent darin zu sehen; ja, er sagte ihm einige Male... »Geh hin, zeige sie in der Akademie, vielleicht nehmen sie dich auf!...« Aber der Junge entschloß sich nicht dazu; die Blätter wurden verstreut, und er selbst tat wochen- und monatelang nichts, gar nichts... Dann kam es dazu, daß er dem Vater manchmal bei der Arbeit aushalf. Und es geschah auch, daß er mitten in der erbärmlichen Anstreicherei seinen wahren Genius erwachen fühlte, den groben Pinsel, die Farben, den ganzen Taglohn hinwarf, nach Hause eilte und sich ins Zimmer verschloß, um zu zeichnen oder zu malen. Da saß er stundenlang, und es war ihm, als müßte er etwas Großes, Herrliches vollenden. Und wenn es zu Ende war, war's wieder mißlungen. Er warf das Zeug in eine Ecke, und es begann wieder eine Zeit des Nichtstuns, in der er sein Geld in Gesellschaft leichtsinniger Kameraden vertrank und verspielte.

So vergingen die Monate und Jahre, und der Hausstand von Weldein Vater und Sohn fristete ein armseliges Dasein von Tag zu Tag. Und einmal, Franz stand damals im zwanzigsten Lebensjahre, kam er frühmorgens nach Hause, als die Sonne schon in die Stube hereinblickte. Der Vater lag nicht im Bette; er lag auf der Erde, atmete schwer, das Gesicht war rot; die grauen Haare, verwirrt, hingen in die Stirne herein. Franz schaute ihn lange an. Ihn schmerzte der Kopf; auch er war von einer durchschwärmten Nacht heimgekehrt; hatte seine letzten paar Groschen verspielt, wie sie sein Vater vertrunken hatte... Ein leichter Schauer durchfuhr den jungen Mann. Welch ein Leben lag

vor ihm! Welch ein leeres, elendes Leben! Und nach einer Weile rückte er sich den Tisch zum Fenster hin, und auf ein Blatt Papier begann er eine Skizze hinzuwerfen... Anfangs ging die Arbeit nicht recht von der Hand; als die Stunden weiterrückten, ward es besser. Er empfand es, das mußte was Rechtes werden. Und immer weltvergessener arbeitete er fort, als wäre nichts um ihn, was ihn kümmern könnte. – Das Blatt Papier war zu klein... er zerriß es, nahm ein größeres und begann von neuem. Und die Begeisterung mit all ihren Wundern kam über ihn... Die Arbeit ward ihm so leicht, es war gar keine Mühe mehr. Und die Stunden verrannen, der späte Nachmittag war da... Die Skizze war vollendet... Ein kleiner Wirtshaustisch, um ihn herum ein paar Trinker und Spieler, das war alles. Und am besten, wie gewöhnlich, war ihm der Ausdruck der Leidenschaften in den Gesichtern gelungen. Er betrachtete sein Werk mit glühenden Augen. Das war wenigstens ein Stück von dem, was er gewollt. Er wandte sich um, sein Vater stand hinter ihm.
»Guten Morgen... Franz«, lallte er.
»Guten Abend«... erwiderte Franz. –
»Ah – schon Abend... das war ein gesunder Schlaf.« Er lachte. »Es war lustig gestern... ja... Und du hast wieder einmal was gemacht? Laß schauen... So...« Er sah die Skizze aufmerksam an... »So...« Er wurde ernst... ein Gefühl von Vaterstolz erwachte in ihm... »Du, das ist schön, sehr schön... So was... Franz...« Er hielt inne.
»Was meinst du, Vater?«
»So was hab' ich nie getroffen... auch in besseren Zeiten nicht!«
Und beide, Vater und Sohn, ließen ihre Blicke auf der Skizze weilen.
Nach einer Weile hob der Vater das Bild vom Tisch auf, und es dem Sohne reichend, sagte er: »Du, das aber trag hin... jedenfalls. Trag's hin in die Akademie.«

V

Ein paar Jahre darauf hing ein kleines Bild des jungen Weldein in der Ausstellung. Man begann von seinem eigenartigen und bedeutenden Talent zu sprechen. Eines befremdete jedoch an ihm: es schien, als könnte er nur Spieler und Trinker malen. Es war wie ein Verhängnis. Er versuchte wohl seine Kunst an anderen Themen; doch keines wollte ihm so recht gelingen. Wie verzweifelt saß er manchmal vor seiner Staffelei, wenn er sein Bild der Liebe, der Seligkeit hinzaubern wollte ... lächerliche Fratzen starrten ihm entgegen, nicht Engelsangesichter. Er mußte sich endlich fügen, ein unsagbarer Zwang waltete über ihm. »Bin ich wahnsinnig«, fragte er sich manchmal, »oder kommt es daher, weil ich selbst jenem Laster verfallen scheine?« ... Und er versuchte seiner selbst Herr zu werden, er wollte dem Wein, den Karten entrinnen. Es war nicht möglich ... ja, sobald er einige Tage sich aus dem Kreise der Freunde zurückgezogen, wo das Spiel und der Trunk winkte, war er wie gebrochen und todesmatt. Es fehlte ihm jedweder Trieb zum Schaffen. Und dann eilte er wieder an den Spieltisch, zu der Flasche ... Und wenn er dann am hellichten Morgen, wie damals, da er seinen Vater auf dem Boden liegend gefunden, nach Hause kam, da war er wieder der große Künstler, der die wahre Lust und das wahre Können empfindet. Er mußte sich drein ergeben. Sein Vater war ein alter, kranker Mann geworden. Er blieb in seiner alten Wohnung, während der Sohn sich in derselben Vorstadt ein kleines, lichtes Zimmer im vierten Stock, nahe dem Himmel und dem Licht, gemietet hatte. Zuweilen besuchte ihn der alte Weldein, und müde vom Treppensteigen setzte er sich zum Fenster hin, blieb still da sitzen, während Franz malte oder auf dem Sofa lag und rauchte. Manchmal sprachen sie und klagten ... Der Alte verdiente nur wenig, und bei dem Jungen ging es mit dem Ruhme und dem Reichtum auch nicht rasch genug vorwärts ...

Einige Male sagte der Vater: »Daß du nur solche Dinge malen kannst, daran bin ich schuld. Mein ganzes Blut ist vergiftet, ja, vergiftet.« Der Sohn erwiderte nichts und malte weiter.

Und in der Stille des Gemaches, wenn Weldein so stundenlang dasaß, überwältigte ihn der Gedanke seines Alters schmerzlich und tief. Da vor sich sah er einen, dem auch nichts Besseres beschieden war ... Und das, womit beide hätten glücklich werden können, wo war es? Wie ein Traum zog ihm manchmal jene Nacht durch den Sinn.

Und dann unterbrach der Junge sein Sinnen und erzählte, was er malte ... Jetzt ... eine Spielergesellschaft in einem verrufenen Hause ... ein paar Weiber, die zwischen den Spieltischen stehen, die Champagnergläser in der Hand. Das war bald vollendet. Dann ein kleines Bild ... Am Kamin ... Er und sie ... Sie spielen

Bésigue; über die Karten weg lächeln sie sich an ... Ein anderes, das halbvollendet in der Ecke stand ... aus dem Mittelalter ... Landsknechte, die Würfel spielen ... Es wollte nicht geraten, es war nicht modern genug ... Der Alte hörte zu, und dabei begann die Nacht hereinzudämmern. Und auch der junge Maler stellte sich zum Fenster, das er weit öffnete, um die Abendluft hereinströmen zu lassen.

Es war ein Sommerabend, schwül und traurig. Verhallend drang der Lärm der Straße herauf; gleichmäßig rollte das dumme Leben weiter. Stets dasselbe eintönige Geräusch. Was immer sie da unten treiben, immer dasselbe schwerfällige Summen dringt herauf ... Und die letzten Sonnenstrahlen glitten sachte die Dachzinnen hinauf, um da oben allmählich zu verglänzen, Schatten breiteten sich aus, zerflatterte Wolken erschienen am Himmel, lässig hingeworfen; weiße Streifen zeichneten sich ab ... Lange währte die Dämmerung. Der alte Weldein blickte zum Himmel, wo wieder einer seiner öden Tage zur Neige ging.

Öfter als früher kam ihm jetzt der Gedanke: wird es bald vorbei sein? Und er fühlte manche Zeichen des Alters, das ihm vor der Zeit genaht war.

Sie hatten nun eine Weile in den Abend hinausgestarrt, der Vater unterbrach das Schweigen.

»Hast du eine neue Idee?«

»Eine neue?«

»Ja, für ein großes Bild, mein' ich.«

»In den Umrissen – ja.«

»So? Und was soll's denn werden?«

»Ich will den Klub malen.«

»Den Klub?«

»Ja, den Spielsaal des adeligen Klubs.«

Der alte Weldein stand plötzlich auf. »Das wolltest du? ...«

»Hältst du es für zu schwer? ...«

»O nein! Aber woher nimmst du die Gestalten?«

»Nun, ganz einfach aus dem Klub –«

»Du warst doch niemals dort?«

»O ja, schon zweimal.«

»Dort? ... Im Spielsaal? ... Wie war dies möglich?«

»Ein Mitglied führte mich ein. Es ist derselbe Herr, der mein letztes Bild gekauft hat ...«

»Die schwarze Kugel?«

»Ja ... Er kam neulich in der Ausstellung selbst auf mich zu und sagte, er interessiere sich für mein Talent ... dann war er hier oben und betrachtete sich meine Skizzen. Bei dieser Gelegenheit bat ich ihn um die Gefälligkeit, mir Eintritt in den Klub zu verschaffen, um dort für mein neues großes Gemälde Beobachtungen sammeln zu können.«

»– So ... Wie wurde er denn auf dich aufmerksam?«

»Nun, offenbar durch mein Bild in der Ausstellung ...«

»Wie heißt der Mann?«

»Graf Spaun.« –

Weldein zuckte zusammen und ließ sich wieder auf den Sessel fallen. Da es volle Nacht geworden, entging dem Sohne die Bewegung im Antlitz des Vaters.

»Spaun ... sagst du ...«

»Ja, ein Mann nah den Fünfzigen, sehr kunstverständig und nicht ohne Phantasie.«

»Phantasie ... jedenfalls ... hat er nach mir gefragt? ...«

»Nach dir, Vater?« wiederholte der Sohn lächelnd.

»Nun, ich meine, nach deiner Familie.«

»Ja, so beiläufig. Ob die Eltern noch leben, ob ich aus reichem Hause sei ...«

»Und du hast geantwortet?«

»Wie merkwürdig du mich frägst! Ich habe die Wahrheit gesagt.«

»Er war wohl sehr erstaunt, der Graf.«

»Erstaunt? – Warum?«

»Nun, daß es ein junger Mensch aus so armem Hause so weit gebracht hat.«

»So weit! Glaubst du das wirklich, Vater?«

»Nun ja! Man kennt doch deinen Namen. Man sagt doch: der Maler Weldein.«

Der junge Mann lächelte wieder. Mit gelinder Wehmut erfüllte ihn, was er für väterliche Eitelkeit hielt ... Er trat vom Fenster weg, und das Gespräch kurz abbrechend, sagte er: »Ich will nun Licht machen.«

»So? Du bleibst daheim?«

»Ich warte noch ein wenig.«

»Auf wen?«

»Nun, auf den Grafen.«

Der alte Weldein erhob sich. »Er kommt? Graf Spaun?« Es klang wie ein Angstruf.

»Was hast du, Vater?«

»Nichts ... Aber ich ... kann mit solchen Herren doch nicht umgehen ... Nein, nein, laß mich ... Ich freue mich sehr ... er wird dir viel nützen. Leb wohl, Franz.«

»Was ist dir?« Und er schaute den Alten, auf den von dem Kerzenlicht ein schwacher Schein fiel, befremdet an.

»Aber nichts ... Franz ... Du bist komisch, was soll denn sein? Ich gehe, wie immer am Abend, bin ich denn je so lange geblieben? – Meine Freunde im Wirtshaus warten schon! Du gehst wohl ...«

»Ich gehe mit dem Grafen in den Klub.« Und lachend setzte er hinzu: »Es ist da auch das Gute, daß ich nicht mitspielen kann ... Da geht's hoch, Vater ... das anzusehen ... Aber du hast ja nie gespielt?«

»Nein, nie ...«

Und beide schauten dem Fenster zu, ins Dunkle, Leere. Und vor beiden erschien dasselbe Bild. Ein jubelnder Lichterglanz ... Mitten darin der große grüne Tisch; und die Karten fallen, und Vermögen rollen hin und her ... Ein Rausch überkam sie ... der Rausch der Spieler, die sich erinnern. Der Rausch der Menschen, die daran denken, daß es nur eine Laune des Zufalls braucht, um sie reich und hochbeglückt zu machen. Ein Luftzug strich herein, das Kerzenlicht flackerte ... Der grüne Tisch versank, der Glanz der Lichter löschte jäh aus ...

Der Alte nahm seinen Hut und ging. »Guten Abend, mein Sohn«, sagte er noch bei der Tür. Und so rasch er konnte, eilte er die Treppe hinunter. Es war an der Zeit gewesen. Kaum war er aus dem Tor getreten, so nahte von der anderen Seite die Gestalt des Mannes, die er seit jenem Abend wohl nicht mehr gesehen, aber nicht vergessen hatte. Mit weit offenen Augen blieb Weldein stehen ... Und ins Tor sah er ihn hineintreten, sah ihn die ersten Stufen hinaufsteigen und verschwinden – wie damals auf der Stiege des Klubs, als er von ihm mit seinem Reichtum spät nachts mitten auf der Straße verlassen worden. Und Weldein trat weiter weg vom Tore; er schaute hinauf zum Fenster seines Sohnes und wartete. An der gegenüberliegenden Wand erschienen Schatten, die sich bewegten ... Sein Sohn und Graf Spaun ... Ihn schauerte ... Warum nur? Ein Gedanke kam ihm plötzlich ... Er wird ihm Unglück bringen! Und er wollte wieder zurück, hinauf, seinen Franz retten ... Der helle Lichtschein im Flur brachte ihm die Besinnung zurück ... Er blieb stehen ... »Narr«, murmelte er vor sich hin. Und er ging in die Schänke.

VI

Früh morgens kam Franz Weldein nach Hause; voll von Eindrücken, ja mit einem Hauch von Begeisterung setzte er sich hin, um einige Skizzen hinzuwerfen. Und doch ... irgend etwas war, was ihn störte. »Ich weiß, was es ist«, sagte er vor sich hin. »Ich weiß, was mir fehlt ... Ja, wenn ich mich hinsetzen könnte mitten unter die Leute und mitempfinden, was sie empfinden; das wär' was andres! Dann könnt' es ein Bild geben! Ja dann!–«

Und er skizzierte weiter. Nach einer Stunde wurde er müde. »Ich will ein wenig ruhen«, dachte er ... »mich nicht zu Bette legen ... ich will nur darüber sinnen ...« Und er streckte sich auf das Sofa ... Er schloß die Augen, und das Bild entwickelte sich vor ihm. Da ist der Saal in seiner stolzen Einfachheit. Die vier großen Spiegel in goldenen Rahmen ... Eigentümliche Reflexe, die von einem zum andern fallen. Ein großer Herr mit blondem Schnurrbart in der Türe stehend, eine Gardenia im Knopfloch ... Eine Gruppe Teilnahmsloser, an einem der großen Fenster stehend, plaudernd, Zigaretten rauchend ... Und dann die Spieler um den Tisch ... Der Herr mit dem schwarzen Vollbart. Doch nein ... sie durften nicht zu erkennen sein ... Nur irgendein Schimmer von jedem ... Bei jedem findet die Leidenschaft des Spiels irgendeinen Ausdruck, der gerade ihm eigentümlich ist. Fast alle scheinen ruhig, doch er, der Künstler, sieht, was den anderen verborgen ... Um die Lippen des einen, um die Augenwinkel des anderen, auf der Stirne eines dritten gewahrt er den Abglanz desselben Feuers.

Und Franz Weldein lag mit geschlossenen Augen da, er fühlte, wie er dem Wahren näherkam. Ein Geräusch von schweren Schritten schreckte ihn auf. Jemand war hereingetreten. Der Maler schlug die Augen auf. »Wer ist da?« Es war ein unbekannter Bursche. Weldein erhob sich rasch.

Der Bursch sprach hastig, den Hut in der Hand. »Ich bitte ... Herr Weldein, Ihr Vater ist ... ich bin vom Haus ... er ist krank geworden ... Sie möchten hinkommen.«

»Krank? Wie? ... Was ist denn geschehen?«

»In der Nacht, wie der Herr Vater nach Hause gekommen ist ...«

»Nun, was denn?«

»Geschrien und gesungen hat er die ganze Nacht, und jetzt liegt er im Fieber ...«

»Im Fieber? Ist schon der Arzt dort?«
»Nein, im Haus hat man gesagt, ich soll zuerst zu Ihnen . . .«
»Kommen Sie.«

Und beide eilten hinunter. Auf der Treppe sagte Franz Weldein:

»Im Hause nebenan wohnt ein Doktor . . . Sie bringen ihn mit, verstehen Sie?«

»Jawohl.«

Und der junge Künstler lief dem Hause seines Vaters zu, das kaum hundert Schritte entfernt war. Nach wenigen Minuten stand er an dem Bette des Kranken. Eine Nachbarin hatte unterdessen bei diesem gewacht.

Der Alte lag stöhnend mit halbgeschlossenen Augen auf dem Bette ausgestreckt. Sein Gesicht war hochgerötet . . . Er erkannte seinen Sohn nicht. Dieser rief ihn an: »Vater, Vater!« Die Nachbarin, eine gute, alte Frau, wollte den jungen Mann trösten. »Jetzt ist er schon ruhiger«, meinte sie. – »So, so . . .«, sagte Franz. Beide standen eine Weile da, ratlos den Alten betrachtend. »Da ist der Herr Doktor«, sagte die Nachbarin.

»Oh, endlich!« rief Franz aus und trat dem eintretenden Arzt, einem noch jungen Manne, den er selbst zuweilen zu Rate gezogen hatte, entgegen. »Nun, was gibt's denn?« fragte der Arzt. »Ihr Herr Vater, wie ich höre.«

»Jawohl, Herr Doktor, mein Vater« . . ., und zur Frau gewendet . . . »Ich danke Ihnen sehr. Sie werden vielleicht später wieder so gut sein!« – Die Frau ging.

Der Arzt war zum Bett getreten und betrachtete den alten Weldein prüfend und ernst. Angstvoll stand der Sohn dabei . . . Er sah zu, wie der Arzt das Ohr an die Brust des Kranken legte, horchte, wie er den Puls griff, die Atemzüge zählte. Nach einigen Minuten schien die Untersuchung zu Ende zu sein . . .

»Gefährlich?« fragte der Sohn.

»Ihr Vater hat eine Lungenentzündung.«

»Lungenentzündung . . . da kann man ja davonkommen . . .«

»Gewiß kann man. Aber es scheint . . . Ihr Vater war ein Liebhaber von geistigen Getränken . . . nicht wahr?«

»Allerdings. Hat das einen Einfluß?«

»Leider ja, Herr Weldein. Im übrigen ist noch kein Grund da, zu verzagen. Nun . . . wir werden weiter sehen . . .«

»Also gefährlich«, flüsterte Franz.

Der Arzt antwortete hierauf nicht weiter, gab dann Anordnungen und Ratschläge. Aufmerksam und traurig hörte der junge Mann zu. Mit herzlichen Worten nahm der Arzt Abschied, und Franz blieb allein bei dem Kranken zurück. Es war ein Augenblick gekommen, wo dem Alten das Bewußtsein teilweise wiederzukehren schien, und er nahm wie im Traum die dargebotene Hand seines Sohnes in die seine. »Willst du etwas? ... Vater ... Willst du etwas?« Dieser bewegte die Lippen ... Der Sohn beugte sich hernieder, um etwas von den Lippen herablesen zu können. Aber ganz vernehmlich, nur heiser stieß der alte Weldein jetzt das Wort hervor: »Trinken!« ... Dann begann er zu husten, lange und qualvoll ...

VII

Die ersten Tage war es noch leidlich gegangen; in der dritten Nacht aber vermehrte sich der Husten, das Stöhnen wurde angstvoll, der Ausdruck des Gesichts verfallen. Dabei sprach der Kranke im Schlaf, wollte aus dem Bett springen. Nicht *einmal*, zehnmal vielleicht; erst gegen Morgen wurde es besser. Auch der nächste Tag war schlecht. Am Abend des fünften sagte der Arzt zum Sohne: »Mein lieber Herr Weldein, es steht ernst. Sie müssen sich gefaßt machen; es ist meine Pflicht, Ihnen das zu sagen.« – »Gefaßt ...«, wiederholte Franz tief bestürzt ... »gefaßt.« – »Nur Ruhe, lieber Freund ... Sie sind ja ein Mann.« Damit ging er. ... Der junge Weldein stand da, festgebannt, ihm nachstarrend ... minutenlang. Das Licht zu Häupten des Kranken flakkerte, in der Mitte des Zimmers auf dem Tisch stand eine schlecht brennende Öllampe.

Franz ging ein paar Mal im Zimmer hin und her, als hätte er was zu suchen, dann stellte er sich ans Fußende des Bettes, die Arme auf die Lehne desselben stützend; er war todesmatt, manchmal dem Einschlummern nahe, ... da ward sein Arm müde, und das Bettgestell knackte ... Er schrak zusammen und entfernte sich wieder. Auf eine Weile ging er in den Gang, wo durch das offene Fenster frische Luft hereinströmte. Der volle Mondschein glänzte auf den Steinflies. Etwas Schmeichelndes, Tröstendes lag in dem weichen süßen Glanze. Da kam dem jungen Manne der Einfall, im Zimmer des Kranken dieses Licht sich verbreiten zu lassen, und so begab er sich wieder in die Stube und ließ die niedergelassenen Fenstervorhänge hinauf ... Und es flutete herein, über das Fensterbrett, über den Fußboden, über das Bett, und die weißen Linnen schimmerten blau. Daraus hervor glänzte das abgezehrte Gesicht des Alten ganz blaß – so blaß ... Und die Lippen ganz weiß ... Und auf dem Kasten die leeren Medizinphiolen schillerten ... Der junge Weldein blieb beim Fenster stehen, müd, traurig, ohne Macht. Und jetzt, gerade jetzt, das erste Mal seit der Krankheit seines Vaters, dachte er an etwas anderes als an den Kranken selbst. – Das Bild erschien wieder vor ihm, und er sah sich selbst vor der Staffelei sitzend ... malen. Und Strich für Strich entwarf er es im Geist ... Und er vergaß auf einige Augenblicke alles andere ringsum ... Plötzlich hörte er die Stimme seines Vaters. Er war aufgewacht! – Er sprach! War's möglich? Und noch einmal: »Franz! – Mein Sohn!« – »Du rufst, Vater? Vater!« Und schon stand er beim Bett, die Hand des Kranken ergreifend, der ihn mit großen Augen ansah, aber nichts mehr redete. »Du willst etwas, Vater?«

Der alte Weldein neigte den Kopf. »Wie? Was meinst du?« fragte Franz. Und er setzte sich auf die Bettstatt, mit fragendem Blicke den Kranken betrachtend. »Ein Wunder, mein Sohn, ein Wunder« – sagte dieser.

»Wie? Du fühlst dich wieder wohl – gesund?«

»Nein ... o nein – ich werde sterben ... aber ... oh ... wenn ich's nur sagen kann.« Und er schloß die Augen, holte tief Atem; mit aller Macht schien er das entweichende Leben festhalten zu wollen.

»Mein Sohn ... komm näher heran ... näher zu meinem Mund ... ein Wunder ... zwanzig Jahre hatte ich's vergessen, in dieser Stunde kommt mir die Erinnerung. Höre ...«

»Ich höre ...«

»Franz, du bist reich ... Ein Schatz für dich liegt vergraben.«

Mitleidig und erschrocken blickte der Sohn auf den Kranken ... nun war es klar: der Alte sprach im Fieber. Aber der merkte den Ausdruck im Antlitz seines Sohnes und sagte: »Ich spreche die Wahrheit ... ein Schatz ... bei der Brücke ... Löwenbrücke ... Ich habe Geld gewonnen ... hab' es vergraben; im Klub hab' ich's gewonnen und dann versteckt.«

»Im Klub? Du, Geld?«

»Ja, Graf Spaun ... Du wirst ihn fragen ... er wird es dir erzählen, wie er mich mitnahm eines Abends und ich soviel gewann ... Und getrunken hab' ich – viel – sehr viel ... Und das Geld dann versteckt. Ich habe vergessen, wo ... es war ein

Elend... Du weißt, was für ein Elend es war. Dieses ganze Leben lang... Und jetzt – jetzt...«

Er hatte sich im Bett aufgerichtet; seine Stimme war kräftiger geworden; kräftig selbst der Druck seiner Hand, mit dem er die seines Sohnes umklammert hatte, der atemlos lauschte.

»Jetzt – plötzlich – wie ich so dalag, ist es wieder in mir aufgewacht. Diese ganze Nacht! Die Brücke, ja! Die Brücke... Es war dort, ich wußte es ja! Unter der Brücke... unter den Steinen... ein Hammer lag daneben... ich riß das Erdreich auf... ich vergrub das Geld, und mit dem Hammer schlug ich drauf... darum rauschte es und hallte wider.«

»Vater! Wo ist das? Ich verstehe dich nicht! Ein Schatz... unter der Brücke, wo?«

»Die Löwenbrücke... der Weg diesseits unter der Brücke, knapp am Flusse... zu dieser Jahreszeit zwei Schuh breit vom Wasser weg. Da geht ein schmaler Weg zur Landungsstelle... gepflastert. Damals wurde eben gearbeitet, es war kaum vollendet. Mit einem Hammer schlug ich das Pflaster auf... Dort liegt das Geld!«

»Aber...!«

»Du glaubst es nicht. Es ist so...«

»Unter der Löwenbrücke?«

»Unter dem gepflasterten Weg... gewiß wird es dort sein!... Ich sehe es. Ich sehe auch, wie ich es unter die Steine legte. Man kann es von dort nicht weggetragen haben, nein... du wirst es finden, du wirst reich und glücklich sein.«

»Vater!... Du träumst noch.«

»Nein! Ich träume nicht! Ich weiß es.«

»Nun ja, aber der Weg ist lang unter der Brücke.«

»O nein, nicht lang... beim zweiten Pfeiler auf den ersten Schlag mit dem Hammer mußt du's finden.«

Franz griff sich an den Kopf; er verstand das Ganze noch nicht recht.

»Mein Sohn... rasch... geh hin!«

»Jetzt?«

»Ja, jetzt, weil es Nacht ist. Meinen Arbeitskittel nimm... und den Hammer, der draußen liegt... neben dem Ofen... ja... geh gleich... ich will es noch sehen... in ein Tuch ist es eingebunden, Papier und Gold. Geh... geh!«

Der Sohn stand auf, seiner Sinne nicht mächtig, er eilte hinaus. Im Vorzimmer nahm er den weißen Arbeitskittel des Vaters vom

Haken und den Hammer, der dalag, und verbarg ihn unter dem Rock. Er dachte in diesem Momente an nichts anderes als an den Schatz ... kein Gedanke mehr an den Sterbenden ... vor ihm tanzte und drehte sich das Geld, das Geld ... lichtes, tanzendes Gold! Und er eilte davon. – Die Straßen waren leer, er lief durch sie ... da kam er in jene lange Straße, durch die vor vielen Jahren der alte Weldein das gewonnene Geld getragen ... und bald zur Brücke, auf der er einen Tag später gestanden, verzweifelt und jammernd, während unter seinen Füßen all der Reichtum lag, der ihn selig gemacht hätte. Da also ... und schon stand er am zweiten Pfeiler ... Über ihm wölbten sich die Bogen der Brücke, neben ihm rauschte der Strom hin, die Strahlen des Mondes auf seinen Wellen weitertragend.

Und Franz Weldein begann sein Werk. Nach wenigen Minuten waren zwei Lagen von Steinen ausgesprengt. Nichts ... nichts. Jetzt rollte ein Wagen oben über die Brücke ... dumpf ... schwer ... Franz begann von neuem ... Und hier ... ja ... etwas, das aussah wie ein Tuchende ... und jetzt ... noch ein Stein ... Es rauschte und hallte wider ... und das? das! Es war dunkel unter der Brücke, mit beiden Händen griff Franz nach etwas Weißem, das dalag. Ein Tuch ... zusammengebunden. Auf damit ... Er riß die Knoten auseinander ... Gold ... Banknoten ... Ja! er war's! der Schatz! Der Reichtum, das Glück! Und Franz steckte das Ganze unter den Kittel ... mit zitternden Händen ... War's denn möglich? Und wie er unter der Brücke wieder hervortrat und das Licht der freundlichen Nacht ihn umglänzte, da hätte er auf die Knie fallen mögen, weinen ... vor Freude ... vor Glück. Er begann zu laufen ... plötzlich hielt er inne ... Er blickte um sich. Niemand in der Nähe? Ja doch, ein paar harmlose Spaziergänger ... Aber schnell gehen mitten in der Nacht könnte Verdacht erregen. Verdacht? Hat er denn ein Unrecht getan? Nun ... immerhin ... Und so ging er denn in bedächtigem Schritt weiter, die linke Hand gemächlich in der Hosentasche, mit der Rechten seinen Reichtum unter dem Arbeitsrock schützend.

Ein Gefühl von unendlichem Frieden überkam ihn allmählich ... Nun war alles gut. Und sein Bild so gut wie vollendet ... Ruhe, Reichtum ... alle Wonnen der Erde! Und der alte Mann, der sterben mußte? – Der junge Weldein begann rasch zu gehen ... wer weiß, ob der Anblick des wiedergefundenen Geldes den Alten nicht wieder gesund machen würde. Was hatte ihn denn krank gemacht? Die Armut, die Hoffnungslosigkeit, das Elend. Also hin, rasch hin, um ihm das Glück und die Gewißheit guter Tage zu bringen. Als er in das kleine Vorzimmer trat, war alles ruhig. Nur keine Übereilung. Er wechselte den Rock, hing den Arbeitskittel wieder an den alten Platz. Das Tuch mit dem Geld schob er unters Hemd. Nun ins Zimmer. »Vater«, rief er, »ich bring' es! ich hab' es!« Und er stürzte zum Bette hin, da lag der Kranke bewußtlos, mit keuchendem Atem. Kalter Schweiß auf der Stirne. Gewiß, es ging zu Ende.

»Vater!« rief Franz .... Keine Antwort!

Vergeblich bemühte sich Franz, den Alten zu erwecken ... er rief ihn an, er schrie, er fuhr ihm durch das wirre Haar. Er hauchte ihn an ... Er rieb ihm die kalten Arme und Beine mit seinen warmen Händen ... Einmal glaubte er zu bemerken, daß sich die Augenlider öffnen wollten. Nichts ... nichts ... der Atem wurde schwächer ... Keine Bewegung; keine Antwort, die Zeit verrann, ratlos saß Franz da ... »Vater! ... Das Geld! ich hab' es hier.«

Gegen Morgen kam der Arzt. Er schritt rasch auf das Bett zu, kaum vernehmlich grüßend ... Er griff nach dem Puls ... »Nicht mehr fühlbar ...«, sagte er.

»Wie ... Sie meinen also?«

»Ich bitte« – flüsterte der Arzt, den Finger auf den Mund legend. Er wollte Ruhe, wollte den Atem beobachten. Er stand aufrecht da ... dann beugte er sich zur Brust des Alten und legte sein Ohr daran ... Nach zehn, zwanzig Sekunden erhob er sich langsam und streckte dem Sohn, der am Fußende des Bettes stand, den Blick angstvoll auf den Arzt gerichtet, die rechte Hand entgegen. Wortlos ... »Er ist tot?« schrie Franz auf ... die Hand ergreifend.

»Er hat ausgelitten«, sagte der Arzt bewegt. Franz sank auf einen Stuhl, dabei hörte er selbst, wie die Goldstücke in seiner Brust aneinanderklangen. Er zuckte zusammen, griff mit der einen Hand danach. Dann schaute er den Doktor an, ob er es gemerkt hätte ... nein! der war zum Fenster getreten. Er öffnete es. »Es ist so schwül hier«, sagte er leise. Die Morgensonne lag über den Nachbarsdächern.

VIII

Zwei Männer gingen miteinander die Stufen zum Klub hinauf...
Graf Spaun und Franz Weldein.

»Sind Sie denn wirklich in der rechten Stimmung?« fragte der Graf...

»Sie wundern sich darüber?«

»Begreiflicherweise! Bedenken Sie nur, Sie kommen von dem kaum geschlossenen Grab Ihres Vaters zu mir gelaufen und beschwören mich, Sie heute hierher, an diese Stätte des Glanzes und der Freude zu führen.«

»Für mich ist sie nicht das! Für mich ist sie der Ort meiner Studien... Und gerade dieses Bild liegt mir am Herzen, ich muß es malen, muß es bald malen...«

»Sie haben doch schon vieles fertig?«

»Skizzen... ja... es fehlt mir noch etwas... irgend etwas.«
Sie waren unterdessen in den Vorsaal gekommen und begaben sich geradewegs in den Spielsaal.

»Und was fehlt Ihnen?« fragte der Graf.

»Sie werden vielleicht lachen.«

»Nie über eine Künstlerlaune, mein Lieber.« Beide waren durch die Türe des Spielsaales getreten und standen ganz nahe dem grünen Tische, an dem die Spieler saßen.

»Nun, Herr Graf«, setzte der junge Weldein fort, während sein Auge auf die Karten blickte. »Die Begeisterung zu dem Bilde fehlt mir noch!«

»So?... Das ist doch nicht sonderbar? Sie werden die glückliche Stunde schon einmal finden!«

»Wann?«

»Das kann ich nicht wissen«, sagte der Graf lächelnd.

»Aber ich weiß es«, stieß der Künstler so heftig hervor, daß ihn der Graf befremdet ansah.

»Nun?« fragte er.

»Ich selbst, ja, Herr Graf; ich selbst muß einmal empfinden, was diese Menschen hier empfinden.«

»Wie?«

»Verstehen Sie mich recht, Herr Graf! Leider – ich weiß es ja, liegt in meiner ganzen Kunst etwas Krankhaftes... Sie wissen – ich kann eigentlich nur gewisse Dinge malen, und dies ist doch nicht ganz in der Ordnung.«

»Ja, ja«, sagte der Graf, »das ist wohl ein bißchen verrückt.«

»Verrückt«, betonte Weldein, »ja, das ist das Wort – und ich bin so verrückt«, er stieß die Silben hervor . . . »ja, so verrückt, hier mitspielen zu wollen . . .«

Graf Spaun blickte ihn fest und ruhig an . . . »Hier?«

»Ja . . .«

»Hm!«

»Ich muß von diesem Feuer die Funken mitnehmen können . . . Sie verstehen mich doch; diese . . . gerade diese Funken brauche ich! . . .«

»Ihre Idee, mein Freund, ist schwer durchführbar . . . Denn an sich würde ich sie nicht gar so verrückt finden . . . Ja . . . es steckt sogar eine richtige Überlegung darin . . . Aber Sie wissen, so gerne Sie hier als der talentvolle Künstler gesehen sind, von dem man weiß, daß er für sein Werk Atem und Leben sucht, ebenso . . .«

»Wie? Herr Graf? Ein Wort von Ihnen würde nicht genügen, um mir für – für einen Abend nur auch das Gastrecht an diesem Tische zu gewähren . . .«

»Nun, gewiß könnte man mir das nicht abschlagen . . . aber . . .«

»Was hält Sie noch ab?« Glühenden Auges verfolgte der Maler unterdessen das Hin- und Herfliegen der Riesensummen, welche auf die Karten gesetzt wurden.

»Sie sehen ja selbst, mein junger Freund, hier wird um Beträge gespielt . . .«

»Oh, Herr Graf . . . Das wäre kein Grund.«

»Kein Grund? Ich glaube doch.«

»Ich besitze noch ebensoviel Geld als . . .«, und er sah dem Grafen scharf ins Auge, »als mein Vater an diesem Tisch gewonnen.« Der Graf blieb einen Augenblick sprachlos . . . Dann trat er einen Schritt zurück und sagte leise und hastig zu dem jungen Weldein: »Seit wann wissen Sie?«

»Seit seiner letzten Stunde!« – »Also doch. Ich dachte es ja! Anfangs meinte ich, er hätte es verspielt und vertan . . . Also versperrt! Ein Geizhals geworden!«

»Nein, Herr Graf . . . nicht das . . . es war anders . . . Später will ich Ihnen davon erzählen . . . genug, daß ich geerbt habe, daß ich es besitze.« Ohne weiter ein Wort zu sprechen, kam der Graf mit dem Künstler auf den Spieltisch zu und sagte: »Meine Herren, unser junger Freund, der Maler Weldein, den Sie alle kennen . . . möchte um die Ehre bitten, einmal an Ihrer Partie teilnehmen zu können.«

»Mit Vergnügen ... gewiß, bitte sehr, hierher ...«, so klang es ihm entgegen. Und da saß er. Es war wahr!

Hier an dem grünen Tische! Eine wonnige Aufregung überkam ihn ... Er zog seine Banknoten hervor und legte sie vor sich hin ... Da ... etwas flog vor ihn hin ... eine Karte. Er wollte sie nehmen. »Entschuldigen Sie«, sagte der Geber ... »Ihr Nebenmann.«

Ach ja, natürlich ... es kam noch nicht an ihn ... der Nebenmann verlor. Das war ein Glück für ihn, für Weldein. Er durfte schon eine größere Summe wagen, denn nun war die Wahrscheinlichkeit des Gewinnes für ihn eine weit größere. So ... da vor ihm lag seine Karte.

Er verlor ... Ach, der erste Satz! Der ist bald zurückerobert... Er setzte wieder und einen etwas höheren Betrag als das erste Mal. Die Karte Weldeins verlor wieder. Ein dritter Satz ... wieder höher ... Und wieder verloren.

Die Mitspieler sahen den jungen Mann erstaunt an; sie hatten ihn nicht für so reich gehalten ...

Er selbst saß mit lächelnder Miene, aber mit einem eigentümlich starren Blick da ... Graf Spaun sagte ihm leise: »Nun haben Sie wohl schon Anregung genug. Wie?«

Aber der junge Mann rührte sich nicht ... er spielte weiter und verlor ununterbrochen. Ein paar Zuschauer hatten sich gesammelt; man war erstaunt über das kühne Spiel des Malers. Bald war es allen klar, daß er eine große Erbschaft gemacht hatte und daß ein guter Teil davon verloren war. Da sagte Graf Spaun: »Wollen Sie sich nun nicht ein bißchen ausruhen?«

Aber Weldein spielte weiter. Ein Satz nach dem anderen ging verloren. Man fing an, ihn zu bedauern, man schüttelte den Kopf über seine wahnsinnigen Sätze. Sein Unglück war unfaßbar ... Nur einen Augenblick schien es, als wollte sich die Sache wenden. Doch nein. Das alte Unglück fing gleich wieder an. Und er lächelte immerfort, zum Schluß lachte er sogar hell auf! Und jetzt erhob er sich. Es war zu Ende. »Guten Abend, meine Herren«, sagte er. Man machte ihm Platz, wie einem Menschen, vor dessen Unglück man Achtung haben muß. Er schritt dem Ausgang zu ... Man schaute ihm nach. Der Graf folgte ihm. Weldein eilte die Stiege hinunter, die Straße entlang. An der Ecke holte ihn der Graf ein.

»Weldein ... Weldein!«

»Ah – Sie, Herr Graf!«

»Wohin eilen Sie?«

»Ich weiß nicht ...«

»Machen Sie mir keine Narrheiten. Verstehen Sie! Keine Narrheiten. Es ist ja weiter nichts verloren.«

»Nein, gar nichts!«

»Gewonnenes Geld! Ja, wenn's erworben, sauer erarbeitet gewesen wäre ...«

Der junge Künstler antwortete nichts, ging rasch vorwärts, den Weg durch die lange Gasse nehmend ... wie damals sein Vater. Mit Mühe nur vermochte es der Graf, an seiner Seite zu bleiben. Er wiederholte: »Wohin laufen Sie denn eigentlich? Kommen Sie doch mit mir ... noch ein Glas trinken.«

»Sie sind sehr liebenswürdig, Herr Graf; aber wenn Sie mir folgen wollen ... ich muß an eine ganz besondere Stelle, ich muß dahin.«

»Wohin?«

»Wohin? Dorthin, wo mein Vater an jenem Abend das Geld vergraben hatte.«

»Also doch vergraben!«

»Ja ... und er vergaß die Stelle.«

»Vergaß?«

»Ja – vergaß sie. Zwanzig Jahre lebte er so hin, als ein reicher Mann, der nur nicht wußte, wo er sein Geld liegen hatte. Köstlich, nicht? Und auf dem Totenbette fiel es ihm ein.«

»Wie? Was ist das für ein Märchen?«

»Nein, Wahrheit, Herr Graf! Und dieses Leben! Die ewige Qual ... als reicher Mann darben zu müssen ... Und ich! Plötzlich fiel es mir zu! Und ich stand da als ein Unabhängiger ...«

»Wohin führen Sie mich denn?«

»Kommen Sie nur, wir sind bald dort!«

»Ja, was wollen Sie denn jetzt dort?«

»Eine Laune.«

Eine Weile eilten sie schweigend weiter. Sie waren am Ufer angelangt.

»Da – die Brücke.«

»Nun?« fragte der Graf.

»Folgen Sie mir nur!« Und er eilte den Weg hinab unter die Brücke ... Er warf sich neben dem Pfeiler zu Boden und rief aus: »Da! Da!«

»Wie –? –«

»Hier war es ... Hier grub ich es aus. Und ... Sehen Sie ... Sehen Sie doch?«

»Nun, was? Ich sehe, daß die Steine feucht sind von dem aufspritzenden Wasser.«

»Wie? Da sehen Sie hin!« Und er hatte sich auf ein Knie niedergelassen, mit der Hand auf die Steine greifend.

»Nun, was soll ich denn sehen?«

»Da liegt ja wieder Geld?«

»Wie?«

»Oh, welche Menge! Welche Summen!«

»Aber was fällt Ihnen ein!«

»Oh...«, und er wühlte mit den Nägeln im Sand zwischen den Steinen... »ich bin ja wieder reich.«

»Weldein! Seien Sie nicht toll!«

»Ei, welch ein Glück – welch ein Glück«, und er steckte sich Sand und kleine Steine in die Tasche.

»Aber... Weldein! Sie sind nicht bei sich! Fassen Sie sich doch! Bedenken Sie, daß Sie auf der Welt noch etwas zu tun haben! Sammeln Sie Ihre Gedanken! Ein großes Werk wartet Ihrer! Ihr Bild.« Aber der Maler hörte nicht auf ihn. Er wühlte und schob sich die Steine in die Tasche. Der Graf faßte ihn an den Schultern und rief: »Genug! Kommen Sie! Kommen Sie!« Langsam erhob sich Weldein. »Oh, ich komme... Führen Sie mich zurück... Herr Graf!«

»Wohin?«

»Nun, zurück in den Klub! Nun kann ich wieder spielen!«

Ratlos stand der andere da. War's denn möglich! Hatte ihn der Verlust wahnsinnig gemacht? Sie waren beide wieder emporgestiegen und standen neben der Brücke. Der Graf faßte die Hand des jungen Künstlers und sagte: »Beruhigen Sie sich.« – »Es ist spät... wir müssen rasch zurück«, entgegnete Weldein.

»Aber –!«

Mit einem Ruck hatte sich Weldein losgemacht und stürzte davon durch die menschenleeren Gassen, in rasender Eile. Der Graf folgte ihm unter lauten Rufen. Nach einigen Minuten war der junge Mann so weit, daß ihn sein Verfolger nicht mehr einholen konnte. Wohin war der Wahnsinnige nur gerannt? Am Ende wirklich zum Klub hin... Und wieder beschleunigte der Graf seine Schritte. »Es wird vorübergegangen sein«, dachte er auf dem Wege. »Die plötzliche Aufregung ist wohl begreiflich. Aber wo ist er nur hin? Und werde ich ihn wirklich noch finden! Wenn er sich selbst... Nein!« Und er eilte. Bald war er in die Nähe des Klubgebäudes gelangt. Da kam ihm der andere schon entgegen.

»Da sind Sie ja, Weldein ... Nun?«

»Oh, Herr Graf, Herr Graf!« Und der Ton seiner Stimme klang weinerlich.

»Was ist Ihnen denn? Sie sind wieder ruhig. Nicht wahr?«

»Oh, Herr Graf! Sehen Sie.« Und er leerte den Sand und die Steine aus seiner Tasche.

»Nun?« fragte der andere erregt.

»Sehen Sie denn nicht! Steine ... Sand!«

»Ja ... Sie wissen es jetzt! Nicht wahr! Wie froh bin ich! Ich hatte wahrhaftig Angst um Sie! ... Nun ist es ja wieder gut.«

»Oh, Herr Graf!«, und wieder jammerte er – »mein Geld, mein Geld!«

»Nun ja – schlimm, freilich – es ist verloren!«

»Verloren!«

»Aber Sie haben anderes, Besseres als Geld.«

»Mein Geld!«

»Aber stille doch.« Es kamen Leute vorbei durch die nächtliche Straße und schauten sich um.

»Ich hab' es vergraben! ich hab' es vergraben!«

»Wie? Was fällt Ihnen denn wieder ein?«

»Vergraben! Versteckt, und ich weiß nicht wo!«

»Verspielt! Weldein ... Hören Sie doch, verloren haben Sie es im Klub!«

»O nein, o nein, ich hab' soviel, soviel gewonnen! Und hab' es versteckt und weiß nicht wo. Oh, mein armes Weib! Mein Kind! Mein Franz!« Der Graf stand erschauernd da ... Ihm war, als wenn sich mit einem Male die Züge des Malers seltsam veränderten, als wäre es wirklich der alte Weldein, der da mit trockenen Augen in die Luft starrte und leise wimmerte: »Mein Sohn, mein armer Sohn!«

DER SOHN

AUS DEN PAPIEREN EINES ARZTES

Ich sitze noch um Mitternacht an meinem Schreibtisch. Der Gedanke an jene unglückliche Frau läßt mich nicht zur Ruhe kommen ... Ich denke an das düstere Hofzimmer mit den altertümlichen Bildern; an das Bett mit dem blutgeröteten Polster, auf dem ihr blasser Kopf mit den halbgeschlossenen Augen ruhte. Ein so trüber Regenmorgen war es überdies. Und in der andern Zimmerecke, auf einem Stuhle, die Beine übereinander geschlagen, mit trotzigem Gesichte, saß er, der Unselige, der Sohn, der das Beil gegen das Haupt der Mutter erhoben ... Ja, es gibt solche Menschen, und sie sind nicht immer wahnsinnig! Ich sah mir dieses trotzige Gesicht an, ich versuchte darin zu lesen. Ein böses, bleiches Antlitz, nicht häßlich, nicht dumm, mit blutleeren Lippen, die Augen verdüstert, das Kinn in dem zerknitterten Hemdkragen vergraben, um den Hals eine flatternde Binde, deren eines Ende er zwischen den schmalen Fingern hin und her drehte. – So wartete er auf die Polizei, die ihn wegführen sollte. Unterdessen stand einer, der Acht hatte, vor der Türe draußen. Ich hatte die Schläfe der unglücklichen Mutter verbunden; die Arme war bewußtlos. Ich verließ sie, nachdem eine Frau aus der Nachbarschaft sich erboten, bei ihr zu wachen. Auf der Stiege begegneten mir die Gendarmen, welche den Muttermörder abholen kamen. Die Bewohner des Vorstadthauses waren in heftiger Erregung; vor der Wohnungstüre standen sie in Gruppen und besprachen das traurige Ereignis. Einige fragten mich auch, wie es da oben stehe und ob Hoffnung für das Leben der Verletzten vorhanden sei. Ich konnte keine bestimmte Antwort geben.

Eine mir bekannte, nicht mehr ganz junge Person, die Frau eines kleinen Beamten, zu dem ich früher als Arzt gekommen war, hielt mich etwas länger auf. Sie lehnte am Stiegengeländer und schien ganz vernichtet. »Das ist noch weit schrecklicher als Sie denken, Herr Doktor!« sagte sie, den Kopf schüttelnd. – »Noch schrecklicher?« fragte ich. – »Ja, Herr Doktor! – Wenn Sie wüßten, wie sie ihn geliebt hat!« – »Sie hat ihn geliebt?« – »Ja, sie hat

ihn verwöhnt, verzärtelt.« – »Diesen Burschen!? Und warum?« – »Ja, warum! . . . Sehen Sie, Herr Doktor, der Junge war ungeraten von Kindesbeinen auf. Aber alles ließ sie ihm hingehen . . . die schlimmsten Streiche verzieh sie ihm . . . Wir im Hause mußten sie oft warnen, der Tunichtgut betrank sich schon als Knabe, und erst als er älter wurde . . . diese Geschichten!« – »Was für Geschichten?« – »Für kurze Zeit war er in einem Geschäft, aber er mußte wieder weg!« – »Er mußte?« – »Ja, er stellte alles mögliche an; er bestahl sogar seinen Dienstherrn . . . Die Mutter ersetzte das Geld, die arme Frau, die kaum selbst zu leben hatte!« –
»Was ist sie denn eigentlich?«
»Sie nähte und stickte; es war ein recht karges Auskommen. Und der Junge, statt sie zu unterstützen, trug ihr das bißchen, was sie verdiente, ins Wirtshaus und weiß Gott wohin. Damit war's aber nicht genug. Das Eßzeug, zwei, drei Bilder, die Wanduhr, fast alles, was nicht angenagelt war, wanderte ins Leihhaus . . .!« –
»Und sie hat es geduldet?« –
»Geduldet?! – Sie liebte ihn immer mehr! Wir alle haben es nicht begriffen . . . Und nun wollte er Geld . . . Sie gab ihm, was sie hatte . . . Er drohte ihr, er mußte Geld haben!« –
»Woher wissen Sie das alles?«
»Man erfährt das so im Hause. Sein Schreien hörte man oft durchs Stiegenhaus, und wenn er in der Nacht oder auch bei Tag betrunken nach Hause kam, fing er schon bei der Türe an zu brummen und zu schelten. Die arme Frau hatte Schulden überall: es gab manchmal kein Brot da oben . . . Wir im Hause halfen ihr manchmal aus, obwohl es unter uns keine Reichen gibt. Aber es wurde nur ärger. Sie schien ganz verblendet zu sein. Alles hielt sie für Jugendstreiche; sie bat uns manchmal um Entschuldigung, wenn der Bursch in der Nacht über die Stiege torkelte und Lärm machte. Ja, so ein Sohn war das, Herr Doktor. – Aber daß es so weit gekommen ist . . .« Und nun erzählte sie mir die ganze Geschichte: »Er kam heute erst früh am Morgen heim; ich hörte ihn hier vor unserer Wohnung über die Stufen stolpern. Dabei sang er etwas mit seiner heiseren Stimme. Nun, und oben wird er wieder Geld verlangt haben. Die Türe hat er offen gelassen – bis zu uns herab . . . denken Sie, vom vierten bis in den zweiten Stock – hörte man sein Toben. Und dann plötzlich ein Schrei. Noch ein Schrei. Da stürzten die Leute hinauf, und da sah man's. Er aber soll ganz verstockt dagestanden sein und die Achseln gezuckt haben . . .!« –

Ich ging. Hinter mir hörte ich schwere Schritte. Man führte den Muttermörder davon. In den Gängen standen Männer, Weiber und Kinder, sie starrten nach; keiner sprach ein Wort. Ich hatte mich im Flur umgewandt, stieg die Treppe hinab, schritt aus dem Hause und ging in einer sehr trüben Stimmung daran, mein übriges Tagewerk zu vollbringen. Kurz nach Mittag kehrte ich in das Unglückshaus zurück; ich fand die Verletzte, wie ich sie verlassen, bewußtlos, ziemlich schwer atmend. Die Wartefrau erzählte mir, daß unterdessen die Gerichtskommission dagewesen und den Tatbestand aufgenommen habe. Es war so dunkel in dem Zimmer, daß ich eine Kerze anzünden und auf das Nachttischchen am Kopfende des Bettes stellen ließ... Welch ein unendliches Leiden lag auf diesem sterbenden Antlitz... Ich richtete eine Frage an die Kranke. Sie wurde unruhig, stöhnte und öffnete die Augen ein wenig. Zu sprechen vermochte sie nicht. Nachdem ich das Nötige verordnet, entfernte ich mich... Abends, als ich hinaufkam, schien sich die arme Frau etwas wohler zu befinden. Sie antwortete auf meine Frage, wie es ihr gehe: »Besser...« und versuchte zu lächeln. Gleich aber versank sie wieder in die frühere Bewußtlosigkeit...

Sechs Uhr morgens! –
 Nach Mitternacht – eben als ich die letzte Zeile in mein Tagebuch eingetragen – wurde heftig geklingelt... Frau Martha Eberlein – dies war der Name der Schwerverletzten – verlangte nach mir. Irgendein Junge aus dem Hause war hergeschickt worden; ich sollte gleich zu ihr, gleich, gleich... Ob sie im Fieber liege, ob es zu Ende gehe...? Er wußte nichts; jedenfalls sei es höchst dringend.
 Ich folgte dem Jungen auf dem Fuße, und mit meiner chirurgischen Handtasche versehen, eilte ich die Treppe des Hauses hinauf, während der Junge unten stehenblieb, ein Wachsstöckchen in der Hand haltend, um mir zu leuchten. Die letzten Stufen lagen schon tief im Dunkel, nur am Anfang des Weges geleitete mich ein matter, flackernder Schein. Doch aus der halboffenen Wohnungstür der Kranken fiel mir ein Lichtstreif entgegen. Ich trat ein und durch den Vorraum, der auch die Küche vorstellte, in das Hofzimmer. Die Wartefrau war aufgestanden, als sie meine Schritte hörte, und kam mir entgegen. »Was gibt's?« flüsterte ich... »Sie will Sie durchaus sprechen, Herr Doktor!« sagte das Weib.

Ich stand schon beim Bette; die Kranke lag regungslos da; ihre Augen waren weit geöffnet; sie sah mich an. Leise sagte sie: »Danke, Herr Doktor – danke!« – Ich ergriff ihre Hand; der Puls war nicht gerade schlecht. Ich schlug den fröhlichen Ton an, den wir ja immer in der Kehle haben müssen, auch wenn es uns nicht danach zumute ist. »Also, besser geht es, wie ich sehe, Frau Eberlein, das ist sehr erfreulich!«
Sie lächelte. »Ja, besser – und ich habe mit Ihnen zu sprechen...«
»So?« fragte ich – »lassen Sie hören!«
»Mit Ihnen allein!« –
»Ruhen Sie eine Weile aus!« wandte ich mich an die Wartefrau.
»Draußen!« sagte die Kranke.
Die Wartefrau sah mich noch einmal fragend an, worauf sie ging, die Türe leise hinter sich schließend. Ich war allein mit der Kranken.
»Bitte!« sagte diese, mit den Augen auf einen Stuhl weisend, der am Fußende des Bettes stand. Ich ließ mich nieder, ihre Hand in der meinen behaltend, und rückte näher, um sie besser verstehen zu können.
Sie sprach ziemlich leise. »Ich war so frei, Herr Doktor«, begann sie – »denn es ist sehr notwendig, daß ich Sie spreche!«
»Was wünschen Sie, meine Liebe?« frug ich... »Strengen Sie sich nur nicht allzusehr an!«
»O nein... es sind nur ein paar Worte... Sie müssen ihn befreien, Herr Doktor!«
»Wen?«
»Meinen Sohn – ihn!«
»Meine liebe Frau Eberlein«, erwiderte ich bewegt... »Sie wissen wohl, das steht nicht in meiner Macht!«
»Oh, es steht in Ihrer Macht, wenn es eine Gerechtigkeit gibt...«
»Ich bitte Sie recht sehr... versuchen Sie sich nicht aufzuregen... Ich fühle wohl, daß Sie mich für Ihren Freund halten, und ich danke Ihnen dafür; ich bin aber auch Ihr Arzt und darf Ihnen ein bißchen befehlen. Nicht? – Also Ruhe! Vor allem Ruhe!«
»Ruhe...«, wiederholte sie, und schmerzlich zuckte es ihr um Augen und Mund... »Herr Doktor – Sie müssen mich anhören... es lastet so schwer auf mir!«
Auf meinem schweigenden Antlitz glaubte sie eine Aufforderung

zum Sprechen zu lesen, und meine Hand fest drückend, begann sie:

»Er ist unschuldig – oder doch weniger schuldig, als es die Leute ahnen können. Ich bin eine schlechte, eine elende Mutter gewesen ...«

»Sie?«

»Ja, ich ... eine Verbrecherin war ich!«

»Frau Eberlein!«

»Gleich werden Sie mich verstehen ... Ich bin nicht Frau Eberlein ... ich bin Fräulein Martha Eberlein ... Man hält mich nur für eine Witwe ... Ich habe nichts dazu getan, um die Leute zu täuschen, aber ich konnte diese alten Geschichten doch nicht jedermann erzählen ...«

»Nun ja, ... das darf Sie doch heute nicht mehr so entsetzlich quälen!«

»Oh, nicht das! Es sind zwanzig Jahre, daß ich verlassen wurde ... verlassen, noch bevor er zur Welt kam, er, mein und sein Sohn. Und da ... es ist nur der reine Zufall, daß er lebt, denn, Herr Doktor ... ich hab' ihn umbringen wollen in der ersten Nacht! ... Ja, schaun Sie mich nur so an! ... Allein und verzweifelt stand ich da ... Aber ich will mich nicht reinwaschen ... Ich nahm Decken und Linnenzeug und legte es über ihn und dachte, er werde ersticken ... Dann in der Früh' nahm ich furchtsam die Decken wieder weg ... und er wimmerte! Ja, er wimmerte – und atmete – und lebte!« Sie weinte, die arme Frau. Mir selber versagten die Worte. Sie aber fuhr nach einem kurzen Schweigen fort:

»... Und er sah mich an mit großen Augen und wimmerte in einem fort! Und ich, vor diesem kleinen Ding, das noch keinen Tag alt war, mußte ich erbeben ... Ich weiß noch genau, daß ich es vielleicht eine Stunde lang anstarrte und dachte: Welch ein Vorwurf liegt in diesen Augen! Und vielleicht hat es dich verstanden und klagt dich an! Und vielleicht hat es ein Gedächtnis und wird dich immer, immer anklagen ... Und es wurde größer, das kleine Ding – und in den großen Kinderaugen immer derselbe Vorwurf. Wenn es mir mit den Händchen ins Gesicht fuhr, dachte ich: Ja, ... es will dich kratzen, es will sich rächen, denn es erinnert sich an jene erste Nacht seines Lebens, wo du es unter Decken vergrubst ...! – Und er begann zu lallen, zu sprechen. Ich hatte Angst vor dem Tage, wo er wirklich würde sprechen können. Aber das kam so allmählich – so allmählich. –

Und immer wartete ich – immer, wenn er den Mund aufmachte, wartete ich: jetzt wird er es dir sagen. Ja, ja, er wird es dir sagen, daß er sich nicht täuschen läßt, daß all die Küsse, all die Liebkosungen, all die Liebe dich nicht zur wahren Mutter machen können. Er wehrte sich, er ließ sich nicht küssen, er war ungebärdig, er liebte mich nicht ... Ich ließ mich schlagen von dem fünfjährigen Buben, und auch später noch ließ ich mich schlagen und lächelte ... Ich hatte eine wahnsinnige Sehnsucht, meine Schuld loszuwerden, und wußte doch, daß es nimmer ginge! Konnt' ich's denn jemals sühnen? ... Und, wenn er mich ansah, immer mit denselben fürchterlichen Augen ...! Als er älter wurde, in die Schule ging, da wurde es mir vollends klar, daß er mich durchschaute ... Und alles nahm ich reuig hin ... Ach, er war kein gutes Kind ... aber ... ich konnte ihm nicht böse sein! Böse! Oh, ich liebte ihn, liebte ihn bis zum Wahnsinn ... Und mehr als einmal sank ich hin vor ihn, küßte seine Hände – seine Knie – seine Füße! – Oh, er verzieh mir nicht. – Kein Blick der Liebe, kein freundliches Lächeln ...! Er wurde zehn, zwölf Jahre alt; er haßte mich! – In der Schule tat er kein gut ... Eines Tages kam er nach Hause mit trotzigen Worten: ›Es ist aus mit der Schule, sie wollen mich dort nicht mehr haben ...‹ Oh, wie ich damals erbebte. Ich wollte ihn ein Handwerk lernen lassen – ich bat, ich flehte – er blieb starr – er wollte nichts von der Arbeit wissen. Er trieb sich herum ... Was konnte ich ihm sagen – was ihm vorwerfen? ... Ein Blick von ihm machte all meinen Mut zunichte ... Wie zitterte ich vor dem Tage, wo er mir's ins Gesicht sagen würde: ›Mutter, Mutter! Du hast das Recht auf mich verwirkt!‹ – Aber er sprach es nicht aus ... Manchmal, wenn er trunken nach Hause kam, dachte ich: Nun wird ihm der Rausch die Zunge lösen ... Aber nein ... Da fiel er auch zuweilen hin und lag auf dem Boden bis in den hellen Mittag. Und wenn er dann erwachte und ich neben ihm saß, blickte er mich an mit Hohn ... mit einem verständnisvollen Lächeln um die Lippen, ungefähr, als wollte er sagen: Wir wissen ja, woran wir sind ...! Und Geld brauchte er, viel Geld, ich mußte es schaffen ... Aber es ging doch nicht immer so, wie er wollte, und dann wurde er böse, bitterböse – oft hob er die Hand auf gegen mich ... Und wenn ich müd aufs Bett gesunken war, stand er vor mir, wieder mit dem höhnischen Lachen, das bedeutete: Nein, den Gnadenstoß geb' ich dir nicht! ... Heute morgen endlich – polternd kam er herauf – ›Geld! Geld!‹ – Ja, um Gottes willen, ich hatte keines! – ›Wie? keines?‹ – Und ich beschwor ihn, er solle warten bis zur nächsten Woche, bis morgen, bis heut abend! Nein! Ich mußte ihm Geld geben – ich hatte es versteckt –, er schrie und suchte und riß die Kasten auf und das Bett ... und fluchte ... Und dann ... und dann ...«

Nun hielt sie inne ... Nach einer Sekunde sagte sie: »Und war es nicht sein Recht?«

»Nein!« sagte ich ... »Nein, Frau Eberlein! ... Sie waren längst Ihrer Schuld ledig. Ihre tausendfältige Güte hat die Verwirrung eines Momentes, in dem ein Wahn Sie gefangen hielt, längst gesühnt! ...«

»Nein, Herr Doktor!« erwiderte sie – »kein Wahn! Denn ich erinnere mich allzu deutlich jener Nacht ... ich war nicht wahnsinnig, ich wußte, was ich wollte! ... Und darum, Herr Doktor, gehen Sie vors Gericht, und erzählen Sie, was Sie hier von mir gehört; man wird ihn freilassen, man muß es tun ...!«

Ich sah, daß ich hier schwer ankämpfen konnte. »Nun« – meinte ich – »wir sprechen morgen noch davon, Frau Eberlein – für heute tut Ihnen Ruhe not ... Sie haben sich allzusehr angestrengt ...!«

Sie schüttelte den Kopf.

»Herr Doktor! – Der Wunsch einer Sterbenden ist heilig ... Sie müssen es mir versprechen!«

»Sie werden nicht sterben – Sie werden sich erholen.« –

»Ich werde sterben – denn ich will es ... Werden Sie zu Gericht gehen ...?«

»Vor allem fügen Sie sich mir, und denken Sie, daß ich Ihr Arzt bin! Ich befehle Ihnen jetzt, zu schweigen und zu ruhen.« –

Damit war ich aufgestanden und rief die Wartefrau herein. Aber Frau Eberlein ließ meine Hand nicht los, die ich ihr zum Abschied reichte – eine Frage glühte in ihren Augen.

»Ja!« sagte ich.

»Ich danke Ihnen!« erwiderte sie. Dann gab ich der Wärterin die nötigen Anordnungen und entfernte mich mit dem Vorsatze, morgen mit dem frühesten wiederzukommen ...

Am Morgen fand ich die Kranke bewußtlos; zu Mittag war sie tot ... Noch liegt ihr Geheimnis in mir, in diesen Blättern verborgen, und es steht mir frei, ihren letzten Wunsch zu erfüllen oder nicht. Ob ich zu Gericht gehe oder nicht – für den elenden Sohn dieser unseligen Mutter ist es dasselbe! Kein Richter der

Welt wird die Verirrung der Mutter als mildernden Umstand für das todeswürdige Verbrechen des Sohnes gelten lassen. Der Sühne mehr als genug für diese unglückliche Mutter war der Wahn, in den Augen ihres Sohnes einen ewigen Vorwurf, eine stete Erinnerung an jene entsetzliche Nacht sehen zu müssen. –

Oder sollte es möglich sein? Bleiben uns selbst von den ersten Stunden unseres Daseins verwischte Erinnerungen zurück, die wir nicht mehr deuten können und die doch nicht spurlos verschwinden? – Ist vielleicht ein Sonnenstrahl, der durchs Fenster fällt, die allererste Ursache eines friedlichen Gemütes? – Und wenn der erste Blick der Mutter uns mit unendlicher Liebe umfängt, schimmert er nicht in den blauen Kinderaugen süß und unvergeßlich wider? – Wenn aber dieser erste Blick ein Blick der Verzweiflung und des Hasses ist, glüht er nicht mit zerstörender Macht in jene Kindesseele hinein, die ja tausenderlei Eindrücke aufnimmt, lange bevor sie dieselben zu enträtseln vermag? Und was mag sich in dem Empfindungskreise eines Kindes abspielen, dessen erste Lebensnacht in schauerlicher unbewußter Todesangst dahingegangen? Niemals noch hat ein Mensch von seiner ersten Lebensstunde zu berichten gewußt, – und keiner von euch – so könnte ich ja den Richtern sagen – kann wissen, was er von dem Guten und Schlechten, das er in sich trägt, dem ersten Lufthauche, dem ersten Sonnenstrahl, dem ersten Blick der Mutter zu danken hat! – Ich werde zu Gericht gehen; nun habe ich mich dazu entschlossen, denn mich dünkt, es ist noch lange nicht klar genug, wie wenig wir wollen dürfen und wieviel wir müssen.

DIE DREI ELIXIRE

Er litt unendliche Qualen; nie konnte er sich mit einem Weibe glücklich fühlen, da die Zweifel ihn peinigten. Er mußte immer an die anderen denken, die dieses Weib vor ihm geliebt, die es nach ihm lieben würde. Und diese große, ewige Lüge marterte ihn, ohne die es nie abging, daß alles dahingeschwunden wäre wie ein Traum, daß sie nun erst in seinen Armen wüßten, was Leben und Liebe sei. Sie logen ihm eine Vergangenheit voll Irrtümer vor. Ach! sie hatten niemand gekannt – sie waren betrogen worden – sie hatten sich selbst betrogen – sie hatten ihn, ja nur ihn gesucht und waren unsäglich glücklich, da sie ihn endlich gefunden. Er aber hatte keine Ruhe; er mußte es wissen, wer vor ihm angebetet, wer vor ihm geschwelgt hatte – und er erbebte unter der Antwort, die ihm stets zuteil wurde: »Ich habe alles vergessen ...!« – Denn er empfand es in tiefster Seele: während sie so sprachen, zogen Bilder der Vergangenheit durch ihre Erinnerung wie durch die seine ... Er wollte Gewißheit – und darum zog er in jenes alte Wunderland, den Orient, wo für die Poeten, diese Wunderkinder der Erde, noch immer märchenhafte Blumen blühen, deren Geheimnis keinem andern kund wird ...

Und nach langen, langen Fahrten hatte er die Blume gefunden, aus deren Säften er das herrliche Elixier bereitete. Das barg eine wunderbare, tückische Kraft. Wenn ein Tropfen davon über die Lippen eines Weibes kam, so mußten sie ihm das Bild nennen, das eben in ihrer Seele aufstieg ...

Wie freudig war er heimgekehrt – nun nahte seiner Zweifel und seines Elends Ende. – Und er eilte zur Geliebten. In das erste Glas Wein, das sie an die Lippen führte, mengte er einen Tropfen seines Elixirs – da versank sie in Träume und schaute ins Leere mit matten, großen Augen. Er aber fragte sie bebend: »Woran erinnerst du dich?« – Und sie erwiderte: »An den großen blonden Mann, der mich geküßt hat, bevor ich dich kannte!« Da schauerte er zusammen – und er fragte nicht weiter; aber er verließ sie am nächsten Morgen.

Und schon die nächste Frau, der er sich nahte, wagte er nicht zu fragen, obwohl er ihr von dem verräterischen Trank ins Glas gegossen. Sie saßen zusammen; er sah sie lächeln wie jene andere, aber er fragte nicht – er wollte glücklich sein. Als er jedoch mit ihr in das dämmerige Gemach schritt, wo er selig werden sollte, und die Bäume des Parkes hereingrüßten und die Frühlingswinde wehten, da konnte er nicht länger an sich halten, und er sprach: »Woran denkst du –?« Sie lächelte sehnsuchtsvoll: »Ach, des Sängers denk' ich, der im letzten Frühling an einem Abend wie diesem unter den Bäumen des Parkes wartete, bis ich kam, um ihn zu herzen und zu küssen!« – Und wieder zuckte er zusammen und verließ sie. – Er fluchte dem Elixir, und ihm war, als wäre er mit allen seinen Zweifeln noch tausendmal glücklicher gewesen als jetzt. Mehr als einmal war er daran, den Trank zu vernichten, aber kaum hatte er den Trieb davongescheucht, so behütete er den Saft sorglicher als je zuvor. –

Und nun kam eine lange Zeit, da er ihn nicht brauchen wollte. Er lebte mit einer wunderbar schönen Frau zusammen, die zu ihm aufschaute wie zu einem Gott. Er sah, wie aus diesem Herzen alles weggeflohen war, seit er darin herrschte. Ein ungeahntes Gefühl der Sicherheit kam über ihn, und es kam die Stunde, da er sich sagte: »Nun darfst du wohl dein Glück versuchen!« –

Sie weilten in Venedig, am Strande des Meeres; eben waren sie von einer Gondelfahrt zurückgekehrt. Der blaue Mondglanz kam über das Bett geschlichen, und sie flüsterten jene alten, immer gleich süßen Worte. Auf dem Balkon stand noch der Tisch mit den Resten ihres Mahles, auch das Glas, aus dem sie, ohne es zu ahnen, jenen Tropfen geschlürft hatte, den er hineingegossen. Und er fragte sie lächelnd, siegesgewiß: »Wessen denkst du?« Und sie erwiderte, mit einem feuchten Schimmer im Blick: »An den dunkeläugigen Gondoliere, der uns zu unserem Heim gerudert...« Da bebte er und eilte davon, tiefe Bitternis im Herzen...

Und weiter suchte er, in fiebernder Hast. Er wollte das reine, holde Wesen finden, das noch keinem gehört hatte vor ihm. – Und er fand sie. Sie war so jungfräulich, so ohnegleichen süß und wahr. Sie liebte ihn, und er verführte sie. – Es war eine Nacht, duftend von Frühling und Liebe. An seinen Lippen hing das Mädchen, und er fühlte, daß diesen Mund noch keiner berührt hatte vor seinem ersten Kuß. Und auch sie fragte er: »Mein geliebtes Kind, woran denkst du?« Und da schaute sie mit träume-

rischen Augen über ihn weg und sagte: »Ach, an den braunlockigen Jungen, mit dem ich im letzten Sommer an einem dämmerigen Abend auf der grünen Wiese gespielt und den ich so gerne geküßt hätte . . .«
Da löste er sich aus ihrer Umarmung und verließ sie, ohne sich mit einem Blick nach ihr umzuwenden.
Und nun zog er von neuem auf die Wanderung, denn er wollte einen anderen Wundertrank suchen, den er finden mußte, um glücklich sein zu können. Und er fand den besten, den gebenedeitesten. Wenn ein Tropfen davon über die Lippen eines Weibes kam, da hatte sie mit einem Male alles vergessen, was sie jemals erlebt – und der Mann, der an ihrem Herzen ruhte, war der einzige und erste für sie. Oh, wie ließ es sich nun wonnig lieben; es gab keine Schmerzen mehr, denn es gab keine Anderen. Nun besaß er Weiber, die ihres Mannes nicht mehr gedachten, ja sogar solche, die ihres letzten Liebhabers vergaßen; nun schwelgte er in den Armen von Gefallenen, die sich ihres Verführers nicht mehr erinnerten, und er las sich Dirnen von der Straße auf, die, unter seinen Küssen wieder rein geworden, in neuen ungekannten Entzückungen lachten und rasten. Er war ganz trunken vor so viel Keuschheit, die ihm entgegenkam auf allen Wegen. Nun empfand er bei der Verworfensten, was ihm bei der Reinsten niemals geblüht: er bedeutete den Einzigen, er war Er!
Er wurde stolz. Ihm war beschieden, was Keinem vorher. Er hatte nicht, wie wir andern Unglücklichen es tun müssen, die Küsse von anderen wegzuküssen, die Träume von anderen wegzuscheuchen; nie klangen die Seufzer der Erinnerung in die tiefen Atemzüge der Liebe – und so durfte er der Einzige sein auf der Welt, neben den Einfältigen, für den es keine Eifersucht gab.
Aber niemals verriet er einer Frau sein Geheimnis; denn ein brennendes Weh erfaßte ihn, wenn er dachte, daß man ihn vergessen könnte, so wie die anderen um seinetwillen vergessen worden waren. –
Aber noch war er nicht völlig glücklich. Wohl gehörte ihm jedes Weib mit ihrer ganzen Gegenwart, mit ihrer ganzen Vergangenheit an, aber über die *Zukunft* war er nicht Herr. Freilich sagte ihm jede: »Ich werde dir für ewig angehören.« Aber das sagen sie ja alle, und auch *den* Männern hatten sie es zugeflüstert, deren Gedächtnis ihnen heute entschwunden war . . .
Da machte er sich aufs neue auf die Wanderung und suchte und

suchte. Wieder streifte er in den Wäldern des Orients herum und suchte einen Trank, der ihm das letzte größte Glück geben sollte – die Gewißheit, daß nach ihm keiner mehr geliebt würde.

Viele Tage und Nächte dauerte seine Wanderung; endlich gewahrte er, versteckt im Walde und keinem sichtbar als ihm, die seltene Blume, in deren Saft das Wunder schlief. Freudevoll wie nie zuvor eilte er der Heimat zu.

Da wartete seiner ein holdes Kind, schön wie der Lenz, an der sein Herz hing, so heiß wie niemals früher an einem anderen Wesen. Ach! für *sie* war er ja in die Ferne gezogen; sie war es ja, die er fürs ganze Leben sein nennen wollte, und darum mußte sie ihm so gänzlich gehören wie keine zuvor.

Schon der erste Anblick hatte ihn berückt, da er sie an einem trüben Herbstmorgen auf der Straße traf. Und eine Begierde quälte ihn, so heftig wie bei keinem anderen Weib, das er je besessen, alles zu wissen, was sie früher erlebt. Und da hatte er ihr den ersten Trank gegeben. Und nun plauderte sie ihm vor. Da gab es viel zu hören, und er lauschte ihr mit Tränen des Zornes in den Augen. Und sie erzählte von jungen Burschen, wildlockigen Dichtern, eleganten Kavalieren, grauen Wüstlingen, denen sie sich hingegeben, wie ihr eben die Laune kam ... Da wollte er fast wahnsinnig werden, er konnte es nicht ertragen. Er wollte schreien vor Schmerz, und eilig gab er ihr den zweiten Trank, der sie alles vergessen machte. Da hörte er es nun. Nur ihn, immer ihn, seit Anfang aller Zeiten; ihn hatte sie geliebt, der sie in seinen Armen hielt und berauschte. Es gab nur einen auf der ganzen Welt – ihn, ihn! Sie war sein mit Leib und Seele. Aber es war ihm nicht genug – auch ihre Zukunft wollte er haben, und darum brauchte er jenen dritten Trank, ohne den es kein vollkommenes Glück für ihn geben konnte.

Und als er zurückkam, da gab es ein Wiedersehen voll überirdischer Seligkeit. In heißer Sehnsucht hatte sie sein geharrt, sie wollte vergehen in inniger Freude, da sie wieder an seinem Herzen lag. Und nachts, während sie schlief, nahm er mit fiebernder Hand das kleine Fläschchen, das er von der Reise mitgebracht, und goß ihr langsam zwei Tropfen auf die halboffenen Lippen, die noch feucht waren vom letzten Kusse. Und mit einem Seufzer der Erlösung sprach er vor sich hin: »Nun bist du für immer mein und wirst keinen mehr lieb haben können nach mir! Und jetzt erst gehörst du mir ganz!«

Die zwei Tropfen zerflossen langsam auf ihren roten Lippen.

Er saß ihr zu Häupten, während sie regungslos weiterschlief, und er atmete den Duft ein, der um ihre Locken spielte.

Der Morgen kam, aber das geliebte Mädchen wollte nicht erwachen. Und wie er sich zu ihr niederbeugte und den blassen Mund küßte, überkam ihn ein Frösteln, denn der war kühl, so seltsam kühl ... Und das süße Kind konnte keinen anderen mehr lieben nach ihm – denn es war tot!

DIE BRAUT

STUDIE

Auf einem Maskenball lernte ich sie kennen, nach Mitternacht. Ihre klugen und ruhigen Augen hatten mir gefallen und das dunkelblaue Kleid, das sie trug. Sie war nicht maskiert und machte durchaus kein Hehl aus ihrer wahren Person. Sie gehörte zur Kategorie der aufrichtigen Dirnen und hatte selbst in dem Maskentrubel, der alle Frauen so sehr dazu reizt, durchaus kein Bedürfnis, Komödie zu spielen. Das erfrischte mich, da ich mich von all den trivialen Faschingslügen, die mich umschwirrten, recht ermüdet und angewidert fühlte.

Sie war ungewöhnlich intelligent, man hörte es ihren Reden und sah es ihren Bewegungen an, daß sie aus besseren Kreisen herkam. Bei ihr lag die Frage besonders nahe, die man so oft an Weiber ihrer Art stellt, um schließlich immer dieselbe abgedroschene Geschichte zu hören, wie es denn eigentlich dahin mit ihnen gekommen. Von dieser aber mit den klugen Augen vermutete ich etwas anderes zu vernehmen, und darum blieb ich mit ihr zusammen.

Es ging gegen den Morgen zu, als wir, vom Champagner ein wenig angeduselt, einen Wagen nahmen und in den Prater fuhren. Es war im März, eine merkwürdig linde Nacht. Momente lang hatte ich das Gefühl, als wenn da ein Wesen an meiner Seite lehnte, das ich schon lange, lange kannte und sehr lieb hätte. Mir war sehr wohl neben ihr, und geraume Zeit sprachen wir gar nichts. Ich konnte mich nicht entschließen, sie schlechthin als das Weib zu nehmen, das den Abschluß einer lustigen Nacht bedeutet, ich wollte sie kennenlernen. Von ihrem Leben wollte ich wissen, von ihrer Jugend, von den Männern, die sie geliebt, bevor sie sich entschloß, alle zu lieben, die sie wollten.

Hier gab es ein Schicksal zu entdecken, und endlich, wie wir schon weit unten im Prater waren, nach langem Schweigen, fragte ich sie. Sie ließ sich nicht lange um eine Antwort bitten. Freilich hab' ich nun die Worte, mit denen sie mir schlicht und bereitwillig ihr Bekenntnis ablegte, vergessen, aber die Geschichte selbst steht mir eigentlich klarer vor Augen als in der Stunde, da ich sie vernahm. Übergänge haben sich für mich gefunden, Lücken, welche sie im Erzählen ließ, habe ich unbewußt im Bedenken, im Erinnern ausgefüllt.

Sie war aus einer guten Familie, aus einer sehr geachteten und bekannten, behauptete sie sogar, und man hatte sie zu Hause streng erzogen. Aber ihre Sinne erwachten früh und in heftigem Verlangen. In den einsamen Nächten ihrer frühreifen Mädchenzeit hatte sie viele Qualen zu überstehen, und ein seltsamer Vorsatz bildete sich in ihr, aus unklaren Wünschen zu immer festerer Gestaltung. Sie wollte warten, bis sich der Gatte gefunden, denn das mußte sie wohl, dann aber, wenn die Gefahr vorüber, wollte sie sich freimütig den ursprünglichen und wilden Trieben ihrer Natur, wollte sich jedem hinschleudern, der ihr gefiel ... Männerschönheit und Männerstärke genießen, wo sie sich bot.

Mit siebzehn Jahren verlobte sie sich, und nun kam in ihrem Leben eine kurze Zeit, über die sie sich in fast sentimentalen Worten ausließ. Da fand ich jene merkwürdige Stelle in ihrem Herzen, die man auch in den verworfensten entdeckt – das Heimweh nach der Unschuld. Denn es gibt ja auch ein Heimweh für die Heimatlosen, und vielleicht empfinden die es am schmerzlichsten von allen. Daß man eine Heimat überhaupt hat, ist schon ein wenig Trost, der aber fehlt den andern.

Nun aber geschah etwas Seltsames. Sie begann den Bräutigam, der ihr anfangs nur Mittel zum Zwecke bedeutet hatte, ernstlich zu lieben. Anfangs wollte sie sich's selbst nicht glauben; aber sie mußte es endlich, denn wie anders war es zu erklären, daß sie sich plötzlich ihrer früheren Vorsätze zu schämen anfing – so heftig und schmerzlich, wie vielleicht keine Sünderin der Tat sich der Vergangenheit zu schämen vermag –, daß sie bereute? Sie wollte ihm eine brave Gattin werden, treu und ergeben. Sie wurde ruhiger. Ihre Empfindungen bekamen einen eigentümlichen Hauch von Frieden und Keuschheit, und sie liebte ihn tief. Ein paar Monate, oder waren es nur Wochen, ich weiß es nicht mehr – dauerte dieser Zustand an. Der Tag der Hochzeit rückte näher. Da regte sich allmählich wieder die alte Raserei in ihr. Vielleicht lag da ein besonderer Grund vor, über den sie sich selbst nicht klar war, vielleicht war es nur der natürliche Gang, und die kurze Periode der Beruhigung nahm ihr Ende, weil das eben in dem Temperament des Mädchens lag. Es kam in einer entsetzlichen Weise über sie. Zehnmal war sie daran – nicht sich ihrem Verlobten hinzugeben – nein ... ihn zu nehmen, selbst zu nehmen, mit sich zu ziehen in das dunkle Zimmer neben dem Salon – oder dorthin in die Nische – oder dort ... Aber die Umstände fügten es nicht, sie war nie allein mit ihm. Vielleicht auch verließ sie der Mut, wenn die Gelegenheit kam, und bald begann sie auch wieder zu merken, wie ihre Glut ins Allgemeine ging, wie er eigentlich nicht mehr der Geliebte war. Ja, sie wollte ihn – freilich – aber auch den – und jenen – und jenen – und alle. Sie fühlte, daß es unabänderlich vorbei war mit ihrer einen, ach, mit ihrer Liebe überhaupt. Es war wieder Trieb geworden, wütender, durstiger Trieb, der den Mann wollte, einfach den Mann, nicht ihn, den einen! Etwas war dennoch von ihrer tiefen Neigung zurückgeblieben: sie war dem Mann, der sie unendlich Hohes hatte empfinden lassen, der sie aus der Dumpfheit fiebernden Verlangens für einige Zeit zur schönen Heiterkeit der Liebe hinaufgehoben hatte, diesem Mann war sie etwas schuldig geworden. Wahrheit! ... Es wühlte in ihr, es ließ sie nicht ruhn. Sie mußte sich ihm entdecken. Sie wußte, was es für ein Ende nehmen mußte. Darum wünschte sie ihn von Schmach und Gram frei zu erhalten. Sie war nicht geschaffen zum braven Weib, aber sie wollte auch nicht das seine werden, den sie vielleicht schon nach der ersten Nacht hätte betrügen müssen – und der sie dann – das schwebte ihr wohl auch dunkel vor – am nächsten Tage davongejagt hätte. Der Gedanke, daß er ihr am Ende genügen, daß mit seinem Besitz ihr Wahnsinn gemildert, gestillt sein könnte, war ihr zu einer kindischen Erinnerung geworden, aber gestehen wollte sie's ihm, ihm sagen: Ich bin nicht geschaffen, deine brave Hausfrau zu werden, laß mich frei.

Die Zeit rückte vor. Die ruhigen und festen Grenzen ihrer Liebe zu dem einen verwischten sich mehr und mehr und flossen auseinander zu den zitternden Linien einer schmerzlichen, ungestillten, kaum mehr zu zügelnden Sehnsucht nach dem Manne.

Und eines Abends – sie schilderte mir die Stimmung jenes Abends mit frappierender Kraft, wie sie nur das sichere Bewußtsein von der Bedeutsamkeit eines Erlebnisses besitzt –, eines Abends, im Hause ihrer Eltern, im Salon, der in das Halbdunkel von matten, farbigen Lampen getaucht war, während sie mit ihm an dem offenen Fenster stand, das auf eine reiche und helle Straße hinausführte, da gestand sie's ihm ein. Alles. Die brennenden Wünsche ihrer kaum erwachten Jugend, die kurze Zeit ihrer stillen erwachenden Glückseligkeit und endlich das rasche Untergehen dieses Traumes. Er war wie erstarrt. Nie hatte er Ähnliches in dem braven Mädchen aus gutem Hause vermutet, das er mit der freudigen Zustimmung seiner Eltern zur Frau nehmen wollte und in dem er wahrscheinlich auch das zu finden hoffte, was wir ja alle von unserem künftigen Weibe erwarten: den wundersamen, heiligen, tugendhaften Kontrast zu der tollen Leidenschaftlichkeit unserer Jugendliebeleien ... Er versuchte ihr zu widersprechen. Er wollte ihr klarmachen, daß sie sich über sich selber täusche, daß sie ein natürliches und im Grunde schönes Verlangen heruntersetze und entweihe, weil sie sich in ihrer stolzen Jungfräulichkeit desselben schäme. Es war vergebens. Je eindringlicher er sie über ihren Zustand beruhigen wollte, mit um so heftigeren und deutlicheren und frecheren Worten ließ sie ihn in das Zittern und Glühen ihrer tiefsten Seele schauen. Und sie erklärte ihm, daß sie ihr Wort zurücknehme, ihm das seine zurückgebe. Sie flehte ihn an, daß er sie ihrem Schicksal überlassen und in dieses Haus nicht mehr wiederkehren sollte. Was ihr eigenes Los anbelangt, so stand ihr Plan fest. Morgen noch, vielleicht heute nacht auf und davon, mit einem Male verschwunden aus dem Kreise der Ihren, weg von allen diesen Menschen, die ruhig und zufrieden und gesund waren und zu denen sie nicht gehörte, fort von hier und toll hinausgejubelt in ein Leben ungezügelter Lust, für das sie nun einmal bestimmt war, in das sie hineinmußte, wenn sie nicht verrückt werden, wenn sie nicht zugrunde gehen sollte.

Wie er, der Bräutigam, sie so reden hörte, mußte sie ihm wohl von wilderer und flammenderer Schönheit erschienen sein als je. Und der klagende Ausdruck seiner Augen wandelte sich allmählich in den Glanz bebenden Begehrens, das heftiger und heftiger daraus hervorbrach.

Er stand dicht neben ihr, und eben noch bittend, beschwörend, hatte er ihre beiden Hände gefaßt – und noch klangen ihr seine gramvollen Worte ins Ohr: sie mißverstehe sich selbst, und er verzeihe ihr alles, und sie solle nur bei ihm bleiben; da mit einem Male wurde der Druck seiner Hände fester, heißer, und das Zittern der Verzweiflung in seiner Stimme ward zum Zittern des Verlangens, und seine Worte klangen anders mit einem Male, ganz anders, bis es ihr endlich frech, schrill, brutal an ihr Ohr klang, das er mit seinen Lippen berührte: wenn es schon sein muß, wenn du schon fort willst, wenn du schon die brave Hausfrau nicht sein kannst, wenn du allen gehören willst, die dich wollen, so gehöre doch zuerst mir, der dich will wie kein anderer, mir, den du geliebt hast, mir... mir... mir..., der dich anbetet.

Da aber fuhr sie zurück, und mit Ekel stieß sie ihn fort und entriß ihm ihre Hände.

Er begriff anfangs nicht, versuchte noch ungeschickt und flehend ihr klarzumachen, daß es ja nun das Gescheiteste wäre, was sie tun könnte. Ihr aber war dieser Mann, den sie so sehr geliebt hatte, mit einem Male der einzige geworden, den sie nicht mehr lieben konnte, den sie haßte, der sie anwiderte. Der Hauch, der von seinem Munde kam, die trockenen heißen Hände, das weit offene starre Auge, seine Stimme, die etwas Klirrendes und Weinendes hatte, all das ward ihr innerhalb eines Augenblickes so unsagbar unerträglich, daß sie von ihm fort mußte, rasch, zu einem anderen, zu dem anderen, zu irgendwem, der ein Mann und nicht er war. Und noch in derselben Nacht verließ sie das Haus ihrer Eltern, in derselben Nacht irrte sie durch die schwülen Straßen der Stadt, in derselben Nacht noch trug sie sich irgendeinem auf der Straße an, der eben vor ihr her spazierte und dessen Gang leicht und vergnügt war und den sie früher nie gesehen hatte. Und der nahm sie und jagte sie wieder fort, und das war ihr erster Liebhaber!

Sie schwieg, nachdem sie mir das gesagt, ohne daß sie Näheres über diesen Mann mitgeteilt hätte. Ich war neugierig geworden und wollte mehr wissen. Wer er war, ob sie ihn geliebt, ob sie ihm nachgeweint, was sie empfunden, als er sie nahm, und wie ihr war, als sie das erste Mal verlassen wurde. Da aber sah sie mich mit großen Augen an. Und dann, als wäre das etwas ganz Selbstverständliches, in einem Tone der Bestimmtheit, der mir jetzt noch im Ohr klingt, sagte sie: »Das ist ja vollkommen gleichgültig.« Ich verstand sie nicht gleich, aber wie ich sie nun eine Weile anschaute, dieses Antlitz mit dem ruhigen Ausdruck der Glücklichen, welche ihren wahren Beruf gefunden, unbekümmert um die Meinung der anderen, da fiel es mit einem Mal hell in meine Seele, und ich konnte begreifen, was sie gemeint. Ja, es war gleichgültig, wer jener Mann gewesen, mit dem sie die erste Nacht durchlebt, gleichgültig, wer nach ihm gekommen, und gleichgültig war es auch, ob ich oder ein anderer da neben ihr im Wagen lehnte. Nicht weil sie das war, was wir so leichthin eine Verworfene nennen. Denn haben wir's nicht alle an den Frauen, von denen wir wahrhaftig geliebt wurden, schaudernd und in stummer Verzweiflung hundertmal erlebt, wie wir im

Moment der Erfüllung für sie verlorengingen, wir, mit der ganzen Majestät unseres Ich, und wie unsere gleichgültige Persönlichkeit nur mehr das allmächtige Gesetz bedeutete, zu dessen zufälligen Vertretern wir bestellt waren.

Und wenn sie aus ihrem höchsten Rausch langsam erwachen, sehen wir nicht, wie sie mit einem unheimlichen Staunen uns ansehen, nein, wie sie uns wiedersehen, um sich an uns zu erinnern, weil wir gerade in dem Momente ihrer herrlichsten Entzückung mit allen unsern höchst eigenen Eigenschaften, mit unserem Geist und unserer Schönheit, mit all den Tugenden und all den Lastern, womit wir sie gewannen, so unbeschreiblich überflüssig geworden sind, gegenüber dem ewigen Prinzip, das in der Maske eines Individuums erscheinen muß, um walten zu dürfen: denn der kurze und bewußtlose Augenblick, in welchem die Natur ihren Zweck durchzusetzen weiß, braucht nur den Mann und das Weib, und wenn wir auch sein Vorher und Nachher so erfindungsreich von den tausend Lichtern unserer Individualität umtanzen lassen – sie löschen doch alle aus, wenn uns die dumpfe Nacht der Erfüllung umfängt.

STERBEN

Die Dämmerung nahte schon, und Marie erhob sich von der Bank, auf der sie eine halbe Stunde lang gesessen hatte, anfangs in ihrem Buche lesend, dann aber den Blick auf den Eingang der Allee gerichtet, durch die Felix zu kommen pflegte. Sonst ließ er nicht lange auf sich warten. Es war etwas kühler geworden, dabei aber hatte die Luft noch die Milde des entschwindenden Maitages.

Es waren nicht mehr viel Leute im Augarten, und der Zug der Spaziergänger ging dem Tore zu, das bald geschlossen werden mußte. Marie war schon dem Ausgange nahe, als sie Felix erblickte. Trotzdem er sich verspätet hatte, ging er langsam, und erst, wie seine Augen den ihren begegneten, beeilte er sich ein wenig. Sie blieb stehen, erwartete ihn, und wie er ihr lächelnd die Hand drückte, die sie ihm lässig entgegengestreckt hatte, fragte sie ihn mit sanftem Unmut im Ton: »Hast du denn bis jetzt arbeiten müssen?« Er reichte ihr den Arm und erwiderte nichts. »Nun?« fragte sie. »Ja, Kind«, sagte er dann, »und ich habe ganz vergessen, auf die Uhr zu sehen.« Sie betrachtete ihn von der Seite. Er schien ihr blässer als sonst. »Glaubst du nicht«, sagte sie zärtlich, »es wäre besser, du würdest dich jetzt ein bißchen mehr deiner Marie widmen? Laß doch auf einige Zeit deine Arbeiten. Wir wollen jetzt mehr spazieren gehen. Ja? Du wirst von nun ab immer schon mit mir vom Hause fort.«

»So . . .«

»Ja, Felix, ich werde dich überhaupt nicht mehr allein lassen.« Er sah sie rasch, wie erschreckt an. »Was hast du denn?« fragte sie.

»Nichts!«

Sie waren am Ausgange angelangt, und das abendliche Straßenleben schwirrte heiter um sie. Es schien über der Stadt etwas von dem allgemeinen unbewußten Glücke zu liegen, das der Frühling über sie zu breiten pflegt. »Weißt du, was wir tun könnten«, sagte er. »Nun?« »In den Prater gehen.«

»Ach nein, neulich war es so kalt unten.«

»Aber sieh'! Es ist beinahe schwül hier auf der Straße. Wir können ja gleich wieder zurück. Gehen wir nur!« Er sprach abgebrochen, zerstreut.

»Ja, sag', wie redest du denn, Felix?«
»Wie?« . . .
»Woran denkst du denn? Du bist ja bei mir, bei deinem Mädel!« Er sah sie an mit starrem, abwesendem Blicke.
»Du!« rief sie angstvoll und drückte seinen Arm fester.
»Ja, ja«, sagte er, sich sammelnd. »Es ist schwül, ganz bestimmt. Ich bin nicht zerstreut! Und wenn, so darfst du's mir nicht übel nehmen.« Sie nahmen den Weg durch die Gassen dem Prater zu. Felix war noch schweigsamer als sonst. Die Lichter in den Laternen brannten schon.

»Warst du heute bei Alfred?« fragte sie plötzlich.
»Warum?«
»Nun, du hattest ja die Absicht.«
»Wieso?«
»Du fühltest dich ja gestern abend so matt.«
»Freilich.«
»Und warst nicht bei Alfred?«
»Nein.«
»Aber siehst du, gestern warst du noch krank, und nun willst du in den feuchten Prater hinunter. Es ist wirklich unvorsichtig.«
»Ach, es ist ja gleichgültig.«
»Rede doch nicht so. Du wirst dich noch ganz verderben.«
»Ich bitte dich«, sagte er mit fast weinerlicher Stimme, »gehen wir nur, gehen wir. Ich sehne mich nach dem Prater. Wir wollen dorthin, wo es neulich so schön war. Weißt du, in den Gartensalon, dort ist's ja auch nicht kühl.«
»Ja, ja.«
»Wirklich nicht! Und heute ist es überhaupt warm. Nach Hause können wir ja nicht. Es ist zu früh. Und ich will auch nicht in der Stadt nachtmahlen, weil ich heute keine Lust habe, mich zwischen die Gasthauswände zu setzen, und dann schadet mir der Rauch, – und ich will auch nicht viel Menschen sehen, das Geräusch tut mir weh!« – Anfänglich hatte er rasch geredet und lauter als sonst. Die letzten Worte ließ er aber verklingen. Marie hing sich fester in seinen Arm. Ihr war bang, sie sprach nicht mehr, weil sie Tränen in ihrer Stimme fühlte. Seine Sehnsucht nach dem stillen Gasthof im Prater, nach dem Frühlingsabend im Grün und Stillen hatte sich ihr mitgeteilt. Nachdem sie eine Weile beide geschwiegen, gewahrte sie auf seinen Lippen ein langsames

und mattes Lächeln, und wie er sich nun zu ihr wandte, versuchte er in sein Lächeln einen Ausdruck des Glückes zu legen. Sie aber, die ihn gut kannte, fühlte das Gezwungene leicht heraus.

Sie waren im Prater. Dort die erste Allee, die vom Hauptwege abbog und beinahe ganz im Dunkeln verschwand, führte zu ihrem Ziele. Dort stand das einfache Wirtshaus; der große Garten war kaum erleuchtet, die Tische standen ungedeckt da, die Sessel lehnten an ihnen. Daneben in den kugeligen Laternen auf den schlanken, grünen Pfählen flackerten trübrote Lichter. Ein paar Gäste saßen da, der Wirt selbst unter ihnen. Marie und Felix schritten vorbei, der Wirt stand auf und lüftete die Kappe. Sie öffneten die Tür zum Gartensalon, in dem ein paar zurückgedrehte Gasflammen fauchten. Ein kleiner Kellnerjunge hatte schlummernd in einer Ecke gesessen. Er erhob sich rasch, beeilte sich, die Gashähne besser aufzudrehen, und war den Gästen beim Ablegen behilflich. Sie setzten sich in eine Ecke, in der es recht dämmerig und traulich war, und rückten ihre Sessel ganz nahe zusammen. Sie bestellten etwas zu essen und zu trinken, ohne lange zu wählen, und waren nun allein. Nur vom Eingange her blinken die trübroten Laternenlichter. Auch die Ecken des Saales verschwammen im Halbdunkel.

Noch immer schwiegen beide, bis endlich Marie, gequält, mit zitternden Worten begann: »So sag's nur, Felix, was hast du denn? Ich bitte dich, sag' mir.«

Wieder kam jenes Lächeln über seine Lippen. »Nichts, Kind«, sagte er, »frag' nicht. Meine Launen kennst du ja – oder kennst du sie noch immer nicht?«

»Gewiß, deine Launen, o ja. Aber du bist nicht übel gelaunt; du bist verstimmt, ich seh' es ja; das muß seinen Grund haben. Ich bitte dich, Felix, was gibt's denn? Sag's doch, ich bitte dich!«

Er machte ein ungeduldiges Gesicht, denn eben trat der Kellner herein und brachte das Bestellte. Und wie sie noch einmal wiederholte: »Sag' es mir, sag' es mir«, wies er mit den Augen auf den Jungen und machte eine ärgerliche Bewegung. Der Junge ging. »Nun sind wir allein«, sagte Marie. Sie rückte näher zu ihm, nahm seine beiden Hände in die ihren. »Was hast du? Was hast du? Ich muß es wissen. Hast du mich denn nicht mehr lieb?« Er schwieg. Sie küßte seine Hand. Er entzog sie ihr langsam. »Nun, nun?« Er schaute mit den Augen wie hilfesuchend umher. »Ich bitte dich, laß mich, frag' nicht, quäl' nicht!« Sie ließ seine Hand frei und sah ihm voll ins Gesicht. »Ich will's wissen.« Er stand auf und tat einen tiefen Atemzug. Dann griff er sich mit den beiden Händen an den Kopf und sagte: »Du machst mich noch wahnsinnig. Frag' nicht.« Noch eine ganze Weile blieb er so stehen mit starrem Auge, und sie folgte angstvoll seinem Blick, der ins Leere ging. Dann ließ er sich nieder, atmete ruhiger, und eine müde Milde breitete sich über seine Züge. Nach ein paar Sekunden schien aller Schauer von ihm gewichen, und er sagte zu Marie leise, liebenswürdig: »Trink' doch, iß doch.«

Sie nahm gehorsam Gabel und Messer und fragte ängstlich: »Und du?« »Ja, ja«, erwiderte er, blieb aber regungslos sitzen und berührte nichts. »Da kann ich auch nicht«, sagte sie. Da begann er denn zu essen und zu trinken. Bald aber legte er schweigend Gabel und Messer hin, stützte den Kopf in die Hand und sah Marie nicht an. Sie betrachtete ihn eine kleine Weile mit aufeinandergepreßten Lippen, dann zog sie seinen Arm weg, der ihr sein Gesicht verbarg. Und nun sah sie, wie es in seinen Augen schimmerte, und im Augenblicke, als sie aufschrie: »Felix, Felix«, begann er zu weinen, heiß und schluchzend. Sie nahm seinen Kopf an ihre Brust, strich ihm über die Haare, küßte ihm die Stirn, wollte ihm die Tränen wegküssen. »Felix, Felix!« Und er weinte leiser und leiser. »Was hast du, Schatz, angebeteter, einziger Schatz, sag's doch!« Und er, den Kopf noch immer an ihre Brust gepreßt, so daß seine Worte dumpf und schwer zu ihr heraufdrangen: »Marie, Marie, ich hab dir's nicht sagen wollen. Ein Jahr noch, und dann ist es aus.« Und nun weinte er heftig und laut. Sie aber, mit aufgerissenen Lidern, totenblaß, verstand nichts, wollte nichts verstehen. Etwas Kaltes und Entsetzliches schnürte ihr die Kehle zusammen, bis sie plötzlich aufschrie: »Felix, Felix!« Dann stürzte sie vor ihn hin und schaute ihm ins verweinte, verstörte Gesicht, das nun auf die Brust heruntergesunken war. Er sah sie vor sich knien und flüsterte: »Steh' auf, steh' auf.« Sie stand auf, mechanisch seinen Worten gehorchend, und setzte sich ihm gegenüber. Sie konnte nicht sprechen, sie konnte nicht fragen. Und er, dann wieder nach ein paar Sekunden tiefen Schweigens, plötzlich, laut klagend mit nach oben gerichtetem Blick, als laste etwas Unbegreifliches auf ihm: »Entsetzlich! Entsetzlich!« –

Sie fand ihre Stimme wieder. »Komm, komm!« Aber weiter brachte sie nichts hervor. »Ja, gehen wir«, sagte er mit einer Bewegung, als wollte er etwas von sich abschütteln. Er rief den Kellner, bezahlte, und beide verließen rasch den Saal.

Draußen umfing sie schweigend die Frühlingsnacht. In der dunklen Allee blieb Marie stehen, faßte die Hand ihres Geliebten: »Erklär' mir nun endlich –«

Er war vollkommen ruhig geworden, und was er ihr nun sagte, klang einfach, schlicht, als wenn es eigentlich nichts so Besonderes wäre. Er machte seine Hand los und streichelte ihre Wangen. So dunkel war es, daß sie einander kaum sehen konnten.

»Mußt aber nicht erschrecken, Mizzel, denn ein Jahr ist lang, so lang! Nämlich nur ein Jahr mehr habe ich zu leben.« Sie schrie auf: »Aber du bist verrückt, du bist verrückt.«

»Es ist erbärmlich, daß ich dir's überhaupt sage, und sogar dumm. Aber weißt du, es ganz allein zu wissen und so einsam herumgehen, ewig mit dem Gedanken – ich hätte es ja wahrscheinlich doch nicht lange ausgehalten. Vielleicht ist es sogar gut, daß du dich daran gewöhnst. Aber komm doch, was stehen wir denn da? Ich selbst, Marie, bin ja den Gedanken schon gewohnt. Dem Alfred habe ich schon lange nicht mehr geglaubt.«

»Du warst also nicht bei Alfred? Aber die anderen verstehen ja nichts.«

»Siehst du, Kind, ich habe so fürchterlich gelitten die letzten Wochen unter der Ungewißheit. Nun ist's besser. Jetzt weiß ich's wenigstens. Ich war beim Professor Bernard, der hat mir wenigstens die Wahrheit gesagt.«

»Aber nein, er hat dir nicht die Wahrheit gesagt. Der hat dir sicher nur Angst machen wollen, damit du vorsichtiger wirst.«

»Mein liebes Kind, ich habe sehr ernst mit dem Manne gesprochen. Ich hab' Klarheit haben müssen. Weißt du, auch deinetwegen.«

»Felix, Felix«, schrie sie und umfaßte ihn mit beiden Armen. »Was sagst du da? Ohne dich werde ich keinen Tag leben, keine Stunde.«

»Komm«, sagte er still. »Sei ruhig.« Sie waren am Ausgange des Praters. Lebendiger war es um sie geworden, laut und hell. Wagenrasseln auf den Straßen, Pfeifen und Klingeln der Trams, das schwere Rollen eines Eisenbahnzuges auf der Brücke über ihnen. Marie zuckte zusammen. All dies Leben hatte mit einem Male etwas Höhnisches und Feindliches, und es tat ihr weh. Sie zog ihn mit sich, so daß sie nicht auf die breite Hauptstraße kamen, sondern durch die stillen Nebengassen den Weg nach Hause einschlugen.

Einen Augenblick fuhr es ihr durch den Kopf, daß er einen Wagen nehmen sollte, aber sie zögerte, es ihm zu sagen. Man konnte ja langsam gehen.

»Du wirst nicht sterben, nein, nein«, sagte sie dann halblaut, ihren Kopf fest an seine Schulter drückend. »Aber ohne dich lebe ich auch nicht weiter.«

»Mein liebes Kind, du wirst anders denken. Ich hab' mir alles wohl überlegt. Ja gewiß. Weißt du, wie so mit einem Male die Grenze gezogen war, sah ich so scharf, so gut.«

»Es gibt keine Grenze.«

»Freilich, mein Schatz. Man kann's nicht glauben. Ich glaube es ja selber nicht in diesem Augenblick. Es ist etwas so Unbegreifliches, nicht wahr? Denk' einmal, ich, der da neben dir hergeht und Worte spricht, ganz laute, die du hörst, ich werd' in einem Jahr daliegen, kalt, vielleicht schon vermodert.«

»Hör' auf, hör' auf!«

»Und du, du wirst aussehen wie jetzt. Genau so, vielleicht noch ein bißchen blaß vom Weinen, aber dann wird wieder ein Abend kommen und viele, und der Sommer und der Herbst und der Winter und wieder ein Frühling, – und dann bin ich schon ein Jahr lang tot und kalt. Ja! – Was hast du denn? –«

Sie weinte bitterlich. Die Tränen flossen ihr über Wangen und Hals herunter.

Da ging ein verzweifeltes Lächeln über seine Züge, und er flüsterte zwischen den Zähnen hervor, heiser, herb: »Entschuldige.«

Sie schluchzte weiter, während sie vorwärts gingen, und er schwieg. Ihr Weg führte sie am Stadtpark vorbei, durch dunkle und stille, breite Straßen, über die von den Sträuchern des Parkes her ein leichter, trauriger Fliederduft geweht kam. Langsam gingen sie weiter. Auf der anderen Seite eintönig graue und gelbe hohe Häuser. Die mächtige Kuppel der Karlskirche, in den blauen Nachthimmel ragend, näherte sich ihnen. Sie bogen in eine Seitenstraße und hatten bald das Haus erreicht, in dem sie wohnten. Langsam stiegen sie die schwach erleuchtete Treppe hinauf und hörten hinter den Gangfenstern und Türen die Dienstmädchen plaudern und lachen. Nach ein paar Minuten hatten sie die Tür hinter sich geschlossen. Das Fenster war offen, ein paar dunkle Rosen, die in einer einfachen Vase auf dem Nachttische standen, dufteten durch das Zimmer. Von der Straße klang leises Summen herauf. Beide traten zum Fenster. Im Hause gegenüber war alles still und dunkel. Dann setzte er sich auf den Diwan, sie schloß die Läden und ließ die Vorhänge herab. Sie machte Licht und stellte die Kerze auf den Tisch. Er hatte all das nicht mehr gesehen, sondern saß da, in sich versunken. Sie näherte sich ihm. »Felix!« rief sie. Er schaute auf und lächelte. »Nun, Kind?« fragte er. Und wie er diese Worte mit weicher und leiser Stimme sagte, überkam sie ein Gefühl unendlicher Angst. Nein, sie wollte ihn nicht verlieren. Nie! Nie, nie! Es war auch nicht wahr. Es war gar nicht möglich. Sie versuchte zu sprechen, wollte ihm das alles sagen. Sie warf sich vor ihn hin und fand die Kraft der Rede nicht. Sie legte den Kopf auf seinen Schoß und weinte. Seine Hände ruhten auf ihren Haaren. »Nicht weinen«, flüsterte er zärtlich. »Nicht mehr, Miez.« Sie erhob den Kopf; wie eine wunderbare Hoffnung kam es über sie. »Es ist nicht wahr, wie? Nicht wahr?« Er küßte sie auf die Lippen, lang, heiß. Dann sagte er beinahe hart: »Es ist wahr« und stand auf. Er ging zum Fenster hin und stand dort ganz im Schatten. Nur zu seinen Füßen spielte der Kerzenflimmer. Nach einiger Zeit begann er zu sprechen. »Du mußt dich an den Gedanken gewöhnen. Denk' einfach, wir gingen *so* auseinander. Du mußt ja gar nicht wissen, daß ich nicht mehr auf der Welt bin.«

Sie schien nicht auf ihn zu hören. Ihr Gesicht hatte sie in den Kissen des Diwans verborgen. Er sprach weiter: »Wenn man philosophisch über die Sache denkt, so ist es nicht so fürchterlich. Wir haben ja noch so viel Zeit, glücklich zu sein; nicht, Miez?«

Sie schaute plötzlich auf mit großen, tränenlosen Augen. Dann eilte sie zu ihm hin, klammerte sich an ihn und hielt ihn mit beiden Armen an ihre Brust gedrückt. Sie flüsterte: »Ich will mit dir sterben.« Er lächelte. »Das sind Kindereien. Ich bin nicht so kleinlich, wie du glaubst. Ich hab' auch gar nicht das Recht, dich mit mir zu ziehen.«

»Ich kann ohne dich nicht sein.«

»Wie lange warst du ohne mich? Ich war ja schon verloren, als ich dich vor einem Jahre kennen lernte. Ich wußte es nicht, aber ich hab' es schon damals geahnt.«

»Du weißt es auch heute nicht.«

»Ja, ich weiß es, und darum geb' ich dich heute schon frei.«

Sie klammerte sich fester an ihn. »Nimm's an, nimm's an«, sagte er. Sie antwortete nicht, sah zu ihm auf, als könnte sie's nicht verstehen.

»Du bist so schön, oh! und so gesund. Was für ein herrliches Recht hast du ans Leben. Laß mich allein.«

Sie schrie auf. »Ich hab' mit dir gelebt, ich werde mit dir sterben.«

Er küßte sie auf die Stirne. »Du wirst es nicht, ich verbiete es dir, du mußt dir diese Idee aus dem Kopfe schlagen.«

»Ich schwöre dir –«

»Schwöre nicht, du würdest mich eines Tages bitten, daß ich dir deinen Schwur zurückgebe.«

»Das ist dein Glaube an mich!«

»Oh, du liebst mich, ich weiß es. Du wirst mich nicht verlassen, bis –«

»Nie, nie werd' ich dich verlassen.« Er schüttelte den Kopf. Sie schmiegte sich an ihn, nahm seine beiden Hände und küßte sie.

»Du bist so gut«, sagte er, »das macht mich sehr traurig.«

»Sei nicht traurig. Was immer kommt, wir beide haben dasselbe Schicksal.«

»Nein«, sagte er ernst und bestimmt, »laß das. Ich bin nicht wie die anderen. Ich will es nicht sein. Alles begreife ich; erbärmlich wäre es von mir, wenn ich länger auf dich hören wollte, mich von diesen Worten berauschen lassen, die dir der erste Augenblick des Schmerzes eingibt. Ich muß gehen, und du mußt bleiben.«

Sie hatte wieder zu weinen begonnen. Er streichelte und küßte sie, um sie zu beruhigen, und sie blieben beim Fenster stehen und sprachen nichts mehr. Die Minuten vergingen, die Kerze brannte tiefer herab.

Nach einiger Zeit entfernte sich Felix von ihr und setzte sich auf den Diwan. Eine schwere Müdigkeit war über ihn gekommen. Marie näherte sich ihm und setzte sich an seine Seite. Sie nahm leise seinen Kopf und legte ihn an ihre Schulter. Er blickte sie zärtlich an und schloß die Augen. So schlief er ein.

Der Morgen schlich blaß und kühl heran. Felix war erwacht. Noch lag sein Kopf an ihrer Brust. Sie aber schlief tief und fest. Er entfernte sich leise von ihr und ging zum Fenster, sah auf die Straße hinunter, die menschenleer im Morgengrauen dalag. Es fröstelte ihn. Nach einigen Minuten schon streckte er sich angekleidet auf's Bett und starrte auf die Decke.

Es war hellichter Tag, als er erwachte. Marie saß auf dem Bettrand, sie hatte ihn wachgeküßt. Sie lächelten beide. War nicht alles ein böser Traum gewesen? Er selbst kam sich jetzt so gesund, so frisch vor. Und draußen lachte die Sonne. Von der Gasse herauf drang Geräusch; es war alles so lebendig. Im Hause gegenüber standen viele Fenster offen. Und dort auf dem Tische war das Frühstück vorbereitet wie jeden Morgen. So licht war das Zimmer, in alle Ecken drang der Tag. Sonnenstäubchen flimmerten, und überall, überall Hoffnung, Hoffnung, Hoffnung!

Der Doktor rauchte seine Nachmittagszigarre, als ihm eine Dame gemeldet wurde. Es war noch vor der Ordinationsstunde, und Alfred ärgerte sich eigentlich. »Marie«, rief er erstaunt aus, als sie eintrat.

»Seien Sie nicht böse, daß ich Sie so früh störe. Oh, rauchen Sie nur weiter.«

»Wenn Sie erlauben. – Aber was gibt's denn, was haben Sie denn?«

Sie stand vor ihm, die eine Hand auf den Schreibtisch gestützt, in der anderen den Sonnenschirm haltend. »Ist es wahr«, stieß sie rasch hervor, »daß Felix so krank ist? Ah, Sie werden blaß. Warum haben Sie mir's nicht gesagt, warum nicht?«

»Was fällt Ihnen denn ein?« Er ging im Zimmer hin und her. »Sie sind närrisch. Bitte, setzen Sie sich.«

»Antworten Sie mir.«

»Gewiß ist er leidend. Das ist Ihnen ja nichts neues.«

»Er ist verloren«, schrie sie auf.

»Aber, aber!«

»Ich weiß es; *er* auch. Gestern war er beim Professor Bernard, der hats ihm gesagt.«

»Es hat sich schon mancher Professor geirrt.«

»Sie haben ihn ja oft untersucht, sagen Sie mir die Wahrheit.«

»In diesen Dingen gibt es keine absolute Wahrheit.«

»Ja, weil er Ihr Freund ist. Sie wollen's eben nicht sagen, nicht wahr? Aber ich sehe es Ihnen an! Es ist also wahr, es ist wahr! O Gott! O Gott!«

»Liebes Kind, beruhigen Sie sich doch.«

Sie sah rasch zu ihm auf. »Es ist wahr?«

»Nun ja, er ist krank, Sie wissen es ja.«

»Ah –«

»Aber warum hat man's ihm denn gesagt? Und dann –«

»Nun, nun? Aber bitte, erwecken Sie mir keine Hoffnung, wenn es keine gibt.«

»Man kann es nie mit Sicherheit voraussehen. Das kann so lange dauern.«

»Ich weiß ja, ein Jahr.«

Alfred biß die Lippen zusammen. »Ja, sagen Sie, warum war er denn eigentlich bei einem anderen Arzt?«

»Nun, weil er wußte, daß Sie ihm nie die Wahrheit sagen werden – ganz einfach.«

»Es ist zu dumm«, fuhr der Doktor auf, »es ist zu dumm. Ich begreife das nicht! Als wenn es so dringend notwendig wäre, einen Menschen –«

In diesem Augenblicke öffnete sich die Türe, und Felix trat ein.

»Ich dachte es«, sagte er, als er Marie erblickte.

»Du machst mir schöne Narrheiten«, rief der Doktor aus, »schöne Narrheiten, wirklich.«

»Laß die Phrasen, mein lieber Alfred«, erwiderte Felix, »ich danke dir herzlich für deinen guten Willen, du hast als Freund gehandelt, du hast dich famos benommen.«

Marie fiel hier ein. »Er sagt, daß der Professor gewiß –«

»Laß das«, unterbrach sie Felix, »solange es ging, durftet ihr mich in dem Wahn erhalten. Von jetzt an wäre es eine abgeschmackte Komödie.«

»Du bist ein Kind«, sagte Alfred, »es laufen viele Leute in Wien herum, denen man schon vor zwanzig Jahren das Leben abgesprochen hat.«

»Die meisten von ihnen sind aber doch schon begraben.«

Alfred ging im Zimmer hin und her. »Vor allem einmal, es hat sich zwischen gestern und heute nichts geändert. Du wirst dich schonen, das ist alles, du wirst mir besser folgen, als bisher, das ist das Gute daran. Erst vor acht Tagen war ein fünfzigjähriger Herr bei mir –«

»Ich weiß schon«, fiel Felix ein. »Der gewisse fünfzigjährige Herr, der als Jüngling von zwanzig aufgegeben war und nun blühend ausschaut und acht gesunde Kinder hat.«

»Solche Dinge kommen vor, daran ist gar nicht zu zweifeln«, warf Alfred ein.

»Weißt du«, sagte Felix darauf, »ich gehöre nicht zu der Sorte Menschen, an denen Wunder geschehen.«

»Wunder?« rief Alfred aus, »das sind lauter natürliche Sachen.«

»Aber sehen Sie ihn doch nur an«, sagte Marie. »Ich finde, er schaut jetzt besser aus als im Winter.«

»Er muß sich halt schonen«, meinte Alfred und blieb vor seinem Freund stehen. »Ihr werdet jetzt ins Gebirge reisen, und dort wird gefaulenzt, ordentlich.«

»Wann sollen wir abreisen?« fragte Marie eifrig.

»Ist doch alles Unsinn«, sagte Felix.

»Und im Herbst geht ihr in den Süden.«

»Und im nächsten Frühjahr?« fragte Felix spöttisch.
»Bist du hoffentlich gesund«, rief Marie aus.
»Ja, gesund«, lachte Felix, »gesund! – Keinesfalls mehr leidend.«
»Ich sags ja immer«, rief der Doktor aus, »diese großen Kliniker sind alle zusammen keine Psychologen.«
»Weil sie nicht einsehen, daß wir die Wahrheit nicht vertragen«, warf Felix ein.
»Es gibt gar keine Wahrheiten, sag' ich. Der Mann hat sich gedacht, er muß dir die Hölle heiß machen, damit du nicht leichtsinnig bist. Das war so ungefähr sein Gedankengang. Wenn du trotz seiner Vorhersage gesund wirst, ist's ja doch keineswegs eine Blamage für ihn. Er hat dich ja nur gewarnt.«
»Lassen wir die kindischen Redereien«, fiel hier Felix ein, »ich habe sehr ernst mit dem Manne gesprochen, ich hab' es ihm klar zu machen verstanden, daß ich Gewißheit haben muß. Familienverhältnisse! Das imponiert ihnen ja immer. Und ich muß es dir aufrichtig gestehen, die Ungewißheit war schon zu jämmerlich.«
»Als wenn du jetzt Gewißheit hättest«, fuhr Alfred auf.
»Ja, jetzt habe ich Gewißheit. Vergebliche Mühe, die du dir nun gibst. Es handelt sich jetzt nur darum, das letzte Jahr so weise als möglich zu verleben. Du wirst schon sehen, mein lieber Alfred, ich bin der Mann, der lächelnd von dieser Welt scheidet. Na, weine nicht, Miez; du ahnst gar nicht, wie schön dir diese Welt noch ohne mich vorkommen wird. Wie, Alfred, glaubst du nicht?«
»Geh'! Du quälst ja das Mädel ganz überflüssig.«
»Es ist wahr, es wäre vernünftiger, ein rasches Ende zu machen. Verlaß mich, Miez, geh', laß mich allein sterben!«
»Geben Sie mir Gift«, schrie Marie plötzlich auf.
»Ihr seid ja beide verrückt«, rief der Doktor.
»Gift! Ich will nicht eine Sekunde länger leben als er, und er soll es glauben. Er will es mir nicht glauben. Warum denn nicht? Warum denn nicht?«
»Du, Miez, jetzt will ich dir was sagen. Wenn du von dem Unsinn noch einmal redest, noch *ein*mal, so verschwinde ich spurlos aus deiner Nähe. Dann siehst du mich überhaupt nicht mehr. Ich habe kein Recht, dein Schicksal an meines zu ketten, ich will diese Verantwortung auch gar nicht.«
»Weißt du, mein lieber Felix«, begann der Doktor, »du wirst die Güte haben, lieber heute als morgen abzureisen. So kann's nicht weiter gehen. Ich werde euch heute abend auf die Bahn

bringen, und die kräftige Luft und die Ruhe werden euch beide hoffentlich wieder vernünftig machen.«

»Ich bin ja ganz einverstanden,« sagte Felix, »mir ist das sehr gleichgültig, wo –«

»Schon gut«, unterbrach ihn Alfred; »es liegt vorläufig nicht der geringste Grund zur Verzweiflung vor, und du kannst die traurigen Nebenbemerkungen eigentlich ganz beiseite lassen.«

Marie trocknete ihre Tränen und sah den Doktor dankbar an.

»Großer Psycholog«, lächelte Felix. »Wenn ein Arzt mit einem grob ist, kommt man sich gleich so gesund vor.«

»Ich bin vor allem dein Freund, Du weißt also –«

»Abreisen – morgen – ins Gebirge!«

»Ja, dabei bleibt's auch.«

»Na, ich dank dir jedenfalls sehr«, sagte Felix, indem er seinem Freunde die Hand reichte. »Und nun wollen wir gehen. Da draußen räuspert schon einer. Komm, Miez!« –

»Ich danke Ihnen, Herr Doktor«, sagte Marie, Abschied nehmend.

»Da gibt es ja weiter nichts zu danken. Seien Sie nur vernünftig und geben Sie auf ihn acht. Also, auf Wiedersehen.«

Auf der Stiege sagte Felix plötzlich: »Lieber Mensch, der Doktor, wie?«

»O ja.«

»Und jung und gesund und hat vielleicht noch vierzig Jahre vor sich – oder hundert.«

Sie waren auf der Straße. Um sie herum lauter Menschen, die gingen und sprachen und lachten und lebten und an den Tod nicht dachten.

Sie bezogen ein kleines Häuschen hart am See. Es stand abseits von dem Dorfe selbst als einer der letzten abgelösten Ausläufer der Häuserreihe, die sich längs des Wassers hinzog. Und hinter dem Hause stiegen die Wiesen hügelig hinan, weiter oben lagen Felder in Sommerblüte. Weit dahinter, nur selten sichtbar, der verwischte Zug ferner Gebirge. Und wenn sie aus ihrer Wohnung heraus auf die Terrasse traten, die auf vier braunen, feuchten Pfählen aus dem klaren Wassergrunde hervorragte, so lag ihnen gegenüber am anderen Ufer die lange Kette starrer Felsen, über deren Höhe der kalte Glanz des schweigenden Himmels ruhte.

In den ersten Tagen ihres Hierseins war ein wunderbarer Friede über sie gekommen, den sie selber kaum begriffen. Es war, als hätte das allgemeine Los nur in ihrem gewohnten Aufenthalt Macht über sie gehabt; hier, in den neuen Verhältnissen, galt nichts mehr von dem, was in einer anderen Welt über sie verhängt worden. Auch hatten sie, seit sie einander kannten, noch nie so erquickende Einsamkeit gefunden. Es kam vor, daß sie sich manchmal ansahen, als wäre zwischen ihnen irgend eine kleine Geschichte vorgefallen, etwa ein Zank oder ein Mißverständnis, über das aber nicht mehr gesprochen werden durfte. Felix fühlte sich an den schönen Sommertagen so wohl, daß er sich bald nach seiner Ankunft wieder ans Arbeiten machen wollte. Marie gab es nicht zu. »Ganz gesund bist du noch nicht«, lächelte sie. Und auf dem kleinen Tischchen, wo Felix seine Bücher und Papiere aufgeschichtet hatte, tanzten die Sonnenstrahlen, und durchs Fenster herein kam vom See her eine weiche, schmeichelnde Luft, die von allem Unglück der Welt nichts wußte.

Eines Abends ließen sie sich wie gewöhnlich von einem alten Bauern auf den See hinausrudern. Sie befanden sich da in einem breiten, guten Fahrzeug mit einem gepolsterten Sitz, auf dem sich Marie niederzulassen pflegte, während sich Felix ihr zu Füßen hinlegte, in einen warmen, grauen Plaid gehüllt, der zugleich Unterlage und Decke für ihn war. Den Kopf hatte er an ihren Knien ruhen. Auf der weiten, ruhigen Wasserfläche lagen leichte Nebel, und es schien, als stiege die Dämmerung langsam aus dem See empor, um sich allmählich gegen die Ufer hinzubreiten. Felix wagte es heute, eine Zigarre zu rauchen, und schaute vor sich hin über die Wellen, den Felsen zu, um deren Kuppen ein mattes Sonnengelb hinfloß.

»Sag, Miez«, fing er zu reden an, »traust du dich, hinaufzuschauen?«

»Wohin?«

Er deutete mit dem Finger auf den Himmel. »Da gerade hinauf, ins Dunkelblaue. Ich kann's nämlich nicht. Es ist mir unheimlich.«

Sie schaute hinauf und verweilte mit ihren Blicken ein paar Sekunden oben. »Mir tut's eher wohl«, sagte sie.

»So? Wenn der Himmel so klar ist wie heute, bring ich es schon gar nicht zusammen. Diese Ferne, diese schauerliche Ferne! Wenn die Wolken oben stehen, ist es mir nicht so unangenehm, die Wolken gehören doch noch zu uns; – da schaue ich in Verwandtes hinein.«

»Morgen wird's wohl regnen«, fiel da der Ruderer ein, »die

Berge sind heut zu nah!« Und er ließ die Ruder ruhen, so daß der Kahn ganz lautlos und immer langsamer über die Wellen hinglitt.

Felix räusperte sich. »Merkwürdig; die Zigarre vertrag ich noch nicht recht.«

»So wirf sie doch weg!«

Felix drehte die glimmende Zigarre ein paarmal zwischen den Fingern hin und her, dann warf er sie ins Wasser, und ohne sich nach Marie umzuwenden, sagte er: »Wie, ganz gesund bin ich doch noch nicht?«

»Geh«, erwiderte sie abwehrend, indem sie mit ihrer Hand leise über seine Haare strich.

»Was werden wir nur machen«, fragte Felix, »wenn's zu regnen anfängt! Da wirst du mich doch arbeiten lassen müssen.«

»Du darfst nicht.«

Sie beugte sich zu ihm nieder und sah ihm in die Augen. Es fiel ihr auf, daß seine Wangen gerötet waren. »Deine bösen Gedanken will ich dir bald vertreiben! Aber wollen wir jetzt nicht nach Hause fahren? Es wird kühl.«

»Kühl? Mir ist nicht kühl.«

»Na ja, dir mit dem dicken Plaid.«

»Oh«, rief er aus, »ich Egoist habe ganz dein Sommerkleid vergessen.« Er wandte sich zum Ruderer. »Nach Hause.« Nach ein paar hundert Ruderschlägen waren sie ihrer Wohnung nahe. Da bemerkte Marie, wie Felix mit der rechten Hand sein linkes Handgelenk umschloß. »Was hast du denn?«

»Miez, ich bin wirklich noch nicht ganz gesund.«

»Aber.«

»Fieber hab ich. Hm, – zu dumm!«

»Du irrst dich sicher«, sagte Marie ängstlich, »ich will gleich um den Doktor gehen.« – »Ja, natürlich, das könnt ich noch brauchen.«

Sie hatten angelegt und stiegen ans Land. In den Zimmern war's beinahe dunkel. Aber die Wärme des Tages war noch darin. Während Marie zum Abendessen herrichtete, saß Felix ruhig im Lehnstuhl.

»Du«, sagte er ganz plötzlich, »die ersten acht Tage sind um.«

Sie kam vom Tische, wo sie die Gedecke aufgelegt hatte, rasch zu ihm hin und umschloß ihn mit beiden Armen. »Was hast du denn wieder?«

Er machte sich los. »Na, laß das!« Er stand auf und setzte sich an den Tisch. Sie folgte ihm. Er trommelte mit den Fingern auf dem Tisch herum. »So wehrlos komme ich mir vor. Plötzlich überfällt es einen.«

»Aber, Felix, Felix.« Sie rückte ihren Stuhl nahe an den seinen. Er schaute mit großen Augen im Zimmer hin und her. Dann schüttelte er den Kopf ärgerlich, als könnte er irgend etwas nicht fassen, und stieß wieder zwischen den Zähnen hervor: »Wehrlos! Wehrlos! Kein Mensch kann mir helfen. Die Sache an sich ist ja nicht so schrecklich, – aber daß man so wehrlos ist!« –

»Felix, ich bitte dich, du regst dich auf. Es ist sicher nichts. Willst du, – nur zu deiner Beruhigung, daß ich um den Arzt gehe?«

»Ich bitte dich, laß mich damit! Entschuldige, daß ich dich schon wieder mit meiner Krankheit unterhalte.«

»Aber –«

»Wird nicht mehr geschehen. Geh, schenk mir doch ein. Ja, ja, einschenken! ... Danke! – Nun, so rede doch irgend etwas.«

»Ja, was?«

»Was immer. Lies mir was vor, wenn dir nichts einfällt. Ach, pardon, nach dem Essen natürlich. Iß nur, ich esse auch.« Er griff zu. »Ich habe sogar Appetit, es schmeckt mir ganz gut.«

»Na, also«, sagte Marie mit einem gezwungenen Lächeln.

Und beide aßen und tranken.

Die nächsten Tage brachten einen warmen Regen. Da saßen sie bald im Zimmer, bald auf ihrer Terrasse, bis der Abend kam. Sie lasen beide oder schauten zum Fenster hinaus, oder er sah ihr zu, wenn sie irgend eine Näharbeit vornahm. Zuweilen spielten sie Karten, auch die Anfangsgründe des Schachspiels brachte er ihr bei. Andere Male wieder legte er sich auf den Diwan hin; sie saß bei ihm und las ihm vor. Es waren stille Tage und Abende, und Felix fühlte sich eigentlich ganz wohl. Es freute ihn, daß das schlechte Wetter ihm nichts anhaben konnte. Auch das Fieber kam nicht wieder.

Eines Nachmittags, als sich das erste Mal nach langem Regen der Himmel aufzuhellen schien, saßen sie wieder auf dem Balkon, und Felix sagte ganz unvermittelt, ohne an irgend ein früheres Gespräch anzuknüpfen: »Es gehen eigentlich lauter zum Tode Verurteilte auf der Erde herum.«

Marie schaute von ihrer Arbeit auf.

»Nun ja«, fuhr er fort, »stelle dir beispielsweise vor, es sagte dir einer: Hochgeehrtes Fräulein, Sie werden am 1. Mai 1970 sterben. So wirst du dein ganzes künftiges Leben in einer namenlosen Angst vor dem 1. Mai 1970 verbringen, obwohl du heute gewiß nicht ernstlich glaubst, hundert Jahre alt zu werden.«

Sie antwortete nichts.

Er sprach weiter, indem er auf den See hinausblickte, auf dem es eben von den durchbrechenden Sonnenstrahlen zu glitzern begann.

»Andere wieder gehen heute stolz und gesund herum, und irgend ein blödsinniger Zufall rafft sie in ein paar Wochen dahin. Die denken gar nicht ans Sterben, nicht wahr?«

»Schau«, sagte Marie, »laß doch die dummen Gedanken. Du mußt dir doch heut schon selber darüber klar sein, daß du wieder gesund wirst.«

Er lächelte.

»Nun ja, gerade du gehörst zu denen, die gesund werden.«

Er lachte laut auf. »Gutes Kind, du meinst in der Tat, daß ich dem Schicksal aufsitze? Du meinst, mich betrügt dieses scheinbare Wohlsein, mit dem mich die Natur jetzt beglückt? Ich weiß nur zufällig, woran ich bin, und der Gedanke an den nahen Tod macht mich, wie andere große Männer auch, zum Philosophen.«

»Jetzt hör schon einmal auf! Ja?«

»Ooh, mein Fräulein, ich soll sterben, und Sie sollen nicht einmal die kleine Unannehmlichkeit haben, mich davon reden zu hören?«

Sie warf ihre Arbeit weg und trat zu ihm hin. »Ich fühle es ja«, sagte sie mit dem Tone ehrlicher Überzeugung, »daß du mir bleibst. Du kannst es ja selber gar nicht beurteilen, wie du dich erholst. Du mußt jetzt nur nicht mehr daran denken, dann ist jeder böse Schatten aus unserem Leben weg.«

Er betrachtete sie lange. »Du scheinst es wirklich absolut nicht begreifen zu können. Man muß es dir augenfällig machen. Sieh einmal her.« Er nahm eine Zeitung zur Hand. »Was steht hier?«

»12. Juni 1890.«

»Ja, 1890. Und jetzt denke dir, es steht da statt der Null eine Eins. Da ist schon alles längst vorbei. Ja, verstehst du's jetzt?«

Sie nahm ihm die Zeitung aus der Hand und warf sie ärgerlich zu Boden.

»Die kann nichts dafür«, sagte er ruhig. Und plötzlich, indem er sich lebhaft erhob und alle diese Gedanken mit einem raschen Entschluß weit von sich abzuweisen schien, rief er aus: »Schau einmal, wie schön! Wie die Sonne über dem Wasser liegt – und dort« – er beugte sich zur Seite der Terrasse hinaus und schaute nach der entgegengesetzten Seite hin, wo das flache Land lag – »wie die Felder sich bewegen! Ich möchte ein wenig da hinaus.«

»Wird's nicht zu feucht sein?«

»Komm, ich muß ins Freie.«

Sie wagte nicht recht, ihm zu widersprechen.

Beide nahmen ihre Hüte, warfen ihre Mäntel um und schlugen den Weg ein, der den Feldern zu führte. Der Himmel war beinahe völlig klar geworden. Über den fernen Gebirgszug zogen vielgestaltige weiße Nebel. Es war, als verlöre sich das Grün der Wiesen in dem goldenen Weiß, das die Gegend abzuschließen schien. Bald waren sie auf dem Weg mitten unter das Korn gekommen, und da mußten sie eines hinter dem anderen gehen, während die Halme unter den Säumen ihrer Mäntel raschelten. Bald bogen sie seitab in einen nicht allzu dichten Laubwald, in welchem es wohlgepflegte Wege gab mit Ruhebänken in kurzen Abständen. Hier gingen sie Arm in Arm.

»Ist's da nicht schön?« rief Felix aus. »Und dieser Duft!«

»Glaubst du nicht, daß jetzt nach dem Regen –« fiel Marie ein, ohne den Satz zu vollenden.

Er machte eine ungeduldige Kopfbewegung. »Laß das, kommt es denn darauf an? Es ist unangenehm, immer daran gemahnt zu werden.«

Wie sie nun weiterschritten, lichtete sich der Wald mehr und mehr. Durch das Gelaub schimmerte der See. Kaum hundert Schritte noch hatten sie bis dahin. Eine ziemlich schmale Landzunge, auf welcher der Wald in ein paar spärlichen Sträuchern seinen Abschluß fand, ragte ins Wasser vor. Hier standen einige Tannenholzbänke mit Tischen davor, und hart am Ufer zog sich ein hölzerner Zaun hin. Ein leichter Abendwind hatte sich erhoben und trieb die Wellen ans Ufer. Und nun strich der Wind weiter ins Gesträuch, über die Bäume, so daß es von den feuchten Blättern wieder zu tropfen begann. Über dem Wasser lag der müde Schein des scheidenden Tages.

»Ich habe nie geahnt«, sagte Felix, »wie schön das alles ist.«

»Ja, es ist reizend.«

»Du weißt es ja nicht«, rief Felix aus. »Du kannst es ja nicht wissen, du mußt ja nicht Abschied davon nehmen.« Und er machte langsam ein paar Schritte nach vorwärts und stützte sich mit beiden Armen auf den schlanken Zaun, dessen schmale Stützstäbe vom Wasser umspült waren. Er schaute lange auf die schimmernde

Fläche hinaus. Dann wandte er sich um. Marie stand hinter ihm; ihr Blick war traurig vor verhaltenen Tränen.

»Siehst du«, sagte Felix in scherzendem Tone, »dies alles hinterlasse ich dir. Ja, ja, denn es gehört mir. Das ist das Geheimnis der Lebensempfindung, auf das ich gekommen bin, daß man so ein gewaltiges Gefühl unendlichen Besitzes hat. Ich könnte mit allen diesen Dingen machen, was ich will. Auf dem kahlen Fels da drüben könnt ich Blumen sprießen lassen, und die weißen Wolken könnt ich vom Himmel vertreiben. Ich tu's nicht, denn so gerade, wie alles ist, ist es schön. Mein liebes Kind, erst wenn du allein bist, wirst du mich verstehen. Ja, du wirst ganz bestimmt die Empfindung haben, als sei das alles in deinen Besitz übergegangen.«

Er nahm sie bei der Hand und zog sie neben sich. Dann streckte er seinen anderen Arm aus, wie um ihr all die Herrlichkeiten zu zeigen. »Dies alles, dies alles«, sagte er. Da sie noch immer schwieg und noch immer jene großen, tränenlosen Augen hatte, brach er jäh ab und sprach: »Nun aber nach Hause!«

Die Dämmerung nahte, und sie nahmen den Uferweg, auf dem sie ihre Wohnung bald erreichten. »Es war doch ein schöner Spaziergang«, meinte Felix.

Sie nickte stumm mit dem Kopfe.

»Wir wollen ihn öfter wiederholen, Miez.«

»Ja«, sagte sie.

»Und« – er setzte das in einem Tone verächtlichen Mitleids hinzu – »quälen will ich dich auch nimmer.«

An einem der nächsten Nachmittage beschloß er, seine Arbeiten wieder vorzunehmen. Wie er wieder das erstemal den Bleistift übers Papier führen wollte, sah er mit einer gewissen hämischen Neugier auf Marie hinüber, ob sie ihn wohl abhalten werde. Sie aber sagte nichts. Bald warf er Blei und Papier wieder beiseite und nahm irgend ein gleichgültiges Buch zur Hand, um darin zu lesen. Das zerstreute ihn besser. Noch war er zur Arbeit nicht fähig. Er mußte sich erst zur völligen Lebensverachtung durchringen, um dann, der stummen Ewigkeit ruhig entgegensehend, wie ein Weiser seinen letzten Willen aufzuzeichnen. Das war es, was er wollte. Nicht einen letzten Willen, wie ihn gewöhnliche Menschen niederschreiben, der stets die geheime Angst vor dem Sterben verrät. Auch sollte dieses Schriftstück nicht über Dinge handeln, die man greifen und sehen kann, und die schließlich doch irgend einmal nach ihm zugrunde gehen mußten: *sein* letzter Wille sollte ein Gedicht sein, ein stiller, lächelnder Abschied von der Welt, die er überwunden. Zu Marie sprach er nichts von diesem Gedanken. Sie hätte ihn nicht verstanden. Er kam sich so anders vor als sie. Mit einem gewissen Stolz saß er ihr gegenüber an den langen Nachmittagen, wenn sie über ihrem Buch, wie es wohl zu geschehen pflegte, eingeschlummert war und ihr die aufgelösten Locken über die Stirne ringelten. Sein Selbstgefühl wuchs, wenn er sah, wieviel er ihr verschweigen konnte. So einsam wurde er da, so groß.

Und an jenem Nachmittag, wie ihr eben wieder die Lider zugefallen waren, schlich er sich leise davon. Er spazierte in den Wald. Die Stille des schwülen Sommernachmittags war überall um ihn. Und nun war es ihm klar, heute konnte es geschehen. Er atmete tief auf, es war ihm so leicht, so frei. Unter dem schweren Schatten der Bäume ging er weiter. Das gedämpfte Tageslicht floß wohltätig über ihn hin. Er empfand alles wie ein Glück, den Schatten, die Ruhe, die weiche Luft. Er genoß es. Es lag kein Schmerz darin, daß er all diese Zärtlichkeit des Lebens verlieren sollte. »Verlieren, verlieren«, sagte er halblaut vor sich hin. Er tat einen tiefen Atemzug, und wie nun der milde Hauch so köstlich und leicht in seine Brust einzog, da konnte er mit einem Male nicht begreifen, daß er überhaupt krank sein sollte. Aber er war ja krank, er war ja verloren. Und plötzlich kam es wie eine Erleuchtung über ihn. Er glaubte nicht daran. Das war es, und darum war ihm so frei und wohl, und darum schien ihm heute die rechte Stunde gekommen. Nicht die Lust am Leben hatte er überwunden, nur die Angst des Todes hatte ihn verlassen, weil er an den Tod nicht mehr glaubte. Er wußte, daß er zu jenen gehörte, die wieder gesund werden. Es war ihm, als wachte in einem verborgenen Winkel seiner Seele irgend etwas Entschlafenes wieder auf. Er hatte das Bedürfnis, die Augen weiter zu öffnen, mit größeren Schritten vorwärts zu gehen, mit tieferen Zügen zu atmen. Der Tag wurde heller und das Leben lebendiger. Das also war es, das war es!? Und warum? Warum mußte er mit einem Male wieder so trunken vor Hoffnung werden? Ach, Hoffnung! Es war mehr als das. Es war Gewißheit. Und heute morgens noch hatte es ihn gequält, hatte es ihm die Kehle zugeschnürt, und jetzt, jetzt war er gesund, er war gesund. Er rief es laut aus: »Gesund!« – Und er stand nun am Ausgang des Waldes. Vor ihm der See in dunkelblauer Glätte. Er ließ sich auf eine Bank nieder, und da saß er mit tiefem Behagen, den Blick aufs Wasser gerichtet. Er dachte nach, wie sonderbar das wäre; die Freude des Genesens hatte ihm die Lust am stolzen Abschied vorgetäuscht.

Ein leichtes Geräusch hinter ihm. Er hatte kaum Zeit, sich umzuwenden. Marie war es. Ihre Augen blinkten, ihr Gesicht war leicht gerötet.

»Was hast du denn?«

»Warum bist du denn weg? Warum hast du mich denn allein gelassen? Ich bin sehr erschrocken.«

»Aber geh«, sagte er und zog sie neben sich nieder. Er lächelte sie an und küßte sie. Sie hatte so warme, volle Lippen. »Komm«, sagte er dann leise und zog sie auf seinen Schoß. Sie schmiegte sich fest an ihn, legte die Arme um seinen Hals. Und sie war schön! Aus ihren blonden Haaren stieg ein schwüler Duft empor, und eine unendliche Zärtlichkeit für dieses schmiegsame, duftende Wesen an seiner Brust stieg in ihm auf. Tränen kamen ihm ins Auge, und er faßte nach ihren Händen, um sie zu küssen. Wie liebte er sie doch!

Vom See her kam ein schwaches, zischendes Geräusch. Sie schauten beide auf, erhoben sich und traten Arm in Arm dem Ufer näher. Das Dampfschiff war in der Ferne zu sehen. Sie ließen es eben nahe genug kommen, um noch die Umrisse der Leute auf dem Verdecke unterscheiden zu können, dann wandten sie sich um und spazierten durch den Wald nach Hause. Sie gingen Arm in Arm, langsam, zuweilen einander zulächelnd. Sie fanden alte Worte wieder, die Worte der ersten Liebestage. Die süßen Fragen zweifelnder Zärtlichkeit gingen zwischen ihnen hin und her, und die innigen Worte schmeichelnder Beruhigung. Und sie waren heiter und waren wieder Kinder, und das Glück war da.

Ein schwerer, glühender Sommer war herangekommen mit heißen, sengenden Tagen, lauen, lüsternen Nächten. Jeder Tag brachte den vorigen, jede Nacht die verwichene zurück; die Zeit stand stille. Und sie waren allein. Nur umeinander kümmerten sie sich, der Wald, der See, das kleine Haus, – das war ihre Welt. Eine wohlige Schwüle hüllte sie ein, in der sie des Denkens vergaßen. Sorglose, lachende Nächte, müde, zärtliche Tage flohen über sie hin.

In einer jener Nächte war es, da brannte die Kerze noch spät, und Marie, die mit offenen Augen dalag, richtete sich im Bette auf. Sie betrachtete das Antlitz ihres Geliebten, über das die

Ruhe eines tiefen Schlafes gebreitet war. Sie lauschte seinen Atemzügen. Nun war es ja so viel als gewiß: jede Stunde brachte ihn der Heilung näher. Eine unsägliche Innigkeit erfüllte sie, und sie beugte sich nahe zu ihm herab mit dem Verlangen, den Hauch seines Atems auf ihren Wangen zu fühlen. O, wie schön war es doch zu leben! Und ihr ganzes Leben war er, nur er. Ach, nun hatte sie ihn wieder, sie hatte ihn wieder, und auf immer hatte sie ihn wieder!

Ein Atemzug des Schlafenden, der anders klang als die bisherigen, störte sie auf. Es war ein leises, gepreßtes Stöhnen. Um seine Lippen, die sich ein wenig geöffnet hatten, war ein Zug des Leidens sichtbar geworden, und mit Schrecken gewahrte sie Schweißtropfen auf seiner Stirn. Den Kopf hatte er leicht zur Seite gewendet. Dann aber schlossen sich seine Lippen wieder. Der friedliche Ausdruck des Antlitzes kehrte zurück, und nach ein paar unruhigen Atemzügen wurden auch diese wieder gleichmäßig, fast lautlos. Marie aber fühlte sich plötzlich von einer quälenden Bangigkeit erfaßt. Am liebsten hätte sie ihn aufgeweckt, sich an ihn geschmiegt, seine Wärme, sein Leben, sein Dasein empfunden. Ein seltsames Bewußtsein von Schuld überkam sie, und wie Vermessenheit erschien ihr plötzlich der freudige Glaube an seine Rettung. Und nun wollte sie sich selbst überreden, daß es ja doch kein fester Glaube gewesen, nein, nur eine leise, dankbare Hoffnung, für die sie doch nicht so bitter gestraft werden durfte. Sie gelobte sich's, nicht mehr so gedankenlos glücklich zu sein. Mit einem Male war ihr diese ganze jubelnde Zeit des Taumelns eine Zeit leichtsinniger Sünde geworden, für die sie büßen mußten. Gewiß! Und dann, was sonst Sünde sein mag, war es nicht etwas anderes bei ihnen? Liebe, die vielleicht Wunder zu tun vermochte? Und sind es nicht vielleicht gerade jene letzten süßen Nächte, die ihm die Gesundheit wiedergeben werden?

Ein furchtbares Stöhnen drang aus Felix' Mund. Er hatte sich im Halbschlummer angstvoll mit weiten Augen im Bett aufgerichtet, starrte ins Leere, so daß Marie laut aufschreien mußte. Davon wachte er vollends auf. »Was ist denn, was ist denn?« stieß er hervor. Marie fand keine Worte. »Hast du geschrieen, Marie? Ich habe schreien gehört.« Er atmete sehr rasch. »Mir war wie zum Ersticken. Ich hab auch geträumt, weiß nicht mehr was.«

»Ich bin so sehr erschrocken«, stammelte sie.

»Weißt du, Marie, mir ist jetzt auch kalt.«

»Nun ja«, erwiderte sie, »wenn du böse Träume hast.«

»Ach, was denn«, und er sah mit einem zornigen Blick nach oben. »Fieber hab ich eben wieder, das ist's.« Seine Zähne schlugen aneinander, er legte sich nieder und zog die Decke über sich.

Sie blickte verzweifelt um sich. »Soll ich dir, willst du –«

»Gar nichts, schlaf nur! Ich bin müde, ich werde auch schlafen. Das Licht laß brennen.« Er schloß die Augen und zog die Decke bis über den Mund. Marie wagte nicht mehr, ihn zu fragen. Sie wußte, wie sehr ihn das Mitleid erbittern konnte, wenn er sich nicht ganz wohl fühlte. Er schlief schon nach wenigen Minuten ein, über sie aber kam kein Schlummer mehr. Bald begannen graue Dämmerstreifen ins Zimmer zu schleichen. Diese ersten, matten Zeichen des nahen Morgens taten Marien sehr wohl. Ihr war, als käme etwas Befreundetes, Lächelndes sie besuchen. Sie hatte einen sonderbaren Drang, dem Morgen entgegenzugehen. Sie stieg ganz leise aus dem Bett, nahm rasch ihr Morgenkleid um und schlich auf die Terrasse. Der Himmel, die Berge, der See, das schwamm noch alles in ein dunkles, ungewisses Grau zusammen. Es machte ihr ein eigenes Vergnügen, die Augen ein bißchen anzustrengen, um die Umrisse deutlicher zu erkennen. Sie setzte sich auf den Lehnstuhl und ließ ihre Blicke in den Dämmer tauchen. Ein unsägliches Behagen durchfloß Marie, wie sie in der tiefen Stille des anbrechenden Sommermorgens da heraußen lehnte. Um sie herum war alles so friedlich, so mild und so ewig. Es war so schön, so eine Weile allein zu sein inmitten der großen Stille – weg aus dem engen, dunstigen Zimmer. Und mit einem Male durchzuckte sie die Erkenntnis: sie war gern von seiner Seite aufgestanden, gern war sie da, gern allein!

Den ganzen Tag hindurch kamen ihr die Gedanken der verflossenen Nacht wieder. Nicht mehr so quälend, so unheimlich wie in der Dunkelheit, aber um so deutlicher und zu Entschlüssen bestimmend. Sie faßte vor allem den, die Heftigkeit seiner Liebe so weit als möglich abzuwehren. Sie begriff gar nicht, daß sie die ganze Zeit über nicht daran gedacht hatte. Ach, sie wollte so milde, so klug sein, daß es nicht wie Abwehr, daß es nur wie eine neue, bessere Liebe aussehen sollte.

Aber sie brauchte nicht besonders viel Klugheit und Milde. Seit jener Nacht schien aller Sturm der Leidenschaft bei ihm verraucht; er selbst behandelte Marie mit einer müden Zärtlichkeit, die sie anfangs beruhigte und endlich befremdete. Er las viel während der Tage oder schien auch nur zu lesen, denn oft genug konnte sie bemerken, wie er über das Buch hinaus ins Weite schaute. Ihr Gespräch berührte tausend alltägliche Dinge und nichts von Bedeutung; aber ohne daß Marie den Eindruck gewann, als zöge er sie nicht mehr in das Geheimnis seiner Gedanken. Es kam alles ganz selbstverständlich, als wäre all dies Halblaute, Gleichgültige in seinem Wesen nur die heitere Mattigkeit des Genesenden. Des Morgens blieb er lange liegen, während sie die Gewohnheit angenommen hatte, beim ersten Grauen des Tages ins Freie zu eilen. Da blieb sie entweder auf der Terrasse sitzen, oder sie begab sich auf den See hinunter und ließ sich da in einem Kahne, ohne sich vom Ufer zu entfernen, von den leichtbewegten Wellen schaukeln. Zuweilen ging sie im Walde spazieren, und so kam sie gewöhnlich schon von einem kleinen Morgenausfluge zurück, wenn sie ins Zimmer trat, ihn aufzuwecken. Sie freute sich über seinen gesunden Schlaf, den sie als gutes Zeichen ansah. Sie wußte nicht, wie oft er des Nachts erwachte, und sah nicht den Blick voll unendlicher Trauer, der auf ihr ruhte, während sie in den tiefen Schlummer gesunder Jugend versunken war.

Einmal war sie des Morgens wieder in den Kahn gestiegen, und die Frühe sprühte ihre ersten goldenen Funken über den See hin. Da wurde sie von der Lust erfaßt, sich einmal weiter hinaus in das blitzende, helle Wasser zu wagen. Sie fuhr eine gute Strecke weit, und da sie recht ungeübt im Rudern war, strengte sie sich übermäßig an, was ihre Freude an der Fahrt noch vermehrte. Auch in so früher Stunde konnte man nun nicht mehr ganz einsam auf dem Wasser sein. Einzelne Kähne begegneten Marien, und sie glaubte zu bemerken, daß manche nicht ohne Absicht näher an ihren heranfuhren. Ein kleines, elegantes Kielboot, in welchem zwei junge Herren die Ruder führten, fuhr sehr rasch hart an ihr vorüber. Die Herren zogen die Ruder ein, lüfteten die Mützen und grüßten höflich und lächelnd.

Marie sah die beiden groß an und sagte ein gedankenloses »Guten Morgen«. Dann schaute sie sich nach den beiden jungen Leuten um, ohne sich dessen recht bewußt zu werden. Auch jene hatten sich wieder umgewandt und grüßten nochmals. Da kam es ihr plötzlich zum Bewußtsein, daß sie etwas Unrechtes getan, und so rasch sie nur mit ihrer geringen Kunst vermochte, ruderte sie ihrem Wohnhaus zu. Sie brauchte fast eine halbe Stunde zur

Rückfahrt, kam erhitzt und mit aufgelösten Haaren an. Schon vom Wasser aus hatte sie Felix auf der Terrasse sitzen gesehen, und sie stürmte nun eilig in die Wohnung. Und ganz verwirrt, als wäre sie sich einer Schuld bewußt, eilte sie auf den Balkon, umfaßte Felix von rückwärts und fragte scherzend, überlustig: »Wer ist's?«

Er machte sich langsam von ihr los und sah sie ruhig von der Seite an. »Was hast du denn? Was bist du denn gar so lustig?«

»Weil ich dich wieder hab'.«

»Was bist du denn so erhitzt? Du glühst ja!«

»Ach Gott! Ich bin so froh, so froh, so froh!« Sie schob übermütig den Plaid von seinen Knien weg und setzte sich auf seinen Schoß. Sie ärgerte sich über ihre Verlegenheit, dann über sein verdrossenes Gesicht und küßte ihn auf die Lippen.

»Worüber bist du denn gar so froh?«

»Hab' ich denn keinen Grund? Ich bin so glücklich, daß« – sie stockte und fuhr dann fort – »daß es von dir genommen ist.«

»Was?« Es war etwas wie Mißtrauen in seiner Frage.

Sie mußte nun immer weiter reden. Da half nichts mehr. »Nun, die Furcht.«

»Die Furcht vor dem Tode?« meinst du.

»Sprich's doch nicht aus!«

»Warum sagst du, von *mir* genommen? Doch wohl auch von *dir*, nicht wahr?« Und dabei nahm sein Blick etwas Forschendes, beinahe Boshaftes an. Und wie sie, statt zu antworten, mit den Händen in seinen Haaren herumwühlte und ihren Mund seiner Stirn näherte, neigte er seinen Kopf ein wenig zurück und fuhr fort, erbarmungslos, kalt: »Es war zum mindesten – einmal deine Absicht? Mein Schicksal sollte ja das deine sein?«

»Es wird ja auch«, fiel sie lebhaft und heiter ein.

»Nein, es wird nicht«, unterbrach er sie ernst. »Was lullen wir uns denn ein? ›Es‹ ist nicht von mir genommen. ›Es‹ kommt immer näher, ich spüre es.«

»Aber –« Sie hatte sich unmerklich von ihm entfernt und lehnte nun am Geländer der Terrasse. Er stand auf und ging hin und her.

»Ja, ich spüre es. Es ist immerhin eine Verpflichtung, dir das mitzuteilen. Wenn es plötzlich für dich käme, würde es dich wahrscheinlich allzu heftig erschrecken. Darum erinnere ich dich daran, daß beinahe ein Viertel meiner Frist um ist. Vielleicht rede ich es mir auch nur ein, daß ich dir's sagen muß, – und nur die Feigheit veranlaßt mich dazu.«

»Bist du bös«, sagte sie ganz ängstlich, »daß ich dich allein gelassen?«

»Unsinn!« erwiderte er rasch, »*heiter* könnt' ich dich ja sehen, ich selbst werde – wie ich mich nun kenne – den gewissen Tag in Heiterkeit erwarten. Aber deine *Lustigkeit*, aufrichtig gesagt, die vertrag' ich nicht recht. Ich stelle es dir daher frei, dein Schicksal schon innerhalb der nächsten Tage von dem meinen zu trennen.«

»Felix!« – Sie hielt den Auf- und Niedergehenden mit beiden Armen zurück. Er machte sich wieder los.

»Die erbärmlichste Zeit bricht an. Bis jetzt war ich der interessante Kranke. Ein bißchen blaß, ein bißchen hüstelnd, ein bißchen melancholisch. Das kann ja einem Weibe noch so ziemlich gefallen. Was aber nun kommt, mein Kind, erspare dir lieber! Es könnte deine Erinnerung an mich vergiften.«

Sie suchte vergebens nach einer Antwort. Ganz hilflos starrte sie ihn an.

»Es ist schwer, das anzunehmen, denkst du dir! Es sähe lieblos, am Ende sogar gemein aus. Ich erkläre dir hiermit, daß davon keine Rede sein kann, daß du vielmehr mir und meiner Eitelkeit einen ganz besonderen Dienst erweisest, wenn du meinen Vorschlag annimmst. Denn das wenigstens will ich, daß du mit Schmerzen an mich zurückdenkst, daß du mir echte Tränen nachweinst. Aber was ich nicht will, ist, daß du Tage und Nächte lang über mein Bett gebeugt dasitzest mit dem Gedanken: wäre es nur schon vorbei, nachdem es ja doch einmal vorbei sein muß, und daß du dich als eine Erlöste fühlst, wenn ich von dir scheide.«

Sie rang nach irgendeinem Wort. Endlich stieß sie hervor: »Ich bleibe bei dir, ewig.«

Er achtete nicht darauf. »Wir wollen nicht weiter davon reden. In acht Tagen – denk' ich – fahr' ich nach Wien. Ich möchte doch noch mancherlei ordnen. Bevor wir dies Haus verlassen, werd' ich noch einmal meine Frage – nein, meine Bitte an dich richten.«

»Felix! Ich –!«

Er unterbrach sie heftig. »Ich verbiete dir, noch ein Wort über dieses Thema bis zu der von mir bestimmten Zeit zu verlieren.« Er verließ den Balkon und wandte sich dem Zimmer zu. Sie wollte ihm folgen. »Laß mich jetzt«, sagte er ganz milde, »ich will ein wenig allein sein.«

Sie blieb auf dem Balkon zurück und starrte tränenlos auf die glitzernde Wasserfläche. Felix war ins Schlafzimmer gegangen und hatte sich dort auf sein Bett geworfen. Er schaute lange zur Decke hinauf. Dann biß er die Lippen zusammen, ballte die Fäuste. Dann flüsterte er mit einer höhnischen Bewegung der Lippen: »Ergebung! Ergebung!« –

Von dieser Stunde an war etwas Fremdes zwischen sie gekommen und zugleich ein nervöses Bedürfnis, viel miteinander zu sprechen. Sie behandelten die alltäglichsten Dinge mit großer Weitschweifigkeit. Es wurde ihnen immer ängstlich, wenn sie zu reden aufhörten. Woher die grauen Wolken kämen, die sich dort über die Berge legten, was man morgen für Wetter erwarten dürfte, warum das Wasser zu verschiedenen Tageszeiten verschiedene Farben zeigte, darüber gab es lange Unterhaltungen. Wenn sie spazieren gingen, verließen sie öfter als bisher den engen Umkreis ihres Hauses und nahmen den Weg dem bewohnteren Ufer zu. Da ergab sich mancherlei Gelegenheit zu Bemerkungen über die Leute, die ihnen begegneten. Wenn es sich traf, daß junge Männer ihnen entgegenkamen, so war Marie in ihrem Benehmen von besonderer Zurückhaltung, und wenn Felix irgendein Wort über das Sommerkostüm irgendeines Rudersportsmanns oder Alpinisten fallen ließ, ging sie wohl auch in kaum bewußter Unaufrichtigkeit so weit, zu erwidern, daß sie die Leute gar nicht gesehen, und ließ sich nur mit Mühe dazu bewegen, sie bei neuerlicher Begegnung aufmerksam zu betrachten. Der Blick, mit dem sie sich bei solcher Gelegenheit gestreift fühlte, war ihr peinlich. Dann geschah es wieder, daß sie viertelstundenlang schweigsam nebeneinander hergingen. Manchmal saßen sie auch wortlos auf ihrem Balkon beisammen, bis Marie häufig genug, aber ohne die Absichtlichkeit verbergen zu können, auf das Auskunftsmittel geriet, ihm aus der Zeitung vorzulesen. Auch wenn sie merkte, daß er nicht mehr zuhörte, las sie weiter, froh über den Ton ihrer Stimme, froh, daß es nur überhaupt nicht ganz still zwischen ihnen war. Und doch, trotz aller dieser aufreibenden Mühe waren sie beide nur mit ihren eigenen Gedanken beschäftigt.

Felix gestand sich ein, daß er neulich Marie gegenüber eine lächerliche Komödie gespielt hatte. Wäre es ihm ernst gewesen mit jenem Wunsch, ihr das kommende Elend zu ersparen, so hätte er wohl am besten getan, einfach von ihrer Seite zu verschwinden. Es hätte sich schon ein stilles Plätzchen finden lassen, um dort in Ruhe zu sterben. Er wunderte sich selbst, daß er diese Dinge mit völligem Gleichmute überlegte. Als er aber begann, ernstlich über die Ausführung dieses Planes nachzudenken, als er in einer fürchterlich langen, durchwachten Nacht die Einzelheiten der Ausführung vor seine Seele brachte: wie er im nächsten Morgengrauen auf und davon wollte, ohne Abschied, in die Einsamkeit und in den nahen Tod und Marie zurücklassen inmitten des sonnigen, lachenden und für ihn verlorenen Lebens, da fühlte er seine ganze Ohnmacht, fühlte tief, daß er es nicht konnte, nimmer können würde. Was also, was? Der Tag kommt ja, unerbittlich, immer näher kommt er heran, an dem er davon und sie zurücklassen muß. Sein ganzes Dasein ist ja ein Erwarten dieses Tages, nichts anderes als eine qualvolle Frist, ärger als der Tod selbst. Wenn er nur nicht von Jugend auf gelernt hätte, sich selbst zu beobachten! Alle Zeichen seiner Krankheit hätten sich ja noch übersehen oder doch gering achten lassen. Sein Gedächtnis rief ihm das Bild von Leuten zurück, die er gekannt, an denen dieselbe Todeskrankheit gezehrt hatte, wie an ihm, und die noch wenige Wochen vor ihrem Tode heiter und hoffnungsfreudig der Zukunft entgegengeblickt hatten. Wie verfluchte er die Stunde, da ihn seine Ungewißheit zu jenem Arzt geführt, dem er so lange mit Lügen und falscher Würde zugesetzt hatte, bis ihm die volle, unerbittliche Wahrheit geworden. Und so lag er nun da, ein hundertfach Verdammter, nicht besser daran als ein Verurteilter, dem jeden Morgen der Henker nahen kann, ihn auf den Richtplatz zu führen, und er begriff, daß er sich doch eigentlich keinen Augenblick über den ganzen Schrecken seiner Existenz klar zu werden vermochte. In irgendeinem Winkel seines Herzens lauerte tückisch und schmeichlerisch die Hoffnung, die ihn nie völlig verlassen wollte. Aber seine Vernunft war stärker, und die gab ihm einen klaren und kalten Rat, gab ihn wieder und immer wieder, und er hörte es zehn- und hundert- und tausendmal in den endlosen Nächten, die er wach lag, und in den eintönigen Tagen, die doch allzu schnell verstrichen, daß es nur einen Ausweg und eine Rettung für ihn gäbe: nicht mehr warten, keine Stunde, keine Sekunde mehr, selber ein Ende machen; – das wäre minder kläglich. Und es war ja fast ein Trost, daß es keinen Zwang gab, zu warten. In jedem Augenblicke, wenn er nur wollte, konnte er ein Ende machen.

Aber sie, sie! Bei Tage insbesondere, wenn sie neben ihm einherging, oder wenn sie ihm vorlas, da war es ihm oft, als wäre es gar nicht so schwer, von diesem Geschöpfe zu scheiden. Sie war ihm nicht mehr als ein Teil des Daseins überhaupt. Sie gehörte zum Leben ringsherum, das er nun doch einmal lassen mußte, nicht zu ihm. In anderen Momenten aber, ganz besonders nachts, wenn sie tief schlafend mit schwer geschlossenen Lidern in ihrer Jugendschönheit neben ihm ruhte, da liebte er sie grenzenlos, und je ruhiger sie schlief, je weltabgeschiedener ihr Schlummer, je ferner ihre träumende Seele seinen wachen Qualen schien, um so wahnsinniger betete er sie an. Und einmal, es war in der Nacht, bevor sie den See verlassen sollten, überkam ihn eine kaum bezwingbare Lust, sie aus diesem köstlichen Schlafe, der ihm eine hämische Untreue dünkte, aufzurütteln und ihr ins Ohr zu schreien: »Wenn du mich lieb hast, stirb mit mir, stirb jetzt.« Aber er ließ sie weiter schlummern, morgen wollte er ihr's sagen, morgen, – vielleicht.

Öfter, als er ahnte, hatte sie in jenen Nächten seine Augen auf sich gefühlt. Öfter, als er ahnte, spielte sie die Schlafende, weil eine lähmende Angst sie davon abhielt, die Lider, zwischen denen sie zuweilen in das Halbdunkel des Schlafzimmers und auf seine im Bette aufrecht sitzende Gestalt blinzelte, vollends zu öffnen. Die Erinnerung an jene letzte, ernste Unterredung wollte sie nicht verlassen, und sie zitterte vor dem Tage, an dem er die Frage wieder an sie richten wollte. Warum nur zitterte sie davor? Stand doch die Antwort so klar vor ihr. Bei ihm ausharren bis zur letzten Sekunde, nicht von seiner Seite weichen, ihm jeden Seufzer von den Lippen, jede Schmerzensträne von den Wimpern küssen! Zweifelte er denn an ihr? War eine andere Antwort möglich? Wie? Welche? Etwa die: »Du hast recht, ich will dich verlassen. Ich will nur die Erinnerung an den interessanten Kranken bei mir bewahren. Ich lasse dich nun allein, um dein Gedächtnis besser lieben zu können?« Und dann? Unwiderstehlich zwang es sie, alles auszudenken, was nach dieser Antwort kommen mußte. Sie sieht ihn vor sich, kühl, lächelnd. Er streckt ihr die Hand entgegen und sagt: »Ich danke dir.« Dann wendet er sich von ihr ab, und sie eilt davon. Ein Sommermorgen ist es, glänzend in tausend erwachenden Freuden. Und immer weiter in die goldene Frühe eilt sie, nur um möglichst rasch von ihm wegzukommen. Und mit einem Male ist aller Bann von ihr getan. Sie ist wieder allein, sie ist des Mitleids ledig. Sie spürt nicht mehr den traurigen, den fragenden, den sterbenden Blick auf sich ruhen, der sie die ganzen letzten Monate so fürchterlich gepeinigt hat. Sie gehört der Freude, dem Leben, sie darf wieder jung sein. Sie eilt davon, und der Morgenwind flattert ihr lachend nach.

Und wie doppelt elend kam sie sich vor, wenn dieses Bild ihrer wirren Träume wieder untertauchte! Sie litt darunter, daß es überhaupt erschienen war.

Und wie das Mitleid mit ihm an ihrem Herzen nagte, wie sie schauderte, wenn sie seines Wissens, seiner Hoffnungslosigkeit dachte! Und wie sie ihn liebte, wie sie ihn immer inniger liebte, je näher der Tag kam, an dem sie ihn verlieren mußte. Ach, es konnte ja kein Zweifel sein, wie ihre Antwort lauten würde. An seiner Seite ausharren, mit ihm leiden, wie wenig war das! Ihn das Sterben erwarten sehen, diese monatelange Todesangst mit ihm durchkosten, alles das war wenig. Sie will mehr für ihn tun, das Beste, das Höchste. Wenn sie ihm verspräche, sich auf seinem Grabe zu töten, so ging er mit dem Zweifel dahin, ob sie wirklich es auch tun würde. Mit ihm, nein – *vor* ihm will sie sterben. Wenn er die Frage an sie richten wird, so wird sie die Kraft haben, zu sagen: »Machen wir der Pein ein Ende! Sterben wir zusammen, und sterben wir gleich!« Und während sie sich an dieser Idee berauschte, erschien ihr jenes Weib, dessen Bild sie eben noch gesehen, – das durch die Felder eilte, vom kosenden Morgenwind umspielt, hinstürmend, dem Leben und der Freude entgegen, und das sie selbst war, – erbärmlich und gemein.

Der Tag, an welchem sie abreisen wollten, brach an. Ein wunderbar milder Morgen, als kehrte der Frühling wieder. Marie saß schon auf der Terrasse, und das Frühstück war bereit, als Felix aus dem Wohnzimmer trat. Er atmete tief auf. »Ah, ist das ein herrlicher Tag!« –

»Nicht wahr?«

»Ich will dir was sagen, Marie!«

»Was?« Und rasch setzte sie fort, als wollte sie ihm die Antwort vom Munde nehmen: »Wir bleiben noch hier?«

»Das nicht, aber wir wollen nicht gleich nach Wien zurück. Ich befinde mich heute nicht übel, gar nicht so übel. Wir wollen uns noch irgendwo auf dem Wege aufhalten.«

»Wie du willst, mein Schatz.« Ihr wurde mit einem Male innerlich so wohl, wie lange nicht. So unbefangen hatte er die ganze Woche über nicht gesprochen.

»Ich denke, Kind, wir halten uns in Salzburg auf.«

»Ganz, wie du willst.«

»Nach Wien kommen wir noch immer früh genug, wie? Auch ist mir die Eisenbahnfahrt zu lang.«

»Nun ja«, meinte Marie lebhaft, »wir haben ja auch keine Eile.«
»Nicht wahr, Miez, es ist alles gepackt?«
»Aber längst, wir können auf der Stelle weg.«
»Ich denke, wir fahren mit dem Wagen. Eine Fahrt von vier bis fünf Stunden, und viel angenehmer als mit der Bahn. Da liegt immer noch in den Kupees die Hitze von gestern.«
»Ganz, wie du willst, mein Schatz.« Sie forderte ihn auf, sein Glas Milch zu trinken, und dann machte sie ihn auf den schönen, silbernen Schimmer aufmerksam, der auf den Kämmen der Wellen spielte. Sie sprach viel und überlustig. Er antwortete freundlich und harmlos. Endlich erbot sie sich, den Wagen zu bestellen, mit dem sie mittags nach Salzburg fahren wollten. Er nahm lächelnd an, sie setzte rasch den breiten Strohhut auf, küßte Felix ein paarmal auf den Mund und lief dann auf die Straße.

Er hatte nicht gefragt – und er wird auch nicht fragen. Das stand deutlich auf seiner heiteren Stirne. Es lag auch heute nichts Lauerndes in seiner Freundlichkeit wie sonst zuweilen, wenn er ein harmloses Gespräch so recht absichtlich mit einem bösen Wort zerschnitt. Wenn so etwas kommen sollte, hatte sie's immer früher gewußt, und nun war ihr, als hätte er ihr eine große Gnade erwiesen. In seiner Milde war etwas Schenkendes und Versöhnendes gewesen.

Als sie auf den Balkon zurückkehrte, fand sie ihn, die Zeitung lesend, die während ihres Fortseins angelangt war.

»Marie«, rief er, indem er sie mit den Augen näher heranwinkte, »etwas Sonderbares, etwas Sonderbares.«

»Was denn?«

»Lies doch! – Der Mann – na, der Professor Bernard ist gestorben.«

»Wer?«

»Der – nun der, bei dem ich – ach der, der mir so trübe Aussichten gestellt hat.«

Sie nahm ihm die Zeitung aus der Hand. »Wie, der Professor Bernard?« Auf den Lippen lag ihr: »Geschieht ihm schon recht!« aber sie sprach es nicht aus. Beiden war es zumute, als hätte dieses Ereignis für sie eine große Bedeutung. Ja, er, der mit der ganzen vorlauten Weisheit seiner unerschütterlichen Gesundheit dem Hilfesuchenden jede Hoffnung genommen, nun war er selbst in ein paar Tagen hingerafft worden. In diesem Augenblick erst fühlte Felix, wie er diesen Mann gehaßt, – und daß ihn die Rache des Geschicks ereilt hatte, schien dem Kranken eine Vorbedeutung günstigster Art. Es war ihm, als wiche ein unheilvolles Gespenst aus seinem Kreise. Marie warf das Zeitungsblatt hin und sagte: »Ja, was wissen wir Menschen von der Zukunft?«

Er griff das Wort begierig auf. »Was wissen wir von morgen? Wir wissen nichts, nichts!« Nach einer kurzen Pause sprang er plötzlich auf einen anderen Gegenstand über. »Du hast den Wagen bestellt?«

»Ja«, sagte sie, »für elf Uhr.«

»Da könnten wir ja vorher noch ein bißchen hinaus aufs Wasser, wie?«

Sie nahm seinen Arm, und beide spazierten zur Schiffshütte hin. Sie hatten das Gefühl, als wäre ihnen eine wohlverdiente Genugtuung geworden.

Im Spätnachmittag fuhren sie in Salzburg ein. Zu ihrer Verwunderung fanden sie die meisten Häuser der Stadt beflaggt; die Leute, die ihnen begegneten, waren im Festkleide, einzelne waren mit Kokarden geschmückt. Im Hotel, in welchem sie abstiegen und ein Zimmer mit der Aussicht auf den Mönchsberg nahmen, klärte man sie auf, daß in der Stadt ein großes Sängerfest abgehalten werde, und bot ihnen Karten zu dem Konzert an, das um acht Uhr im Kurparke bei großartiger Beleuchtung stattfinden sollte. Ihr Zimmer war im ersten Stock gelegen, unter ihrem Fenster floß die Salzach vorbei. Sie hatten beide auf der Herfahrt viel geschlummert und fühlten sich so frisch, daß sie nur kurze Zeit zu Hause blieben und sich noch vor Anbruch der Dämmerung wieder auf die Straße hinunter begaben.

Durch die ganze Stadt ging eine freudige Bewegung. Die Einwohner der Stadt schienen fast alle auf der Straße zu sein, die Sänger, mit ihren Abzeichen geschmückt, spazierten in fröhlichen Gruppen unter ihnen. Auch viele Fremde waren zu sehen, und selbst aus den Dörfern ringsum war ein Zufluß von Gästen gekommen, die im bäuerischen Sonntagsstaat sich zwischen den anderen hin und her schoben. Von den Giebeln wehten Flaggen in den Farben der Stadt, in den Hauptstraßen standen Triumphpforten mit Blumen geschmückt, durch alle Gassen wogte der unruhige Menschenstrom, und über ihm in behaglicher Milde flutete ein duftiger Sommerabend hin.

Vom Ufer der Salzach aus, wo eine wohlige Stille sie umgeben, waren Felix und Marie in das bewegtere Treiben der Stadt geraten, und nachdem sie eine so einförmige Zeit an ihrem ruhigen

See hingebracht hatten, machte sie das ungewohnte Geräusch beinahe wirr. Aber bald hatten sie die Überlegenheit der erfahrenen Großstädter gewonnen und konnten das ganze Treiben unbefangen auf sich wirken lassen. Felix wurde von der Fröhlichkeit der Masse – wie auch in früherer Zeit – nicht sehr angenehm berührt. Marie aber schien sich bald wohl zu fühlen, und wie ein Kind blieb sie bald stehen, um ein paar Weibern in Salzburger Tracht, dann wieder um einigen hochgewachsenen, mit Schärpen geschmückten Sängern nachzusehen, die an ihnen vorüberschlenderten. Manchmal schaute sie auch in die Höhe und bewunderte die besonders prächtige Dekoration irgend eines Gebäudes. An Felix, der ziemlich teilnahmslos an ihrer Seite dahinschritt, wandte sie sich zuweilen mit einem lebhaften »Sieh doch, wie hübsch!« ohne eine andere Antwort zu erhalten als ein stummes Kopfnicken.

»Nun sag' aber im Ernst«, meinte sie endlich, »haben wir's nicht wirklich gut getroffen?«

Er sah sie mit einem Blick an, aus dem sie nicht recht klug werden konnte. Endlich sprach er: »Du möchtest wohl auch am liebsten in den Kurpark zum Konzert?«

Sie lächelte nur. Dann erwiderte sie: »Na, wir dürfen nicht gleich anfangen zu lumpen.«

Ihn ärgerte dieses Lächeln. »Du wärest wirklich imstande, das von mir zu verlangen!«

»Aber was fällt dir ein!« sagte sie ganz erschreckt und hatte die Augen gleich wieder auf der anderen Seite der Gasse, wo eben ein elegantes und hübsches Paar, allem Anschein nach Hochzeitsreisende, in lächelndem Gespräch vorüberging. Marie spazierte neben Felix einher, aber ohne seinen Arm zu nehmen. Nicht selten wurden sie durch die Menschenflut auf Sekunden getrennt, und dann fand sie ihn wieder, wie er an den Mauern der Häuser weiterschlich in einem offenbaren Widerwillen, mit allen diesen Leuten in eine nähere Berührung zu kommen. Indessen wurde es dunkler, die Lichter in den Straßenlaternen brannten, und an einzelnen Stellen der Stadt, insbesondere den Triumphbogen entlang, hatte man farbige Lampions angebracht. Der Hauptzug der Menschen nahm nun die Richtung gegen das Kurhaus. Die Stunde des Konzerts nahte. Anfangs wurden Felix und Marie mitgezogen, dann nahm er plötzlich ihren Arm, und durch eine engere Seitengasse abbiegend, waren sie bald in einen stilleren, auch weniger hell beleuchteten Teil der Stadt gelangt. Nach ein paar Minuten schweigenden Weiterwandelns befanden sie sich an einer ganz verlorenen Partie des Salzachufers, wo das Rauschen des Flusses eintönig zu ihnen heraufdrang.

»Was wollen wir denn da?« fragte sie.

»Ruhe«, sagte er fast gebieterisch. Und als sie nichts darauf erwiderte, fuhr er im Tone nervöser Gereiztheit fort: »Wir gehören nicht dorthin. Für uns sind nicht mehr die bunten Lichter und die singende Fröhlichkeit und die Menschen, die lachen und jung sind. *Hier* ist der Platz für uns, wo von dem Jubel nichts herabklingt, wo wir einsam sind; hier gehören wir her«, und dann aus dem gepreßten Tone wieder in den eines kalten Hohnes verfallend: – »*Ich* wenigstens.«

Wie er das aussprach, fühlte sie, daß sie nicht so tief gerührt war als sonst. Aber sie erklärte sich das; sie hatte es nun oft gehört, und dann übertrieb er ja offenbar. – Und sie antwortete ihm im Tone versöhnlicher Milde: »Das verdien' ich nicht, nein.«

Er darauf, wie schon so oft, hämisch: »Entschuldige.« Sie sprach weiter, indem sie seinen Arm faßte und fest an sich drückte: »Und wir *beide* gehören nicht hierher.«

»Ja!« schrie er beinahe.

»Nein«, antwortete sie sanft. »Ich will ja *auch* nicht zurück ins Menschengewühl. Mir wäre das gerade so zuwider wie dir. Aber was haben wir denn für einen Grund zu fliehen, als wären wir Ausgestoßene?«

In diesem Augenblick schallte der volle Orchesterklang durch die reine, windstille Luft zu ihnen herüber. Fast Ton für Ton konnte man deutlich vernehmen. Es waren feierliche Posaunenstöße, eine Fest-Ouvertüre, die offenbar das Konzert einzuleiten bestimmt war.

»Gehen wir«, sagte Felix plötzlich, nachdem er eine Weile mit ihr stehen geblieben war und zugehört hatte. »Musik aus der Ferne, das macht mich trauriger als irgend etwas anderes auf der Welt.«

»Ja«, stimmte sie bei, »es klingt sehr melancholisch.«

Sie gingen rasch der Stadt zu. Hier hörte man die Musik weniger deutlich als unten am Flußufer, und wie sie wieder in den erleuchteten, menschenbelebten Straßen waren, fühlte Marie die alte Zärtlichkeit des Mitleids für den Geliebten wiederkehren. Sie verstand ihn wieder, und sie verzieh ihm alles. »Wollen wir nach Hause?« fragte sie.

»Nein, wozu denn, bist du schläfrig?«

»O nein!«

»Wir wollen doch noch ein wenig im Freien bleiben, ja?«
»Sehr gerne, – wie du willst. – Ob es nur nicht zu kühl ist?«
»Es ist ja schwül. Es ist ja geradezu heiß«, erwiderte er nervös, »wir wollen im Freien nachtmahlen.«
»Sehr gerne.«
Sie kamen in die Nähe des Kurparkes. Das Orchester hatte sein einleitendes Stück beendet, und man hörte nun aus dem taghell erleuchteten Parke das hundertfältige Geraun einer plaudernden und vergnügten Menge. Einzelne Leute, die noch zum Konzert wollten, eilten vorbei. Auch zwei Sänger, die sich verspätet hatten, streiften sehr rasch an ihnen vorüber. Marie sah ihnen nach und gleich darauf, nicht ohne Ängstlichkeit, als hätte sie ein Vergehen gutzumachen, auf Felix. Der nagte an den Lippen, und auf seiner Stirne lag ein mühsam zurückgedrängter Zorn. Sie glaubte, er müßte nun etwas sagen, aber er schwieg. Und von ihr weg wandte sich sein verdüsterter Blick wieder jenen zwei Männern zu, die eben am Eingang des Parkes verschwanden. Er wußte, was er empfand. Hier vor ihm schritt, was er am tödlichsten haßte. Ein Stück von dem, was noch hier sein wird, wenn *er* nicht mehr ist, etwas, das noch jung und lebendig sein und lachen wird, wenn er nicht mehr lachen und weinen kann. Und auch neben ihm, jetzt im Schuldbewußtsein heftiger als früher an seinen Arm gepreßt, ging so ein Stück lachender, lebendiger Jugend, das diese Verwandtschaft unbewußt empfand. Und *er* wußte es, und es wühlte mit rasender Pein in ihm. Lange Sekunden sprachen sie beide nichts. Endlich kam aus seinem Munde ein tiefer Seufzer. Sie wollte sein Gesicht sehen, aber er hatte es abgewandt. Mit einem Male sagte er: »Hier wär es ganz gut.« Sie wußte anfangs nicht, was er meinte. »Was?«
Sie standen vor einem Gartenrestaurant, ganz nahe dem Kurparke, mit hohen Bäumen, die ihre Wipfel über die weißgedeckten Tische breiteten, und spärlich brennenden Laternen. Hier war es heute nur schwach besucht. Sie hatten reichliche Auswahl unter den Plätzen und ließen sich endlich in einem Winkel des Gartens nieder. Im ganzen waren kaum zwanzig Leute da. Ganz in ihrer Nähe saß das junge, elegante Paar, dem sie heute bereits einmal begegnet waren. Marie erkannte es sofort. Im Parke drüben setzte der Chor ein. Etwas abgeschwächt, aber in vollendetem Wohllaute drangen die Stimmen zu ihnen herüber, und es war, als bewegten sich die Blätter der Bäume, über die der mächtige Schall fröhlicher Stimmen hinstrich. Felix hatte einen guten

Rheinwein auftragen lassen, und mit halbgeschlossenen Lidern saß er da, die Tropfen auf der Zunge zergehen lassend, dem Zauber der Musik hingegeben, ohne Gedanken, woher sie kam. Marie war nahe zu ihm gerückt, und er spürte die Wärme ihres Knies neben dem seinen. Nach der furchtbaren Erregung der letzten Augenblicke war mit einem Male eine wohltuende Gleichgültigkeit über ihn gekommen, und er freute sich, daß er es durch seinen Willen dazu gebracht hatte, so gleichgültig zu sein. Denn gleich, wie sie sich an den Tisch gesetzt hatten, war er zu dem festen Entschlusse gekommen, seinen stechenden Schmerz zu überwinden. Er war zu abgespannt, näher zu untersuchen, wieviel sein Wille zu dieser Überwindung beigetragen. Jetzt aber beschwichtigten ihn manche Erwägungen: daß er jenen Blick Mariens schlimmer gedeutet, als er verdient, daß sie irgendwen anderen vielleicht nicht anders angeschaut hätte und nun das fremde Paar am benachbarten Tische auch nicht anders betrachtete, als früher jene Sänger.

Der Wein war gut, schmeichelnd klang die Musik herüber, der Sommerabend war berauschend mild, und wie Felix zu Marie hinüberschaute, sah er aus ihren Augen einen Schein unendlicher Güte und Liebe strahlen. Und er wollte sich mit seinem ganzen Wesen in den gegenwärtigen Moment versenken. Er stellte eine letzte Anforderung an seinen Willen, von allem befreit zu sein, was Vergangenheit und Zukunft war. Er wollte glücklich sein oder wenigstens trunken. Und plötzlich, ganz unvermutet, kam ihm eine ganz neue Empfindung, die etwas wunderbar Befreiendes für ihn hatte; daß es ihm nämlich jetzt kaum einen Entschluß kosten würde, sich das Leben zu nehmen. Ja, jetzt gleich. Und das stände ihm ja immer frei; solche Stimmung wie die jetzige fände sich bald. Musik und ein leichtes Trunkensein, und so ein süßes Mädel an der Seite – ach ja, es war Marie. Er überlegte. Irgend eine andere wäre ihm nun vielleicht geradeso lieb gewesen. Auch sie schlürfte mit vielem Behagen von dem Weine. Felix mußte bald eine neue Flasche bestellen. Er war so zufrieden wie lange nicht. Er erläuterte sich selbst, daß im Grunde alles das auf das bißchen Alkohol über seine Gewohnheit zurückzuführen war. Aber was verschlug es? Wenn es nur überhaupt so was gab. Wahrhaftig, der Tod hatte keine Schrecken mehr für ihn. Ach, alles war so einerlei.

»Was, Miez?« sagte er.
Sie schmiegte sich an ihn.

»Was willst du denn wissen?«

»So einerlei ist alles! Nicht?«

»Ja, alles«, erwiderte sie, »außer daß ich dich lieb hab in alle Ewigkeit.«

Es kam ihm ganz sonderbar vor, wie sie das jetzt so ernsthaft sagte. Ihre Persönlichkeit war ihm beinahe gleichgültig. Sie floß mit allem anderen zusammen. Ja, so war es recht, so mußte man überhaupt die Dinge behandeln. Ach nein, es ist nicht der Wein, der ihm das vorzaubert, der Wein nimmt nur irgend etwas von uns weg, das uns sonst schwerfällig und feig macht; – er nimmt die Wichtigkeit von den Dingen und Menschen. Da, jetzt ein kleines weißes Pulver und da hinein ins Glas – wie einfach wäre das! Und dabei spürte er, wie ihm ein paar Tränen ins Auge kamen. Er war ein wenig gerührt über sich.

Drüben der Chor endete. Nun hörte man den Applaus herüberklingen und Bravorufe, dann ein gedämpftes Lärmen, und bald setzte das Orchester wieder ein mit der feierlichen Heiterkeit einer Polonaise. Felix schlug mit der Hand den Takt dazu. Es fuhr durch seinen Kopf: »Ach, das bißchen Leben noch, ich will es leben, so gut ich kann.« Aber es wohnte dieser Idee nichts Schauriges inne, eher etwas Stolzes, Königliches. Wie? Ängstlich den letzten Atemzug erwarten, der ja doch jedem bestimmt ist? Die Tage und Nächte sich vergällen mit schalen Grübeleien, wo er es ja bis ins innerste Mark fühlt, daß er noch für alle Genüsse reif und kräftig ist, wo er fühlt, daß ihn die Musik begeistert, daß ihm der Wein köstlich schmeckt und daß er dieses blühende Mädel am liebsten auf seinen Schoß nehmen und abküssen möchte? Nein, es ist noch etwas zu früh an der Zeit, sich die Laune verbittern zu lassen! Und wenn die Stunde kommt, in der es keine Begeisterung, kein Verlangen mehr für ihn gibt, – ein rasches Ende aus eigenem Willen, stolz und königlich! Er nahm Mariens Hand und behielt sie lange in der seinen. Er ließ den Hauch seines Mundes langsam über sie streichen.

»Aber«, flüsterte Marie mit einem Ausdruck der Befriedigung.

Er schaute sie lange an. Und schön war sie, – schön! »Komm«, sagte er dann.

Sie erwiderte unbefangen: »Wollen wir uns nicht noch ein Lied anhören?«

»O ja«, sagte er. »Wir werden unser Fenster aufmachen und uns das Lied vom Wind ins Zimmer tragen lassen.«

»Bist du schon müde?« fragte sie leicht besorgt.

Er strich ihr scherzend übers Haar und lachte. »Ja.«
»So gehen wir.«

Sie standen auf und verließen den Garten. Sie nahm seinen Arm, hing sich fest darein und lehnte ihre Wange an seine Schulter. Auf dem Heimwege begleitete die beiden, immer ferner und ferner klingend, der Chor, den die Sänger eben angestimmt hatten. Heiter, im Walzertempo, im Refrain übermütig, so daß man leichtere und freiere Schritte zu machen gedrängt war. Das Hotel war kaum ein paar Minuten weit entfernt. Wie sie über die Stiege hinaufgingen, war von der Musik nichts mehr zu hören. Kaum traten sie aber ins Zimmer, so schallte ihnen wieder der Refrain des Walzerliedes mit seiner ganzen Ausgelassenheit entgegen.

Sie fanden das Fenster weit geöffnet, und die blaue Mondnacht floß in weichen Fluten herein. Gegenüber zeichnete sich der Mönchsberg mit dem Schloß in scharfen Umrissen ab. Es war nicht notwendig, ein Licht anzuzünden, über dem Boden lag ein breiter Streifen silbernen Mondglanzes, und nur die Ecken des Zimmers blieben im Dunkeln. In der einen, dem Fenster nahe, stand ein Lehnstuhl. Auf den warf sich Felix und zog Marie heftig an sich. Er küßte sie, und sie küßte ihn wieder. Im Park drüben hatte das Lied geendet, aber es war so lange Beifall geklatscht worden, bis sie das Ganze von vorne anfingen. Plötzlich erhob sich Marie und eilte zum Fenster. Felix ihr nach. »Was hast du denn?« fragte er.

»Nein, nein!«

Er stampfte mit dem Fuße auf den Boden. »Warum denn nein?«

»Felix!« Sie faltete bittend die Hände.

»Nein?« sagte er mit zusammengepreßten Zähnen. »Nein? Ich soll mich wohl lieber würdig auf den Tod vorbereiten?«

»Aber, Felix!« Und schon war sie vor ihm niedergesunken und hatte seine Knie umschlungen.

Er zog sie zu sich empor. »Du bist ja ein Kind«, flüsterte er. Und dann ihr ins Ohr: »Ich hab dich lieb, weißt du's? Und wir wollen glücklich sein, solange das bißchen Leben währt. Ich verzichte auf ein Jahr in Jammer und Angst, ich will nur mehr ein paar Wochen, ein paar Tage und Nächte. Aber ich will sie auch *leben*, ich will mir nichts versagen, nichts, und dann da hinunter, wenn du willst« – und er wies, während er sie mit dem einen Arm umschlungen hielt, mit dem anderen zum Fenster hinaus, an dem der Fluß vorbeiglitt. Die Sänger hatten ihr Lied geendet, und nun konnte man ihn leise rauschen hören.

Marie erwiderte nichts. Sie hatte mit beiden Händen fest seinen Hals umfangen. Felix trank den Duft ihres Haares. Wie betete er sie an! Ja, noch ein paar Tage des Glücks und dann –

Ringsum war es still geworden, und Marie war an seiner Seite eingeschlummert. Längst war das Konzert zu Ende, und unter dem Fenster gingen noch die letzten Nachzügler des Festes laut redend und lachend vorbei. Und Felix dachte, wie sonderbar es sei, daß diese johlenden Menschen wohl dieselben waren, deren Gesang ihn so tief ergriffen hatte. Auch die letzten Stimmen verklangen endlich vollends, und nun hörte er nur mehr das klagende Rauschen des Flusses. – Ja, noch ein paar Tage und Nächte und dann – Doch sie lebte zu gerne. Würde sie es je wagen? Sie brauchte aber nichts zu wagen, nicht einmal irgend etwas zu wissen. In irgend einer Stunde wird sie in seinen Armen eingeschlafen sein wie jetzt – und nicht mehr erwachen. Und wenn er dessen ganz sicher sein wird, – ja, *dann* kann auch er davon. Aber er wird ihr nichts sagen, sie lebt zu gerne! Sie bekäme Angst vor ihm, und er muß am Ende allein – Entsetzlich! Das beste wäre, jetzt gleich – – Sie schläft so gut! Ein fester Druck hier am Halse, und es ist geschehen. Nein, es wäre dumm! Noch steht ihm manche Stunde der Seligkeit bevor; er wird wissen, welche die letzte zu sein hat. Er betrachtete Marie, und ihm war, als hielte er seine schlafende Sklavin in den Armen. –

Der Entschluß, den er endlich gefaßt hatte, beruhigte ihn. Ein schadenfrohes Lächeln spielte um seine Lippen, wenn er in den nächsten Tagen mit Marie in den Straßen herumwandelte und ab und zu eines Mannes Auge sie bewundernd streifen sah. Und wenn sie zusammen spazieren fuhren, wenn sie des Abends im Garten saßen, und des Nachts, wenn er sie umschlungen hielt, da hatte er ein so stolzes Gefühl des Besitzes wie nie zuvor. Nur eines störte ihn manchmal, daß sie nicht freiwillig mit ihm davon sollte. Aber er hatte Zeichen dafür, daß ihm auch das gelingen würde. Sie wagte nicht mehr, sich gegen sein stürmisches Begehren aufzulehnen, sie war niemals von so träumerischer Hingebung gewesen wie in den letzten Nächten, und mit zitternder Freude sah er den Augenblick nahen, wo er es wagen dürfte, ihr zu sagen: »Heute werden wir sterben.« Aber er verschob diesen Augenblick. Er hatte zuweilen ein Bild vor sich in romantischen Farben: wie er ihr den Dolch ins Herz stoßen wollte und wie sie, den letzten Seufzer aushauchend, seine geliebte Hand küssen würde. Er fragte sich immer, ob sie wohl schon so weit wäre. Aber daran mußte er noch zweifeln.

Eines Morgens, als Marie aufwachte, erschrak sie heftig: Felix war nicht an ihrer Seite. Sie richtete sich im Bette auf, und da sah sie ihn im Lehnstuhle am Fenster sitzen, totenblaß, den Kopf herabgesunken und das Hemd über der Brust offen. Von einer wütenden Angst ergriffen, stürzte sie zu ihm hin. »Felix!«

Er schlug die Augen auf. »Was? Wie?« Er griff sich an die Brust und stöhnte.

»Warum hast du mich nicht geweckt?« rief sie mit gerungenen Händen.

»Jetzt ist's ja gut«, sagte er. Sie eilte zum Bett hin, nahm die Decke und breitete sie über seine Knie. »Ja, sag, um Himmels willen, wie kommst du nur her?«

»Ich weiß nicht, ich muß geträumt haben. Irgend was packte mich am Hals. Ich konnte nicht atmen. Ich dachte gar nicht an dich! Hier beim Fenster wurde es besser.«

Marie hatte rasch ein Kleid umgeworfen und das Fenster geschlossen. Ein unangenehmer Wind hatte sich erhoben, und nun begann von dem grauen Himmel ein feiner Regen herunterzurieseln, der eine Luft von tückischer Feuchtigkeit in die Stube brachte. Die hatte mit einem Male alle Traulichkeit der Sommernacht verloren, war grau und fremd. Ein trostloser Herbstmorgen war mit einem Male da, der allen Zauber weghöhnte, den sie da hereingeträumt hatten.

Felix war vollkommen ruhig. »Warum machst du so erschreckte Augen? Was ist denn weiter? Böse Träume hab' ich auch in gesunden Tagen gehabt.«

Sie ließ sich nicht beruhigen. »Ich bitte dich, Felix, fahren wir zurück, fahren wir nach Wien.«

»Aber –«

»Es ist nun sowieso mit dem Sommer aus. Schau nur da hinaus, wie öd, wie trostlos! Es ist auch gefährlich, wenn es nun kalt wird.«

Er hörte aufmerksam zu. Zu seinem eigenen Erstaunen hatte er gerade jetzt eine ganz wohlige Empfindung, wie die eines ermüdeten Rekonvaleszenten. Sein Atem ging leicht, und in der Mattigkeit, die ihn umhüllte, war etwas Süßes, Einlullendes. Daß sie die Stadt verlassen sollten, leuchtete ihm vollkommen ein. Der Gedanke an die Ortsveränderung hatte eher etwas Sympathisches für ihn. Er freute sich darauf, im Kupee zu liegen an dem kühlen Regentage, den Kopf an Mariens Brust.

»Gut«, sagte er, »fahren wir weg.«
»Heute noch?«
»Ja, heute noch. Mit dem Mittagsschnellzug, wenn du willst.«
»Aber wirst du nicht müde sein?«
»Ach, was fällt dir ein! Ist doch kein Strapaze, die Reise! Wie? Und du besorgst doch alles, was mir das Reisen zuwider macht, nicht wahr?«

Sie war unendlich froh, ihn so leicht zur Abreise vermocht zu haben. Gleich machte sie sich daran, zu packen, besorgte die Bezahlung der Rechnung, bestellte den Wagen und ließ auf der Bahn ein Kupee reservieren. Felix hatte sich bald angekleidet, verließ das Zimmer nicht und lag den ganzen Vormittag auf dem Diwan ausgestreckt. Er sah Marie zu, wie sie geschäftig im Zimmer hin und her eilte, und lächelte zuweilen. Meistens aber schlummerte er. Er war so matt, so matt, und wenn er die Augen auf sie richtete, freute er sich, daß sie mit ihm bleiben werde, überall, und wie sie zusammen ruhen wollten, das ging ihm wie im Traume durch den Kopf. »Bald, bald«, dachte er. Und eigentlich war es ihm nie so fern erschienen.

Und so, wie er sich's in der Frühe vorgestellt hatte, lag Felix nachmittags im Kupee des Zuges, bequem der Länge nach ausgestreckt, den Kopf an Mariens Brust, den Plaid über sich gebreitet. Er starrte durch die geschlossenen Fensterscheiben in den grauen Tag hinaus, er sah den Regen herunterrieseln und tauchte mit seinem Blick in den Nebel unter, aus dem zuweilen nahe Hügel und Häuser hervorkamen. Telegraphenstangen schossen vorbei, die Drähte tanzten auf und nieder, ab und zu hielt der Zug auf einer Station, aber in seiner Lage konnte Felix die Leute nicht sehen, die auf dem Perron sein mochten. Er hörte nur gedämpft die Tritte, die Stimmen, dann Glockengeläute und Trompetensignale. Anfangs ließ er sich von Marie die Zeitung vorlesen, aber sie mußte ihre Stimme zu sehr anstrengen, und bald gaben sie's auf. Beide waren froh, daß es nach Hause ging.

Es dämmerte, und der Regen rieselte. Felix hatte das Bedürfnis, sich vollkommen klar zu werden; aber seine Gedanken wollten keine scharfen Umrisse gewinnen. Er überlegte. Also hier liegt ein schwerkranker Mensch... Der war jetzt im Gebirge, weil dort die schwerkranken Menschen im Sommer hingehen... Und da ist seine Geliebte, und die hat ihn treu gepflegt, und nun ist sie müde davon... So blaß ist sie, oder macht das nur das

Licht? ... Ach ja, die Lampe brennt ja schon da oben. Aber draußen ist's noch nicht ganz dunkel ... Und nun kommt der Herbst ... Der Herbst ist so traurig und still ... Heute abend werden wir wieder in unserem Wiener Zimmer sein ... Da wird es mir vorkommen, als wäre ich nie weggewesen ... Ach, es ist gut, daß Marie schläft, ich möchte sie jetzt nicht reden hören ... Ob wohl auch Leute vom Sängerfest im Zuge sind? ... Ich bin nur müde, ich bin gar nicht krank. Es sind viel Kränkere im Zuge als ich ... Ach, tut die Einsamkeit wohl ... Wie ist nur heut der ganze Tag vergangen? War denn das wirklich heute, daß ich in Salzburg auf dem Divan lag? Das ist so lange her ... Ja, Zeit und Raum, was wissen wir davon! ... Das Rätsel der Welt, – wenn wir sterben, lösen wir es vielleicht ... Und nun klang ihm eine Melodie ins Ohr. Er wußte, daß es nur das Geräusch des fahrenden Zuges war ... Und doch war es eine Melodie ... Ein Volkslied ... ein russisches ... eintönig ... sehr schön ...

»Felix, Felix!«

»Was ist nur das?« Marie stand vor ihm und streichelte seine Wangen.

»Gut geschlafen, Felix?«

»Was gibt es denn?«

»In einer Viertelstunde sind wir in Wien.«

»Ach, nicht möglich!«

»Das war ein gesunder Schlaf. Der wird dir sehr gut getan haben.«

Sie ordnete das Gepäck, der Zug sauste durch die Nacht weiter. Von Minute zu Minute ertönte helles, gedehntes Pfeifen, und durch die Scheiben blitzte von draußen rasch wieder verglimmender Lichtschein. Man fuhr durch die Stationen in der Nähe Wiens.

Felix setzte sich auf. »Ich bin ganz matt von dem langen Liegen«, sagte er. Er setzte sich in die Ecke und schaute zum Fenster hinaus. Da konnte er schon von ferne die schimmernden Straßen der Stadt erblicken. Der Zug fuhr langsamer. Marie öffnete das Kupeefenster und beugte sich hinaus. Man fuhr in die Halle ein. Marie winkte mit der Hand hinaus. Dann wandte sie sich zu Felix und rief: »Da ist er, da ist er.«

»Wer?«

»Alfred!«

»Alfred?«

Sie winkte immer wieder mit der Hand. Felix war aufgestanden und sah ihr über die Schultern. Alfred näherte sich rasch dem Kupee und reichte Marie die Hand hinauf. »Grüß' euch Gott! Felix, Servus.«

»Wie kommst du denn her?«

»Ich hab' ihm telegraphiert«, sagte Marie rasch, »daß wir ankommen.«

»Bist mir überhaupt ein netter Freund«, sagte Alfred, »das Briefschreiben ist für dich wohl eine unbekannte Erfindung. Aber jetzt komm'!«

»Ich hab' so viel geschlafen«, sagte Felix, »daß ich noch ganz duselig bin.« Er lächelte, wie er die Stufen des Waggons hinunterging und ein wenig wankte.

Alfred nahm seinen Arm, und Marie, als wollte sie sich einhängen, nahm rasch seinen anderen.

»Ihr werdet wohl beide recht müde sein, wie?«

»Ich bin ganz kaputt«, sagte Marie. »Nicht wahr, Felix, man ist ganz gerädert von der dummen Eisenbahnfahrt?«

Sie stiegen langsam die Treppen hinunter. Marie suchte den Blick Alfreds, er vermied den ihren. Unten winkte er einen Wagen herbei. »Ich bin nur froh, daß ich dich gesehen habe, lieber Felix«, sagte er dann. »Morgen früh komme ich zu dir auf einen längeren Plausch.«

»Ich bin ganz duselig«, wiederholte Felix. Alfred wollte ihm in den Wagen helfen. »Oh, so arg ist es nicht, oh nein!« Er stieg ein und reichte Marie die Hand. »Siehst du?« Marie folgte ihm.

»Also auf morgen«, sagte sie, indem sie Alfred durchs Wagenfenster die Hand zum Abschied reichte. Aus ihrem Blick sprach solche fragende Angst, daß sich Alfred zu einem Lächeln zwang. »Ja, morgen«, rief er, »ich frühstücke mit euch!« Der Wagen fuhr davon. Alfred blieb noch eine Weile mit ernster Miene stehen.

»Mein armer Freund!« flüsterte er vor sich hin.

Am nächsten Morgen kam Alfred zu sehr früher Stunde, und Marie empfing ihn bei der Türe. »Ich muß mit Ihnen sprechen«, sagte sie.

»Lassen Sie mich lieber zu ihm. Wenn ich ihn untersucht habe, wird alles, was wir zu sprechen haben, mehr Sinn haben.«

»Ich möchte Sie nur um eins bitten, Alfred! Wie immer Sie ihn finden, ich beschwöre Sie, sagen Sie ihm nichts!«

»Aber was fällt Ihnen nur ein! Na, es wird ja nicht so schlimm sein. Schläft er noch?«

»Nein, er ist wach.«

»Wie war die Nacht?«

»Er hat bis vier Uhr morgens fest geschlafen. Dann war er unruhig.«

»Lassen Sie mich zuerst allein zu ihm. Sie müssen in dieses kleine, blasse Gesicht ein bißchen Frieden bringen. So dürfen Sie mir nicht zu ihm.« Er drückte ihr lächelnd die Hand und trat allein ins Schlafzimmer.

Felix hatte die Decke bis übers Kinn gezogen und nickte seinem Freunde zu. Dieser setzte sich zu ihm aufs Bett und sagte: »Da wären wir ja wieder glücklich zu Hause. Du hast dich ja famos erholt und hoffentlich deine Melancholie in den Bergen gelassen.«

»Oh ja!« antwortete Felix, ohne die Miene zu verziehen.

»Willst du dich nicht ein bißchen aufsetzen? So frühe Besuche mach' ich nämlich nur als Arzt.«

»Bitte«, sagte Felix ganz gleichgültig.

Alfred untersuchte den Kranken, stellte einige Fragen, die kurz beantwortet wurden, und sagte schließlich: »Na, so weit können wir ja zufrieden sein.«

»Laß doch den Schwindel«, entgegnete Felix verdrossen.

»Laß du lieber deine Narrheiten. Wir wollen die Sache einmal energisch angreifen. Du mußt den Willen haben, gesund zu werden und dich nicht auf den Schicksalsergebenen hinausspielen. Das steht dir nämlich gar nicht gut.«

»Was hab' ich also zu tun?«

»Vor allem wirst du mir ein paar Tage im Bett bleiben, verstanden?«

»Hab' sowieso keine Lust zum Aufstehen.«

»Um so besser.«

Felix wurde lebhafter. »Eins nur möcht' ich wissen. Was das eigentlich gestern mit mir war. Im Ernst, Alfred, das mußt du mir erklären. Wie ein dumpfer Traum ist mir alles. Die Fahrt in der Bahn und die Ankunft, wie ich da herauf und ins Bett gekommen bin –«

»Was ist denn daran zu erklären? Ein Riese bist du nun einmal nicht, und wenn man übermüdet ist, kann einem das schon passieren!«

»Nein, Alfred. So eine Mattigkeit wie die gestrige ist mir etwas ganz Neues. Heut bin ich ja auch noch müde. Aber ich habe die Klarheit des Denkens wieder. Gestern war es gar nicht so unangenehm, aber die Erinnerung daran ist mir entsetzlich. Wenn ich daran denke, daß wieder so etwas über mich kommen könnte –!«

In diesem Augenblick trat Marie ins Zimmer.

»Bedanke dich bei Alfred«, sagte Felix. »Er ernennt dich zur Krankenwärterin. Ich muß von heute an liegen bleiben und habe die Ehre, dir hiermit mein Sterbebett vorzustellen.«

Marie machte ein entsetztes Gesicht.

»Lassen Sie sich von diesem Narren nicht den Kopf verdrehen«, sagte Alfred. »Er hat einige Tage liegen zu bleiben, und Sie werden so gut sein, auf ihn acht zu geben.«

»Ach, hättest du eine Ahnung, Alfred«, rief Felix mit ironisierender Begeisterung, »was ich für einen Engel an meiner Seite habe.«

Alfred gab nun weitläufige Vorschriften über die Art und Weise, wie sich Felix zu pflegen und zu verhalten habe, und sagte endlich: »Ich erkläre dir hiermit, mein lieber Felix, daß ich dir nur jeden zweiten Tag meinen ärztlichen Besuch machen werde. Mehr ist nicht vonnöten. An den anderen Tagen wird über deinen Zustand kein Wort gesprochen. Da komme ich, um mit dir zu plaudern, wie ich's gewohnt bin.«

»Ach Gott«, rief Felix, »was ist der Mann für ein Psycholog. Aber hebe dir diese Mätzchen für deine anderen Patienten auf, besonders diese ganz primitiven.«

»Mein lieber Felix, ich rede zu dir, Mann zu Mann. Hör' mir einmal zu. Es ist wahr, du bist krank. Es ist aber ebenso wahr: bei ordentlicher Pflege wirst du genesen. Ich kann dir weder mehr, noch weniger sagen.« Damit stand er auf.

Felix folgte ihm mit mißtrauischem Blick. »Man wäre fast versucht, ihm zu glauben.«

»Das ist deine Sache, lieber Felix«, erwiderte der Doktor kurz.

»Nun, Alfred, jetzt hast du dir's wieder verdorben«, sagte der Kranke. »Dieser brüske Ton gegenüber Schwerkranken – bekannter Trick.«

»Auf morgen«, sagte Alfred, indem er sich der Tür zuwandte. Marie folgte ihm, wollte ihn hinausbegleiten. »Dableiben«, flüsterte er ihr gebietend zu. Sie schloß die Tür hinter dem Weggehenden.

»Komm' zu mir, Kleine!« sagte Felix, wie sie, ein heiteres Lächeln markierend, sich auf dem Tische mit Nähzeug zu schaffen machte. »Ja, daher. So, du bist ein braves, braves, sehr braves Mädel.« Diese zärtlichen Worte sprach er mit einem herben, scharfen Ton.

Marie wich die nächsten Tage nicht von seinem Bett und war voll

Güte und Hingebung; dabei leuchtete aus ihrem Wesen eine ruhige und ungezierte Heiterkeit, die dem Kranken wohltun sollte und zuweilen auch wirklich wohltat. In manchen Stunden aber reizte ihn die milde Fröhlichkeit, die Marie um ihn zu breiten suchte, und wenn sie da zu plaudern anfing von irgendeiner Neuigkeit, die eben in der Zeitung stand, oder von dem besseren Aussehen, das sie an ihm merkte, oder von der Art und Weise, wie sie nun bald ihr Leben einrichten würden, sobald er erst ganz gesund wäre, da unterbrach er sie mitunter, bat sie, ihn gefälligst in Frieden zu lassen und ihn zu verschonen. Alfred kam täglich, zuweilen auch zweimal, schien sich aber kaum je um das körperliche Befinden seines Freundes zu kümmern. Er sprach von gemeinschaftlichen Freunden, erzählte Geschichten aus dem Krankenhause und ließ sich auch auf künstlerische und literarische Gespräche ein, wobei er es aber einzurichten wußte, daß Felix nicht allzu viel zu reden genötigt war. Beide, die Geliebte und der Freund, gaben sich so unbefangen, daß Felix manchmal mit Mühe die kühnen Hoffnungen abwehren konnte, die zudringlich über ihn kamen. Er sagte sich, daß es ja nur die Pflicht jener beiden sei, ihm die Komödie vorzuspielen, die eben gegenüber Schwerkranken seit jeher mit wechselndem Glück gespielt wird. Aber wenn er auch vermeinte, nur auf ihre Komödie einzugehen und selber mitzuspielen, so ertappte er sich doch wiederholt darauf, daß er von der Welt und den Menschen plauderte, als sei es ihm bestimmt, noch viele Jahre im Licht der Sonne unter den Lebendigen zu wandeln. Und dann erinnerte er sich, daß gerade dieses seltsame Wohlgefühl bei Kranken seiner Art oft als Zeichen des nahen Endes gelten sollte, und wies alle Hoffnung erbittert von sich. Und es kam sogar so weit, daß er unbestimmte Angstgefühle und düstere Stimmungen als Zustände von günstiger Bedeutung aufnahm und nahe daran war, sich über dieselben zu freuen. Dann entdeckte er wieder, wie unsinnig diese Art Logik wäre, – um schließlich einzusehen, daß es hier überhaupt kein Wissen und keine Gewißheit gäbe. Seine Lektüre hatte er wieder aufgenommen, fand aber an den Romanen keinen Gefallen; sie langweilten ihn, und manche, besonders solche, wo sich weite Blicke in ein blühendes und ereignisreiches Dasein auftaten, verstimmten ihn tief. Er wandte sich den Philosophen zu und ließ sich von Marie Schopenhauer und Nietzsche aus dem Bücherschrank geben. Aber nur für kurze Zeit strahlte diese Weisheit ihren Frieden über ihn aus.

Eines Abends traf ihn Alfred an, wie er eben einen Band Schopenhauer auf seine Bettdecke hatte sinken lassen und mit verdüsterter Miene vor sich hinschaute. Marie saß neben ihm mit einer Handarbeit beschäftigt.

»Ich will dir was sagen, Alfred«, rief er dem Eintretenden mit fast erregter Stimme entgegen. »Ich werde doch wieder Romane lesen.«

»Was gibt es denn?«

»Es ist wenigstens eine aufrichtige Fabelei. Gut oder schlecht, von Künstlern oder Stümpern. Diese Herren da aber«, und er wies mit den Augen auf den Band, der auf der Decke lag, »sind niederträchtige Poseure.«

»Oh!«

Felix richtete sich im Bette auf. »Das Leben verachten, wenn man gesund ist wie ein Gott, und dem Tod ruhig ins Auge schauen, wenn man in Italien spazieren fährt und das Dasein in den buntesten Farben ringsum blüht, – das nenn' ich ganz einfach Pose. Man sperre einmal so einen Herren in eine Kammer, verurteile ihn zu Fieber und Atemnot, sage ihm, zwischen dem 1. Januar und 1. Februar nächsten Jahres werden Sie begraben sein, und lasse sich dann etwas von ihm vorphilosophieren.«

»Geh' doch!« sagte Alfred. »Was sind das für Paradoxe!«

»Das verstehst du nicht. Das kannst du nicht verstehen! Mich widert's geradezu an. Alle sind sie Poseure!«

»Und Sokrates?«

»War ein Komödiant. Wenn man ein natürlicher Mensch ist, so hat man vor dem Unbekannten Angst; bestenfalls kann man sie verbergen. Ich will dir's ganz ehrlich sagen. Man fälscht die Psychologie der Sterbenden, weil sich alle weltgeschichtlichen Größen, deren Tod man kennt, verpflichtet gefühlt haben, für die Nachwelt eine Komödie aufzuführen. Und ich! Was tu' ich denn? Was? Wenn ich da ruhig mit euch rede von allen möglichen Dingen, die mich nichts mehr angehen, was tu' ich denn?«

»Geh, red' nicht so viel, insbesondere solchen Unsinn.«

»Auch ich fühle mich verpflichtet, mich zu verstellen, und in Wirklichkeit hab' ich doch eine grenzenlose, wütende Angst, von der sich gesunde Menschen keinen begriff machen können, und Angst haben sie alle, auch die Helden und auch die Philosophen, nur daß sie eben die besten Komödianten sind.«

»So beruhige dich doch, Felix«, bat Marie.

»Ihr zwei glaubt wohl auch«, fuhr der Kranke fort, »daß ihr der

Ewigkeit ruhig ins Auge schaut, weil ihr eben noch keinen Begriff von ihr habt. Man muß verurteilt sein wie ein Verbrecher – oder wie ich, dann kann man darüber reden. Und der arme Teufel, der gefaßt unter den Galgen schreitet, und der große Weise, der Denksprüche erfindet, nachdem er den Schierlingsbecher geleert hat, und der gefangene Freiheitsheld, der lächelnd die Flinten auf seine Brust gerichtet sieht, sie alle heucheln, *ich* weiß es, – und ihre Fassung, ihr Lächeln ist Pose, denn sie alle haben Angst, gräßliche Angst vor dem Tode; die ist so natürlich wie das Sterben selbst!«

Alfred hatte sich ruhig aufs Bett gesetzt, und als Felix geendet, erwiderte er: »Für alle Fälle ist es unvernünftig von dir, daß du so viel und so laut sprichst. Zweitens bist du abgeschmackt wie die Möglichkeit und ein arger Hypochonder!«

»Es geht dir ja jetzt so gut«, rief Marie aus.

»Glaubt sie das am Ende wirklich?« fragte Felix, zu Alfred gewendet. »Kläre sie doch endlich einmal auf, ja?«

»Lieber Freund«, erwiderte der Doktor, »einer Aufklärung bist nur du hier bedürftig. Aber du bist heute widerspenstig, und ich muß darauf verzichten. In zwei bis drei Tagen, wenn du inzwischen keine längeren Reden halten solltest, wirst du wohl aufstehen können, und dann wollen wir auch über deinen Gemütszustand eine ordentliche Beratung halten.«

»Wenn ich dich nur nicht so vollkommen durchschauen könnte«, sagte Felix.

»Ja, ja, schon gut«, erwiderte Alfred. »Machen Sie kein so gekränktes Gesicht«, wandte er sich dann zu Marie. »Auch dieser Herr wird wieder einmal zur Vernunft kommen. Jetzt sagt mir aber einmal, warum ist denn kein Fenster offen? Draußen ist ja der schönste Herbsttag, den man sich denken kann.«

Marie stand auf und öffnete ein Fenster. Eben begann es zu dunkeln, und die hereinbrechende Luft war so erfrischend, daß Marie das Verlangen empfand, sich länger von ihr umschmeicheln zu lassen. Sie blieb beim Fenster stehen und beugte den Kopf hinaus. Ihr war mit einem Male, als hätte sie das Zimmer selbst verlassen. Sie fühlte sich im Freien und allein. Schon viele Tage hatte sie keine so angenehme Empfindung gehabt. Nun, wie sie den Kopf wieder zurück ins Zimmer wandte, strömte ihr die ganze Dumpfheit der Krankenstube entgegen und legte sich ihr beklemmend auf die Brust. Sie sah, wie Felix und Alfred miteinander sprachen, konnte die Worte nicht genau hören, hatte aber auch gar kein Bedürfnis, sich an dem Gespräche zu beteiligen. Wieder lehnte sie sich hinaus. Die Gasse war ziemlich still und leer, und nur von der nahegelegenen Hauptstraße hörte man ein gedämpftes Wagenrollen. Ein paar Spaziergänger wanderten gemächlich drüben auf dem Trottoir. Vor dem Haustore gegenüber standen ein paar Dienstmädchen, die plauschten und lachten. Eine junge Frau im Hause gegenüber schaute wie Marie selbst zum Fenster hinaus. Marie konnte in diesem Augenblicke nicht begreifen, warum die Frau nicht lieber spazieren ginge. Sie beneidete alle Menschen, alle waren glücklicher als sie.

Weiche, behagliche Septembertage zogen ins Land. Die Abende kamen früh, blieben aber warm und windstill.

Marie hatte die Gewohnheit angenommen, ihren Stuhl vom Bette des Kranken wegzurücken, so oft es anging, und sich ans offene Fenster zu setzen. Da saß sie, besonders wenn Felix schlummerte, stundenlang. Eine tiefe Abspannung war über sie gekommen, eine Unfähigkeit, sich über die Verhältnisse vollkommen klar zu werden, ja eine ausgesprochene Unlust, zu denken. Es gab ganze Stunden, wo es weder Erinnerungen, noch Zukunftsideen für sie gab. Mit offenen Augen träumte sie da vor sich hin und war schon zufrieden, wenn von der Straße her ein bißchen frische Luft über ihre Stirne geweht kam. Dann wieder, wenn ein leises Stöhnen vom Krankenbette zu ihr hindrang, schrak sie auf. Sie entdeckte, wie ihr die Gabe des Mitfühlens allmählich abhanden gekommen war. Ihr Mitleid war nervöse Überreizung und ihr Schmerz ein Gemisch von Angst und Gleichgültigkeit geworden. Sie hatte sich gewiß nichts vorzuwerfen, und wenn sie der Doktor, wie neulich einmal, in vollem Ernst einen Engel nannte, so durfte sie sich kaum beschämt fühlen. Aber sie war müde, grenzenlos müde. Nun hatte sie schon zehn oder zwölf Tage das Haus nicht verlassen. Warum nur? Warum? Sie mußte darüber nachdenken. Nun ja, fuhr es ihr wie eine Erleuchtung durch den Kopf, weil es Felix gekränkt hätte! Und sie blieb ja gern bei ihm, ja. Sie betete ihn an, nicht weniger als früher. Nur müde war sie, und das war ja endlich menschlich. Und ihre Sehnsucht nach ein paar Stunden im Freien wurde immer drängender. Sie war kindisch, sich die Erfüllung zu versagen. Auch er mußte es schließlich einsehen. Und nun wurde ihr wieder klar, wie unbegrenzt sie ihn doch lieben mußte, da sie selbst den ungewissen Schatten einer Kränkung von ihm fernhalten wollte. Sie hatte ihr Nähzeug zur Erde gleiten lassen und warf einen Blick auf das Bett, das schon ganz im Dunkel der Zimmerwand stand. Es war Dämmerung, und der Kranke war nach einem ruhigeren Tage eingeschlummert. Jetzt hätte sie sogar gehen können, ohne daß er etwas davon wissen mußte. Ach ja, da hinunter, und dort um die Ecke, und wieder einmal mitten unter Menschen und in den Stadtpark und dann auf den Ring und an der Oper vorbei, wo die elektrischen Lampen leuchteten, mitten ins Gedränge, und nach Gedränge sehnte sie sich so sehr. Aber wann würde das wiederkommen? Es kann ja nur wieder kommen, wenn Felix wieder gesund wird; und was ist ihr auch die Straße und der Park und die Menschen! was ist ihr alles Leben ohne ihn!

Sie blieb zu Hause. Sie rückte ihren Sessel an sein Bett. Sie nahm die Hand des Schlummernden und weinte stille, traurige Tränen darauf und weinte noch weiter, wie sie längst mit ihren Gedanken weitab von dem Manne gekommen war, auf dessen bleiche Hand ihre Tränen fielen.

Als Alfred am Nachmittage darauf seinen Besuch bei Felix machte, fand er ihn frischer, als die letzten Tage. »Wenn es so weiter geht«, sagte er ihm, »werd' ich dich in ein paar Tagen aufstehen lassen.« Wie alles, was zu ihm gesprochen wurde, faßte der Kranke auch das mit Mißtrauen auf und antwortete mit einem verdrossenen »Ja, ja«. Alfred aber kehrte sich zu Marie um, die beim Tische saß, und sprach: »Sie könnten eigentlich auch ein bißchen besser aussehen.«

Auch Felix, der auf diese Worte hin Marie näher betrachtete, fiel ihre besondere Blässe auf. Er war es gewohnt, die Gedanken, die ihm zuweilen über ihre aufopfernde Güte kamen, bald von sich zu scheuchen. Manchmal wollte ihm dieses Märtyrertum nicht vollkommen echt erscheinen, und er ärgerte sich über die geduldige Miene, die sie zur Schau trug. Er wünschte manchmal, sie möchte ungeduldig werden. Er spähte nach einem Moment, in dem sie sich mit einem Worte, mit einem Blick verraten würde und er ihr mit boshafter Rede ins Gesicht schleudern könnte, daß er sich keine Minute lang habe täuschen lassen, daß ihn ihre Heuchelei anwiderte und daß sie ihn in Ruhe sterben lassen sollte.

Jetzt, da Alfred von ihrem Aussehen gesprochen hatte, errötete sie ein wenig und lächelte. »Ich fühle mich ganz wohl«, sagte sie.

Alfred trat näher zu ihr hin. »Nein, das ist nicht so einfach. Ihr Felix wird wenig von seiner Genesung haben, wenn Sie dann krank werden wollen.«

»Aber ich bin wirklich ganz wohl.«

»Sagen Sie doch, gehen Sie gar nicht ein bißchen in die frische Luft?«

»Ich fühle nicht das Bedürfnis darnach.«

»Sag' doch einmal, Felix, sie rührt sich gar nicht weg von dir?«

»Du weißt ja«, sagte Felix, »sie ist ein Engel.«

»Aber entschuldigen Sie, Marie, das ist ja ganz einfach dumm. Es ist nutzlos und kindisch, sich in dieser Weise aufzureiben. Sie müssen in die Luft. Ich erkläre, daß es notwendig ist.«

»Aber was wollen Sie denn von mir?« sagte Marie mit schwachem Lächeln, »ich sehne mich durchaus nicht darnach.«

»Das ist vollkommen gleichgültig. Ist auch schon ein schlechtes Zeichen, daß Sie sich nicht danach sehnen. Sie werden heute noch hinaus. Setzen Sie sich doch auf eine Stunde in den Stadtpark. Oder, wenn Ihnen das unangenehm ist, nehmen Sie sich einen Wagen und fahren Sie spazieren, in den Prater zum Beispiel. Es ist jetzt herrlich unten.«

»Aber –«

»Es gibt kein Aber. Wenn Sie's so weiter treiben und ganz Engel sind, so ruinieren Sie sich. Ja, schauen Sie nur einmal da in den Spiegel hinein. Sie ruinieren sich.«

Felix verspürte, wie Alfred diese Worte sagte, einen stechenden Schmerz im Herzen. Eine verbissene Wut wühlte in ihm. Er glaubte, in Mariens Zügen einen Ausdruck bewußten Duldens wahrzunehmen, der nach Mitleid verlangte; und wie eine Wahrheit, an der zu rütteln vermessen wäre, zuckte es ihm durchs Gehirn, daß ja dieses Weib verpflichtet sei, mit ihm zu leiden, mit ihm zu sterben. Sie ruiniert sich; nun ja, selbstverständlich. Hatte sie vielleicht die Absicht, rote Wangen und glühende Augen zu behalten, während er seinem Ende zueilte? Und glaubt Alfred wirklich, daß dieses Weib, welches seine Geliebte ist, das Recht hat, über die Stunde hinauszudenken, die seine letzte sein wird? Und wagt vielleicht sie selbst –

Mit begierigem Zorne studierte Felix den Ausdruck in Mariens Antlitz, während der Doktor in unmutiger Rede das früher Gesagte immer und immer wiederholte. Endlich ließ er sich von Marie das Versprechen geben, daß sie heute noch ins Freie wolle, und erklärte ihr, daß die Erfüllung dieses Versprechens geradeso zu ihren Wartepflichten gehörte, wie alle anderen. »Weil ich überhaupt nicht mehr rechne«, dachte Felix. »Weil man eben den verkommen läßt, der ja so wie so verloren ist.« Er reichte Alfred ganz nachlässig die Hand, als dieser endlich ging. Er haßte ihn.

Marie begleitete den Doktor nur bis zur Zimmertür und kehrte gleich zu Felix zurück. Dieser lag mit zusammengepreßten Lippen da, eine tiefe Zornesfalte auf der Stirne. Marie verstand ihn, sie verstand ihn so ganz. Sie beugte sich zu ihm und lächelte. Er atmete, er wollte sprechen, wollte ihr irgend eine unerhörte Beleidigung ins Gesicht schleudern. Ihm war, als hätte sie das verdient. Sie aber, mit der Hand über seine Haare streichend und immer das müde, geduldige Lächeln in den Zügen, flüsterte, ganz nahe seinen Lippen, zärtlich: »Ich geh' ja nicht.«

Er erwiderte nichts. Den ganzen, langen Abend bis tief in die Nacht hinein blieb sie an seinem Bette sitzen und schlief endlich auf ihrem Sessel ein.

Als Alfred am darauffolgenden Tage kam, versuchte Marie ein Gespräch mit ihm zu vermeiden. Doch schien er heute an ihrem Aussehen kein Interesse zu nehmen und beschäftigte sich nur mit Felix. Er sprach aber nichts von baldigem Aufstehen, und den Kranken hielt eine Scheu ab, ihn zu fragen. Er fühlte sich heute schwächer als die vorhergegangenen Tage. Es war in ihm eine Unlust, zu sprechen, wie noch nie, und er war froh, als ihn der Doktor verlassen hatte. Auch auf Mariens Fragen gab er kurze und mißmutige Antworten. Und als sie ihn nach stundenlangem Schweigen am Spätnachmittage wieder fragte: »Wie geht's dir jetzt?« entgegnete er: »Ist ja gleichgültig.« Er hatte die Arme über den Kopf verschränkt, schloß die Augen und schlummerte bald ein. Marie weilte einige Zeit neben ihm, indem sie ihn betrachtete, dann verschwammen ihre Gedanken, und sie kam ins Träumen. Als sie nach einiger Zeit wieder zu sich kam, spürte sie ein merkwürdiges Wohlbehagen ihre Glieder durchfließen, als wäre sie nach einem gesunden, tiefen Schlafe erwacht. Sie erhob sich und zog die Fenstervorhänge, die heruntergelassen waren, in die Höhe. Es war, als hätte sich heute in die enge Straße von dem nahen Park ein Duft verspäteter Blüten verirrt. So herrlich war ihr die Luft nie erschienen, die nun ins Zimmer flutete. Sie sah sich nach Felix um, der lag schlafend dort wie früher und atmete ruhig. Sonst war es in solchen Augenblicken wie Rührung über sie gekommen, die sie ins Zimmer bannte, über ihr ganzes Wesen eine träge Schwermut verbreitete. Heute blieb sie ruhig, freute sich, daß Felix schlummerte, und faßte ohne inneren Kampf, so selbstverständlich, als geschehe es täglich, den Entschluß, auf eine Stunde ins Freie zu gehen. Sie ging auf den Fußspitzen in die Küche, gab der Bedienerin den Auftrag, im Krankenzimmer zu verweilen, nahm rasch Hut und Schirm und flog mehr, als sie ging, die Treppe hinunter. Da stand sie nun auf der Straße, und nach einem raschen Gang durch ein paar stille Gassen gelangte sie zum Parke und war froh, wie sie zu ihren Seiten Sträucher und Bäume und oben den dämmerblauen Himmel schaute, nach dem sie sich so lange gesehnt hatte. Sie setzte sich auf eine Bank, neben ihr und auch auf den Bänken in ihrer Nähe saßen Kindermädchen und Bonnen. In den Alleen spielten kleine Kinder. Da es aber zu dunkeln begann, war dieses Treiben seinem Ende nahe, die Mädchen riefen nach den Kleinen, nahmen sie wohl auch bei der Hand und verließen den Park. Bald war Marie fast allein, ein paar Leute kamen noch vorüber, ab und zu wandte sich ein Herr nach ihr um.

Also nun war sie da, war im Freien. Ja, wie war nun eigentlich alles? Es schien ihr nun der Moment gekommen, mit einem ungestörten Blick die Gegenwart zu überschauen. Für ihre Gedanken wollte sie deutliche Worte finden, die sie innerlich aussprechen konnte. Ich bin bei ihm, weil ich ihn liebe. Ich bringe kein Opfer, denn ich kann ja nicht anders. Und was soll nun werden? Wie lange wird es noch dauern? Es gibt keine Rettung. – Und was dann? – Was dann? Ich hab einmal mit ihm sterben wollen. – Warum sind wir uns jetzt so fremd? – Er denkt nur mehr an sich. *Möchte* er denn auch noch mit mir sterben? Und da durchdrang sie die Gewißheit, daß er es wohl mochte. Aber es erschien ihr nicht das Bild eines zärtlichen Jünglings, der sie an seiner Seite betten mochte für die Ewigkeit. Nein, ihr war, als risse er sie zu sich nieder, eigensinnig, neidisch, weil sie nun einmal ihm gehörte.

Ein junger Mann hatte neben ihr auf der Bank Platz genommen und machte eine Bemerkung. Sie war so zerstreut, daß sie zuerst »Wie?« fragte. Dann aber stand sie auf und ging rasch fort. Im Parke wurden ihr die Blicke der Begegnenden unangenehm. Sie ging auf den Ring hinaus, winkte einen Wagen herbei und ließ sich spazieren fahren. Es war Abend geworden, sie lehnte sich bequem in die Ecke zurück und hatte ihre Freude an der angenehmen, mühelosen Bewegung und an den wechselnden, ins

Zwielicht der Nacht und der flackernden Gasflammen getauchten Bildern, die an ihr vorüberzogen. Der schöne Septemberabend hatte eine große Menge auf die Straße gelockt. Als Marie am Volksgarten vorüberfuhr, hörte sie die frischen Töne einer Militärmusik herausklingen, und sie mußte unwillkürlich an jenen Abend in Salzburg zurückdenken. Vergeblich suchte sie sich zu überreden, daß all dieses Leben um sie etwas Nichtiges, Vergängliches sei, daß nichts daran gelegen wäre, daraus zu scheiden. Sie konnte das Wohlbehagen, das allmählich in sie zu dringen begann, nicht aus ihren Sinnen treiben. Ihr war nun einmal wohl. Daß dort das feierliche Theater stand mit seinen weißleuchtenden Bogenlampen, daß dort aus den Alleen des Rathausparkes die Leute gemächlich schlendernd über die Straße kamen, daß dort vor dem Kaffeehaus Leute saßen, daß es überhaupt Menschen gab, von deren Sorgen sie nichts wußte oder die vielleicht gar keine hatten; daß die Luft so milde und warm um sie strich, daß sie noch viele solche Abende, noch tausend herrliche Tage und Nächte schauen durfte, daß ein Gefühl lebensfreudiger Gesundheit durch ihre Adern floß, das alles tat ihr wohl. Wie? Wollte sie sich's vielleicht zum Vorwurf machen, daß sie nach ungezählten Stunden tödlicher Abspannung auf eine Minute sozusagen zu sich kam? War es nicht ihr gutes Recht, ihrer Existenz überhaupt nur inne zu werden? Sie war ja gesund, sie war jung, und von überall her, wie aus hundert Quellen auf einmal, rann die Freude des Daseins über sie. So natürlich war das, wie ihr Atem und der Himmel über ihr – und sie will sich dessen schämen? Sie denkt an Felix. Wenn ein Wunder geschieht und er gesund wird, wird sie gewiß mit ihm weiter leben. Sie denkt seiner mit einem milden, versöhnlichen Schmerz. Es ist bald Zeit, zu ihm zurückzukehren. Ist es ihm denn nur recht, wenn sie bei ihm ist? Würdigt er denn ihre Zärtlichkeit? Wie herb sind seine Worte! Wie stechend sein Blick! Und sein Kuß! Wie lange nur haben sie einander nicht geküßt! Sie muß an seine Lippen denken, die nun immer so blaß und trocken sind. Sie will ihn auch nur mehr auf die Stirne küssen. Seine Stirne ist kalt und feucht. Wie häßlich das Kranksein ist!

Sie lehnte sich in den Wagen zurück. Sie wandte ihre Gedanken mit Bewußtsein von dem Kranken ab. Und um nicht an ihn denken zu müssen, sah sie eifrig auf die Straße hinaus und betrachtete alles so genau, als müßte sie sich's fest ins Gedächtnis einprägen.

Felix schlug die Augen auf. Eine Kerze brannte neben seinem Bette und verbreitete ein schwaches Licht. Neben ihm saß die alte Frau, die Hände im Schoß, gleichgültig. Sie fuhr zusammen, als der Kranke sie anrief: »Wo ist sie?« Die Frau erklärte ihm, daß Marie weggegangen sei und gleich wiederkommen werde.

»Sie können gehen!« antwortete Felix. Und als die Angeredete zögerte: »Gehen Sie doch. Ich brauche Sie nicht.«

Er blieb allein. Eine Unruhe, qualvoll wie nie zuvor, befiel ihn. Wo ist sie, wo ist sie? Er hielt es im Bett kaum aus, aber er wagte es doch nicht, aufzustehen. Plötzlich fuhr es ihm durch den Kopf: Am Ende ist sie auf und davon! Sie will ihn allein lassen, für immer allein. Sie erträgt das Leben an seiner Seite nicht mehr. Sie fürchtet sich vor ihm. Sie hat in seinen Gedanken gelesen. Oder er hat einmal im Schlaf gesprochen und hat es laut gesagt, was immerwährend in der Tiefe seines Bewußtseins ruht, auch wenn er es tagelang selbst nicht deutlich faßt. Und sie *will* eben nicht mit ihm sterben. – Die Gedanken jagten durch sein Hirn. Das Fieber war da, das allabendlich zu kommen pflegte. Er hat ihr schon so lange kein freundliches Wort gesagt, vielleicht ist es nur das! Er hat sie mit seinen Launen gequält, mit seinem mißtrauischen Blicke, mit seinen bitteren Reden, und sie brauchte Dankbarkeit! – Nein, nein, nur Gerechtigkeit! Oh! Wenn sie nur da wäre! Er muß sie haben! Mit brennendem Schmerze erkennt er es: er kann sie nicht entbehren. Er wird ihr alles abbitten, wenn es sein muß. Er wird wieder zärtliche Augen auf ihr ruhen lassen und Worte tiefer Innigkeit für sie finden. Er wird durch keine Silbe verraten, daß er leidet. Er wird lächeln, wenn es sich ihm schwer auf die Brust legt. Er wird ihr die Hand küssen, wenn er nach Atem ringt. Er wird ihr erzählen, daß er Unsinn träumt, und was sie ihn im Schlafe reden hört, seien Fieberphantasien. Und er wird ihr schwören, daß er sie anbetet, daß er ihr ein langes, glückliches Leben gönnt, wünscht; sie soll nur bei ihm bleiben bis zuletzt, nur von seinem Bette soll sie nicht weichen, nicht allein sterben darf sie ihn lassen. Er wird ja der entsetzlichen Stunde in Weisheit und Frieden entgegensehen, wenn er nur weiß, daß *sie* bei ihm ist! Und diese Stunde kann so bald kommen, jeden Tag kann sie kommen. Darum muß sie immer bei ihm sein; denn er hat Angst, wenn er ohne sie ist.

Wo ist sie? Wo ist sie? Das Blut wirbelte ihm durch den Kopf, seine Augen wurden trübe, der Atem ging schwerer, und niemand war da. Ach, warum hatte er nur jenes Weib weggeschickt?

Es war doch eine menschliche Seele. Nun war er hilflos, hilflos. Er richtete sich auf, er fühlte sich kräftiger, als er gedacht, nur der Atem, der Atem. Es war schrecklich, wie ihn das quälte. Er hielt es nicht aus, er sprang aus dem Bett und, kaum bekleidet, wie er war, zum Fenster hin. Da war Luft, Luft. Er tat ein paar tiefe Züge, wie war das gut! Er nahm den weiten Talar um, der über der Bettlehne hing, und sank auf einen Stuhl. Ein paar Sekunden lang verwirrten sich alle seine Gedanken, dann schoß immer der eine, immer derselbe blitzend hervor. Wo ist sie? Wo ist sie? Ob sie schon oftmals ihn so verlassen hat, während er schlief? Wer weiß? Wo mag sie da hingehen? Will sie nur auf ein paar Stunden dem Dunst der Krankenstube entfliehen, oder will sie *ihm* entfliehen, weil er krank ist? Ist ihr seine Nähe widerwärtig? Ängstigt sie sich vor den Schatten des Todes, die schon hier schweben? Sehnt sie sich nach dem Leben? Sucht sie das Leben? Bedeutet er selber ihr das Leben nicht mehr? Was sucht sie? Was will sie? Wo ist sie? Wo ist sie?

Und die fliegenden Gedanken wurden zu geflüsterten Silben, zu stöhnenden, lauten Worten. Und er schrie, und kreischte: »Wo ist sie?« Und er sah sie vor sich, wie sie wohl die Treppe heruntereilen mochte, das Lächeln der Befreiung auf den Lippen, und davon, irgendwohin, wo die Krankheit, der Ekel, das langsame Sterben nicht war, zu irgend was Unbekanntem, zu irgend etwas, wo es ein Duften und Blühen gab. Er sah sie verschwinden, in einen lichten Nebel untertauchen, der sie verbarg und aus dem ihr klirrendes Lachen hervorklang, ein Lachen des Glücks, der Freude. Und die Nebel zerteilten sich, und er sah sie tanzen. Und sie wirbelte weiter und weiter, und sie verschwand. Und dann kam ein dumpfes Rollen, immer näher, und hielt plötzlich ein. Wo ist sie? Er schrak auf. Zum Fenster eilte er hin. Es war das Rollen eines Wagens gewesen, und vor dem Haustore, da stand er stille. Ja, gewiß, er konnte ihn ja sehen. Und aus dem Wagen, ja – Marie war es! Sie war es! Er mußte ihr entgegen, er stürzte ins Vorzimmer, das aber völlig dunkel war. Er vermochte nicht, die Türklinke zu finden. Da drehte sich der Schlüssel im Schloß, die Türe sprang auf, Marie trat ein, und vom Gang her spielte das schwache Gaslicht um sie. Sie stieß ihn an, ohne ihn sehen zu können, und schrie laut auf. Er packte sie bei den Schultern und zerrte sie ins Zimmer hinein. Er öffnete den Mund und konnte nicht sprechen.

»Was hast du denn?« rief sie entsetzt aus; »bist du denn wahnsinnig?« Sie machte sich von ihm los. Er blieb aufrecht stehen. Es war, als ob seine Gestalt wüchse. Endlich fand er Worte.

»Woher kommst du? – woher?«

»Um Gottes willen, Felix, komm doch zu dir. Wie konntest du –! Ich bitte dich, setz dich wenigstens.«

»Woher kommst du?« Er sprach es leiser, wie verloren. »Woher? woher?« flüsterte er. Sie faßte ihn bei den Händen, die waren glühend heiß. Er ließ sich willig, fast bewußtlos, von ihr leiten bis zum Divan, in dessen Ecke sie ihn langsam niederdrückte. Er schaute um sich, als müßte er seine Besinnung allmählich wiedergewinnen. Dann sagte er wieder, ganz vernehmlich, aber in derselben eintönigen Weise: »Woher kommst du?«

Sie hatte ihre Ruhe teilweise zurückerlangt, sie warf den Hut hinter sich auf einen Stuhl, setzte sich auf den Divan neben ihn, und schmeichelnd sagte sie ihm: »Mein Schatz, ich bin nur auf eine Stunde in der Luft gewesen. Ich fürchtete, selbst krank zu werden. Was hättest du dann von mir gehabt? Ich hab' mir auch einen Wagen genommen, um nur bald wieder bei dir zu sein.«

Er lag in seiner Ecke, jetzt ganz erschlafft. Er sah sie von der Seite an und antwortete nichts.

Sie sprach weiter, indem sie ihm die heißen Wangen kosend streichelte. »Nicht wahr, du bist mir doch nicht böse? Ich hab' ja übrigens der Bedienerin den Auftrag gegeben, bis zu meiner Rückkunft bei dir zu bleiben. Hast du sie nicht gesehen? Wo ist sie denn?«

»Ich hab' sie weggeschickt.«

»Warum denn, Felix? Sie sollte ja nur so lange warten, bis ich zurückkäme. Ich hab' mich ja so nach dir gesehnt! Was hilft mir denn die frische Luft draußen, wenn ich dich nicht habe.«

»Miez, Miez!« Er legte den Kopf an ihre Brust, wie ein krankes Kind. Wie in früheren Tagen glitten ihre Lippen über seine Haare. Da sah er zu ihr auf mit bittenden Augen. »Miez,« sagte er, »du mußt immer bei mir bleiben, immer, ja?«

»Ja«, entgegnete sie und küßte sein wirres, feuchtes Haar. Ihr war so weh, so grenzenlos weh! Gern hätte sie geweint, aber in ihrer Rührung war irgend was Dürres, Welkes. Von nirgendher kam ihr Trost, nicht einmal aus ihrem eigenen Schmerz. Und sie beneidete ihn, denn sie sah Tränen über seine Wangen fließen.

Nun saß sie wieder alle folgenden Tage und Abende an seinem Bett, brachte ihm seine Mahlzeiten, flößte ihm Medizin ein und las ihm, wenn er frisch genug war, um danach zu verlangen, aus der Zeitung, wohl auch ein Kapitel aus irgend einem Romane vor. Den Morgen nach ihrem Spaziergang hatte es zu regnen begonnen, und ein vorschneller Herbst brach an. Und nun rieselten stunden-, tagelang fast unaufhörlich die dünnen, grauen Streifen an den Fenstern vorbei. In der letzten Zeit hörte Marie zuweilen den Kranken nachts zusammenhangloses Zeug reden. Und da strich sie dann wohl ganz mechanisch mit den Händen über seine Stirne und Haare und flüsterte: »Schlaf, Felix, schlaf, Felix!« so wie man ein unruhiges Kind beschwichtigt. Er wurde zusehends schwächer, litt aber nicht viel, und wenn die kurzen Anfälle von Atemnot vorüber waren, die ihn heftig an seine Krankheit erinnerten, versank er meist in einen Zustand der Erschlaffung, über den er sich selbst keine Rechenschaft mehr geben konnte. Nur das kam ihm zuweilen vor, daß er sich ein bißchen wunderte. »Warum ist mir denn alles so gleichgültig?« Wenn er dann draußen den Regen herunterrieseln sah, dachte er wohl: »Ach ja, der Herbst« und forschte nach dem Zusammenhang nicht weiter. Er dachte eigentlich an keine Veränderung, die möglich wäre. Nicht ans Ende, nicht an die Gesundheit. Und auch Marie verlor in diesen Tagen ganz den Ausblick auf die Möglichkeit eines Anderswerdens. Auch die Besuche Alfreds hatten etwas Gewohnheitsmäßiges angenommen. Für diesen freilich, der von draußen kam, für den das Leben weiter rollte, war das Bild der Krankenstube täglich verändert. Für ihn war jede Hoffnung dahin. Er merkte wohl, daß nun sowohl für Felix, wie für Marie ein Zeitabschnitt begonnen hatte, wie er bei Menschen, welche die tiefsten Erregungen durchgemacht, zuweilen eintritt, ein Zeitabschnitt, in dem es keine Hoffnung und keine Furcht gibt, wo die Empfindung der Gegenwart selbst, dadurch, daß ihr der Ausblick auf die Zukunft und die Rückschau ins Vergangene fehlt, dumpf und unklar wird. Er selbst trat stets mit einem Gefühl schweren Unbehagens in die Krankenstube und war sehr froh, wenn er beide so wiederfand, wie er sie verlassen. Denn endlich mußte ja wieder eine Stunde kommen, wo sie gezwungen waren, an das zu denken, was bevorstand.

Wie er wieder einmal mit dieser Überlegung die Treppe hinaufgestiegen war, fand er Marie mit bleichen Wangen und händeringend im Vorzimmer stehen. »Kommen Sie, kommen Sie«, rief sie. Er folgte ihr rasch. Felix saß aufrecht im Bette; er heftete böse Blicke auf die Eintretenden und rief: »Was habt ihr eigentlich mit mir vor?«

Alfred trat rasch zu ihm. »Was fehlt dir denn, Felix?« fragte er.

»Was du mit mir vorhast? möcht' ich wissen.«

»Was sind denn das für kindische Fragen?«

»Verkommen laßt ihr mich, elend verkommen«, rief Felix mit fast schreiender Stimme.

Alfred trat ganz nahe zu ihm und wollte seine Hand erfassen. Der Kranke aber zog dieselbe heftig zurück. »Laß mich, und du, Marie, laß das Händeringen. Ich möchte wissen, was ihr vorhabt. Wie das weitergehen soll, will ich wissen.«

»Es ginge viel besser weiter«, sagte Alfred ruhig, »wenn du dich nicht unnütz aufregtest.«

»Nun ja, da lieg' ich nun, wie lange, wie lange! Ihr schaut zu und laßt mich liegen. Was hast du eigentlich mit mir vor?« Er wandte sich plötzlich an den Doktor.

»So rede doch keinen Unsinn.«

»Es geschieht ja gar nichts mit mir, gar nichts. Es bricht über mich herein; man rührt keine Hand, es abzuwenden!«

»Felix«, begann Alfred mit eindringlicher Stimme, indem er sich aufs Bett setzte und wieder seine Hand zu fassen suchte.

»Nun ja, du gibst mich einfach auf. Du läßt mich daliegen und Morphium nehmen.«

»Du mußt noch ein paar Tage Geduld haben –«

»Aber du siehst ja, daß es mir nichts nutzt! Ich fühle ja, wie's mir geht! Warum laßt ihr mich denn so rettungslos verkommen? Ihr seht doch, daß ich hier zugrunde gehe. Ich halt' es ja nicht aus! Und es muß doch noch eine Hilfe geben, irgendeine Möglichkeit einer Hilfe. So denk doch nach, Alfred, du bist doch ein Arzt, es ist ja deine Pflicht.«

»Gewiß gibt es eine Hilfe«, sagte Alfred.

»Und wenn nicht eine Hilfe, vielleicht ein Wunder. Aber hier wird kein Wunder geschehen. Ich muß fort, ich will fort.«

»Du wirst ja, sobald du etwas gekräftigt bist, das Bett verlassen.«

»Alfred, ich sag' dir, es wird zu spät. Warum soll ich denn in diesem entsetzlichen Zimmer bleiben? Ich will fort, aus der Stadt will ich fort. Ich weiß, was ich brauche. Ich brauche den Frühling, ich brauche den Süden. Wenn die Sonne wieder scheint, werd' ich gesund.«

»Das ist ja alles ganz vernünftig«, sagte Alfred. »Selbstverständlich wirst du in den Süden, aber du mußt ein wenig Geduld haben. Heute kannst du nicht reisen, und morgen auch nicht. Sobald es irgend angeht.«

»Ich kann heute reisen, ich fühl' es. Sobald ich nur aus diesem entsetzlichen Sterbezimmer da heraus bin, werd' ich ein anderer Mensch sein. Jeder Tag, den du mich länger hier läßt, ist eine Gefahr.«

»Lieber Freund, du mußt doch bedenken, daß ich als dein Arzt –«

»Du bist ein Arzt und urteilst nach der Schablone. Die Kranken wissen selbst am besten, was ihnen not tut. Es ist ein Leichtsinn und eine Gedankenlosigkeit, mich daliegen und verkommen zu lassen. Im Süden geschehen manchmal Wunder. Man legt die Hände nicht in den Schoß, wenn nur eine Spur von Hoffnung da ist, und es ist immer noch eine Hoffnung da. Es ist unmenschlich, jemanden seinem Schicksal zu überlassen, wie ihr es mit mir tut. Ich will in den Süden, in den Frühling will ich zurück.«

»Das sollst du ja«, sagte Alfred.

»Nicht wahr«, warf Marie hastig drein, »wir können morgen reisen.«

»Wenn mir Felix verspricht, sich drei Tage ruhig zu halten, so schick' ich ihn weg. Aber heute, jetzt – das wäre ein Verbrechen! Das lasse ich nicht zu, unter keiner Bedingung. Schauen Sie doch nur«, wandte er sich an Marie, »dieses Wetter. Es stürmt und regnet; nicht dem Gesündesten möchte ich heute zum Abreisen raten.«

»Also morgen!« rief Felix.

»Wenn es sich ein wenig aufheitert«, sagte der Doktor, »in zwei bis drei Tagen, mein Wort darauf.«

Der Kranke sah ihn fest und forschend an. Dann fragte er: »Dein Ehrenwort?«

»Ja!«

»Nun, hörst du?« rief Marie aus.

»Du glaubst nicht«, sagte der Kranke, zu Alfred gewendet, »daß es noch eine Rettung für mich gibt? Du hast mich in der Heimat sterben lassen wollen? – Das ist eine falsche Humanität! Wenn man am Sterben ist, gibt's keine Heimat mehr. Das Lebenkönnen, das ist die Heimat. Und ich will nicht, ich will nicht so wehrlos sterben.«

»Mein lieber Felix, du weißt ja ganz gut, daß es meine Absicht ist, dich den ganzen Winter im Süden verbringen zu lassen. Aber ich kann dich doch nicht bei solchem Wetter abreisen lassen.«

»Marie«, sagte der Kranke, »mach' alles bereit.« Marie sah den Doktor ängstlich fragend an.

»Nun ja«, meinte dieser, »das kann ja nicht schaden.«

»Alles mach' bereit. Ich will in einer Stunde aufstehen. Wir reisen ab, sobald der erste Sonnenstrahl hervorkommt.«

Felix stand nachmittags auf. Es schien beinahe, als übte der Gedanke an eine Veränderung des Aufenthalts eine wohltätige Wirkung auf ihn aus. Er war wach, lag die ganze Zeit auf dem Divan, aber er hatte weder Ausbrüche von Verzweiflung, noch verfiel er in die dumpfe Teilnahmslosigkeit der vorhergegangenen Tage. Er interessierte sich für die Vorbereitungen, die Marie traf, er gab Ratschläge, ordnete an, bezeichnete Bücher aus seiner Bibliothek, die er mithaben wollte, und nahm einmal selbst aus seinem Schreibtische einen ganzen großen Pack von Schriften hervor, die auch in den Koffer sollten. »Ich will meine alten Sachen durchsehen«, sagte er zu Marie, und später, als sie die Schriften im Koffer unterzubringen versuchte, kam er wieder darauf zurück. »Wer weiß, ob diese Zeit der Ruhe meinem Geiste nicht sehr wohlgetan hat! Ich fühle mich geradezu reif werden. Eine wunderbare Klarheit strahlt zu manchen Stunden über alles, was ich bisher gedacht.«

Schon am Tage nach jenem Sturm- und Regenwetter war es schön geworden. Und im Laufe des nächsten Tages wurde es so warm, daß man die Fenster öffnen konnte. Nun glitt der Glanz eines warmen und freundlichen Herbstnachmittages über den Boden hin, und wenn Marie vor dem Koffer kniete, so legten sich die Sonnenstrahlen in ihr welliges Haar.

Alfred kam eben dazu, wie Marie die Papiere sorgsam in dem Koffer verwahrte, und wie Felix, auf dem Sofa liegend, über seine Pläne zu sprechen begann.

»Auch das soll ich schon gestatten?« fragte Alfred lächelnd, »na, ich hoffe, du bist ängstlich genug, nicht vorzeitig mit der Arbeit anzufangen.«

»Oh«, sagte Felix, »es wird keine Arbeit für mich sein. Tausend neue und frische Lichter gleiten über alle Gedankengänge hin, die mir bisher im Dunkeln waren.«

»Das ist ja sehr schön«, sagte Alfred gedehnt, indem er den Kranken betrachtete, der mit starrem Blick ins Leere schaute.

»Du darfst mich nicht mißverstehen«, fuhr dieser fort. »Ich hab' eigentlich gar keine fest umrissene Idee. Aber es ist, als wenn sich etwas vorbereitete.«

»So, so.«

»Weißt du, mir ist, wie wenn ich Instrumente eines Orchesters stimmen hörte. Das hat auch in Wirklichkeit immer stark auf mich gewirkt. Und in einem der nächsten Momente werden sich da wohl reine Harmonien hervorbringen, und alle Instrumente fallen richtig ein.« Und, plötzlich abspringend, fragte er: »Hast du das Kupee bestellt?«

»Ja«, erwiderte der Doktor.

»Also morgen früh«, rief Marie mit guter Laune aus. Sie war immerfort beschäftigt, ging von der Kommode zum Koffer, von dort zum Bücherschrank, dann wieder zum Koffer, ordnete und packte. Alfred fühlte sich sonderbar berührt. War er bei fröhlichen, jungen Leuten, die eine Lustreise vorbereiteten? So hoffnungsfreudig, so ungetrübt beinahe schien die Stimmung, die heute über dieser Stube lag. Als er sich entfernte, begleitete ihn Marie hinaus. »Ach Gott«, rief sie aus, »wie gescheit ist es, daß wir weg kommen! Ich freue mich sehr! Und er ist ja förmlich ausgewechselt, seit es ernst wird.«

Alfred wußte nichts zu erwidern. Er reichte ihr die Hand und wandte sich zum Gehen. Dann aber, sich nochmals umwendend, sagte er zu Marie: »Sie müssen mir versprechen –«

»Was denn?«

»Ich meine, ein Freund ist ja doch immer noch mehr als ein Arzt. Sie wissen, ich stehe Ihnen immer zur Verfügung. Sie brauchen nur zu telegraphieren.«

Marie war ganz erschrocken. »Sie glauben, es könnte notwendig sein?«

»Ich sag' es nur für alle Fälle.« Damit ging er.

Sie blieb noch eine Weile nachsinnend stehen, dann trat sie rasch in die Stube, ängstlich, daß Felix über ihr minutenlanges Wegbleiben besorgt sein könnte. Der aber schien auf ihr Hereinkommen nur gewartet zu haben, um in seinen früheren Erörterungen fortzufahren.

»Weißt du, Marie«, sagte er, »die Sonne hat stets einen guten Einfluß auf mich. Wenn es kälter wird, gehen wir noch südlicher, an die Riviera, und dann später, wie denkst du – nach Afrika?! Ja? Unter dem Äquator würde mir das Meisterwerk gelingen, das ist sicher.«

So plauderte er weiter, bis endlich Marie zu ihm hintrat, ihm die Wangen streichelte und lächelnd meinte: »Nun ist's aber genug. Nicht gleich wieder leichtsinnig sein. Auch sollst du jetzt ins Bett, denn morgen heißt's früh aufstehen.« Sie sah, daß seine Wangen hoch gerötet waren und seine Augen beinahe funkelten, und wie sie seine Hände faßte, um ihm beim Aufstehen vom Divan behilflich zu sein, waren sie brennend heiß.

Schon beim ersten Morgengrauen wachte Felix auf. Er war in der freudigen Erregung eines Kindes, das auf Ferien geht. Schon zwei Stunden, bevor sie zur Bahn fahren sollten, saß er zur Reise völlig bereit auf dem Divan. Auch Marie war längst mit allem fertig. Sie hatte den grauen Staubmantel um, den Hut mit blauem Schleier, und stand so am Fenster, um früh genug den bestellten Wagen kommen zu sehen. Felix fragte alle fünf Minuten, ob der schon da sei. Er wurde ungeduldig. Er sprach davon, um einen anderen zu schicken, als Marie ausrief: »Da ist er, da ist er.«

»Du«, setzte sie gleich hinzu, »Alfred ist auch da.«

Alfred war zugleich mit dem Wagen um die Ecke gebogen und grüßte freundlich herauf. Bald darauf trat er ins Zimmer. »Ihr seid ja schon fix und fertig«, rief er aus. »Was wollt Ihr schon so früh auf dem Bahnhofe machen, um so mehr, als ihr schon gefrühstückt habt, wie ich sehe.«

»Felix ist so ungeduldig«, sagte Marie. Alfred trat vor ihn hin, und der Kranke lächelte ihm heiter zu. »Prachtvolles Reisewetter«, meinte er.

»Ja, ihr werdet es wunderschön haben«, meinte der Doktor. Dann nahm er ein Stück Zwieback vom Tische. »Man darf doch?«

»Haben Sie am Ende noch gar nicht gefrühstückt?« rief Marie ganz erschrocken aus.

»Doch, doch. Ein Glas Kognak hab ich getrunken.«

»Warten Sie, in der Kanne ist noch Kaffee drin.« Sie ließ es sich nicht nehmen, ihm noch den Rest des Kaffees in die Tasse einzugießen, dann entfernte sie sich, um der Bedienerin im Vorzimmer einige Weisungen zu geben. Alfred brachte die Tasse lange nicht von seinen Lippen weg. Es war ihm peinlich, mit seinem Freunde allein zu sein, und er hätte nicht sprechen können. Nun trat Marie wieder herein und kündigte an, daß nichts mehr dem Verlassen der Wohnung im Wege stehe. Felix erhob sich und ging als erster zur Tür. Er hatte einen grauen Havelock umgeworfen, einen weichen, dunklen Hut auf dem Kopf, in der Hand hielt er einen Stock. Auch auf den Stufen wollte er als erster hinabschreiten. Aber kaum hatte er das Geländer mit der Hand berührt, als er zu schwanken begann. Alfred und Marie waren gleich hinter ihm und stützten ihn. »Mir schwindelt ein wenig,« sagte Felix.

»Das ist ja ganz natürlich,« meinte Alfred. »Wenn man nach soundsoviel Wochen das erstemal aus dem Bette ist.« Er nahm den Kranken bei einem, Marie nahm ihn beim andern Arm; so führten sie ihn hinunter. Der Kutscher des Wagens nahm den Hut ab, als er den Kranken erblickte.

An den Fenstern des Hauses gegenüber wurden einige mitleidige Frauengesichter sichtbar. Und wie Alfred und Marie den totenblassen Mann in den Wagen hineinhoben, beeilte sich auch der Hausmeister, näher zu treten und seine Hilfe anzubieten. Als der Wagen davonfuhr, warfen sich der Hausmeister und die mitleidigen Frauen verständnisvolle, gerührte Blicke zu.

Alfred plauderte, auf dem Trittbrett des Waggons stehend, bis zum letzten Glockenzeichen mit Marie. Felix hatte sich in eine Ecke gesetzt und schien teilnahmslos. Erst als der Pfiff der Lokomotive ertönte, schien er wieder aufmerksam zu werden und nickte seinem Freunde zum Abschied zu. Der Zug setzte sich in Bewegung. Alfred blieb noch eine Weile auf dem Perron stehen und schaute ihm nach. Dann wandte er sich langsam zum Gehen.

Kaum war der Zug aus der Halle, als sich Marie ganz nahe zu Felix hinsetzte und ihn fragte, was er für Wünsche habe. Ob sie die Kognakflasche öffnen, ob sie ihm ein Buch reichen, ob sie ihm aus der Zeitung vorlesen sollte. Er schien für so viel Freundlichkeit Dank zu empfinden und drückte ihr die Hand. Dann fragte er: »Wann kommen wir denn in Meran an?« und er ließ sich endlich, wie sie nicht die genaue Stunde der Ankunft wußte, von ihr aus dem Reisehandbuch alle wichtigen Daten vorlesen. Er wollte wissen, wo die Mittagsstation wäre, an welchem Ort die Nacht hereinbräche, und interessierte sich für eine Menge nebensächlicher Dinge, die ihm sonst ganz gleichgültig waren. Er suchte zu berechnen, wieviel Leute im ganzen Zuge sein mochten, und bedachte, ob wohl auch junge Ehepaare darunter wären. Nach einiger Zeit verlangte er Kognak, doch reizte ihn der so sehr zum Husten, daß er Marien ganz ärgerlich ersuchte, ihm unter keiner Bedingung mehr davon zu geben, selbst wenn er danach verlangen sollte. Später ließ er sich den meteorologischen Bericht aus der Zeitung vorlesen und nickte befriedigt mit dem Kopfe, als sich eine günstige Voraussage ergab. Sie fuhren über den Semmering. Mit Aufmerksamkeit betrachtete er Hügel, Wälder, Wiesen und Berge; aber was er äußerte, beschränkte sich auf ein leises »hübsch, sehr schön«, dem die Betonung der Freude vollkommen fehlte. Zu Mittag nahm er ein wenig von den kalten Speisen, mit welchen sie sich vorgesehen hatten, und wurde sehr zornig, als ihm Marie den Kognak verweigerte. Sie mußte sich endlich entschließen, ihm welchen zu geben. Er vertrug ihn ganz gut, wurde frischer und begann an allen möglichen Dingen Teilnahme zu zeigen. Und bald kam er wieder im Sprechen von dem, was an den Kupeefenstern vorüberflog, was er in den Stationen sah, auf sich selbst zurück. Er sagte: »Ich habe von Somnambulen gelesen, denen im Traum irgendein Heilmittel erschien, auf das kein Arzt verfallen war und durch dessen Anwendung sie genasen. Der Kranke soll seiner Sehnsucht folgen, sag' ich.«

»Gewiß,« erwiderte Marie.

»Süden! Luft des Südens! Sie meinen, der ganze Unterschied ist, daß es dort warm ist und daß es das ganze Jahr Blumen gibt und vielleicht mehr Ozon und keine Stürme und keinen Schnee. Wer weiß, was in dieser Luft des Südens schwebt! Geheimnisvolle Elemente, die wir noch gar nicht kennen.«

»Sicher wirst du dort gesund,« sagte Marie, indem sie eine Hand des Kranken zwischen ihre Hände nahm und an ihre Lippen führte.

Er sprach noch weiter über die vielen Maler, die man in Italien träfe, über die Sehnsucht, die so viele Künstler und Könige nach Rom getrieben, und über Venedig, wo er einmal gewesen, lange bevor er Marie gekannt. Endlich wurde er müde und begehrte danach, sich der Länge nach auf die Sitze des Kupees hinzustrecken. So blieb er, meist in leichten Schlummer versunken, bis der Abend anbrach.

Sie saß ihm gegenüber und betrachtete ihn. Sie fühlte sich ruhig. Nur ein mildes Bedauern war in ihr. Er war so bleich. Und so alt war er geworden. Wie hatte sich dieses schöne Antlitz seit dem Frühjahr verändert! Das war doch eine andere Blässe als diejenige, welche ihr nun selbst auf den Wangen lag. Die ihre machte sie jünger, jungfräulich beinahe. Um wieviel besser war sie doch daran als er! Noch nie war ihr dieser Gedanke mit solcher Deutlichkeit gekommen. Warum ist dieser Schmerz nicht peinigender! Ach, es ist gewiß nicht Mangel an Teilnahme, es ist ganz einfach grenzenlose Müdigkeit, die seit Tagen nicht mehr von ihr weicht, auch wenn sie sich zu Zeiten scheinbar frischer fühlt. Sie freut sich ihrer Müdigkeit, denn sie hat Angst vor den Schmerzen, die kommen werden, wenn sie aufhört, müde zu sein.

Marie schrak plötzlich aus dem Schlaf auf, in den sie versunken war. Sie sah um sich, es war fast ganz dunkel. Der Schleier war über die Lampe gezogen, die oben glimmte, und so ergoß sich nur ein mattgrünlicher Schimmer ins Kupee. Und draußen vor den Fenstern Nacht, Nacht! Es war, als führen sie durch einen langen Tunnel. Warum war sie nur so heftig aufgeschreckt? Es war doch fast ganz still, nur das gleichförmige Knarren der Räder dauerte fort. Allmählich gewöhnte sie sich an das matte Licht, und nun konnte sie wieder die Gesichtszüge des Kranken ausnehmen. Er schien ganz ruhig zu schlafen, lag unbeweglich dort. Plötzlich seufzte er tief, unheimlich, klagend. Ihr klopfte das Herz. Gewiß hatte er auch früher so gestöhnt, und das hatte sie erweckt. Aber was war das? Sie blickte näher auf ihn hin. Er schlief ja nicht. Mit weit, weit offenen Augen lag er da, ganz deutlich konnte sie's nun sehen. Sie hatte Angst vor diesen Augen, welche ins Leere, ins Weite, ins Dunkle starrten. Und wieder ein Stöhnen, noch klagender als früher. Er bewegte sich, und nun seufzte er wieder auf, aber nicht schmerzlich, eher wild. Und mit einem Male hatte er sich aufgerichtet, mit beiden Händen auf die Polster gestützt, dann schleuderte er den grauen Mantel, der ihn zudeckte, mit den Füßen auf den Boden und versuchte aufzustehen. Aber die Bewegung des Zuges ließ es nicht zu, und er sank in die Ecke zurück. Marie war aufgesprungen und wollte den grünen Schleier von der Lampe entfernen. Sie fühlte sich aber mit einem Male von seinen Armen umschlungen, und nun zog er die Bebende auf seine Knie nieder. »Marie, Marie!« sagte er mit heiserer Stimme.

Sie wollte sich frei machen, es gelang ihr nicht. All seine Kraft schien ihm wiedergekehrt, er preßte sie heftig an sich. »Bist du bereit, Marie?« flüsterte er, seine Lippen ganz nahe an ihrem Halse. Sie verstand nicht, sie hatte nur die Empfindung einer grenzenlosen Angst. Wehrlos war sie, sie wollte schreien. »Bist du bereit?« fragte er nochmals, während er sie weniger krampfhaft festhielt, so daß ihr seine Lippen, sein Atem, seine Stimme wieder ferner waren und sie freier atmen konnte.

»Was willst du?« fragte sie angstvoll.

»Verstehst du mich nicht?« entgegnete er.

»Laß mich, laß mich,« schrie sie, aber das verhallte im Brausen des weiterrollenden Zuges.

Er achtete gar nicht darauf. Er ließ die Hände sinken, sie erhob sich von seinen Knien und setzte sich in die Ecke gegenüber.

»Verstehst du mich nicht?« fragte er wieder.

»Was willst du?« flüsterte sie aus ihrer Ecke heraus.

»Eine Antwort will ich,« erwiderte er.

Sie schwieg, sie zitterte, sie sehnte sich nach dem Tag.

»Die Stunde rückt näher,« sagte er leiser, indem er sich vorbeugte, so daß sie deutlicher seine Worte vernehmen konnte. »Ich frage dich, ob du bereit bist?«

»Welche Stunde?«

»Unsere! Unsere!«

Sie verstand ihn. Die Kehle war ihr zugeschnürt.

»Erinnerst du dich, Marie?« fuhr er fort, und der Ton seiner Stimme nahm etwas Mildes, beinahe etwas Bittendes an. Er nahm ihre beiden Hände in die seinen. »Du hast mir ein Recht gegeben, so zu fragen,« flüsterte er weiter. »Erinnerst du dich?«

Sie hatte nun einige Fassung wiedergewonnen, denn wenn es auch entsetzliche Worte waren, die er sprach, seine Augen hatten das Starre, seine Stimme das Drohende verloren. Ein Bittender schien er zu sein. Und wieder fragte er, beinahe weinend: »Erinnerst du dich?« Da hatte sie schon die Kraft zu erwidern, wenn auch mit bebenden Lippen: »Du bist ja ein Kind, Felix!«

Er schien es gar nicht zu hören. In gleichmäßigen Tönen, als käme ihm Halbvergessenes mit neuer Deutlichkeit zurück, sprach er: »Nun geht es zu Ende, und wir müssen davon, Marie; unsere Zeit ist um.« Etwas Bannendes, Bestimmtes und Unentrinnbares lag in diesen Worten, so leise sie geflüstert wurden. Er hätte lieber drohen sollen, da hätte sie sich besser wehren können. Einen Augenblick, wie er noch näher an sie heranrückte, kam die ungeheure Furcht über sie, er würde auf sie stürzen und sie erwürgen. Sie dachte schon daran, an das andere Ende des Kupees zu fliehen, das Fenster zu zerschlagen, um Hilfe zu rufen. Aber in demselben Moment ließ er ihre Hände aus den seinen und lehnte sich zurück, als hätte er nichts weiter zu sagen. Da sprach sie:

»Was für Dinge redest du denn, Felix! Jetzt, wo wir in den Süden fahren, wo du vollkommen gesund werden sollst.« Er lehnte drüben, schien in Gedanken versunken. Sie stand auf und schob rasch den grünen Schleier von der Lampe weg. Oh, wie ihr das wohltat! Licht war es nun mit einem Male, ihr Herz begann langsamer zu schlagen, und ihre Furcht verschwand. Sie setzte sich wieder in ihre Ecke, er hatte zu Boden geschaut und erhob jetzt wieder die Augen zu ihr. Dann sagte er langsam:

»Marie, mich wird der Morgen nicht mehr täuschen und auch der Süden nicht. Heute weiß ich.«

Warum spricht er jetzt so ruhig, dachte Marie. Will er mich in Sicherheit wiegen? Hat er Angst, daß ich mich zu retten versuche? Und sie nahm sich vor, auf ihrer Hut zu sein. Sie beobachtete ihn ununterbrochen, sie hörte kaum mehr auf seine Worte, verfolgte eine jede seiner Bewegungen, jeden seiner Blicke. Er sagte:

»Du bist ja frei, auch dein Schwur bindet dich nicht. Kann ich dich zwingen? – Willst du mir nicht die Hand reichen?«

Sie gab ihm die Hand, aber so, daß die ihre über der seinen ruhte.

»Wär' nur der Tag da!« flüsterte er.

»Ich will dir etwas sagen, Felix,« meinte sie jetzt. »Versuche doch, wieder ein wenig zu schlafen! Der Morgen kommt bald; in ein paar Stunden sind wir in Meran.«

»Ich kann nicht mehr schlafen!« erwiderte er und schaute auf. In diesem Augenblick trafen sich ihre Blicke. Er merkte das Mißtrauische, Lauernde in den ihren. In demselben Moment war ihm alles klar. Sie wollte ihn zum Schlafen bringen, um in der nächsten Station unbemerkt aussteigen und entfliehen zu können. »Was hast du vor?« schrie er auf.

Sie zuckte zusammen. »Nichts.«

Er versuchte aufzustehen. Kaum gewahrte sie das, als sie sich aus ihrer Ecke in die andere flüchtete, weit von ihm.

»Luft!« schrie er, »Luft!« Er öffnete das Fenster und streckte seinen Kopf in die Nachtluft hinaus. Marie war beruhigt, es war nur Atemnot, die ihn so plötzlich gezwungen hatte, sich zu erheben. Sie kam wieder zu ihm und zog ihn sanft vom Fenster zurück. »Das kann dir ja nicht gut tun,« sagte sie. Er sank wieder in seine Ecke, mühsam atmend. Sie blieb eine Weile vor ihm stehen, die eine Hand auf den Rand der Fensteröffnung stützend, dann nahm sie wieder ihm gegenüber den früheren Platz ein. Nach einer Weile beruhigte sich sein Atem; ein leises Lächeln kam über seine Lippen. Sie sah ihn verlegen, ängstlich an. »Ich werde das Fenster schließen,« sagte sie. Er nickte. »Der Morgen! Der Morgen!« rief er aus. Am Horizont zeigten sich graurötliche Streifen.

Nun saßen sie lange schweigend einander gegenüber. Endlich sprach er, während wieder jenes Lächeln um seinen Mund spielte: »Du bist nicht bereit!« Sie wollte irgend etwas in ihrer gewöhnlichen Art erwidern, daß er ein Kind sei oder dergleichen. Sie konnte nicht. Dieses Lächeln wies jede Antwort ab.

Der Zug fuhr langsamer. Nach ein paar Minuten war er in der Frühstücksstation eingelangt. Auf dem Perron liefen Kellner umher mit Kaffee und Gebäck. Viele Reisende verließen den Wagen; es gab ein Lärmen und Rufen. Marie war es, als wäre sie aus einem schweren Traum erwacht. Die Trivialität dieses Bahnhoftreibens tat ihr sehr wohl. Im Gefühle vollkommener Sicherheit erhob sie sich und sah auf den Perron hinaus. Endlich winkte sie einen Kellner herbei und ließ sich eine Tasse Kaffee hereinreichen. Felix sah ihr zu, wie sie den Kaffee schlürfte, schüttelte aber den Kopf, als sie ihm davon anbieten wollte.

Bald darauf setzte sich der Zug wieder in Bewegung, und wie sie aus der Halle herausfuhren, war es völlig licht geworden. Und schön! Und dort ragten die Berge, vom Frührot übergossen! Marie faßte den Entschluß, sich niemals wieder vor der Nacht zu fürchten. Felix sah angelegentlich zum Fenster hinaus, er schien ihre Blicke vermeiden zu wollen. Ihr war, als müßte er sich der vergangenen Nacht ein wenig schämen.

Der Zug hielt nun einige Male in kurzen Zwischenräumen an, und es war ein herrlicher, sommerwarmer Morgen, als er in die Halle von Meran einfuhr. »Da sind wir,« rief Marie aus, »endlich, endlich!«

Sie hatten einen Wagen gemietet und fuhren herum, um eine passende Wohnung ausfindig zu machen. »Zu sparen brauchen wir nicht,« sagte Felix, »so lange reicht mein Vermögen noch.« Bei einzelnen Villen ließen sie den Kutscher anhalten, und während Felix im Wagen verblieb, besichtigte Marie die Wohnräume und die Gärten. Bald hatten sie ein passendes Haus gefunden. Es war ganz klein, halbstockhoch, mit einem kleinen Garten. Marie bat die Vermieterin, mit ihr hinauszutreten, um dem im Wagen sitzenden jungen Mann die verschiedenen Vorzüge der Villa zu erläutern. Felix erklärte sich mit allem einverstanden, und ein paar Minuten später hatte das Paar die Villa bezogen.

Felix hatte sich ohne an dem geschäftigen Interesse Mariens für das Haus Anteil zu nehmen, ins Schlafzimmer zurückgezogen. Er hielt eine flüchtige Umschau darin. Es war geräumig und freundlich, mit sehr lichten, grünlichen Tapeten und einem großen Fenster, das nun offen stand, so daß das ganze Zimmer von dem Duft des Gartens erfüllt war. Dem Fenster gegenüber standen die Betten; Felix war so erschöpft, daß er sich der Länge nach auf eines hinwarf.

Unterdessen ließ sich Marie von der Vermieterin herumführen und freute sich besonders des Gärtchens, das von einem hohen Gitter umschlossen war und in das man auch von dem an der Rückseite gelegenen Türchen herein konnte, ohne das Haus betreten zu müssen. An der Rückseite selbst ging ein breiter Weg hin, der direkt und in kürzerer Zeit zum Bahnhof führte als die Fahrstraße, an welcher das Haus lag.

Als Marie wieder ins Zimmer zurückkam, in dem sie Felix verlassen hatte, fand sie ihn auf dem Bette liegen. Sie rief ihn an, er antwortete nicht. Sie trat näher heran, er war noch blässer als sonst. Sie rief wieder; keine Antwort; – er rührte sich nicht. Ein entsetzlicher Schrecken überkam sie, sie rief die Frau herein und sandte sie um einen Arzt. Kaum war die Frau fort, als Felix die Augen aufschlug. Aber in dem Moment, als er etwas sprechen wollte, erhob er sich mit angstverzerrtem Gesicht, sank gleich wieder zurück und röchelte. Von seinen Lippen herab floß etwas Blut. Marie beugte sich ratlos, verzweifelt über ihn. Dann eilte sie wieder zur Türe, um zu sehen, ob der Arzt schon käme, dann stürzte sie wieder zu ihm zurück und rief seinen Namen. Wäre nur Alfred da! dachte sie.

Endlich kam der Doktor, ein älterer Herr mit grauem Backenbart. »Helfen Sie! helfen Sie!« rief ihm Marie entgegen. Dann gab sie ihm Auskunft, so gut es in ihrer Aufregung ging. Der Arzt betrachtete den Kranken, fühlte nach seinem Puls, sagte, daß er jetzt gleich nach dem Blutsturze nicht untersuchen könnte und ordnete das Nötige an. Marie begleitete ihn hinaus, fragte ihn, was sie zu erwarten habe. »Kann ich noch nicht sagen,« erwiderte der Doktor, »nur ein wenig Geduld! wir wollen hoffen.« Er versprach, noch heute Abend wiederzukommen und grüßte Marie, die im Hause stehen geblieben war, so freundlich und unbefangen aus dem Wagen heraus, als hätte er einen konventionellen Besuch gemacht.

Marie stand nur eine Sekunde ratlos da; in der nächsten schon kam ihr eine Idee, die ihr Rettung zu versprechen schien, und sie eilte aufs Postamt, um ein Telegramm an Alfred abzusenden. Nachdem sie es abgeschickt hatte, fühlte sie sich erleichtert. Sie dankte der Frau, welche sich um den Kranken während ihres Fortseins bemüht hatte, entschuldigte sich bei ihr wegen der Ungelegenheit, die man ihr schon am ersten Tage bereite, und versprach, daß man sich sehr erkenntlich erweisen werde.

Felix lag noch immer angekleidet ohne Bewußtsein auf dem Bett ausgestreckt, sein Atem aber war ruhig geworden. Während sich Marie am Kopfende des Bettes niederließ, sprach ihr die Frau Trost zu, erzählte von den vielen Schwerkranken, die in Meran wieder genesen waren, teilte ihr mit, daß sie selbst in ihrer Jugend leidend gewesen und sich – wie man ja sehen könne – wunderbar erholt hätte. Und dabei das viele Unglück, das sie betroffen. Ihr Mann, der nach zweijähriger Ehe gestorben, die Söhne, die draußen in der Welt seien, – ja, alles hätte anders kommen können, aber sie sei nun ganz froh, die Stelle in diesem Hause zu haben. Und über den Besitzer könne man sich um so weniger beklagen, als er höchstens zweimal im Monat aus Bozen herüberkäme, zu sehen, ob alles in Ordnung sei. So kam sie vom Hundertsten ins Tausendste und war von überströmender Freundlichkeit. Sie erbot sich, die Koffer auszupacken, was von Marie dankend angenommen wurde, und brachte später das Mittagessen aufs Zimmer. Milch für den Kranken stand schon bereit, und leichte Bewegungen, die an ihm wahrzunehmen waren, schienen ein baldiges Erwachen anzuzeigen.

Endlich kam Felix wieder zum Bewußtsein, wandte einige Male den Kopf hin und her und blieb mit seinem Blick auf Marie haften, die sich über ihn gebeugt hatte. Da lächelte er und drückte ihr schwach die Hand. »Was war denn nur mit mir?« fragte er. – Der Arzt, der nachmittags kam, fand ihn bereits viel besser und gestattete, daß man ihn auskleidete und ins Bett legte. Felix ließ alles mit Gleichmut über sich ergehen.

Marie rührte sich vom Bett des Kranken nicht weg. Was war das für ein endloser Nachmittag! Durch das Fenster, welches auf ausdrücklichen Befehl des Doktors offen geblieben war, kamen die milden Düfte des Gartens herein, – und so stille war es! Marie verfolgte mechanisch das Flimmern der Sonnenstrahlen auf dem Fußboden. Felix hielt fast ununterbrochen ihre Hand umfaßt. Die seine war kühl und feucht, was Marien eine unangenehme Empfindung verursachte. Manchmal unterbrach sie das Schweigen mit ein paar Worten, zu denen sie sich eigentlich zwingen mußte. »Schon besser, nicht wahr? – Na, siehst du! – Nicht reden! – Du darfst nicht! – Übermorgen wirst du schon in den Garten gehen!« Und er nickte und lächelte. Dann berechnete Marie, wann Alfred kommen könnte. Morgen, abends konnte er hier sein. Also noch eine Nacht und ein Tag. Wenn er nur erst da wäre!

Endlos, endlos dehnte sich der Nachmittag. Die Sonne

verschwand, das Zimmer selbst begann in Dämmerung zu liegen, aber wenn Marie in den Garten hinausschaute, sah sie noch auf den weißen Kieswegen und dort auf den Gitterstäben die gelblichen Strahlen hingleiten. Plötzlich, wie sie eben den Blick hinausgerichtet hatte, hörte sie die Stimme des Kranken: »Marie.« Sie drehte rasch den Kopf nach ihm.

»Nun ist mir viel besser,« sagte er ganz laut.

»Du sollst nicht laut sprechen,« wehrte sie zärtlich ab.

»Viel besser,« flüsterte er. »Es ist diesmal gut gegangen. Vielleicht war es die Krisis.«

»Gewiß!« bekräftigte sie.

»Ich hoffe auf die gute Luft. Aber es darf nicht noch einmal kommen, sonst bin ich verloren.«

»Aber! Du siehst ja, daß du dich schon wieder frisch fühlst.«

»Du bist brav, Marie, ich danke dir. Aber pflege mich nur gut. Gib acht, gib acht!«

»Mußt du mir das sagen?« erwiderte sie mit leisem Vorwurf.

Er aber fuhr flüsternd fort: »Denn, wenn ich davon muß, nehm ich dich mit.«

Eine tödliche Angst durchzuckte sie, wie er das aussprach. Warum nur? Es konnte ja keine Gefahr von ihm kommen, zu einer Gewalttat war er zu schwach. Sie war jetzt zehnmal stärker als er. Woran konnte er nur denken? Was suchte er mit seinen Augen in der Luft, an der Wand, im Leeren? Er konnte sich auch nicht erheben und hatte ja keine Waffen mit. Aber vielleicht Gift. Er konnte sich Gift verschafft haben, vielleicht trug er es bei sich und wollte es ihr in das Glas träufeln, aus dem sie trank. Aber wo konnte er es denn verwahren? Sie selbst hatte ihn auskleiden geholfen. Vielleicht hatte er ein Pulver in seiner Brieftasche? Die war aber in seinem Rock. Nein, nein, nein! Das waren Worte, die ihm das Fieber eingab, und die Lust, zu quälen, weiter nichts. – Aber wenn das Fieber solche *Worte* eingeben kann und solche *Gedanken*, warum nicht auch die *Tat*? Vielleicht wird er auch nur einen Augenblick benützen, in dem sie schläft, um sie zu erwürgen. Dazu braucht es ja so wenig Kraft. Sie kann gleich ohnmächtig werden, und dann ist sie wehrlos. Oh, sie wird heute Nacht nicht schlafen, – und morgen ist Alfred da! –

Der Abend rückte vor, die Nacht kam. Felix hatte kein Wort mehr gesprochen, aber auch das Lächeln war von seinen Lippen völlig verschwunden; mit gleichförmig düsterem Ernst blickte er vor sich hin. Wie es dunkel wurde, brachte die Frau brennende

Kerzen herein und schickte sich an, das Bett neben dem des Kranken zurecht zu machen. Marie gab ihr mit der Hand ein Zeichen, daß das nicht notwendig wäre. Felix hatte es bemerkt. »Warum nicht?« fragte er. Und gleich setzte er hinzu: »Du bist zu gut, Marie, du sollst schlafen gehen, ich fühle mich ja besser.« Ihr schien es, als klänge Hohn durch diese Worte. Sie ging nicht schlafen. Die lange, schleichende Nacht verbrachte sie an seinem Bette, ohne ein Auge zuzutun. Felix lag fast immer ganz ruhig da. Zuweilen kam ihr die Idee, ob er sich vielleicht nur schlummernd stellte, um sie in Sicherheit zu wiegen. Sie schaute näher hin, aber das ungewisse Licht der Kerze täuschte zuckende Bewegungen um die Lippen und die Augen des Kranken vor, die sie verwirrten. Einmal trat sie auch zum Fenster und schaute in den Garten hinaus. Er war in ein mattes Blaugrau getaucht, und wenn sie sich ein wenig vorbeugte und aufsah, konnte sie den Mond erblicken, der gerade über den Bäumen hinzuschweben schien. Kein Lufthauch rührte sich, und in der unendlichen Stille und Unbeweglichkeit, die sie umhüllte, kam es ihr vor, als wenn sich die Gitterstäbe, die sie ganz deutlich wahrnehmen konnte, langsam vorwärts bewegten und dann wieder stille hielten. Nach Mitternacht erwachte Felix. Marie ordnete ihm die Polster, und einer plötzlichen Eingebung gehorchend, suchte sie bei dieser Gelegenheit mit ihren Fingern, ob er nicht zwischen den Polstern irgend was verborgen hätte. Es klang ihr im Ohr: »Ich nehm dich mit! Ich nehm dich mit!« Aber hätte er es denn gesagt, wenn es ihm ernst damit wäre? Wenn er überhaupt die Fähigkeit hätte, sich mit einem Plane zu beschäftigen? Zu allererst wäre ihm dann die Idee gekommen, sich nicht zu verraten. Sie war wahrhaftig recht kindisch, sich von den untergeordneten Phantasien eines Kranken in Furcht versetzen zu lassen. Sie wurde schläfrig und rückte ihren Sessel weit vom Bette weg, – für alle Fälle. Aber sie *wollte* nicht einschlafen! Nur ihre Gedanken begannen die Klarheit zu verlieren, und aus dem lichten Bewußtsein des Tages flatterten sie in das Dämmer grauer Träume. Erinnerungen stiegen auf. Von Tagen und Nächten blühenden Glücks. Erinnerungen von Stunden, wo er sie in seinen Armen gehalten, während über sie durchs Zimmer der Hauch des jungen Frühlings zog. Sie hatte die unklare Empfindung, als wagte der Duft des Gartens nicht, hier hereinzufließen. Sie mußte wieder zum Fenster hin, um davon zu trinken; aus den feuchten Haaren des Kranken schien ein 'süßlich fader Duft zu strömen, der die Luft des Zimmers widerlich durchdrang. Was nun? Wenn's nur vorüber wäre! Ja, vorüber! Sie schrak nicht mehr vor dem Gedanken zurück, das tückische Wort fiel ihr ein, das aus dem fürchterlichsten der Wünsche ein heuchlerisches Mitleid macht: »Wär er doch erlöst!« – Und was dann? Sie sah sich auf einer Bank unter einem hohen Baum sitzen da draußen im Garten, blaß und verweint. Aber diese Zeichen der Trauer lagen nur auf ihrem Antlitz. Über ihre Seele war eine so wonnige Ruhe gekommen, wie seit lange, lange nicht. Und dann sah sie die Gestalt, die sie selbst war, sich erheben und auf die Straße treten und langsam davon gehen. Denn nun konnte sie ja hingehen, wohin sie wollte.

Aber inmitten dieser Träumerei behielt sie Wachheit genug, um dem Atem des Kranken zu lauschen, der zuweilen zum Stöhnen wurde. Endlich nahte zögernd der Morgen. Schon in seinem ersten Grauen zeigte sich die Vermieterin an der Tür und bot sich freundlich an, für die kommenden Stunden Marie abzulösen. Diese nahm mit wahrer Freude an. Nach einem flüchtigen letzten Blick auf Felix verließ sie das Zimmer und betrat den Nebenraum, wo ein Divan bequem zur Ruhe hergerichtet war. Ah! wie wohl war ihr da! Angekleidet warf sie sich darauf hin und schloß die Augen.

Nach vielen Stunden erst wachte sie auf. Ein angenehmes Halbdunkel umgab sie. Durch die Ritzen der geschlossenen Fensterläden fielen nur die schmalen Streifen des Sonnenlichts. Rasch erhob sie sich und hatte sofort die klare Auffassung des Moments. Heute mußte Alfred kommen! Das machte sie der dumpfen Stimmung der nächsten Stunden mutiger entgegensehen. Ohne Zögern begab sie sich ins Nebenzimmer. Wie sie die Tür öffnete, war sie eine Sekunde lang geblendet von der weißen Decke, die über das Lager das Kranken gebreitet war. Dann aber gewahrte sie die Vermieterin, welche den Finger an den Mund legte, sich von ihrem Sessel erhob und auf den Zehenspitzen der Eintretenden entgegenging. »Er schläft fest,« flüsterte sie und erzählte dann weiter, daß er bis vor einer Stunde in heftigem Fieber wach gelegen sei und ein paarmal nach der gnädigen Frau gefragt habe. Schon am frühen Morgen sei der Doktor dagewesen und habe den Zustand des Kranken unverändert gefunden. Da habe sie die gnädige Frau aufwecken wollen, doch der Doktor selbst habe es nicht zugegeben; er würde übrigens im Laufe des Nachmittags wiederkommen.

Marie hörte der guten Alten aufmerksam zu, dankte ihr für ihre Fürsorge und nahm dann ihren Platz ein.

Es war ein warmer, beinahe schwüler Tag. Die Mittagsstunde war nahe. Über dem Garten lag stiller und schwerer Sonnenglanz. Wie Marie aufs Bett hineinblickte, sah sie zuerst die beiden schmalen Hände des Kranken, welche, zuweilen leicht zuckend, auf der Bettdecke lagen. Das Kinn war herabgesunken, das Gesicht war totenblaß mit leicht geöffneten Lippen. Sein Atem setzte sekundenlang aus. Dann kamen wieder oberflächliche, schlürfende Züge. »Am Ende stirbt er, bevor Alfred kommt,« fuhr es Marie durch den Sinn. Wie Felix jetzt dalag, hatte sein Antlitz wieder den Ausdruck leidender Jugendlichkeit gewonnen, und eine Schlaffheit wie nach namenlosen Schmerzen, eine Ergebung wie nach hoffnungslosen Kämpfen sprach sich darin aus. Marie war es plötzlich klar, was diese Züge in der letzten Zeit so furchtbar verändert hatte und ihnen in diesem Augenblicke fehlte. Es war die Bitterkeit, die sich in ihnen ausprägte, wenn er *sie* betrachtete. Nun war gewiß kein Haß in seinen Träumen, und er war wieder schön. Sie wünschte, daß er aufwachte. So wie sie ihn jetzt sah, fühlte sie sich von einem unsäglichen Gram erfüllt, von einer Angst um ihn, die sie verzehrte. Es war ja wieder der Geliebte, den sie hier sterben sah. Mit einem Male begriff sie wieder, was das eigentlich bedeutete. Der ganze Jammer dieses Unabwendbaren und Fürchterlichen kam über sie, und alles verstand sie wieder, alles. Daß er ihr Glück und ihr Leben gewesen und daß sie mit ihm hatte in den Tod gehen wollen, und daß nun der Augenblick unheimlich nahe, wo alles unwiederbringlich vorbei sein mußte. Und die starre Kälte, die sich über ihr Herz gelagert, die Gleichgültigkeit ganzer Tage und Nächte flossen für sie in ein dumpfes Unbegreifliches zusammen. Und jetzt, jetzt ist es ja eigentlich noch gut. Er lebt ja noch, er atmet, er träumt vielleicht. Aber dann wird er starr daliegen, tot, man wird ihn begraben, und er wird tief in der Erde ruhen auf einem stillen Friedhof, über den die Tage gleichförmig hinziehen werden, während er vermodert. Und sie wird leben, sie wird unter Menschen sein, während sie doch draußen ein stummes Grab weiß, wo er ruht, – er! den sie geliebt hat! Ihre Tränen flossen unaufhaltsam, endlich schluchzte sie laut auf. Da bewegte er sich, und wie sie noch rasch mit dem Taschentuche über ihre Wangen fuhr, schlug er die Augen auf und sah sie lange an mit einer Frage im Blick, aber er sagte nichts. Dann nach einigen

Minuten flüsterte er: »Komm!« Da erhob sie sich von ihrem Sessel, beugte sich über ihn, und er hob die Arme, als wollte er ihren Hals umschlingen. Er ließ die Arme aber wieder sinken und fragte:

»Hast du geweint?«

»Nein,« erwiderte sie hastig, indem sie sich die Haare von der Stirn zurückstrich.

Er schaute wieder lange und ernst auf sie, dann wandte er sich ab. Er schien nachzugrübeln.

Marie dachte nach, ob sie dem Kranken etwas von ihrem Telegramm an Alfred sagen sollte. Sollte sie ihn darauf vorbereiten? Nein, wozu? Das beste wird sein, wenn sie sich selbst von Alfreds Ankunft überrascht stellt. Der ganze Rest des Tages verfloß in der dumpfen Spannung der Erwartung. Die äußerlichen Vorkommnisse zogen wie im Nebel an ihr vorüber. Der Besuch des Arztes war bald abgetan. Er fand den Kranken vollkommen apathisch, nur selten aus einem stöhnenden Halbschlummer zu gleichgültigen Fragen und Wünschen erwachend. Er fragte nach der Stunde, verlangte nach Wasser; die Vermieterin ging aus und ein, Marie verbrachte die ganze Zeit im Zimmer, meist auf dem Sessel neben dem Kranken. Zuweilen stand sie am Fußende des Bettes, mit den Armen sich auf die Lehne stützend, manchmal ging sie auch zum Fenster und schaute in den Garten, in dem die Baumschatten allmählich länger wurden, bis endlich die Dämmerung über Wiesen und Wege schlich. Es war ein schwüler Abend geworden, und das Licht der Kerze, die auf dem Nachttische zu Häupten des Kranken stand, regte sich kaum. Nur als es völlig Nacht geworden und über den graublauen Bergen, die weit hinten zu sehen waren, der Mond hervorkam, erhob sich ein leichter Luftzug. Marie fühlte sich sehr erfrischt, als er um ihre Stirn wehte, und auch dem Kranken schien er wohl zu tun. Er bewegte den Kopf und wandte die weitgeöffneten Augen dem Fenster zu. Und endlich atmete er tief, tief auf.

Marie ergriff seine Hand, die er zu seiten der Decke herunterhängen ließ. »Willst du etwas?« fragte sie.

Er entzog ihr langsam die Hand und sagte: »Marie, komm!«

Sie rückte näher und brachte ihren Kopf seinem Polster ganz nahe. Da legte er seine Hand wie segnend über ihre Haare und ließ sie darauf ruhen. Dann sagte er leise: »Ich danke dir für all deine Liebe.« Sie hatte nun ihren Kopf neben dem seinen auf dem Polster ruhen und fühlte wieder ihre Tränen kommen. Es wurde ganz still im Zimmer. Von ferne her nur klang das verhallende Pfeifen eines Eisenbahnzuges. Dann wieder die Stille des schwülen Sommerabends, schwer und süß und unbegreiflich. Da plötzlich richtete sich Felix im Bette auf, so rasch, so heftig, daß Marie erschrak. Sie erhob sich vom Polster und starrte Felix ins Gesicht. Der faßte den Kopf Mariens mit beiden Händen, wie er oft in wilder Zärtlichkeit getan. »Marie,« rief er aus, »nun will ich dich erinnern.«

»Woran?« fragte sie und wollte ihren Kopf seinen Händen entwinden. Er aber schien alle seine Kraft wieder zu haben und hielt fest.

»Ich will dich an dein Versprechen erinnern,« sagte er hastig, »daß du mit mir sterben willst.« Er war ihr mit diesen Worten ganz nah gekommen. Sie fühlte seinen Atem über ihren Mund streichen und konnte nicht zurück. Er sprach so nah zu ihr, als sollte sie seine Worte mit ihren Lippen trinken müssen. »Ich nehme dich mit, ich will nicht allein weg. Ich liebe dich und laß dich nicht da!«

Sie war vor Angst wie gelähmt. Ein heiserer Schrei, so erstickt, daß sie ihn selbst kaum hörte, kam aus ihrer Kehle. Ihr Kopf war unbeweglich zwischen seinen Händen, die ihn krampfhaft an den Schläfen und Wangen zusammenpreßten. Er redete immer weiter, und sein heißer, feuchter Atem glühte sie an.

»Zusammen! Zusammen! Es war ja dein Wille! Ich hab auch Furcht, allein zu sterben. Willst du? Willst du?«

Sie hatte mit den Füßen den Sessel unter sich weggeschoben, und endlich, als müßte sie sich von einem eisernen Reif befreien, riß sie ihren Kopf aus der Umklammerung seiner beiden Hände. Er hielt die Hände noch immer in der Luft, als wäre ihr Kopf noch dazwischen, und starrte sie an, als könnte er nicht begreifen, was geschehen.

»Nein, nein,« schrie sie auf. »Ich will nicht!« und rannte zur Türe. Er erhob sich, als wollte er zum Bett hinausspringen. Aber jetzt verließen ihn die Kräfte, und wie eine leblose Masse sank er mit einem dumpfen Aufschlag aufs Lager zurück. Sie aber sah es nicht mehr; sie hatte die Tür aufgerissen und lief durchs Nebengemach in die Hausflur. Sie war ihrer Sinne nicht mächtig. Er hatte sie erwürgen wollen! Noch fühlte sie seine herabgleitenden Finger auf ihren Schläfen, auf ihren Wangen, auf ihrem Halse. Sie stürzte vor das Haustor, niemand war da. Sie erinnerte sich, daß die Frau fortgegangen war, ein Abendessen zu besorgen. Was sollte sie tun? Sie stürzte wieder zurück und durch die Hausflur in den Garten. Als würde sie verfolgt, so rannte sie über Weg und Wiesen hin, bis sie ans andere Ende gelangte. Nun wandte sie sich um und konnte das offene Fenster des Zimmers sehen, aus dem sie eben kam. Sie sah den Kerzenschein darin zittern, sonst gewahrte sie nichts. »Was war das? Was war das?« sagte sie vor sich hin. Sie wußte nicht, was sie tun sollte. Sie ging planlos auf den Wegen neben dem Gitter hin und her. Jetzt fuhr es ihr durch den Kopf. Alfred! Er kommt jetzt! Jetzt muß er kommen! Sie schaute zwischen die Gitterstäbe durch auf den mondbeschienenen Weg hinaus, der vom Bahnhof herführte. Sie eilte zur Gartentür und öffnete sie. Da lag der Weg vor ihr, weiß, menschenleer. Vielleicht aber kommt er die andere Straße. Nein, nein, – dort, dort naht ein Schatten, immer näher, rasch, immer rascher, die Gestalt eines Mannes. Ist er's? Sie eilte ihm ein paar Schritte weit entgegen: »Alfred!« »Sind Sie's, Marie?« Er war es. Sie hätte weinen mögen vor Freude. Wie er bei ihr war, wollte sie ihm die Hand küssen. »Was gibt's?« fragte er. Und sie zog ihn nur mit sich, ohne zu antworten.

Felix war nur einen Moment regungslos dagelegen, dann erhob er sich und blickte um sich. Sie war fort, er war allein! Eine schnürende Angst kam über ihn. Nur eines war ihm klar, daß er sie da haben müßte, da, bei sich. Mit einem Sprunge war er aus dem Bette. Aber er konnte sich nicht aufrecht halten und fiel wieder nach rückwärts auf das Bett hin. Er fühlte ein Summen und Dröhnen im Kopf. Er stützte sich auf den Stuhl, und indem er ihn vor sich hinschob, bewegte er sich vorwärts. »Marie, Marie!« murmelte er. »Ich will nicht allein sterben, ich kann nicht!« Wo war sie? Wo konnte sie sein? Er war, immer den Sessel vor sich herschiebend, bis zum Fenster gekommen. Da lag der Garten und drüber der bläuliche Glanz der schwülen Nacht. Wie sie flimmerte und schwirrte! Wie die Gräser und Bäume tanzten! Oh, das war ein Frühling, der ihn gesund machen sollte. Diese Luft, diese Luft! Wenn immer solche Luft um ihn wehte, mußte es wohl eine Genesung geben. Ah! dort! was war dort? Und er sah vom Gitter her, das tief in einem Abgrund zu liegen schien, eine weibliche Gestalt kommen, über den weißen, schimmernden Kiesweg, vom bläulichen Glanze des Mondes umhaucht. Wie sie schwebte, wie sie flog, und kam doch nicht näher! Marie! Marie! Und gleich hinter ihr ein Mann. Ein Mann mit Marie – ungeheuer groß –. Nun begann das Gitter zu tanzen und tanzte ihnen nach, und der schwarze Himmel dahinter auch, und alles, alles tanzte ihnen nach. Und ein Tönen und Klingen und Singen kam von ferne, so schön, so schön. Und es wurde dunkel. –

Marie und Alfred kamen heran. Sie liefen beide. Beim Fenster angelangt, blieb Marie stehen und schaute angstvoll ins Zimmer hinein. »Er ist nicht da!« schrie sie. »Das Bett ist leer.« Plötzlich kreischte sie auf und sank zurück, in Alfreds Arme. Der beugte sich, indem er sie sanft wegdrängte, über die Brüstung, und da sah er gleich am Fenster den Freund auf dem Boden liegen, im weißen Hemde, lang ausgestreckt, mit weit auseinandergespreizten Beinen und neben ihm einen umgestürzten Sessel, dessen Lehne er mit der einen Hand festhielt. Vom Munde floß ein Streifen Blut über das Kinn herab. Die Lippen schienen zu zucken und auch die Augenlider. Aber wie Alfred aufmerksamer hinschaute, war es nur der trügerische Mondglanz, der über dem bleichen Antlitz spielte.

DIE KLEINE KOMÖDIE

ALFRED VON WILMERS AN THEODOR DIELING IN NEAPEL

Mein lieber Theodor!
Besten Dank für Deinen Brief! Mensch, wie beneide ich Dich! Wie hat mir das entgegengesprüht und -geglüht aus Deinen Zeilen, was für ein Leben lebst Du! Du verstehst Dich eben aufs Alleinsein, und wenn Du eine Stunde ins Blaue hineinschaust, hast Du mehr hinter Dir, als wenn unsereiner ein Jahr lang herumabenteuert.

Ich bitte Dich recht schön, nenne meinen Zustand nicht Weltschmerz – es ist ein ganz gemeiner Ichschmerz, aber nein, nicht einmal das, Langeweile ist's – nichts weiter. Ich kann es mir nicht verhehlen, daß mir die Welt und ihre Leiden vollkommen egal sind. – Neulich bin ich durch den Fritz im Schreiben unterbrochen worden. Herr im Himmel, war das wieder ein Abend! Und ich wollte damals lustig sein. Es sollte einen letzten Versuch bedeuten. Ich trank, und ich bekam Kopfweh statt einen Rausch. Seine Geliebte kokettierte mit mir, es machte mich zornig, statt mich zu amüsieren. Eine Leere, eine Leere, sag' ich Dir!

Es steht fest: um mich aufzurütteln, muß etwas ganz Besonderes kommen. Ob ich aber dieses ganz Besondere überhaupt noch auffassen kann, wenn es schon die Güte haben sollte, zu erscheinen! Und dann wird mich jedenfalls der Zweifel plagen. Ist dieses Besondere nicht das Gewöhnliche in irgendeiner Verkleidung, die zu durchschauen ich schon zu stupid bin? – Siehst Du, jetzt kommt der Moment, wo ich es bedaure, kein Talent, aber auch zu gar nichts ein Talent zu haben! Ich erinnere mich jetzt mit einer Art Beschämung an die Zeit, wo ich zuweilen über Dich lächelte, weil Du Talent hattest. Das kam mir so gar nicht chic vor – und ich hatte eine souveräne Verachtung für alle Leute, die etwas leisten wollten. Und jetzt, ich sage Dir, wenn ich nur Porträte malen könnte, wäre ich schon glücklich. Das Photographieren habe ich nämlich ganz aufgegeben, nicht einmal darin hab'ich's zu was gebracht. Meine letzten zwei Kunstwerke waren: der Kahlenberg vom Leopoldiberg gesehen und der

Leopoldiberg vom Kahlenberg aus gesehen. Und schau, jetzt ist mir mein einziges, bescheidenes Talent verlorengegangen: mich zu unterhalten. Ja, ich vermeide ängstlich jede Gelegenheit, wo es noch möglich wäre – weil mich die letzten Enttäuschungen verstimmt haben. Kopfweh statt Rausch – das ist so die Signatur meiner ganzen Existenz. Also nur natürlich, daß ich mich vor dem Wein hüte. Heute ist Sonntag; und jetzt, während ich auf meinem Diwan lümmle und diese Zeilen mit Bleistift kritzle, sind sie alle beim Rennen unten. Um zwei hat der Fritz heraufgeschickt – ob ich nicht vielleicht doch mit hinunter möchte; ich bin zum Fenster gegangen und habe ihm abgewunken. Und dann ist er mit dem Fiaker davongesaust, und der Stangelberger, sein Kutscher, wie er mich im Morgenanzug beim Fenster lehnen sieht, kneift ein Auge zu und denkt sich: Aha, ein nächtliches Abenteuer, das sich bis zum nächsten Mittag ausdehnt! – Oh, wo sind die Zeiten, daß der Stangelberger recht gehabt hätt'!! Jetzt ist fünf. Noch ziemlich heiß, und meine Rouleaux sind heruntergelassen. Und ganz still, ganz still. Nach Tisch hab' ich eine Stunde geschlafen, und jetzt werde ich mich anziehn und als gemeiner Fußgänger hinunter in den Prater und die Rückfahrt vom Derby anschaun.

Erinnerst Du Dich noch an den schönen ersten Mai mit den zwei süßen Geschöpferln da unten – das sind jetzt zehn Jahre her. Damals sind wir den zwei Mupipusserln volle anderthalb Stunden nachgestiegen, bis die Mama verlorengegangen ist. – Und dann haben wir ihnen den Weg gezeigt! – Erinnerst Du Dich? – – Allerdings haben sie den Weg schon gekannt! – Heut sollt' mir einer vorschlagen, einem weiblichen Wesen anderthalb Stunden nachzulaufen! – Wo ist die, für die ich solch eines Opfers fähig wäre?

Auf dem Konstantinhügel habe ich Rendezvous mit Fritz, Weidenthaler und so weiter. Natürlich die Weiber dabei! – Ich geh' nicht hin. Soll die Mizi den Fritz mit wem anderen betrügen; es kommt ihr doch sicher viel mehr aufs Betrügen an als auf mich! – Nein, nicht auf den Konstantinhügel, in den Wurstlprater geh' ich heut, mich so recht encanaillieren. – Erstens mich vor'n Wurstl hinstellen, zuschauen, und wenn sie den Juden totschlagen, werd' ich eine Freud' haben wie ein Schneidergesell! Und dann geh' ich in den Velozipedzirkus, wo die käuflichen Damen mit den siebenfarbigen Strümpfen herumradeln – und dann gehe ich zum Wahrsager und zum Präuscher samt Extrakabinett. Und zum Calafatti.

Servus, mein Lieber, schreib mir was, und ich laß die schönen Neapolitanerinnen grüßen.

Dein
Alfred

JOSEFINE WENINGER AN HELENE BEIER IN PARIS

Meine liebe gute Helene!
Also eine große Neuigkeit. – Du ahnst es schon, mit dem Emil ist es nämlich aus. Nun ja, es macht doch immer ein bißchen traurig, denn der Abschied ist nun einmal doch ein Abschied; und das Adieusagen, Adieu auf immerdar, wie ich schon oben gesagt, ist eine große Melancholie. Aber wenn ich grad nicht dran denke, befinde ich mich eigentlich viel wohler als in der ganzen letzten Zeit. Es waren nämlich sehr unangenehme Tage, diese letzten, bevor es zum Bruche kam. Ich habe es schon lange bemerkt, wie ich Dir ja neulich schrieb, meine gute Helene. Wenn er abends zu mir kommen sollte, Absagen, zwei in einer Woche, und dann hat er mich öfters allein in' Prater fahren lassen und mich sogar ins Theater geschickt, ohne daß er drin war! – Na, das kennt man, das ist dann schon nicht mehr die wahre Liebe! Ich nehme es ihm nicht übel; denn ich hab' in der letzten Zeit wirklich schon gar nicht mehr für ihn geschwärmt. Aber ich muß Dir doch das Ganze erzählen, wie es schließlich gekommen ist.

Letzten Dienstag, also heut vor acht Tagen, kommt wieder so ein Brieferl von ihm, abends um halb acht, er kann nicht erscheinen. Morgen zu Mittag wird er so frei sein zu fragen, wie ich geruht. Du weißt, er hat immer solche Höflichkeitsformeln gehabt, was mir sehr gut gefallen hat, nie was Rohes, nie – immer, als wenn er mir höchstens die Hand küssen dürfte. – Ein schöner Abend war's auch, ich eine fürchterliche Langweil vor mir – da denk' ich mir, nimmst dir einen Wagen und fahrst spazieren. Es war schon halb dunkel, also ich nehm' mir einfach den Mantel um und lauf' hinunter. Wie ich dann um den Ring fahre, wird mir riesig wohl, die Luft war so angenehm, so mild, und ich denk' mir, es ist ganz gut, daß die ganze Geschichte endlich aus wird. In dem Moment waren mir alle Männer ganz gleichgültig – aber vollkommen; nicht nur er, was ich ja schon gewöhnt war.

Ich laß den Kutscher langsam fahren, steig' beim Stadtpark aus, laß ihn nachfahren, steig' beim Museum wieder ein und dann um den ganzen Quai und Ring herum; und wie ich nach Hause komme, ist richtig neun vorbei. Ich gemütlich hinauf; da sagt mir die Lina: »Fräulein, der gnädige Herr ist schon seit einer Stund' drin.« Was? denk' ich mir und geh' in den Salon, da ist's aber dunkel, und dann ins rote Zimmer. – Da sitzt er richtig auf dem Diwan, mit dem Überzieher, und klopft mit dem Spazierstock auf dem Boden herum. Er schaut auf, wie ich hineinkomme, und fragt: »Woher denn, mein Fräulein?« – Ganz ruhig. – Ich erwidere darauf, der Wahrheit gemäß, denn zum Lügen war ja kein Grund: »Nachdem du mir geschrieben hast, daß du nicht kommst, hab' ich mir einen Wagen genommen und bin rund um den Ring gefahren, weil's so schön war.« – »So«, sagt er, steht auf, und immer noch mit dem Überzieher, spaziert er im Zimmer hin und her, ohne mich anzuschauen. – »Was hast denn?« frage ich. – Keine Antwort. Ich laß ihn stehn und geh' in den Salon und hör' ihn noch alleweil drin auf und ab laufen. Ich geb' der Lina meinen Mantel und schick' sie um Zigaretten, weil mir meine ausgegangen sind, und gehe wieder zum Emil hinein, weil's mir schließlich zu dumm war. »Lieber Emil«, sage ich, »das vertrag 'ich nicht. Wenn's dir nicht recht ist, daß ich spazierenfahr', so sag's grad heraus, liegt mir sowieso nichts daran. Im übrigen, wenn du mir schreibst, daß du nicht kommst, so hab' ich ja nicht die Verpflichtung, mich ins Zimmer einzusperren und Trübsal zu blasen. Da schauet' ich gut aus, jetzt, wo ich das dreimal in der Woche erleben kann«, und so weiter. – Jetzt fängt er plötzlich zu reden an, bleibt mitten im Zimmer stehen und kreuzt die Hände hinterm Überzieher, so daß das Spazierstaberl über seinem Kopf in die Luft schaut. »Du hast recht«, sagt er, »es kann nicht so weitergehen, und ich kann es wirklich nicht über mich nehmen, von dir zu verlangen, daß du drei Tage in jeder Woche allein zu Hause bleibst; ich sehe das ein!«

Aha, denk' ich mir und frag': »Also, was willst du, und warum schneid'st du ein Gesicht, und warum kommst du, wenn du mir abschreibst, und warum schreibst du mir ab, wenn du dann doch kommst?« Darauf sagt er: »Es war eine Zeit, Pepi, wo du sehr glücklich warst, wenn ich unerwartet gekommen bin – das ist nun freilich vorbei.« – Ich mach' drauf einen Schnabel. – Er setzt fort: »Das ist der Lauf der Welt, ich merke es schon lange, und wenn ich nicht wüßte, daß es dich sehr wenig kränkt, würde ich dir wahrscheinlich seltener absagen. Aber ich vermute, daß du mich nicht allzuschwer entbehrst.« – So ungefähr war's, und ich weiß nur, daß ich darauf gesagt hab': »Nachlaufen werd' ich dir nicht.« – »Das verlange ich auch nicht«, meinte er, »im Gegenteil.« – Nun war's eigentlich beinah heraus, und ich sage: »Im Gegenteil? Das heißt wohl, es ist dir recht angenehm, daß ich dir nicht nachlaufe?« – Jetzt macht er eine ungeduldige Bewegung und stellt sich zum Fenster hin, mit dem Rücken zu mir. Dann murmelt er: »Verdreh mir doch nicht die Wörter im Mund.« Auf das hin stell' ich mich ruhig zu ihm und sage: »Ach, sag's lieber grad heraus, was du mir mitzuteilen hast – es hat ja sicher seinen Grund, daß du mir zuerst abschreibst, dann doch heraufkommst und jetzt so zuwider bist!« Wie ich so neben ihm steh', nimmt er plötzlich meinen Kopf zwischen die Hände und küßt mich auf die Stirn; alles beim Fenster, aber die Rouletten waren zu. Er küßt mich einmal und noch einmal und wieder und schließlich sehr, sehr lang. Ich rühr' mich nicht, laß es ruhig geschehen und sag' nur leise, während er mich noch immer küßt: »Du kommst heute, mir adieu sagen?« Da läßt er mich los. »Was ist das für eine Idee«, fragt er mit einem gezwungenen Lächeln. Ich nehme seine beiden Hände und sage: »So sei doch froh, daß ich dir's so leicht mache. Du hättest es nicht bald so gut treffen können!« – »Ja, freilich«, platzt er heraus, »weil du selber froh darüber bist, und weil du mich selber los sein möchtest.« Und jetzt fängt er an, mir Vorwürfe zu machen, wie er schon lang merkt, daß ich ihn eigentlich nicht lieb hab', und meine Zärtlichkeit ist eine Komödie, und was weiß ich noch! Und es hätte nicht so kommen müssen, durchaus nicht, aber ein Mann merkt das schon, und es ist schließlich kein Wunder, wenn man dann noch von anderer Seite gedrängt wird, daß man sich nach einer wahren Liebe sehnt, und so fort. – Ich war in einer Tour die Ruhige. »Du hast ja ganz recht«, sag' ich, »aber ich glaube nicht, daß ich die Schuld trage, und wahrscheinlich hast du sie auch nicht, sondern es hat ja schließlich so kommen müssen, und das liegt in den Verhältnissen. Ich kann dir nur sagen, daß ich dich immer sehr lieb gehabt hab' und dir wünsche, daß du ein Wesen findest, das dich so lieb hat, wie ich dich gehabt hab', und das dich glücklich macht« – und so weiter, was man in solchen Fällen sagt, aber ich hab' in dem Moment gespürt, daß ich ihn wirklich sehr gern gehabt hab' und daß so ein Abschied immer was Rührendes hat, auch wenn man sich schon lange darauf freut. Dann haben wir uns auf den Diwan gesetzt, und er zieht endlich den Überzieher aus, und wir kommen so recht ins Plaudern. Und ich erzähle ihm, wie ich ihm treu gewesen bin die ganzen zwei Jahr', und wie schön es überhaupt war, und er sagt, er wird mir sein Leben lang dankbar sein für alle Güte und Zärtlichkeit, die ich ihm entgegengebracht habe, und es ist eigentlich gar nicht wahr, daß man jemals aufhört, jemanden zu lieben, und es sind eben wirklich nur die Verhältnisse, und er wird für alle Fälle mein Freund bleiben, und eben als wahrer Freund ist er aufrichtig und muß mir adieu sagen. Und zieht mich an sich und streichelt mir die Haare und fängt wieder an mich zu küssen, aber nicht nur die Stirne. Ich muß Dir gestehen, ich hab' sogar ein bißchen geweint, meine gute Helene, Du wirst es begreifen, nicht wahr?

Und so ist es schließlich zwölf Uhr geworden vor lauter Abschiednehmen, und rührend war's, wie er später noch vor dem Diwan gekniet ist und mir die Hand geküßt hat. Das ist meine letzte Erinnerung an ihn, denn während dem Handküssen bin ich eingeschlafen, und wie ich mitten in der Nacht aufwache, ist die Lampe heruntergedreht, und er ist weg – auf und davon.

Na, und seither hab' ich ihn nicht gesehen und hab' nichts gehört, und die Geschicht' ist aus. – Was sagst Du?? Und wenn Du mich fragst, was ich mach' oder machen will, ich weiß selber nicht. – Vorläufig bin ich ganz zufrieden. Ich ruhe mich aus, hab' einen famosen Schlaf, rauch' meine zwanzig Zigaretten im Tag und denk' mir: Wenn's nur immer so bliebe! Es ist eben alles nur Gewohnheit. Zwar sind es erst acht Tage, aber wenn's nach mir geht, leb' ich den ganzen Sommer so. Ich lese jetzt den ganzen Tag Romane, neulich einen, den empfehle ich Dir wirklich an: Da steht etwas, was ich mir schon lange denk', nämlich, daß eigentlich *wir* die anständigen Frauen sind. Ja, wir sind gar nicht weniger wie die andern, steht in dem Roman, wir sind mehr, weil wir natürlich sind, und er beweist's auch in dem Roman. Du mußt ihn lesen, wart, ich laß ihn Dir von der Lina einpacken und schick' ihn Dir.

Jetzt bin ich neugierig, ob Du mir einen so langen Brief schreiben wirst! Wie verbringt Ihr denn eigentlich Eure Zeit? Fleißig im Theater? Bist Du schön brav und kokettierst nicht viel mit den Herren Parisern?

Was, meine gute Helene, wer uns das prophezeit hätte! Gott, wenn ich so denk', die erste Zeit auf der Wieden, wie ich in allem Ernst zum Theater gegangen bin, weil ich mir gedacht hab', die fünfzig Gulden monatlich kann ich gut brauchen! Und wie mich der Anton alle Abend abgeholt hat, und wir sind in ein Wirtshaus gegangen und haben einen Rostbraten mit gestürzten Erdäpfeln gegessen! Meiner Mutter, wonach Du Dich erkundigst, geht es übrigens sehr gut, sie hat mich auch unter den letzten acht Tagen einmal besucht, und sie läßt Dich grüßen. Aber jetzt ist's wirklich genug, glaub' ich, und ich bitte freundlichst um eine ebensolche Antwort. Grüß den Deinigen!

Seid Ihr schon mit Eueren Sommerplänen im reinen? Und sei so gut und mach' nur keine Unvorsichtigkeiten. Ich habe so eine Ahnung: Du bist auf einem guten Wege, das heißt, Du könntest eine Frau Gemahlin werden. Also, spar Dir eventuelle schöne Pariser auf später auf. Oder auch gar nicht.

Eingebildet brauchst Du aber nicht zu werden, wenn er Dich heiratet, wirst in dem Roman schon lesen, daß Du dann eigentlich viel weniger bist als früher.

Also nochmals Gruß und Kuß. Deine alte

Josefine

ALFRED VON WILMERS AN THEODOR DIELING IN NEAPEL

Lieber Freund und Dichter!
Ich hab' mir's ja gedacht! Nicht ohne Grund bleibt man noch im Sommer in Neapel! Du drückst Dich zwar so diskret aus, daß ich keine Ahnung habe, ob es sich um eine Prinzessin oder um eine Orangenverkäuferin handelt und ob der durch Olivenzweige glänzende Mond oder das Licht einer blauen Kristallampe »Zeuge Deiner Seligkeiten« ist, aber das ist ja auch nebensächlich. Und diese Liebschaften in der Fremde haben einen so besonderen Reiz! Das Ende kommt so ungezwungen –, eines Morgens reist man ab, nachdem man am Abend vorher – keinen Abschied genommen. Nachreisen tun sie einem ja doch nicht: erstens ist es zu kostspielig, und zweitens ist es der Verräter nicht wert, und drittens gibt es ja noch andere Männer in der Nähe. Was mich anbelangt, mein verehrter Dichter, kann ich Dir kaum was Neues mitteilen. Es sei denn, daß ich noch einsamer geworden bin seit dem Derbytage, an welchem ich Dir das letzte Mal schrieb. Du, damals bin ich richtig in den Wurstlprater gegangen, aber – es war ekelhaft. Bevor Dampfbäder und Parfüms ins niedere Volk gedrungen sind, werde ich mich kaum mit demselben befreunden können. Das ist wahrscheinlich eine Gemeinheit von mir; aber ich kann mir nicht helfen. Ich möcht' ja so gern, daß es allen

Menschen gut ging', aber ich frag' nur: Wenn die Glücklichen auch in einem fort unglücklich darüber wären, daß es Unglückliche gibt, wo wären denn dann überhaupt die glücklichen Leut'!

Glücklich – das ist so gesagt. Ich gehöre zu der Sorte, die man dafür hält; in Wirklichkeit geht's manchen, welche sich für vier Kreuzer Rum und damit Lebenslust kaufen können, viel besser. – Nämlich nach dem Wurstlprater bin ich doch noch auf den Konstantinhügel. – Ach ja! Ich dachte anfangs, der Kontrast müsse wirken! Ich machte mir das selbst möglichst deutlich. Siehst Du, jetzt warst Du unter lauter Menschen, mit zerfransten Hosen, fettigen Hüten, rauhen Stimmen – die »Kurze« rauchen, die sich die ganze Woche gerackert haben und den muffigen Geruch ihrer Vorstadtwohnungen in den Haaren tragen –, unter Weibern, die sich in der Küche geplagt haben und mit den Kindern und mit allem möglichen »Häuslichen« –, unter Dirnen, die sich heute abend in den Praterauen werden liebkosen lassen; – – und jetzt kommst Du zu den wohlsoignierten Herren in eleganten Sommerkostümen – die leise sprechen, heute früh ihr Bad genommen haben, ägyptische Zigaretten oder Pfosten à 2.50 rauchen und zwölf Glas Cognac trinken, ohne um eine Nuance röter im Gesichte zu werden –, zu den Damen mit gepflegten, rosigen Nägeln – welche schwarze Seidenstrümpfe tragen, zum Teil auch schwarze Seidenhemden (Fritz behauptet es, und Weidenthaler lächelt dazu in sich hinein) – die nach Violette de Parme duften und alle Gemeinheit nur in der Seele haben! – Wie hübsch, wie taktvoll das ist! Da ich mich um ihre Seele nicht kümmere, sind sie einfach entzückend. – Also wie gesagt, ich freue mich schon, und komme hinauf, und da, in einem der Zelte, sitzen sie richtig alle beisammen, Fritz und die Seine, Malkowsky und die Seine, Weidenthaler alleine – und außerdem haben sie sich noch den Fellner mitgebracht, Du kennst ihn ja, der den Girardi kopiert und krakauerische Couplets singt und überhaupt viel lustiger ist, als seine Nebenmenschen begreifen, welchen er je nach Rang und Alter zwischen fünf und zweihundert Gulden schuldig ist.

Also da bin ich plötzlich unter ihnen und mach' mir den Kontrast recht deutlich. Ich sauge den Duft ein, der von den knisternden Kleidern der Damen und ihren Haaren ausgeht, ich berühre mit meinem Fuße die reizend chaussierten Füßerln, alles sozusagen aus wissenschaftlichem Interesse. Ich höre dem Fellner zu Couplets singen und lach' mit und erkläre mir: Der ist doch wirklich ein lieber Kerl. Ich trinke mit der Kleinen vom Fritz

Bruderschaft, während er mir immerfort zuredet: Na, gebt's euch nur ein Pussel – lächerlich, unter Kameraden! und ich laß mir ein Pussel geben und spüre ihre Zahnderln an meinen Lippen, was ja eigentlich sogar unter Kameraden nicht mehr egal ist – ich trink' vier Glas Cognac, Prunier mit sechs Sternen, und rauch' einen Pfosten à 2.50 – und immerfort, immerfort hab' ich das vertrackte Gefühl: Ja, amüsant ist das alles durchaus nicht! Und es wird später, und unten warten die Fiaker, und in einen setzt sich der Weidenthaler und der Malkowsky mit Seiner, und der Fellner auf den Bock hinauf, als wenn's ein Witz wär', indessen hätte er sonst zu Fuß in die Stadt müssen, und in den zweiten ziehn mich Fritz und seine Donna, sie sitzt zwischen uns. Also jetzt, weil's gar so fidel war und ein gar so schöner Abend, noch einmal zum Lusthaus hinuntergerast, durch die dunkeln Alleen, so dunkel, daß man seine eigene Geliebte nicht sehen kann, was sich Mizi natürlich sehr zu Nutzen macht, und dann wieder zurück, und der Fellner auf dem Bock singt: »'s Herz von an echten Weana« – und die Kleine vom Malkowsky will tauschen, das heißt nämlich, der Weidenthaler soll in den andern Wagen und ich zu ihnen, und die Fritzische will mich nicht hergeben. Kurz, es war ungeheuer fidel! Und jetzt zum Prater hinaus. Wohin? Noch zum Sacher, heißt es, ins Separee, ein bissel Klavierspielen und tanzen. Gut also, zum Sacher. Der Fellner springt vom Bock, spielt den Lakai, öffnet die Wagenschläge, die Weiber hüpfen heraus, wir finden den kleinen Salon frei, den mit dem Klavier, es wird Champagner und Cognac gebracht; der Weidenthaler setzt sich zum Klavier, spielt einen Walzer, Fritz wünscht dringend, ich möchte mit Mizi tanzen, Bruderschaft tanzen, Bruderschaft tanzen, es wird also gewalzt, Malkowskys edle Dame empfindet Übelkeiten, liegt auf dem Kanapee, Weidenthaler knöpfelt die Taille auf, und allgemein wird ihr rosa Mieder bewundert. – Plötzlich sagt sie: Mir ist schon wieder gut, Kinder, und weiter wird gewalzt, und der Fellner macht großartige Pirouetten, erfindet einen Solotanz, über den man sich kugelt. Er kopiert die Cereale, die Rathner und schließlich den Girardi. Fritz lümmelt in einer Ecke, schlägt nur noch zeitweise die Augen auf, Weidenthaler haut blödsinnig auf die Tasten los; ein besorgter Kellner erscheint an der Türe. – Es wird still, in malerischen Gruppen sitzt man um den Tisch herum, Malkowsky, riesig elegant, entfernt sich und begleicht vor der Tür die Rechnung. Champagner hat man getrunken, Cognac auch, jetzt also noch Champagner mit Cognac, und das schöne

Fest hat ein Ende. – Und nun treten wir alle hinaus. Die zwei Paare winken uns gnädigst aus den Fiakern Lebewohl zu, und Weidenthaler, Fellner und ich stehen da.

Wir wollen noch ins Scheidl, da stehen aber schon die Sesseln auf den Tischen, die Kellner kehren aus, und die Lichter sind zum Teil abgedreht. Bleibt also nur noch ein Nachtcafé. Weidenthaler und Fellner können nicht anders; ich drücke ihnen freundlich die Hand und verlasse sie. – Hierauf folgt ein langer einsamer Spaziergang um den ganzen Ring. Der Morgen brach an, es war eine herrliche Luft, und ich fühlte – das muß anders werden. Das geht nicht mehr so weiter, diese Gesellschaft, dieser Ton, diese Hohlheit, diese Verblödung, nein, nein, nein! – Die Weiber und die Männer sind mir gleich zuwider. Die Parfüms und die Seidenstrümpfe sind doch nicht alles, wenn sie alles sind! – Ich ging den Stadtpark entlang, der erste Dämmerschein des Tages lag schon drüber. Da sind nun die Erinnerungen gekommen. – An das, was ich Jugendliebe nenne. Ich meine nicht die platonische, wo man Fensterpromenaden macht und sie einem dann weggeheiratet wird, weil man erst siebzehn Jahre alt ist. Nein, die andere, die nicht genug gewürdigte, die erste vernünftige Liebe, die zu irgendeinem kleinen Mäderl aus der Vorstadt, die bei Tag im Geschäft ist, die man abends an der Straßenecke erwartet und die man dann nach Mariahilf oder Fünfhaus begleitet – und die nichts anderes will als einen Ausflug am Sonntag oder einen Abend beim Volkssänger oder einen Sitz auf die dritte Galerie zu der neuen Operette oder ein Brasselett um einen Gulden und sehr, sehr, sehr viel Liebe. Nein, wie das damals schön war! Fahrten im Omnibus von Hietzing herein. – Spaziergänge in Weidlingau im Wald, tief im Wald. – Ja, das ist, was mir not tut. Es ist unglaublich, wie mein Geschmack verdorben worden ist, seit ich so ungeheuer elegant bin und den Ehrgeiz habe, die bestangezogene Geliebte in Wien zu besitzen. Wer weiß, an wie viel köstlichen Wesen ich achtlos vorbeigegangen bin. Und wer weiß, ob ich noch was für sie bedeuten würde, für sie, die viel, viel, sehr viel Liebe brauchen und die mit dem feinen Instinkt natürlicher Weiblichkeit meinen Augen und meiner Stirn die Müdigkeit und die Überreiztheit ansehen könnten. So ein frischer, junger Mensch sollte man wieder einmal sein, heiter, verliebt, mit der Sehnsucht nach Holunderduft, Frühling und Zärtlichkeit. Oh, das sehen sie einem an, die süßen Mädeln, die den Frühling und die Liebe wollen, und plötzlich hängt einem so ein herziges Ding am Arm, und man hat eine Geliebte statt einer Maitresse. – Diese Sehnsucht lehrt mich, daß ich jünger bin, als ich dachte, und darum befinde ich mich eigentlich wohler als in der letzten Zeit. Wer weiß, ob Du mit Deiner Neapolitaner Liebe nicht mitschuldig bist an dieser Erkenntnis? – Es ist spät geworden, mein Lieber, ich hab' Dir drei Stunden lang geschrieben. Nun gehe ich auf die Straße hinunter bummeln. Wer weiß? – Es liegen Abenteuer in der Luft! Durch mein offenes Fenster weht ein Abendduft herein, der mich um zehn Jahre jünger und dümmer macht! Und jetzt – jetzt, in Fünfhaus oder in der Alservorstadt, steckt vielleicht eben vor einem einfachen Holzrahmen-Spiegel ein sechzehnjähriges Jungfräulein eine Blume an die Brust, ohne zu ahnen, daß sie für mich bestimmt ist!

Wenn ich nur wüßte, ob in der Alservorstadt oder in Fünfhaus? So gar kein festes Ziel zu haben! Lebe wohl!

Dein treuer

Alfred

JOSEFINE WENINGER AN HELENE BEIER IN PARIS

Meine liebe Helene!
Du fragst mich, was es Neues gibt? Nun, seit ich den letzten Brief an Dich geschrieben, bin ich überhaupt kaum vor die Tür gekommen. Ich bin ein paarmal spazierengefahren, und auch im Theater war ich, sogar gestern erst. Weißt wo? Balkon, erste Reihe, wo man doch eigentlich weniger geniert ist als unten. Und die Komödie hat so eine große Zugkraft, und obwohl sie's schon sechs Wochen geben, war's noch ausverkauft. Ja, sogar nobles Publikum. Viele Bekannte, unten in der ersten Reihe einige nette Leute, und bei der Gelegenheit hab' ich mich geprüft, wie's eigentlich mit mir steht. Weißt, ich hab' sie so Revue passieren lassen, die ganze erste Reih'. Und das war ganz merkwürdig. In der letzten Zeit vom Emil hat mir doch ab und zu der oder jener gut gefallen; einmal sogar, wie ich Dir heut im Vertrauen sagen kann, einer Deiner Einstigen, der Karl Zabelberger, der wirklich ein nettes Gesicht hat, wenn auch sonst nicht viel an ihm ist. Und unter anderem war im Parkett auch der Zabelberger Karl, welcher mich aber kalt ließ, wie ich Dir gar nicht schildern kann. Neben ihm ist ein Freund von ihm gesessen, den ich auch gekannt hab', weiß aber seinen Namen nicht, sehr chic, chicer als der Karl

eigentlich, dann ein Dragonerfreiwilliger, nicht übel, dann der Baron Zenger, lang, fad, hat geschlafen während dem Stück; dann zwei Fremde, offenbar Rumänen oder Italiener, schwarz mit sehr weißen Zähnen und sehr elegant. Dann auch noch ein älterer Herr, den ich vom Sehen kenne und der mir auch sonst ganz gut gefallen hat. Aber was soll ich Dir viel erzählen! Ich hab' mir die Frage vorgelegt: Wer von den allen hätt' jetzt eine Chance bei dir? Und die Antwort, zu meiner eigenen Verwunderung, war: keiner.

Und mit dem Logenpublikum ist es mir auch nicht besser ergangen.

Ich sag' Dir, ich hab' mich so gefreut auf mein Nachtmahl, zu Haus, allein, das ich mir bestellt gehabt hab', mit dem *einen* Gedeck und dem ruhigen Einschlafen darauf.

Der Girardi war großartig, mir ist übrigens vorgekommen, er hat mich heraufgegrüßt. – Sonst bin ich ziemlich unbemerkt geblieben. Also wie's aus war, geh' ich hinunter, wie alle, und es war ein schöner, warmer Abend! Und da hab' ich mich wieder so deutlich erinnern müssen, wie ich aus dem Bühnentor hinten herausgekrochen bin vor so – na vor etlichen Jahren und wie der Anton mich abgeholt hat. Es ist überhaupt unglaublich, was einem alles einfällt an diesen Abenden, wenn man so in die frische Luft kommt, heraus aus dem Theatergeruch. So gut kann ich mir so ein Abenteuer aus der damaligen Zeit denken, wo ich sogar vor Glück hab' weinen können. Ich bin bei Gott nicht zu alt dazu. An mir kann's nicht liegen. Es muß halt was Neues kommen; das ist klar, so ein Jugenderlebnis, dann werd' ich schon wieder jung und nehm's mit allen Flitscherln von sechzehn und siebzehn auf. Ein interessanter Mensch müßt's sein. Einen hat der Emil vor ein paar Monaten mitgebracht, das heißt einen sogenannten interessanten Künstler, aber der war fad! – Hat genau so ausgeschaut wie die andern, nur daß er weniger geredet und immer gesagt hat, er hat Kopfweh. So einen Künstler mein' ich auch nicht, sondern ich denk' mir einen *wirklichen*, ohne Kopfweh, ungeheuer lebendig, meinetwegen mit sehr langen Haaren und ohne Geld. Kurzum ein Künstler, wie in den früheren Romanen, ja, so einer hätte gestern abend Chancen gehabt, aber frag die Künstler, wo sie gestern abend waren! Und wer weiß, ob sich einer an mich herangetraut hätt', einer von denen, wie ich sie meine, wenn er mich gesehen hätt', mit meinem ganzen Putz, und die blauen Steiner in die Ohren. Und gepudert war ich auch und sogar ein bissel geschminkt. Und wie ich mich so anschau', im Spiegel, jetzt, wo ich im Negligé bin, so muß ich mir selbst zugestehen, daß ich gar nicht so ohne bin, auch ohne Schmink' und Puder. – Wär' ein hübscher Versuch, einmal so auf Eroberungen auszugehen, wie? Es ist mir auch im Ernst weniger ums Bravsein. In Wirklichkeit sehne ich mich nach irgendeiner großartigen Abwechslung. Weißt, daß ich schon daran gedacht hab', nach Paris zu kommen? Aber allein! – wie schauet das aus! Und den Nächstbesten, nein, nein! Und wahrhaftig, auf die Leut', die nach Paris reisen können, grad auf die hab' ich jetzt gar keine Schneid.

Hast Du den Roman gelesen, den Dir die Lina eingepackt hat? Schreibe dies und noch viel anderes

Deiner treuen
Pepi

ALFRED VON WILMERS AN THEODOR DIELING IN NEAPEL

Guten Morgen, mein Lieber!
Heute gibt's was zu erzählen! Ich bin wieder jung! Ich hab' meine Sach' auf nichts gestellt, juchhe. – Nun, ich nehme es Dir nicht übel, daß Du mich nicht verstehst! Es war am Sonntag. Das ist wenigstens ein Anfang. Also Sonntag, zwei, drei Uhr Nachmittag. Sehr warm, und über der Stadt lag die Sonne. Und die Leute aus den Vorstädten zogen über die Linie hinaus, hatten alle eine riesige Lust ins Grüne, ins Freie, und waren fidel. Zu der Zeit, wo unsere kleine Geschichte spielt (was sagst Du zu meinem Stil?), war es in den Straßen nicht mehr sehr lebendig. Unter den Fußgängern, welche gemütlich schlendernd ihren Weg gegen die Grenze der Stadt zu nahmen, befand sich ... nein, ich kann nicht, ich kann keine Novellen schreiben. Ich werde mich auf das Tatsächliche beschränken. Kurz und gut, ich hatte eine tolle Idee. Ich hatte Lust mich zu verkleiden. Ich wollte einmal ein anderer sein, weil ich mich mit mir selbst langweilte. So zog ich mir einen Samtrock an, nahm einen liegenden Kragen, eine fliegende Krawatte, setzte einen weichen Hut auf, ließ meine Handschuhe zu Hause und spazierte so davon! Du hast keine Ahnung, wie verkleidet ich mir vorkam. Ich sah aus wie ein Anstreicher. Es war freilich nicht die Lust der Maskerade allein. Ich verband einen bestimmten Zweck damit. Ich wollte die Gewißheit haben, daß ich eine eventuelle Eroberung nicht etwa dem Glauben an

meine Zahlungsfähigkeit und an meinen Schneider verdankte. Ich änderte auch meinen Gang. Ich »schlenderte«, ich legte etwas Naives, Unbesorgtes, Leichtsinniges hinein. Ich war bei Gott nicht zu erkennen. Stell Dir nur vor, einen weichen Hut, ganz eingetäpscht, und eine lose Halsbinde! Um drei Uhr kam ich zur Linie, und da lehne ich mich ein paar Augenblicke an einen Laternenpfahl, zünd' mir eine Zigarette an und schau' mir die braven Bürgersleut' und die Liebespaare an, die vorbeispazieren. Auch einige Mädeln zu zweit oder dritt laß ich vorbei, ganz hübsch, ganz lieb. Da kamen eben wieder zwei, die winken zu einem Fenster hinauf, wo eine ältere dicke Frau vergnügt herunterschaut. Und ich seh', wie an so vielen Fenstern Leute herunterschauen, hemdärmelige Männer und schlamperte Weiber. Da, wo ich stehe, ist Sonne, und auf den Wällen spielen ein paar Kinder. Plötzlich wird's mir wieder etwas trübselig zumute. Ich weiß kaum warum. Diese Sonntagsbürgerlichkeit strömte plötzlich ihre ganze widerwärtige Öde über mich. Die zwei Mädeln, die schon lange an mir vorbei waren, stelle ich mir in ihrem Heim vor, sehr beschäftigt in der Küche und mit der Wäsche und zur Unterhaltung das Weltblatt lesend. Und den Herrn Vattern, wie er über die Steuern schimpft, und alles mögliche. Diesen Unterschied, den sie da alle fühlen, daß heute Sonntag ist und sechs andere Tage nicht – kurz, sehr zuwider! –

Da seh' ich plötzlich was ganz Entzückendes. Ein Mäderl, nicht mehr ganz jung, das heißt zwei- oder dreiundzwanzig. Wundervoll – und ganz allein. Einfaches geblümtes Kleid, famos gemacht, hübscher breiter Strohhut, wunderbare Augen, schlanke, schmiegsame, nicht große Gestalt, Sonnenschirm aufgespannt. Wie sie an mir vorübergeht, sieht sie mich groß an und lächelt. Dann wendet sie sich um, geht sogar zurück, an mir vorbei, ohne mich anzuschauen. Nur zwanzig Schritte, und dann wendet sie sich wieder um. – Ah, ein Rendezvous. Ich habe Zeit und warte mit. Das Unglaubliche geschieht – und dieses Wesen wartet vergeblich! – Ich schau' sie mir näher an; wirklich reizend! so lieb! Über die allererste Jugend und gottlob auch die allererste Unschuld hinaus. Kleine verräterische Falten um die Augen und einen Zug um den Mund, der erst kommt, wenn man viel geküßt und gebissen hat. Die Gestalt schmiegsam und an das Anschmiegen gewöhnt. – Aber was Naives in dieser bewußten Erfüllung ihres Frauenloses. So lieb! – Und *er*, er kam nicht! Ich schau' ihr zu, spazierengehen, sie kümmert sich kaum um mich, wobei wohl etwas Koketterie war, und endlich, nach etwa zehn Minuten, verzieht sie halb ärgerlich, halb verächtlich den Mund und nimmt einen eiligen Schritt, aber nicht in die Stadt zurück, sondern hinaus gegen die Währinger Hauptstraße. Da geh' ich ihr nach, und ohne eine Sekunde zu verlieren, versuch' ich mein Glück. Ich sag' ein paar belanglose Worte, sie darauf, sich nach mir umwendend, beinahe finster: Was wollen denn *Sie*? Ich ließ mich nicht abschrecken, und ein Gespräch war bald im Gange. Sie hatte die Absicht, »just« aufs Land hinauszugehen, weil es überhaupt mehr auf die gute Luft ankäme als auf ihn, und von ihr aus könnt' ich schon neben ihr weiterspazieren, wenn's mir Vergnügen machte.

Es war merkwürdig, wie rasch wir in das gemütliche Plaudern kamen. Ich muß mir schon das Kompliment machen, daß ich meine Rolle gut gespielt habe. Wie sie mich fragte: was sind S' denn eigentlich?, antwortete ich: Raten Sie. Na, was sollen S' denn sein, meint sie – ein Künstler! Und was für einer? frage ich. Ich war wahrhaftig neugierig. »Dichter«, sagt sie plötzlich ganz bestimmt. Ich schau' sie mit einem Blick an, der hieß: Du bist nicht nur ein sehr hübsches, sondern auch ein sehr gescheites Mädel. Na, hab' ich's erraten? sagt sie lächelnd. Und dann fragt sie weiter, ob ich schon lang dichte, ob ich sehr schön dichte und ob's mir Freud' macht, und so fort. – Ah, jetzt fing ein vergnügtes Lügen an! Es ist unglaublich, was ich ihr alles erzählt habe, es muß aber nicht nur interessant, sondern auch glaubwürdig gewesen sein. Denn sie lauschte geradezu andächtig. Nun ja, die Kämpfe meiner Jugend, bis ich mich mühselig durchgerungen, und das Mütterlein, fern in einem Städtchen, und dann die Frauen, und die großen Schmerzen, und die begrabene Liebe – es war wirklich rührend, und es tut mir nur leid, daß ich mir nicht genau gemerkt ,was ich alles erlebt habe. Und mit einem Mal waren wir im Grünen. Wirklich draußen in der schönen Natur, und wir spazierten durch den Wald, und es wurde einsam und stiller. Wir setzten uns auf eine Bank. Ab und zu kamen Leute vorbei, und durch das Gesträuch konnte man auf eine Wiese sehen, drüben wieder Wald, und dort, weit, im Schatten unter aufgespannten Schirmen, lagen die braven Sonntagsausflügler. Zuweilen hörten wir von dort her lauteres Rufen und Lachen. Dann wieder wurde es ganz still – schwüler, stummer Nachmittag. Nun fing sie auch an von sich selber zu erzählen – die alte Geschichte; aber sie stand ihr gut zu Gesicht. Sie ist Kunststickerin, hat keine Eltern mehr; bis vor kurzem hat sie mit ihrer Tante gewohnt; aber das war nicht für die Dauer. Sie deutete an, daß irgendeine Liebesgeschichte – gewiß nicht ihre erste – mitgespielt habe. Die aber scheint auch zu Ende zu gehen. Haben Sie ihn sehr lieb? fragte ich. Sie schaute zu Boden. O ja, sagte sie; freilich, es ist auch viel Gewohnheit dabei, setzte sie hinzu. Und dann, plötzlich: Nun, Sie haben ja gewiß auch einen Schatz? Ich wollte den Schatz nicht ganz ableugnen; das hätte mir entschieden geschadet – aber auch bei mir war die Sache in langsamem Hinsterben begriffen. Mehr wollte ich nicht sagen – sie fragte auch nicht viel. Jedenfalls fanden wir bald, daß man das eigentlich nicht so schlechthin einen Zufall nennen dürfe, was uns zusammengeführt. Die Ähnlichkeit unseres Schicksals, der eigentümliche Augenblick unserer Begegnung, beide gerade so müde von einer sterbenden Liebe, ja, wenn das nicht Bestimmung sei! – Und so plauderten wir im grünen Wald, und es war so schwül, so schwül! Endlich nach dem langen Plaudern kam das Schweigen. Sie saß, ganz nah an mich gerückt – und es war wirklich ganz wunderbar, was dieser süße Mädchenleib für einen wohligen Duft ausströmte. Das ist so nett von diesen kleinen Vorstädtlerinnen, daß sie immer so soigniert sind. Die Kleine hat sich zum Namenstag jedenfalls einen sehr guten Parfüm schenken lassen. Aber aus ihren lockigen Haaren kam noch ein ganz eigener Duft. Ich zog sie an mich. Schläfrig? fragte ich. – Sie nickte und lehnte den Kopf an meine Brust und schloß wahrhaftig die Augen. Nun mußte ich doch diese herzigen, geschlossenen Augen küssen, sie ließ es geschehen, dann küßte ich ihre Wangen, ihren Mund. Sie sagte »aber!« und küßte mich wieder. Es kamen Leute vorbei, und wir standen auf. – Nun war es vollkommen entschieden, daß uns ein geheimnisvolles Walten des Schicksals zusammengeführt, welches, wie das Schicksal schon ist, durchaus unser Glück wollte. Für alle Fälle sagten wir uns »Du« ... Es ist nicht zu schildern, wie gut aufgelegt wir waren. Sie behauptete, daß ihre geheime Sehnsucht stets ein Dichter gewesen sei. Und meine? Ich war großartig und behauptete, meine Sehnsucht war überhaupt nur sie, gerade sie, gerade diese kleine, süße Pepi, die, Sonntag, den soundsovielten Juni, über die Währingerlinie spaziert kam mit einem Sonnenschirm und einem Strohhut. Und wie die Zeit verging! Es begann schon zu dämmern. Also was nun? Zusammen nachtmahlen natürlich! – Aber vor zehn wollte sie jedenfalls zu Hause sein. Also jetzt ging's in ein Gasthaus, das gleich am Ausgang des Waldwegs lag. Eins dieser kleinbürgerlichen Wirtshäuser, welche ich sonst zu fliehen pflege. Aber wie hübsch war das alles heut. Wir spazierten in den Garten hinein, wo unter den großen Bäumen die Tische mit den Gartenlampen darauf und in gemessener Entfernung große Laternen standen. Sehr voll war es nicht; an einzelnen Tischen saßen ganze Familien, fürchterlich müd und durstig; an anderen zärtliche Paare, die einander bei der Hand hielten, da und dort kleine Spießergesellschaften. Und wie ich mich näher umsah, gab es auch nobleres Publikum; Sommerparteien an Stammtischen. Wir setzten uns an ein kleineres Tischchen ziemlich seitab, ich bestellte ein, haha, ein frugales Nachtmahl – wir hatten beide famosen Appetit und waren enorm glücklich.

Es war nun ganz dunkel, und wir saßen im tiefen Schatten. Eine Art von Zärtlichkeit überkam mich! Eine Art von Mitleid, könnt' ich sogar sagen, das ja eigentlich immer in der Zärtlichkeit steckt. Sie erzählte mir von ihrem Heim. Stell dir vor, ein kleines Zimmer im dritten Stock, Aussicht über die Höfe, ein sehr einfaches Zimmer natürlich; nur eines darf nie fehlen: Blumen. Früher hat *er* ihr immer die Blumen geschickt; in der letzten Zeit ist er damit nachlässiger geworden. Da hat sie sich selbst manchmal Veigerln oder Flieder gekauft und hat sie in die kleine Vase gestellt, die bei ihr auf dem Fensterbrett steht. – Endlich gingen wir, sie hing sich in meinen Arm. Wie spät ist's denn? fragte sie. Es war halb zehn. Vor dem Gartentor standen Einspänner; wir stiegen ein. Sie wollte sich durchaus nur bis an die Währingerlinie fahren lassen, in deren Nähe sie wohnt, will durchaus nicht mit dem Wagen in die kleine Gasse vorfahren, wegen der Nachbarn und wegen des Hausmeisters – na, und wohl auch wegen des Emil, meinte ich. Sie lag mehr im Wagen, als sie saß, hielt den Strohhut auf dem Schoß, und ihr Kopf mit den duftenden Haaren lag auf meiner Schulter. Mit dem Emil ist's aus, sagte sie. Es ist eigentlich schon wochenlang aus. Er will ja nichts mehr von mir wissen. Und es ist auch ganz gescheit. Und wenn du mich überhaupt wieder sehen willst, so red von Emil nichts mehr. Ich frag' dich auch nicht. Und nun schwieg sie, und so fuhren wir weiter, und ich streichelte ihre Wangen. In einer Viertelstunde waren wir bei der Linie. Da stiegen wir aus. Ich wollte sie bis zum Haustor begleiten. – Was fällt dir ein! rief sie. Jedes Kind kennt mich ja da! Und sie gibt mir einen Kuß und läßt mich stehen und lauft davon.

Sehr wohlgelaunt spazier' ich nach Hause. Zuerst aber setz'

ich mich in ein Kaffeehaus draußen, um meinen Schwarzen zu trinken – denn in meinem Aufzug konnt' ich unmöglich ins Kremser oder Imperial. Also da saß ich und hatte das behagliche Gefühl, wie man es vor einer neuen Liebe hat, und freute mich auf die Küsse von morgen und auf alles andere, was morgen oder, wenn's schlimm ist, übermorgen kommen wird. Dieses Morgen ist heute, und da es nun hohe Zeit geworden, meine Maske umzutun, geliebter Freund und Dichter, beschließe ich diesen langen Brief und freue mich, bald wieder von Dir zu hören.

Alfred
jugendlicher Liebhaber

JOSEFINE WENINGER AN HELENE BEIER IN PARIS

Meine liebe Helene!
Ich habe die Rouleaux heruntergelassen, sitze im Negligé da, um Dir ganz in Ruh' eine große Neuigkeit schreiben zu können.

Hast Du meinen Brief bekommen? Na, dann weißt Du auch, was mir so die letzte Zeit durch den Kopf gefahren ist und wie ich plötzlich gar keine Freud' mehr an den Drahereien gehabt habe. Nein, hab' ich mir gedacht, schön soll er sein, der Nächste, aber nur um Gottes willen nicht nobel. Und ich möcht' wieder einmal so ein liebes, kleines Abenteuer haben, wie früher einmal. Also denk Dir, da komm' ich so nach und nach auf die Idee, ich zieh' die alte Pepi wieder einmal an und nehme mir aus meinem Kasten ein Kattunkleid, was ich vor ein paar Jahren einmal in einer Stubenmädlroll' getragen hab', setz' mir einen einfachen Strohhut auf, kurz, richt' mich so à la Mädel aus der Vorstadt her. Die Lina hat ein über das andere Mal ausgerufen: Nein, so schön, aber so schön! – Und ich selbst, wie ich in den Spiegel geschaut hab', war ganz zufrieden. Im übrigen laß ich mich in dem ganzen Kostüm photographieren und schick' Dir ein Bild; ich zieh' mir's sowieso noch ein paar Mal an, wie Du gleich hören wirst. Gestern, Sonntag, hab' ich's das erstemal angehabt. Und mein fester Vorsatz war: Heute zwick' ich mir einen auf, aber einen fürs Gemüt! Ich geh' durch die Währingerstraße – rein zufällig, es hätt' ebenso gut die Alserstraße sein können –, und unter meinem Sonnenschirm schau' ich mir die Leut' an. Na, ich muß Dir sagen, im Anfang hab' ich fast die Lust an der ganzen Geschicht' verloren. – Endlich komm' ich zur Linie, schon sehr schlecht aufgelegt eigentlich. Da steht ein junger Mann bei einer Laterne angelehnt, der schaut mich an, so mit einem gewissen naiven bewundernden Blick. Mein erster Eindruck war, der wartet auf wen. Mein zweiter, der ist ein hübscher Kerl. Künstler, das war ganz klar. Brauner samtener Rock, fliegende Krawatte, absolut nicht elegant, aber einen hübschen, wohlgepflegten Teint, kleinen Schnurrbart, sehr nette Haltung. – Das wär's, was ich brauchte! – Na, denke ich mir, einen Versuch ist er wert! Ich tu' also auch, als wenn ich auf wen warten möchte, spazier' auf und ab, endlich geh' ich weiter. Er mir nach und spricht mich an. Ich muß Dir sagen, es war mir sehr angenehm. Ich war nur ein ganz kleines bißchen grob, dann hab' ich ihn neben mir gehen lassen, und die Geschicht' hat sich gemacht. Natürlich hab' ich mit meiner Vermutung recht gehabt, und er war riesig erstaunt, wie ich ihm aufs Gesicht zugesagt habe, daß er ein Dichter ist. Er hat eine wunderbar angenehme Art zu reden, so weich, so einschmeichelnd, dabei immerfort mit einer gewissen Hochachtung. Er hat sicher schon viel erlebt, und in der letzten Zeit muß ihn eine schaudervoll zum Narren gehalten haben – oder ich verstehe mich gar nicht mehr auf die Männer. – Reichtum – Reichtum hab' ich bei dem nicht zu fürchten, und die Soupers beim Sacher sowie brillante Geschenke sind ausgeschlossen. Na, und über das, was ich ihm erzählt hab', war er ganz gerührt! Du hättest es aber auch nur hören müssen! Eine Räubergeschicht' von einem Liebhaber, der mich nicht mehr gern hat, von einer alten Tant', mit der ich mich überworfen hab', und von einem kleinen Zimmer, und was ich für eine brave arme Person bin, und alles mögliche. Denk Dir, zu Fuß sind wir hinaus nach Pötzleinsdorf, und im Wald sind wir stundenlang gesessen, und ich habe mich keine Minute gelangweilt, und wie er mich auf der Bank im Arm gehalten und geküßt hat, da hab' ich eine so angenehme Empfindung gehabt wie schon lang, lang nicht. Ich weiß nicht, was ich alles im Stand gewesen wäre, wenn's nicht hellichter Nachmittag gewesen und jeden Moment Leut' vorbeigegangen wären. Eigentlich hab' ich auch so eine Art Rührung gehabt. Es ist mir eingefallen, was so ein armer Schriftsteller alles durchzumachen hat, der noch dazu sein halbes Einkommen für seine Mutter aufbraucht und natürlich von den Konkurrenten verfolgt wird und angefeindet.

Am Abend waren wir in einem kleinen Gasthausgarten, und da war er von einer Zärtlichkeit! – Und die Augen! – Sein Blick allein hat mich um Jahre jünger gemacht. Und dabei diese Bescheidenheit. Ich war ganz froh, daß er so bescheiden und still geblieben ist den ganzen Abend, es war eigentlich schön. Ich glaub', er hätte seine Braut nicht anders behandeln können wie mich. Wunderschön ist's auch gewesen, wie wir im Comfortable nach Haus gefahren sind. Ob Du mir's glaubst oder nicht – es wär' mir schrecklich gewesen, wenn er jetzt zudringlich geworden wäre. Aber kein Wort davon. Nur um ein Rendezvous hat er mich gebeten für den nächsten Tag, das war alles. Bei der Linie bin ich aus dem Wagen gesprungen. Nämlich für ihn wohne ich da in irgendeiner Seitengasse im vierten Stock. – Mindestens eine Viertelstund' hab' ich zu Fuß rennen müssen, bis ich einen Fiaker gefunden hab'! In meiner Wohnung war mir ganz merkwürdig zu Mut. Wie umgewechselt. Und dann, das besondere Glück, daß er nicht nur ein armer Teufel ist, sondern auch ein Dichter! Ein Künstler! Siehst Du, das wird einmal eine Komödienspielerei sein, von der ich was hab'! Ich muß aufhören zu schreiben, denn in einer Stunde tret' ich wieder auf.

Es küßt Dich Deine treue
Josefine

ALFRED WILMERS AN THEODOR DIELING IN NEAPEL

Mein lieber Theodor!
Wie lange hab' ich Dir nicht geschrieben? Einen Tag oder acht? Oder einen Monat? Oder eine halbe Jugend lang? Und warum setze ich jetzt die Feder an? Warum lieg' ich nicht lieber, wie ich jetzt so oft und ganze Stunden tue, auf meinem Diwan, die schönen Augenblicke weiterträumen, deren Erinnerung ich mit mir nach Hause bringe. Wer es mir vor einer Woche prophezeit hätte! Ach, nun bin ich doch wenigstens wieder in der Zeitrechnung drin. Heute ist wieder Sonntag. Ja, ja, es ist nicht länger als acht Tage, daß es begann. Nun ja, mein lieber Theodor, ich lebe ein zärtliches Idyll, in dessen Verlauf ein Tag ist wie der andere, das kein Ende zu haben scheint, von dem man sich kaum einen Anfang vorstellen kann. Ja, ich lebe es, denn ich fühle nicht mehr, daß ich es spiele. Wenn ich des Abends den breiten weichen Hut und den Samtrock nehme, so ist mir, als könnt' es gar nicht mehr anders sein, und wenn ich mit dem süßen Geschöpf ins Freie hinausspaziere und Arm in Arm mit ihr weit draußen an der Grenze der Stadt oder im Wald herumflaniere, dann weiß ich

kaum mehr, daß es lauter Lügen sind, die ich ihr von mir erzähle, denn die Hauptsache ist ja doch wahr: daß ich mich nämlich seit einer unsäglich langen Zeit nicht so wohl befunden wie jetzt.

Ja, es ist wieder einmal die Jugendliebe, die erste Liebe, wenn du willst, die man ab und zu wieder erlebt, wenn man ein Sonntagskind ist oder wenn das Schicksal einen für einen guten Einfall belohnen will. – Weißt Du, daß ich zuweilen glaube, ich bin die letzten Jahre verkleidet durch die Welt gegangen und habe jetzt die Maske abgelegt? Ich begreife selbst nicht, was mir für Worte über die Lippen kommen, wenn ich mit ihr bin, und was für Stimmungen mich einhüllen. Was das für Stunden sind abends auf dem Lande! Und neulich einmal, am Morgen, als wir irgendwo, nicht weit von Wien, aber in einem jener Orte, wo nie ein Wiener hinkommt, in einem kleinen Gasthof erwachten und durchs Fenster herein ein himmelblauer Tag lachte! Wie wir uns den Tisch in den kleinen Obstgarten rücken ließen und unsern Kaffee tranken, während der Morgenwind leise durch die Bäume rauschte. – Wenn wir getrennt sind und sie zu ihrer Arbeit zurückkehrt, so wie ich angeblich zu der meinigen – da habe ich ein kindisches Bedürfnis, vor ihrem Fenster auf und ab zu gehen, um nur in ihrer Nähe zu sein. Und dabei ist das Komische, ich weiß erst seit gestern, wo ihr Fenster ist. Die Gasse, wo sie wohnt, kannte ich. Aber das Fenster, hinter dem sie arbeitet – das war auch so eine der zärtlichen Ideen, die sich in ihrem Kindskopf tummeln –, das sollt' ich selbst heraussuchen, und ich mußte es finden, wenn ich sie wirklich lieb hätte. Und da bin ich denn vor den sechsundsiebzig Fenstern im dritten Stockwerk, die sich in jener Gasse befinden, auf und abgegangen und habe das ihre, nun magst Du lachen, wenn Du willst, richtig aus den sechsundsiebzig (ich habe sie gezählt) herausgefunden. Sie war selig, wie ich ihr's sagte. An den Blumen hatte ich es erkannt. Und nun muß ich Dir sogar gestehen, daß ich heute nacht in dieser Gasse auf und ab gegangen und im Mondenschein vor dem Fenster gestanden bin wie ein dummer Bub! – Das ist, was die Sache so sonderbar und neu für mich macht: Dieses Ineinandergleiten von Stimmungen keuscher Jugendliebe und reifen Schwelgens. Und denke nur: vollkommen um meiner selbst willen werd' ich geliebt. Die Veilchen, die ich ihr bringe, küßt sie tausend Mal'. Und unsere Abende in den kleinen Wirtsgärten der Vorstadt! Und wie ich ihr dann, wenn wir so zusammensitzen vor dem Glas »Gespritzten«, von meiner früheren Existenz erzähle! Du bist gewiß nicht böse, wenn ich Dir gestehe, daß ich teilweise Deine Biographie und ganz speziell Deine Lehr-, Studien- und Liebesjahre in München mit jenen Veränderungen, welche mein schwaches Gedächtnis notwendig macht, benütze und mir auch gestatte, Deine Fußwanderungen durch Thüringen und die Schweiz und insbesondere Dein Genfer Abenteuer mit der englischen Malerin für meinen Gebrauch zu bearbeiten. Ach, wie sie da an meinen Lippen hängt! Wie man ihr die Rührung ansieht! – Und dann laß ich mir wieder von ihr erzählen; da kommen mir wirklich manchmal die Tränen! An wieviel Traurigkeit und Süßigkeit wir doch vorübergehen, um Lustiges und Schales dagegen einzutauschen. Denn meine Verliebtheit macht mich durchaus nicht blind, und ich bin überzeugt, daß es noch hundert solcher Geschöpfe wie meine kleine Josefine gibt. Aber mir ist manchmal, als würde es jetzt erst der Kleinen klar, was bisher mit ihr geschah, und ich fühle, wie dankbar sie mir für die Art und Weise ist, in der ich sie behandle! Und mit eigentümlicher Wehmut erfüllt es mich, wenn ich an ihre Zukunft denke, denn, siehst Du, daß ich sie verlassen werde, das weiß ich ja doch! Und es wird vielleicht nicht einmal besonders traurig sein. – Aber gerade das tut mir weh – ist das nicht sonderbar?

Manchmal denk' ich mir, wie ihr geschähe, wenn ich plötzlich in meiner wahren Gestalt vor sie hinträte. Ob da nicht der ganze Zauber vorbei wäre? Ob sie nicht eben meine Maske liebt? Sie würde es schmerzlich empfinden, wenn sie entdeckte, wie fern wir uns eigentlich im Leben stehen, denn sie hat manche Erlebnisse meiner Vergangenheit liebgewonnen. Es gibt Dinge, die sie sich gern wieder erzählen läßt. So hab' ich ihr schon drei- oder viermal eine ganz unglaubliche Geschichte von ein paar verzweifelten Tagen erzählt, in denen ich dem Selbstmord nahe war, weil ich fast verhungert wäre. Denn unsere Armut bringt uns einander nahe. Nun, ich glaube, sie verdient sich genug und hat augenblicklich keinen Mangel zu leiden. Aber Du hast gar keine Ahnung, wie rasend mich zuweilen die Lust erfaßt, das Leben dieses süßen, armen Geschöpfes reich und sorgenlos zu gestalten, und wie ich es doch nicht wagen würde, auch nur eine Andeutung in diesem Sinne zu machen. Ja, dann wär' alles vorbei. Blumen läßt sie sich schenken. Nächstens will ich's einmal mit einer Kleinigkeit versuchen, zum Beispiel ein winziges Herzchen aus Gold, das sie sich um den Hals hängen kann. Aber nun ist's genug, denn ich kann Dir ja doch das Rechte nicht sagen.

Jugendliebe, ich finde kein anderes Wort! Ich beneide Dich selbst um Dein Neapel nicht mehr und um Deine Neapolitanerin. – Heute abend wollen wir wieder aufs Land. Da weiß ich nun wirklich nicht, was dann entzückender ist: die zärtlichen Stunden im Wald oder die Heimfahrt. Jetzt sind wir ein paar Mal mit dem Omnibus vom Land zurückgekommen – natürlich – weil's billiger ist –, und ich sollte nicht so viel Geld ausgeben, sagte sie neulich, als ich wieder einen Einspänner nehmen wollte. Nach dem, was sie vor mir erlebt, frag' ich sie wenig. Mir genügt die Empfindung, daß ich eine Art Erlösung für sie bedeute. Ich wollte gar nicht, daß sie gar nichts zu vergessen hätte! Da wäre sie ja nicht die, welche ich eigentlich suchte. Nein, ich wollte nicht das Mädchen, das ich verführe und das mir nachweint, nein, eines ihrer reifen Erlebnisse will ich bedeuten, aber das beste, das sie weder sich noch mir einmal vorzuwerfen hat. Ich werde eines Tages aus ihrer Existenz verschwinden, wie ich gekommen bin. Wie ich fühle, daß das Ende kommt, reise ich ab und schreibe ihr dann von da oder dort, aber ohne ihr zu sagen, daß ich eigentlich eine Komödie gespielt. Ich werde ein schöner Traum für sie gewesen sein. – Aber genug, genug. Du hörst bald wieder von mir, vielleicht nicht von Wien aus. Denn wir haben die Absicht, uns auf ein paar Tage aufs Land zurückzuziehen, ganz in die Einsamkeit – unter Bäumen, süß zu träumen, wie der Dichter der Gräfin Melanie sagt.

Lebe wohl für heute und schreibe mir doch auch bald wieder.
Dein
Alfred

JOSEFINE WENINGER AN HELENE BEIER IN PARIS

Liebste Helene!
Nein, was hab' ich über Deinen Brief lachen müssen! Ja, wenn Du eine solche Angst um mich hast, da trau' ich mich ja kaum mehr, Dir was zu schreiben! – Aber ich riskier's. Ich bin verliebt, ja, ja, sogar riesig. Er ist ein so süßer Kerl. – Hast Du schon einmal ein Verhältnis mit einem Dichter gehabt? Ich meine, mit einem wirklichen, nicht mit einem von dem die Stück' oder die Operetten aufgeführt werden, sondern mit so einem, der nichts ist und nichts hat und wahrscheinlich nichts wird, so mit einem echten Dichter, der Gedichte macht und einen anschwärmt! Ah, das ist doch eine

eigene Rasse. Von der Liebe will ich ja gar nicht reden, aber die Hochachtung! Wenn wir mitsammen am Abend spazierengehen, da ist's rein als wie eine Braut mit ihrem Bräutigam. Neulich haben wir einmal eine Nacht auf dem Land verbracht, und da hat's uns so gut gefallen, daß wir beschlossen haben, auf eine Woche oder zwei uns ganz in die Einsamkeit zurückzuziehen. Hoffentlich wird was daraus, ich hab' nur eine Angst, daß er sich das Geld dazu irgendwo ausleihen muß. Denn wie der Mensch kein Geld hat, das ist geradezu komisch. Ich merk's ihm an, wie wohl es ihm tut, wenn ich ihn von großen Ausgaben zurückhalte, wie zum Beispiel – jetzt wirst Du lachen – von einem Comfortable! Na, ich kann ihm natürlich nichts antragen, das wäre gefehlt! Ich, die arme Kunststickerin. Oh, Du wärst erstaunt, wenn Du meine Lebensbiographie kennen möchtest. Na, ich war doch schon früher verliebt und hab' oft gelogen – aber so viel gelogen und so verliebt doch noch nie! Freilich, so rührende Sachen, wie er mir, kann ich ihm nicht erzählen – das läßt sich eben nicht erfinden! – Ich bin zu faul zum vielen Schreiben, aber wenn wir wieder einmal beisammen sind, muß ich Dir die Geschichte erzählen, wie es ihm in Berlin ergangen ist. Ich bin wirklich so froh, daß ich ihn ein bißchen glücklich machen kann, nachdem ihm die Menschen und besonders die Weiber so schändlich mitgespielt haben. Und er ist mir dankbar und sagt mir, wie er merkt, daß ich eine ganz andere bin. Es hätt' aus mancher was ganz anderes werden können ... Na, Helentscherl, hab' keine Angst, der ist auch viel zu gewissenhaft, als daß er mein Los an sein »ungewisses« ketten möchte. Denn er redet oft von seinem ungewissen Los und wird ganz traurig. Und ewig hab' ich ja doch noch nie geliebt, und Deine Angst, liebe Helene, hat keinen Sinn. Schön wär's freilich, aber sein ganzes Leben kann man doch nicht im Omnibus vom Land hereinfahren? – Also leb wohl für heute und grüß mir den Lixl. Aber sag ihm nichts von der Geschicht'! Es ist wegen später.

Deine

Josefine

ALFRED VON WILMERS AN THEODOR DIELING IN NEAPEL

Mein lieber Theodor!
Schau Dir den Poststempel nur genau an – Du weißt doch nicht, woher der Brief kommt. Erstens ist hier keine Post. Den Brief holt der Bote ab. Wir sind kaum zwei Stunden von Wien und doch so versteckt, als wären wir hundert Meilen weit. Ein gemütliches Gasthaus, seitab von der Landstraße, im Wald; eigentlich zu einer Mühle gehörend. Einsam, Leute vom Land kehren zuweilen ein; gewöhnlich aber sind wir ganz allein und am Mittag setzt sich höchstens der Wirt an unsern Tisch. Wir stehen in aller Gottesfrühe auf (hier kann man »Gottesfrühe« sagen!), und da kommt vom Wald, der gleich hinter dem Hause anfängt, der ganze herrliche Morgenduft herein. – Den halben oder ganzen Vormittag sind wir dann im Wald oben, liegen zusammen auf einem grauen Plaid, schauen in die Luft und atmen den süßen Frieden ein. Ja, wir haben uns sehr lieb, denn, wie Du zugeben wirst, man muß sich sehr lieb haben, um es in einer solchen Einsamkeit auszuhalten. Aber es ist wirklich schön, und ich kann mich auch über die Verpflegung nicht beklagen. – Am Nachmittag sind wir gewöhnlich lang auf unserm Zimmer, und da schläft sie. So ein Moment ist jetzt zum Beispiel. Und ich hab' mich an's Fensterbrett gesetzt und lasse den Duft vom Wald her auf mich niederwehen, was eigentlich auch die einzige Unterhaltung ist, die man hier haben kann. Aber das Schöne ist, man empfindet gar nicht das Bedürfnis nach was anderem. Wenn sie aufwachen wird, machen wir wieder einen Spaziergang, in den Wald, natürlich, denn es gibt hier keine anderen Spaziergänge. Da führt ein netter schattiger Weg ins nächste Dorf, das recht ärmlich ist, mit lauter halbstockhohen Häuschen – ohne Sommerparteien. Aber das ist ja grad das Schöne. Weit und breit keine Menschenseele, nichts als Bauern, Landleute und so fort. Und wenn wir durch den Wald hingegangen sind, kehren wir abends, wenn's sehr schattig ist, auf der Landstraße in unser Wirtshaus zurück. Auf der Landstraße begegnen wir Postwagen und Leiterwagen und hauptsächlich Müllerburschen. Im Garten nehmen wir dann das Nachtmahl ein. – Nur an Sonntagen sollen sich ab und zu Ausflügler aus Wien her verirren. Da fliehen wir natürlich, denn wir sind nur hergekommen, um vollkommen allein zu sein. Das hat auch wirklich einen wunderbaren Reiz! Besonders am ersten und zweiten Tag hat es einen ganz unbeschreiblichen Reiz ge-

habt. Wenn man sich lieb hat, erträgt man eben alles. Was mich ein bißchen geniert hat, war der Umstand, daß mein Zimmer gemalt und nicht tapeziert ist. Das ist unangenehm, wenn man so mit der Hand über die Mauer fährt. Aber ländlich ist es, und außerdem sind wir ja so wenig im Zimmer – wir haben ja den Wald. Mit einem Wort: Es ist eine sehr glückliche Zeit, die wir hier verleben, und mein süßes Lieb (hier kann man sagen »mein süßes Lieb«) ist zärtlich und schön. Wenn ich sie jetzt so ansehe, wie sie daliegt, lächelnd im Schlummer – es tut wirklich weh, wenn man denkt, daß es da ein Ende, einen Abschied gibt. – Sie bewegt sich; ich muß diesen Brief schließen. In ein paar Minuten wird sie wach sein und mich fragen, was ich heute gedichtet. – Denn während sie schläft, dicht' ich angeblich. Ja, ich habe es am ersten Tag wirklich versucht, um ihr eine Freud' zu machen – aber Du, das ist wirklich schwer. – Und dabei habe ich mir ein ganz populäres Thema gewählt – die Liebe. Aber es geht nicht. Sie ist jetzt schon ganz gekränkt, daß sie einen Dichter zum Geliebten hat, und noch immer –. Sie schlägt die Augen auf. Leb wohl!

                                      Dein
                                      Alfred

JOSEFINE WENINGER AN HELENE BEIER IN PARIS

Meine gute Helene!
Nur in Eile, denn ich bin keine Sekunde allein. Wir sind auf dem Land, ganz verlassen. Wir haben uns noch immer ungeheuer gern, und deshalb sind wir ja aufs Land herausgezogen, wo wir ganz ungestört sind und unserer Liebe leben können. – Land ist zu viel gesagt. Wir wohnen in einem Wirtshaus, tief im Wald, hundert Meilen von allen Menschen. Die Gegend ist prachtvoll. Eine ausgezeichnete Luft, nur etwas drückend; ich schlafe halbe Tage lang. Aber für Leute, die sich lieb haben, wie geschaffen. Ungestört ist man, das ist schon unglaublich. Es ist ein wahres Glück, daß wir uns so lieb haben; sonst müßten wir vor Langeweile rasend werden. Aber er ist ein süßer Kerl, wirklich. Und ich fühle, es tut ihm so gut, nach allen seinen Schicksalen, sich da erholen zu können, in der Waldeinsamkeit. Mir tut er nur leid, daß er so gar kein Geld hat. Denn eigentlich stell' ich mir wunderschön vor, mit ihm zu reisen, das wär' so eine Überraschung,

wenn ich plötzlich mit meinem Dichter bei Euch in Dieppe auftauchen möcht'! Aber es geht halt nicht! – Es ist ein wahres Glück, daß ich ihn so lieb hab', sonst führ' ich vielleicht doch im Sommer nach Dieppe. Nein, es ist sehr gut so. Geliebt werden und lieben, das ist das wahre Glück! – Da gefällt's einem überall. Da hält man's auch in der Wüste aus; davon bin ich fest überzeugt. Nur regnen dürft's nicht, das muß ich schon sagen – denn da muß es hier trostlos sein. Schreib mir nur wieder nach Wien, denn lang bleiben wir ja nicht hier – wir sind so arme Teufel!

Leb wohl, viele Küsse!

Deine

Pepi

ALFRED VON WILMERS AN THEODOR DIELING IN NEAPEL

Mein lieber Theodor!
Wieder in Wien, seit zwei Tagen nämlich. Wir waren eine ganze Woche draußen, und wenn ich jetzt so daran zurückdenke, so muß ich wirklich sagen: es war sehr hübsch. Nur am letzten Tag war es etwas ungemütlich, stell Dir vor – einen Guß von morgens bis abends – daher war es wohl auch der letzte Tag. Oh, – sonst. Aber denk Dir nur, so stundenlang in dem miserablen Zimmer beim Fenster stehen, sich nicht hinausrühren können, weil man in Kot versinkt. – Abscheulich! Da faßten wir den Entschluß, heimzufahren. Ich sag' Dir, wie wir unsere Habseligkeiten einpackten, ach, ich glaube, so lustig waren wir eigentlich die ganzen acht Tage nicht. Es scheint überhaupt, allzugroße Zärtlichkeit schließt die Fidelität aus. – Hat ja entschieden etwas für sich, die Schwermut in der Liebe, und ich hatte ja recht, mich wieder einmal nach diesem Genre zu sehnen. Schwermut, das kann man eigentlich nicht sagen. Na, was hilft die Theorie – es war ja wunderschön, das steht fest. Es war? Hm, nein es ist, und wird sogar hoffentlich noch lange sein, wie Du sofort begreifen wirst. Eines wurde mir nämlich da draußen klar, daß sich die Geschichte mit den liegenden Kragen und dem Omnibus und den Versuchen zu dichten auf die Dauer unmöglich halten würde. – Auch das Drittteklaßfahren ist nicht meine Schwäche. – Also, jetzt hör einmal! Wie wir am Abend nach Wien hineinfahren, riskier' ich's und nehm' Billets erster Klasse. Ja, das Gesicht von

dem Mädel hättest Du sehen sollen. Wie nun der Zug hält und ich sie vorbeiführe – an allen Wagen ruhig zu einem erster Klasse, der natürlich leer war! Ja, was machst denn? ruft sie. Ich ungefähr in dem Ton, als wenn ich ihr ein Fest geben wollte: Komm nur, komm nur. – Und nun sitzen wir mit einem Mal in den behaglichen samtenen Fauteuils mit den weißen Spitzenüberzügen, und sie schaut sich nur so um. – In dem Moment war sie das echte Vorstadtmädel, das in den Salon kommt. Ja, was fällt dir denn ein, ruft sie aus; aber, statt zu schmollen, wie ich's eigentlich für den ersten Moment erwartet, fällt sie mir um den Hals, küßt mich ab und springt wie ein kleines Kind in dem Kupee hin und her, so daß sie schließlich, wie sich der Zug stark bewegt, in meine Arme sinkt. Es war eine der schönsten Stunden, die wir je miteinander verbracht hatten. Jetzt konnt' ich schon mutiger sein, in Wien am Bahnhof – ich riskier's und nehm' einen Fiaker. Sie sah mich an und sagte mir: Ja, bist du verrückt? – Ich glaubte, eine Erklärung versuchen zu müssen: Wir hatten ja durch unsere frühere Abreise ein paar Tage auf dem Lande erspart. – An der Ecke ihrer Straße nahm sie zärtlich Abschied; natürlich durfte der Fiaker nicht bis vor ihr Haus fahren. – Das war gestern. Und heute soll folgendes geschehen: In einer Stunde trete ich vor sie hin – und zwar diesmal in meiner wahren Gestalt. Ich riskier's – denn sie liebt mich. Wir haben unser Rendezvous wie gewöhnlich draußen – nahe der Linie. Heute aber komme ich nicht mit fliegender Krawatte, zu Fuß und mit einem schwärmerischen Blick; nein, mit dem Fiaker komm' ich angefahren und einem namenlos eleganten Sommeranzug, einer Echarpe um acht Gulden, einem englischen Strohhut und werde Fräulein Pepi mit einem freundlichen Neigen des Kopfes einladen, an meiner Seite Platz zu nehmen, und ihr gesteh'n, daß ich ein schändliches Spiel mit ihr gespielt und daß ich ein wohlhabender Mann bin, der leider gar nicht dichten kann. – Es wird ein harter Schlag für sie sein; aber ihr Benehmen im Kupee erster Klasse läßt mich hoffen, daß es mir gelingen wird, sie zu trösten. Alles liegt bereit – ah, ich bin eigentlich glücklich, daß ich heute abend wieder wie ein vernünftiger Mensch auf die Straße gehen kann.

Jetzt aber legt sie die Arbeit weg und macht sich zum Spaziergang bereit. Armes Kind! Mir tut es eigentlich wohl, daß ich nun hoffentlich in die Möglichkeit versetzt sein werde, ihre Lage ein wenig zu verbessern. Und ich bin eine ganze Zeit, nämlich vierzehn Tage lang, um meiner selbst willen geliebt worden; was

kann mir jetzt noch Schlimmes geschehen? Es wird spät, lieber
Theodor, morgen schreib' ich Dir wieder!
>
> Dein
> Alfred

JOSEFINE WENINGER AN HELENE BEIER IN PARIS

Meine gute Helene!
Vor allem bitte ich Dich recht schön um eines: schau Dir nicht
die letzte Seite von diesem Brief an, bevor Du die erste gelesen
hast; sonst ist der ganze Spaß verdorben. Aber wart, ich muß
mir überlegen, was ich Dir zuletzt geschrieben. Ja, vom Land.
Also denk Dir, wie wir eine Woche draußen sind auf dem Land,
fangt's richtig zum regnen an. Jetzt stell Dir unsere Verzweiflung
vor. Aber gottlob – es gibt ja Wagen und Eisenbahnen, und am
selben Abend noch beschließen wir nach Wien hineinzufahren.
Jetzt, stell Dir aber vor – nimmt mein armer Dichter, wie wir zur
Bahn kommen, Billetts erster Klass'. Ich denk' mir natürlich, er
spendiert das, damit wir sicher allein sind, und hab' mich auch
im Kupee darnach benommen. Wie wir aussteigen, winkt er
einem Fiaker. Ja, ich war paff. Aber ich muß sagen, es war auf-
fallend, wie wohl mir wieder unter diesen besseren Verhältnissen
war. – Also wie ich aussteige in der Näh' der Linie und mir wie
gewöhnlich einen andern Wagen nehmen muß, um zu mir zu fahren, und wie ich endlich wieder zu Haus bin in meinem lieben,
schönen, tapezierten, gemütlichen Zimmer mit dem Himmel-
bett, da kommt mir eine Idee. So geht das nicht weiter, hab' ich
mir gedacht. Die Komödie muß aus werden, ja – aber warum
denn auch das Wahre von der Komödie? Und das Wahre, das war
halt, daß ich in meinen Dichter eigentlich noch immer sehr verliebt war, was ich besonders bemerkt hab', wie ich plötzlich nach
acht Tagen so mutterseelenallein in meinem Zimmer gewesen
bin. – Also, da hab' ich mir gedacht, demaskieren muß ich mich
ja doch einmal, also lieber früher als später. Und besonders hat
mich eine Idee immerfort geplagt, daß ich ihn nämlich einmal da,
bei mir, gerad in meinem gemütlichen Zimmer haben müßte, um
ihm so recht zu zeigen, wie gern ich ihn habe. Na, zum Schluß,
noch vor dem Einschlafen, bin ich fest entschlossen gewesen,
ihm am nächsten Tag alles aufzuklären. Also was tut Deine Pepi
am nächsten Tag, vielmehr abends? Sie zieht sich nicht mehr das

Stubenmädelkleid an, sondern eine elegante Straßentoilette (die dunkelgrüne, die Du kennst), setzt sich einen chicen Hut auf (einen, den Du nicht kennst, ich hab' ihn mir im Juni gekauft), nimmt den Schirm mit Schildkrotgriff vom Baron Lenghausen, setzt sich in einen Fiaker und fährt zur Linie – dorthin, wo ich eben mit ihm das Rendezvous gehabt hab'. – Es war halb acht, schon fast dunkel, und ich laß den Wagen halten; bleib' aber drin sitzen. Weißt Du, das Herz hat mir geklopft, das muß ich sagen, denn es hätte ja auch schief gehen können. Ich habe mir vorgestellt, er kommt mit der Samtblusen dort um die Ecke, und wie er mich erkennt, zieht er ein finsteres Gesicht und verachtet mich – oder er macht mir wenigstens einen Skandal ... Also ich sitz' da und warte. Er kommt nicht. Es ist schon fast ganz dunkel. Ich versteh' das nicht, ich denk' mir, er hat mich vielleicht schon gesehen und ist gleich auf und davon. – Denn daß er mich warten läßt, ist nie vorgekommen. Da merk' ich, daß so vielleicht zwanzig Schritt weit von mir auch ein Wagen hält – er muß schon einige Zeit da stehn, denn ich hab' in den letzten Minuten nicht gemerkt, daß einer gekommen wäre. Und aus dem Wagen steigt einer aus. Ein eleganter Herr; ein sehr eleganter Herr. Er geht auf dem Trottoir auf und ab, anfangs kann ich sein Gesicht nicht recht ausnehmen; wie er aber knapp an meinem Wagen vorbeikommt – ja, ich trau' meinen Augen nicht, ist er's! – Er, mein Dichter, der elegante Herr! Und aus dem Fiaker dort ist er ausgestiegen. Ja, zuerst verschlagt es mir die Red', und ich laß ihn vorbeigehn. Aber er dreht sich gleich um, als hätte er nur vergessen, in den Wagen hineinzuschauen, in dem ich sitz', und macht große Augen – und sagt nur – Ja, Pepi!!! – Und ich: Alfred! Alfred! Und dann fangen wir laut zum lachen an, aber so zum lachen, daß die Leut' stehengeblieben sind. – Und dann er: Ja, ist's denn möglich! Pepi! Pepi! – Weißt Du, Helene, froh waren wir zwei – das kann ich Dir gar nicht beschreiben! Dann läßt er mich aussteigen, schickt meinen Wagen fort, und wir steigen in den seinen ein, ohne eigentlich noch ein vernünftiges Wort gesprochen zu haben. Wie wir im Fiaker sitzen – indessen ist's fast ganz dunkel geworden –, sagte er: Ah, das ist aber die reine Operett'! Ah, das ist die reine Operett'! Und wiederholt das zehnmal. Der Kutscher schaut herein zu uns mit einem fragenden Gesicht – Ja richtig! ruft mein falscher Dichter, wohin fahr'n wir denn? Und ohne zu warten, was ich sag': In den Prater! – Und jetzt, im Fahren, ist das Erzählen angegangen. Also denk Dir, dieselbe Komödie, wie ich ihm, hat er mir vorgespielt. Wir haben uns gegenseitig die schönsten Komplimente gemacht. Einen leisen Verdacht hab' ich zwar immer gegen ihn gehabt. Im Prater war's wunderschön. Bis zum Lusthaus sind wir gefahren. Da sind wir die ganze Geschicht' von dem Sonntag an, wo wir uns das erstemal getroffen haben, so zum Spaß wieder durchgegangen. Und dann, um neun, sind wir auf den Konstantinhügel hinauf.

Es sind jetzt wenig Leute mehr in Wien, die meisten, die oben gesessen sind, waren Fremde. Wir haben uns in einem Zelt ein nobles Souper auftragen lassen wie schon lange nicht. Und riesig lustig sind wir geworden. Beim Champagner hat er mir versprochen, daß wir zusammen nach Dieppe fahren. – Das ist für Dich eigentlich das Wichtigste – denn ich hoffe bestimmt, daß Du auch mit dem Deinigen hingehst. Dann werden wir wohl auch nach Paris kommen. – Überhaupt glaub' ich – der ist eine gute Akquisition, und wenn Du jetzt noch bedenkst, daß ich ihn wirklich gern hab', so bin ich bei meiner kleinen Komödie wirklich auf die Kosten gekommen. Ach, wenn ich mich erinnere, daß ich ihn noch vorgestern für einen Dichter gehalten habe!!

Mit dem Souper auf dem Konstantinhügel will ich meinen Brief an Dich beschließen; denn wie wir nach Haus gefahren sind, bin ich von dem vielen Champagner an seiner Brust beinah eingeschlafen.

Also leb wohl, meine gute Helene, erwarte keinen Brief von mir, ich werde Dich telegraphisch avisieren, wann ich abreise.

Es küßt Dich

Deine

Josefine

ALFRED VON WILMERS AN THEODOR DIELING IN NEAPEL

Mein lieber Freund!
Die Koffer sind gepackt – ich reise ab. Nicht allein. Sende Deine Briefe nach Dieppe, ich will Dir nur das in Kürze melden; von dort erfährst Du, was mit mir geschehen ist seit fünf Tagen. Heut hab' ich keine Zeit dazu. Das Abenteuer mit der kleinen Stickerin ist aus. An jenem Abend, wo ich meine Maske abwarf, ging es zu Ende. Wir haben damals viel gelacht, denn sie hat mir eine ähnliche Komödie vorgespielt wie ich ihr. Oh, Theodor, sie hat ebensowenig je gestickt, als ich je gedichtet habe. Sie ist Toilet-

ten von fünfhundert bis tausend Gulden und Hüte um achtzig gewohnt. Sie hat Brillanten und Perlen. Sie hat eine sehr bewegte Vergangenheit hinter sich. Ich fahre mit ihr nach Dieppe und zahle ihre Rechnungen. Ich halte sie aus, und übermorgen wird sie mich betrügen. Halte mich für keinen Optimisten, weil ich *über*morgen sage; auf der Eisenbahn ist ja wirklich keine Gelegenheit. – Die kleine Komödie ist aus, wie Du siehst, aber aus dem Trauerspiel, das sich entwickeln könnte, werde ich mich rechtzeitig zu flüchten wissen. Nach Schluß des ersten Aktes (Szene: Dieppe) werde ich lächelnd hinter den Kulissen verschwinden.

Dein
Alfred

KOMÖDIANTINNEN

HELENE

Er ging in seinem Zimmer auf und ab ... in dem kleinen Zimmer mit einem Fenster, durch das nicht viel Licht hereinkonnte, weil die dunkelgrünen Vorhänge zu beiden Seiten herunterwallten. Und nun war die Dämmerung da; das Zimmer lag fast im Dunkel, nur der gelbliche Plato-Kopf auf dem Ofen glänzte ein wenig und die weißen Wachskerzen, die auf dem Klavier standen. Er dachte darüber nach, ob er alle die Empfindungen, die jetzt in ihm waren, einfach Glück nennen durfte. Nein, Glück nicht. Es war zu viel Sehnsucht in ihnen und zu viel Ungewißheit. Aber jene Stunde gestern, das war doch wohl Glück gewesen. Wenn er diesen einzigen langen Kuß, auf den dann kein Wort mehr gefolgt war, mit dem sie ihn allein zurückgelassen hatte, als wäre jeder Laut Entweihung, wenn er den mit irgend was vergleichen wollte, so mußte er an eine Zeit zurückdenken, wo er fast noch ein Knabe war; an stille Spaziergänge mit einem blonden Mädel auf einsamem Waldweg und an das Ausruhen auf den Bänken, wo er ihr dann die Wangen und die Haare streichelte ... Ja, etwas Keusches und Süßes war das gewesen, und alle Glut, die in ihrem Geständnis lag, und alle Leidenschaft, mit der sie ihn zum Abschied an sich gedrückt, und selbst der dumpfe Rausch, in dem sie ihn zurückgelassen – in alledem war etwas, was ihn an jene Stimmung der ersten Liebe erinnerte mit ihren zitternden Wünschen, die keine Erfüllung kennen.

Und dabei in dem letzten »morgen«, das von ihren Lippen gehaucht kam, wie sie schon in der Tür stand, war doch so viel ängstliche Abwehr gewesen und ein so willenloses Versprechen. Daß sie heute kommen würde, wußte er. Es lag keine lange Zeit vor ihnen, in wenigen Tagen mußte sie ja weg, nach Deutschland, an ein kleines Hoftheater, wo sie ihre künstlerische Laufbahn beginnen sollte. Und er suchte in seinem Innern nach dem tiefen Schmerz, den das eigentlich in ihm hätte erregen müssen, aber er fand keinen. Vielleicht war das eben das Schöne, daß die ganze Geschichte sich nicht so ins Ferne und Angstvolle verlor, sondern daß das Ende klar und bestimmt vor ihm lag. Daß sie ihn so lange warten ließ, war ihm fast angenehm, sie mußte kommen, wenn es ganz dunkel geworden war und die Kerzen dort am Klavier brannten. Er zündete sie an, er ließ die Rouleaux herunter und entfernte auch die stählerne Kette, durch welche die grünen Vorhänge zusammengehalten waren. Nun rauschten sie in schweren Falten auseinander. Da öffnete sich die Tür. In einem glatten, dunklen Kleid stand sie da und sagte mit ihrer ruhigen Stimme: »Guten Abend.«

Er trat ihr entgegen, lächelnd, ohne die Erregung zu verspüren, die er selbst erwartet hatte. Er war nur sehr zufrieden. Sie reichte ihm die Hand und trat ein, dann strich sie den blaßroten Schleier zurück und nahm aus dem hellen, flachen Strohhut die lange Nadel, die mitten durch ihre hohe Frisur gesteckt war. Schleier, Hut und Nadel legte sie aufs Klavier. Es kam nur ein mattes Licht von den Kerzen, das aber doch in allen Ecken schimmerte. Sie setzte sich auf den runden Sessel vor dem Klavier und stützte den einen Arm auf den Deckel, während sie die andere Hand über die Augen legte.

Er stand vor ihr. Es war unmöglich, jetzt etwas zu sagen. Sie nahm plötzlich die Hand von den Augen und wandte den Kopf nach aufwärts, so daß sie einander voll ansahen. Sie lächelten beide. Er beugte sich ein wenig zu ihr nieder. Wie er aber die Lippen ihren Augen näherte, wehrte sie ab und sagte: »Nein.« Da sank er vor ihr nieder, nahm ihre Hände und küßte sie ... Mit einem Male stand sie auf, so rasch, daß er ihr kaum folgen konnte. Sie trat zum Fenster hin, zwischen die Vorhänge und ließ ihre Finger mit den Falten spielen. »Nun möchte ich doch wieder Ihre Stimme hören«, sagte sie.

»Was soll ich Ihnen jetzt sagen?« erwiderte er.

»Es ist nicht gut, Richard, wenn Sie nicht reden ... Ich bitte Sie, erzählen Sie mir doch ... Was haben Sie heute den ganzen Tag gemacht? Wo sind Sie gestern abend noch gewesen? Haben Sie an mich gedacht?«

»Ob ich an Sie gedacht habe?« rief er aus. »Hätt' ich was anderes ...«, und er hielt inne. Er hatte eine Scheu vor den Worten, die alle sagen und die man allen sagt. Es war ganz gut, daß sie ihn nach dem gestrigen Abend und nach dem Tag gefragt. Er fing an ihr zu erzählen, wie er gestern noch allein da in dem Fauteuil vor dem Schreibtisch gesessen, und wie er endlich, spät, seine Wohnung verlassen und durch die Straßen spaziert sei, in denen der Dunst des schwülen Augustabends lag.

»Ich bin auch in die Gasse gekommen, in der Sie wohnen, aber die Fenster waren dunkel. Es war freilich schon spät, elf oder zwölf. Ich mußte dorthin. Ja, nach der Luft, in der Sie atmen, Helene, habe ich mich gesehnt, und denken Sie, sogar die unheimlich heimliche Idee hat nicht gefehlt, daß Sie fühlen müssen, wenn ich in Ihrer Nähe bin, und daß es Sie glücklich macht.«

»Daß es mich glücklich macht«, wiederholte sie halblaut und kühl.

Er war näher zu ihr getreten.

»Warum sollte es mich glücklich machen, ich liebe Sie nicht, Richard«, sagte sie plötzlich ganz schroff.

Er hielt betroffen ein.

Sie schüttelte einige Male ganz ruhig den Kopf. »Ich liebe Sie nicht, durchaus nicht.«

Er schaute ihr ins Gesicht. »Und gestern abend?«

»Ich habe Sie auch gestern nicht geliebt. Ich habe einfach ein wenig Komödie gespielt.«

Richard lachte.

»Ich muß Sie vielleicht um Verzeihung bitten, lieber Freund, aber gerade Sie sind der Mann, der mich begreifen wird.«

Richard trat zuerst einen Schritt auf sie zu, dann entfernte er sich und ging hin und her. Dann setzte er sich vor den Schreibtisch hin und stützte die Hand darauf.

»Wollen Sie nicht lieber, daß ich jetzt gehe?« fragte Helene.

»Ich möchte doch Ihre Aufklärung hören«, erwiderte Richard, ohne sie anzusehen. »Warum diese Komödie, nur aus Liebe zum Komödienspielen?«

»Gewissermaßen«, entgegnete Helene ruhig.

»So?«

»Nicht wahr, Sie verstehen mich. Ich wollte wissen, ob es mir gelingen kann, etwas glaubwürdig darzustellen, wovon ich gar nichts empfinde. Ich wollte . . .«

Richard unterbrach sie. »Das ist schon manchen Frauen gelungen, ohne daß sie große Künstlerinnen gewesen wären.«

»Das glaube ich nicht! Eine Ahnung von dem, was sie sagen, empfinden sie doch. Und wenn sie nicht gerade denjenigen lieben, dem sie es versichern, so haben sie doch irgendeine Erinnerung oder eine Hoffnung in der Seele, welche sie begeistert. Oder es ist wenigstens Liebessehnsucht in ihnen. Mir fehlt das alles.«

»Sie wissen das ganz bestimmt?«

»Ja, ich bin über zwanzig Jahre alt. Man hat mir schon oft von

Liebe gesprochen und mich darum angefleht, Sie können sich das denken, aber bis heute begreife ich nicht, was das heißt, in Versuchung kommen ...«

»Und das soll ich alles glauben?«

»Das steht bei Ihnen. Aber bedenken Sie, daß ich keinen Grund habe, Ihnen die Unwahrheit zu sagen.«

»Vielleicht beliebt es Ihnen, wieder Komödie zu spielen.«

»Daraus würde folgen, daß ich gestern die Wahrheit sprach – daß ich Sie also liebe?«

»Nicht gerade das. Sie haben sich gestern hinreißen lassen, und Sie sind darauf gekommen, daß Sie sich selbst getäuscht haben.«

»Ah! Und nun schäme ich mich wohl, das einzugestehen.«

»Das wäre wohl möglich! Denn ich begreife nicht ganz, was Sie veranlaßt hätte, gerade mich, als ... Opfer Ihres Talentes auszuerwählen?«

»Gerade Sie mußten es sein, ja, gerade Sie! Es gibt keinen, der mißtrauischer ist als Sie.«

»Daß man geliebt wird, glaubt man doch immer wieder!«

»Wenn das so ist, dann bin ich freilich mit Unrecht auf meine Kunst stolz gewesen. Aber ich erinnere mich an alles, was Sie mir aus Ihrem Leben erzählt haben. Ich wußte, daß Sie sich abgewöhnt hätten, uns Frauen zu glauben. Einmal haben Sie mir sogar gesagt, daß Sie in jedem Worte, das eine Frau zu Ihnen spricht, die Lüge herausspüren.«

»Das habe ich mir eben eingebildet.«

»Aber ich versichere Ihnen, wenn Ihnen eine andere von Liebe sprach, so war es noch immer tausendfach wahrer, als wenn ich es tat. Wenn Sie schon bei den anderen die Lüge gemerkt haben, so hätten Sie bei mir, nach dem ersten Worte, zusammenschauern oder lachen müssen.«

Richard stand auf. »Und haben Sie keinen Augenblick überlegt, daß Sie mich ... daß dieses Spiel ... haben Sie nicht überlegt, daß Sie ...«

Er konnte nicht weitersprechen.

»Daß ich Ihnen vielleicht wehtun könnte? meinen Sie? – Nun, das konnte ich nicht vermeiden. Und wenn ich aufrichtig sein soll, ich habe kaum daran gedacht. Wie mich einmal der Gedanke erfaßt hatte, meine Rolle zu spielen, konnten solche Regungen doch keinen Einfluß mehr haben.«

Sie stand unbeweglich da, während sie sprach, und spielte noch immer mit den Falten des Vorhangs, den sie zwischen den

Händen hin und her gleiten ließ. Zuweilen schaute sie ihn mit einem klaren Blicke an, der nur langsam von ihm weg in die Ecke des Zimmers ging.

»Sie haben also nicht daran gedacht, daß eine solche neue Erfahrung . . .«

»Nein, man hat Sie ja so oft getäuscht.«

»Aber so völlig, ohne jede Regung . . .«

»Ja«, rief sie beinahe freudig aus, »ohne jede Regung. Und Sie meinten, mein ganzes Wesen sei voll von dieser Liebe zu Ihnen.«

»Warum kamen Sie heute?« fiel er heftig ein.

»Das mußte ich doch. Wie hätte ich denn erfahren sollen, ob ich gut gespielt habe?«

»Nun, haben Sie nicht gestern bemerkt, daß ich Ihnen glaubte?«

»Ich war der Meinung, allerdings. Aber ich war nicht sicher genug. Daß Sie heute nacht vor meinen Fenstern auf und ab gegangen sind, hab' ich nicht gewußt. Ich hätte auch denken können, daß Ihre Zweifel schon begannen, nachdem ich Sie verlassen. Das quälte mich sehr. Vielleicht hätten Sie mich mit mißtrauischen Fragen, verzagt, mit Zweifeln an meiner Liebe empfangen.«

»Und was wäre in diesem Falle gewesen? Sie hätten versucht, mich zu beruhigen, Ihre Rolle womöglich weitergespielt.«

»Ach nein, ich hätte mich eben mit einem Achtungserfolg begnügen müssen. Und dann, es wäre keine Zeit mehr dazu gewesen, denn ich reise schon morgen ab.«

»Ah?«

»Ja, ein Telegramm des Direktors beruft mich früher hin, als ich erwartete.«

»Also morgen . . . es ist eigentlich erfreulich für mich, daß Ihnen die Möglichkeit genommen wurde, weiterzuspielen.«

»Ich hätte es keineswegs getan.«

»Wer weiß. Das eine darf ich Sie wohl fragen: Wann kam Ihnen eigentlich die Idee zu Ihrer Komödie? War das schon, bevor Sie das erste Mal ihren Fuß über meine Schwelle setzten?«

»Nein.«

»Und warum kamen Sie überhaupt? Warum kamen Sie zu mir?«

»Sie wissen es ja. Sie haben mir Schumann und Chopin vorgespielt, Sie haben sehr gescheite Dinge mit mir geredet.«

»Man kommt doch nicht zu einem jungen Mann, um sich Schumann und Chopin vorspielen zu lassen.«

»Warum denn nicht? Was hat es denn für eine Gefahr, da Sie mir stets vollkommen gleichgültig gewesen sind?«

»Aber die Idee muß Ihnen früher gekommen sein. Ihr Liebesgeständnis hat mich durchaus nicht überrascht. Seit Tagen schon drängte alles dazu, es kam ja nicht plötzlich.«

»Das scheint Ihnen heute so. Gestern hätte es Sie durchaus nicht befremdet, wenn ich Ihnen einfach beim Kommen gesagt hätte: Lieber Freund, ich will Ihnen nur adieu sagen, ich reise ab, bleiben Sie mir gewogen. Ist es nicht so? Warum ich mir eine solche Mühe geben muß, Ihnen das auseinanderzusetzen?! Sie können es heute gar nicht fassen, daß ich Sie nicht liebe, nachdem Sie vor einigen Tagen noch nicht an Liebe geglaubt haben.«

»Nun also, Sie haben großartig gespielt! Sind Sie nun zufrieden?«

»Noch nicht ganz, ich muß noch eines von Ihnen hören, daß Sie sich nicht verletzt fühlen.«

»Sie verlangen nicht wenig.«

»Sie müssen mich verstehen, wenn Sie ein Künstler sind. Ich bin nun einmal nicht wie andere. Sie ahnen nicht, wie es mich manchmal selbst schaudert, so einsam durch eine ganz fremde Welt zu gehen. Was hab' ich schon alles gesehen, was hat man mir schon erzählt! Daß alle diese Freuden und Schmerzen existieren, welche das Wesen der Liebe ausmachen, muß ich wohl glauben. – Ich sehe es rings um mich, und es scheint auch, daß alle die Komödien, in welchen ich auftreten werde, nicht viel anderes enthalten. Mir ist das alles, alles fremd. Alle Fähigkeit des Empfindens ist in der Leidenschaft für meine Kunst abgeschlossen. Ich muß spielen, Komödie spielen, immer, überall. Ich habe stets dieses Bedürfnis, besonders dort, wo andere ein großes Glück oder ein tiefes Weh empfänden. Ich suche überall Gelegenheit zu einer Rolle.«

»Und Sie haben schon oft eine ähnliche gespielt wie gestern abend bei mir?«

»Unbewußt, früher einmal. Ich war kokett, aber meine Koketterie ging eben nicht wie bei anderen jungen Mädchen aus einem unklaren Verlangen nach Liebe hervor, sondern eben wieder nur aus dem Vergnügen, eine Rolle zu spielen. Die anderen übertreiben doch eigentlich nur ein Gefühl, das sich in ihnen zu regen beginnt. Ich aber mußte in solchen Fällen stets aus dem Nichts schaffen.«

»Aber so vollendet wie gestern haben Sie noch nie gespielt? Und so weit sind Sie noch nie in der Ausgestaltung Ihrer Rolle gekommen? Ich frage nur: warum?«

»Ich sagte es Ihnen ja schon. Gerade einen Menschen wie Sie brauchte ich dazu, einen, der nur sehr schwer zu überzeugen ist und den ich dann auch wirklich in Ruhe fragen durfte, wie er mit meiner Leistung zufrieden war.«

»Vielleicht irren Sie sich. Vielleicht haben Sie nur deshalb besser gespielt und weiter gespielt als sonst, weil sich zu dem, was Sie erfanden, etwas Echtes beigesellte, ohne daß Sie es ahnten.«

»Nichts!... Nichts... Nichts!... Seien Sie doch nicht so eitel.«

»Nun, dann, meine Liebe, bedaure ich nur, daß Sie nicht den Mut hatten – ganz bis zu Ende zu spielen.«

Helene zuckte unmerklich zusammen. Dann aber lächelte sie und reichte ihm die Hand. »Ich bin mit meinem kleinen Triumphe ganz zufrieden, und nun lassen Sie mich gehen. Auf Wiedersehen will ich Ihnen nicht sagen, denn Ihre Sympathie für mich ist nun wohl vorbei. Leben Sie wohl.« Sie nahm Hut und Schleier vom Klavier.

»Und nun bedenken Sie nur«, setzte sie fort, während sie die Nadel durch den Hut steckte, »wenn Sie mich nun liebten! Wenn wir von einander Abschied nehmen müßten auf immer vielleicht, wenn Sie ein angebetetes Wesen in die Fremde ziehen ließen, für das Sie zittern müßten! So scheiden wir lächelnd, und das ist doch eigentlich viel schöner.«

»Wenn Sie es wünschen, Helene, so will ich lächeln.«

Sie reichte ihm nochmals die Hand. »Wenn Sie es jetzt nicht tun, so wird es in ein paar Stunden oder morgen geschehen. Daß Sie mich verstehen werden, sobald Ihr erster Zorn dahin ist, daran kann ich nicht zweifeln. Die Liebe soll sehr eigensinnig sein und rücksichtslos. Warum sollte Sie's wundernehmen, daß auch die Kunst in dieser närrischen Weise geliebt werden kann, von einer, die andere Liebe nicht kennt. Nicht wahr? Und nun... leben Sie wohl.«

Er antwortete nicht, nickte mit dem Kopfe und blieb mitten im Zimmer stehen. Sie war an der Tür. Da wandte sie sich noch einmal um, als hätte sie noch etwas zu sagen. Sie ging aber wortlos, und er war allein.

Sie eilte rasch die Treppe hinunter und war gleich auf der Straße, ging rasch bis zur Ecke, wo sie in die Nebengasse einbog, so daß sie von seinem Fenster aus nicht mehr gesehen werden konnte. Hier blieb sie eine Weile stehen und atmete tief auf. Dann aber eilte sie weiter, mit schnellen Schritten und mit immer schnelleren, als ob sie fliehen wollte.

FRITZI

Im Ballanzug sitze ich vor meinem Schreibtisch. Ich muß doch noch in den alten Blättern herumstöbern, bevor ich zu Weißenbergs gehe, wo ich sie wiedersehen soll. Wie viele Blätter liegen nun schon da, und die ersten fangen an gelb zu werden, vergilbt, würde ich sagen, wenn ich ein Romantiker wäre. Wie wenig man doch die Bedeutung der einzelnen Dinge abschätzen kann zur Zeit, da man sie erlebt und aufnotiert. Da finde ich Abenteuer in breiten Sätzen und großen Worten verzeichnet, an welche ich mich kaum mehr erinnern kann. Als wären es Geschichten von fremden Menschen. Und dann wieder Andeutungen, kurze Bemerkungen, die niemand anderer verstehen könnte als ich, der sie selbst niedergeschrieben – und aus einer kleinen Bemerkung blüht mir wieder die ganze Zeit mit ihrem Duft entgegen, und alle Einzelheiten werden jung und lebendig. Ich habe um acht Jahre zurückgeblättert, denn gerade auf jene Winterabende kam es mir an. Nur ein paar Mal steht der Name Fritzi in den alten Blättern. Einmal ganz einfach »Fritzi«. Und ein zweites Mal »Fritzi reizendes Grisettenköpferl, klagende und lachende Augen«. Und selbst jener Dezemberabend, an welchem ich sie zum letzten Mal sah, weil ich tags darauf die Stadt verlassen mußte, ist mit zwei Zeilen abgetan: »Fritzi ... Abschied ... der rote Schein am Himmel ... jagende Leute ... wie sie davonflog ...« Und wie ist das alles in mir wach und klar, obwohl ich doch eigentlich alle die Jahre über recht wenig an sie gedacht habe. Es mag ja auch sein, daß ich damals vor acht Jahren die Verpflichtung gefühlt hätte, mehr über sie in diese Blätter einzuschreiben, wenn mir nur eine Ahnung gekommen wäre, daß in dieser kleinen Konservatoristin eine große Künstlerin steckt, die heute dem ganzen Wiener Publikum den Kopf verdreht. Wie solche Geschichten manchmal zu Ende gehen oder eigentlich abreißen! Und wo man nur diese Erinnerungen bewahrt, um die man sich jahrelang nicht kümmert und die man dann nach geraumer Zeit so blank, so licht, so unverändert wiederfindet, als hätte sie der Hauch täglichen Gedenkens frisch erhalten. Nun träum' ich das ganze Erlebnis von der Sekunde seines Beginnens wieder vor mich hin, bis zu jenem letzten Abend, der so merkwürdig endete. Es ist mir, als sähe ich auch die ganze glutrote Beleuchtung wieder, unter der die Stadt stand. Es muß wohl elf Uhr gewesen sein, als wir aus dem Haustor traten. Die Nacht war kalt. Fritzi schmiegte sich an mich, frierend und zärtlich. Kaum waren wir aus der engen Gasse, in der ich wohnte, in die Währingerstraße gekommen, so merkten wir, daß etwas Ungewöhnliches vorgehen müsse. Es waren mehr Menschen auf der Straße als gewöhnlich, die rasch immer in einer Richtung gegen den Ring sich bewegten. Und nun sahen wir den glutroten Schein am Himmel. Die Leute riefen: Es brennt, es brennt! »Komm schnell«, sagte Fritzi. Und wieder rannten Leute an uns vorbei, und sie schrien: Das Ringtheater brennt. »Wie?« fragte Fritzi. Und wieder andere rannten an uns vorbei und sagten: Das Ringtheater brennt! Plötzlich schrie Fritzi auf wie eine Wahnsinnige. Sie ließ meinen Arm los und blieb einen Moment stehen, dann schaute sie zum Himmel auf, der immer dunkelroter wurde. Sie fuhr zusammen, als würde ihr etwas Entsetzliches klar, und dann stürzte sie fort, ohne sich nur nach mir umzuwenden. Ich versuchte sie einzuholen, aber ich hatte sie sofort in der Menschenmenge, die immer beträchtlicher anwuchs, verloren. Ich muß gestehen, daß mich das im ganzen und großen wenig aufregte, ich weiß sogar noch, daß ich, nachdem ich ein paar Mal »Fritzi, Fritzi« gerufen, ganz ruhig vor mich hin sagte: hysterische Person. Dann kam mir auch der tröstliche Gedanke, daß durch dieses plötzliche Davonstürmen etwas sehr Peinliches und Rührendes vermieden worden war, nämlich der Abschied in der Nähe ihrer Wohnung, der vielleicht einer auf ewig sein sollte. Ich ging damals noch die halbe Nacht spazieren; eine Weile stand ich auch vor dem brennenden Theater. Am Morgen darauf reiste ich ab. An Fritzi habe ich ein paar Zeilen von München aus gesandt, ich erhielt aber keine Antwort. Und das sind nun acht Jahre. Unterdessen ist die kleine Fritzi eine große Sängerin geworden, und in einer halben Stunde werd' ich sie wiedersehen. – – –

Später: Ja, ich habe Fritzi wieder gesehen und wieder gehört und wieder gesprochen. Sie stand im Gespräch mit zwei Herren vor dem großen Wandspiegel des Salons, als ich eintrat. Sie erkannte mich gleich, als ich sie begrüßte, und streckte mir freundlich und harmlos die Hand entgegen. Nur in ihrem Lächeln lag es wie eine Erinnerung. »Wir haben uns lange nicht gesehen«, meinte sie. Ich hatte das Gefühl meiner Wichtigkeit sofort verloren, aber ich fühlte mich ganz wohl dabei. Ich forderte Fritzi auf, beim Souper meine Nachbarin zu sein. »Schade, daß Sie nicht früher gekommen sind«, erwiderte sie, »man hat sich so um mich gerissen, daß ich Ihnen höchstens schief vis-à-vis sitzen kann. Meine rechte Seite, meine linke Seite und sogar mein gerades vis-à-vis habe ich schon vergeben.«

So kam es also, daß ich ihr schief vis-à-vis saß. Um zu ihr hinüberzuschauen, mußten sich meine Augen um einen großen Aufsatz mit Trauben, Nüssen und Pfirsichen sozusagen herumschlängeln. Ich hatte übrigens eine sehr gescheite Nachbarin, mit der ich bald in ein vergnügtes Plaudern kam. Es war die Flegendorfer. Und so geschah es, daß mir bereits beim Braten die unsägliche Lächerlichkeit sämtlicher Anwesenden außer mir und Frau Flegendorfer über jeden Zweifel klar war. Es war sehr amüsant. Das Stimmengewirr um den reichbesetzten Tisch mit seinen trefflichen Weinen wurde immer lauter und lebhafter, und bald war die Crème- und Champagnerstimmung da. Da ereignete sich etwas Sonderbares. Aus all den Leuten heraus, als begänne sie jetzt erst zu sprechen, hörte ich plötzlich die Stimme Fritzis, und zwei Worte klangen an mein Ohr: »die Flammen . . .«

Offenbar hatte sie diese Worte auch lauter gesprochen als die andern, denn die nächsten verklangen wieder im Lärm. Aber schon nach ein paar Sekunden konnte ich ihre Stimme wieder so deutlich vernehmen, daß ich Silbe für Silbe verstand. Und nun merkte ich auch, daß es Fritzi war, welche das Gespräch beherrschte. Sie hatte die allgemeine Aufmerksamkeit erzwungen, alle hörten ihr zu. Und zu ihr wandten sich alle Blicke. Ich kam allerdings erst im Laufe einiger Sekunden zu dieser Betrachtung, denn im Anfang war ich in einer Weise frappiert . . .

»Die Flammen schlugen in den Zuschauerraum«, sagte sie. »Ich hatte eigentlich im ersten Augenblicke durchaus nicht die Empfindung einer fürchterlichen Gefahr, sondern, daran erinnere ich mich noch ganz genau, ich sagte zu mir selbst: Wie groß, wie herrlich schön.«

»Wovon erzählt sie denn da?« fragte ich leise die Flegendorfer.

»Nun«, erwiderte diese, »es ist ihre bekannte Geschichte, auf die sie reist. Sie kann in keine Gesellschaft gehen, wo sie sie nicht zum besten gibt. Sie macht es übrigens famos, hören Sie nur.«

Ich hörte, es war wirklich erschütternd:

»Mir war es«, sagte sie, »als wären diese Flammen nichts

Feindseliges, nichts was mich bedrohte. Ich starrte hinein mit Interesse, vielleicht mit Begeisterung, gewiß nicht mit Furcht. Da plötzlich fühlte ich mich gestoßen, nein, nicht gestoßen, gehoben, und um mich herum war ein schauerlicher, ungeheurer Lärm, als stürzte alles zusammen; und es heulte wie ein Sturm durch den Raum, und vor die rote Glut legte sich grauer, dunkler Rauch. Plötzlich kam ein gewaltiger Ruck nach einer bestimmten Richtung. Mit einem Mal war es dunkel, und ich konnte mich nicht rühren. Um mich herum wurde geflucht und gejammert. Ja, auch ich schrie mit einem Male auf, ich weiß, daß ich ein paar Sekunden lang schrie und dabei kaum begriff, warum. Und plötzlich spürte ich an meinem Halse Nägel, Krallen. Irgendwer klammerte sich an mich. Es wurde an meinem Halskragen gerissen, meine Taille wurde mir einfach vom Leibe gezerrt.«

»Dazu«, flüsterte mir Frau Flegendorfer zu, »hat damals noch das Ringtheater abbrennen müssen.«

»Pst«, machte ich, denn ich war gespannt, atemlos gespannt.

Fritzi erzählte weiter. Sie erzählte, wie sie in einer ganz rätselhaften Weise gestoßen, geschoben, gehoben, über dunkle Gänge, über dunkle Stiegen ins Freie auf die Straße gekommen war.

»Ich war wie gebannt«, sagte sie, »konnte nicht fort. Ich hatte die Empfindung: Hier mußt du stehenbleiben, bis alles vorbei ist. Ich war ruhiger als alle Menschen, die da herumstanden, und daß ich selbst da drinnen in dem brennenden Hause gewesen sein sollte, das war mir wie ein dumpfer Traum. Plötzlich aber fuhr es mir durch den Kopf, was mir unbegreiflicherweise noch keine Sekunde lang zum Bewußtsein gekommen war: Um Gottes willen, meine Mutter! Ich hatte ihr ja gesagt, daß ich ins Ringtheater gehen wolle, wie ich ja zu jener Zeit als blutige Anfängerin fast jeden Abend ins Theater ging. Es war schon damals meine Leidenschaft.«

Bei dieser Stelle ihres Berichtes wurde ich verlegen. Wir sind doch besser, wir Männer!

Fritzi erzählte weiter. »Ich ging, ich lief, nein, ich stürzte nach Hause. Und nun denken Sie! Als ich nach Hause kam, war es bereits elf Uhr, mehr als drei Stunden war ich vor dem Theater gestanden, ohne nur ein Bewußtsein davon zu haben, daß die Zeit verging. So stelle ich mir eigentlich den Wahnsinn vor. Das Wiedersehen mit meiner Mutter kann ich Ihnen kaum schildern. Ich weiß nur eines, der Augenblick, da wir uns wieder in den Armen lagen, wird mir unvergeßlich bleiben, unvergeßlich!«

Man war gerührt, als Fritzi geendet hatte. Einige Herren standen auf, traten mit den gefüllten Gläsern auf sie zu und stießen mit ihr an. Jetzt trafen sich unsere Blicke. Einen Moment lang starrte sie mich ganz gedankenlos an, dann aber glitt ein ganz sonderbares Lächeln über ihre Züge – ach, ein Lächeln, das ich noch so gut kannte. Sie nahm ihr Glas und ließ es mit dem meinen zusammenklingen.

»Auf Ihre wunderbare Rettung«, rief ich aus und leerte mein Glas. Gleich nach dem Souper trat sie auf mich zu und reichte mir beide Hände, als wollte sie mich um Entschuldigung bitten. »Es scheint also wirklich«, sagte sie, »daß Sie es waren.«

»Es scheint so?« entgegnete ich ein wenig befremdet.

»Nun«, sagte sie, »ich habe es immer geahnt, daß sich die Geschichte nicht genau so zugetragen hat, wie ich sie erzähle, aber ich habe schon angefangen an sie zu glauben – und wären Sie mir um ein paar Jahre später wieder begegnet, so hätten Sie mich kaum mehr überzeugen können; denn mir ist heute, als hätte ich sie wirklich erlebt. Ich habe die Geschichte so oft erzählen müssen, den Verwandten und dann den Kollegen, den Kolleginnen und allen möglichen Leuten, daß sie schon beinahe wahr, jedenfalls aber berühmt geworden ist.«

»Da sehen Sie, Fritzi«, sagte ich, »ein wie ungerechtes Ding der Ruhm eigentlich ist. Der ihn am meisten verdient, an dem geht er vorüber.«

»Wieso?« fragte sie.

»Nun, ich denke doch«, erwiderte ich ihr, »wenn ihn einer verdient, so bin ich's, Fritzi« – und ich neigte mich näher zu ihr, ganz nah zu ihrem Ohr –, »ich, Fritzi, dein Lebensretter.«

BLUMEN

Da bin ich nun den ganzen Nachmittag in den Straßen herumspaziert, auf die stiller weißer Schnee langsam herunterschwebte, – und bin nun zu Hause, und die Lampe brennt, und die Zigarre ist angezündet, und die Bücher liegen da, und alles ist bereit, daß ich mich so recht behaglich fühlen könnte ... Aber es ist ganz vergeblich, und ich muß immer nur an dasselbe denken.

War sie nicht längst für mich gestorben? ... ja, tot, oder gar, wie ich mit dem kindischen Pathos der Betrogenen dachte, »schlimmer als tot«? ... Und nun, seit ich weiß, daß sie nicht »schlimmer als tot« ist, nein, einfach tot, so wie die vielen anderen, die draußen liegen, tief unter der Erde, immer, immer, wenn der Frühling da ist, und wenn der schwüle Sommer kommt, und wenn der Schnee fällt wie heute ... so ohne jede Hoffnung des Wiederkommens – seither weiß ich, daß sie auch für mich um keinen Augenblick früher gestorben ist als für die anderen Menschen. Schmerz? – Nein. Es ist ja doch nur der allgemeine Schauer, der uns faßt, wenn etwas ins Grab sinkt, das uns einmal gehört hat, und dessen Wesen uns noch immer ganz deutlich vor Augen steht, mit dem Leuchten des Blickes und mit dem Klang der Stimme.

Es war ja gewiß sehr traurig, als ich damals ihren Betrug entdeckte; ... aber was war da noch alles dabei! ... Die Wut und der plötzliche Haß und der Ekel vor dem Dasein und – ach ja gewiß! – die gekränkte Eitelkeit; – ich bin ja erst nach und nach auf den Schmerz gekommen! Und dann war ein Trost da, der zur Wohltat wurde: daß sie selbst leiden mußte. – Ich habe sie noch alle, jeden Augenblick kann ich sie wieder lesen, die Dutzende Briefe, die um Verzeihung flehten, schluchzten, jammerten! – – Und ich sehe sie selbst noch vor mir, in dem dunkeln, englischen Kleide, mit dem kleinen Strohhut, wie sie an der Ecke der Straße stand, in der Abenddämmerung, wenn ich aus dem Haustor trat, ... und mir nachschaute ... Und auch an jenes letzte Wiedersehen denk' ich noch, wie sie vor mir stand mit den großen, staunenden Augen in dem runden Kindergesicht, das nun so blaß und verhärmt war ... Ich habe ihr nicht die Hand gegeben, als sie ging; – als sie zum letzten Male ging. – Und vom Fenster aus hab' ich sie noch bis zur Straßenecke gehen sehen, und da ist sie verschwunden – – – für immer. Jetzt kann sie nicht wiederkommen ...

Daß ich es überhaupt weiß, ist ein Zufall. Es hätte auch noch Wochen, Monate dauern können. Ich begegnete vormittags ihrem Onkel, den ich wohl ein Jahr lang nicht gesehen hatte, und der sich nur selten in Wien aufhält. Nur ein paarmal hatte ich ihn früher gesprochen. Zuerst, vor drei Jahren, an einem »Kegelabend«, zu welchem auch sie mit ihrer Mutter hingekommen war. – Und dann im Sommer drauf: da war ich mit ein paar Freunden im Prater, in der »Csarda«. Und an dem Tisch neben uns saß der Onkel mit zwei oder drei Herren, sehr gemütlich, beinahe fidel, und trank mir zu. Und bevor er den Garten verließ, blieb er noch bei mir stehen, und, wie ein großes Geheimnis, teilte er mir mit, daß seine Nichte für mich schwärme! – Und mir kam das so im Halbdusel eigentümlich und lustig und beinahe abenteuerlich vor, daß der alte Mann mir das hier erzählte, unter den Klängen des Cymbals und der hellen Geigen, – mir, der ich das so gut wußte, und dem noch der Duft ihres letzten Kusses auf den Lippen lag ... Und nun, heute vormittag! Fast wär ich an ihm vorbeigegangen. Ich fragte ihn nach seiner Nichte, mehr aus Höflichkeit als aus Interesse .... Ich wußte ja nichts mehr von ihr; auch die Briefe waren schon längst nicht mehr gekommen; nur Blumen schickte sie regelmäßig. Erinnerungen an einen unserer seligsten Tage; einmal jeden Monat kamen sie; kein Wort dazu, schweigende, demütige Blumen ... – Und wie ich den Alten fragte, war er ganz erstaunt. Sie wissen nicht, daß das arme Kind vor einer Woche gestorben ist? Ich erschrak heftig. – Er erzählte mir dann noch mehr. Daß sie lange gekränkelt habe, daß sie aber kaum acht Tage zu Bett gelegen sei ... Und was ihr gefehlt habe? ... »Gemütskrankheit ... Blutarmut ... Die Ärzte wissen ja nie was Rechtes.« –

Ich bin noch lange auf der Stelle stehen geblieben, wo mich der alte Mann verlassen hatte; – ich war abgespannt, als lägen große Mühen hinter mir. – Und jetzt ist mir, als müßte ich den heutigen Tag als einen betrachten, der einen Abschnitt meines Lebens bedeutete. Warum? – Warum? Mir ist nur etwas Äußerliches begegnet. Ich habe nichts mehr für sie empfunden, ich habe kaum noch ihrer gedacht. Und daß ich alles dies niederschrieb, hat mir wohlgetan: ich bin ruhiger geworden ... Ich beginne die Behaglichkeit meines Heims zu empfinden. – Es ist überflüssig und selbstquälerisch, weiter darüber zu denken ... Es wird schon irgendwen geben, der tieferen Grund hat, heute zu trauern, als ich.

Ich habe einen Spaziergang gemacht. Heiterer Wintertag. Der Himmel so blaß, so kalt, so weit .. Und ich bin sehr ruhig. Der alte Mann, den ich gestern traf, ... mir ist, als wenn es vor vielen Wochen gewesen wäre. – Und wenn ich an sie denke, kann ich sie mir in eigentümlich scharfen, fertigen Umrissen vorstellen; und nur eins fehlt: der Zorn, der sich noch bis in die letzte Zeit meiner Erinnerung beigesellte. Eine wirkliche Vorstellung davon, daß sie nicht mehr auf der Welt ist, daß sie in einem Sarg liegt, daß man sie begraben hat, habe ich eigentlich nicht ... Es ist gar kein Weh in mir. Die Welt kam mir heute stiller vor. Ich habe in irgend einem Augenblick gewußt, daß es überhaupt weder Freuden noch Schmerzen gibt; – nein, es gibt nur Grimassen der Lust und der Trauer; wir lachen und weinen und laden unsere Seele dazu ein. Ich könnte mich nun hinsetzen und sehr tiefe, ernste Bücher lesen, und dränge bald in all ihre Weisheit ein. Oder ich könnte vor alte Bilder treten, die mir früher nichts gesagt, und jetzt ginge mir ihre dunkle Schönheit auf ... Und wenn ich mancher lieben Menschen denke, die mir gestorben sind, so krampft sich das Herz nicht wie sonst – der Tod ist etwas Freundliches geworden; er geht unter uns herum und will uns nichts Böses tun.

Schnee, hoher, weißer Schnee auf allen Straßen. Da ist das kleine Gretel zu mir gekommen und hat gefunden, wir müssen endlich einmal eine Schlittenpartie machen. Und da waren wir nun auf dem Land und sind auf glatten, hellen Wegen mit Schellengeklingel hingesaust, den blaßgrauen Himmel über uns, rasch, rasch dahin, zwischen weißen, glänzenden Hügeln. Und Gretel lehnte mir an der Schulter; sah mit vergnügten Augen auf die lange Straße vor uns. Wir kamen in ein Wirtshaus, das wir gut vom Sommer her kannten, aus der Zeit, da es mitten im Grünen lag, und das nun so verändert aussah, so einsam, so ohne Zusammenhang mit der übrigen Welt, als müßte man's erst von neuem entdecken. Und der geheizte Ofen in der Wirtsstube glühte, daß wir den Tisch weit weg rücken mußten; weil die linke Wange und das Ohr der kleinen Gretel ganz rot geworden waren. Da mußt ich ihr die blassere Wange küssen. Dann die Rückfahrt, schon im halben Dunkel. Wie sich Gretel ganz nahe an mich schmiegte und meine beiden Hände in die ihren nahm. – Dann sagte sie: Heut hab ich dich endlich wieder. Sie hatte so ohne alles Grübeln das rechte Wort gefunden, was mich ganz froh machte. Vielleicht auch hat die herbe Schneeluft auf dem Lande meine Sinne wieder freier gemacht, denn freier und leichter fühle ich mich, als alle die letzten Tage. –

Neulich wieder einmal, während ich nachmittags auf dem Divan im Halbschlummer lag, beschlich mich ein sonderbarer Gedanke. Ich kam mir kalt und hart vor. Wie einer, der ohne Tränen, ja ohne jede Fähigkeit des Fühlens an einem Grabe steht, in das man ein geliebtes Wesen gesenkt hat. Wie einer, der so hart geworden ist, daß ihn nicht einmal die Schauer eines jungen Todes versöhnen ... Ja, unversöhnlich, das war es ...

Vorbei, ganz vorbei. Das Leben, das Vergnügen und das bißchen Liebe jagt all das dumme Zeug davon. Ich bin wieder mehr unter Menschen. Ich habe sie gern, sie sind harmlos, sie plaudern von allen möglichen heiteren Dingen. Und Gretel ist ein liebes, zärtliches Geschöpf, und am schönsten ist sie, wenn sie so bei mir in der Fensternische steht, nachmittags, und auf ihrem blonden Kopf die Sonnenstrahlen glitzern.

Etwas Seltsames ist heute geschehen ... Es ist der Tag, an welchem sie mir allmonatlich die Blumen schickte ... Und die Blumen sind wieder gekommen, als ... als hätte sich nichts verändert. – Sie kamen frühmorgens mit der Post in einem weißen, langen, schmalen Karton. Es war noch ganz früh; noch lag mir der Schlaf über Stirn und Augen. Und erst wie ich daran war, den Karton zu öffnen, kam mir die volle Besinnung ... Da bin ich beinahe erschrocken ... Und da lagen, zierlich durch einen Goldfaden zusammengehalten, Nelken und Veilchen ... Wie in einem Sarge lagen sie da. Und wie ich die Blumen in die Hand nahm, ging mir ein Schauer durchs Herz. – Ich weiß, wieso sie auch heute noch gekommen sind. Als sie ihre Krankheit nahen, als sie vielleicht schon eine Ahnung des nahen Todes fühlte, hat sie noch den gewohnten Auftrag in der Blumenhandlung gegeben. Ich sollte ihre Zärtlichkeit nicht vermissen. – Gewiß, so ist die

Sendung zu erklären; als etwas völlig Natürliches, als etwas Rührendes vielleicht ... Und doch, wie ich sie in der Hand hielt, diese Blumen, und wie sie zu zittern und sich zu neigen schienen, da mußt ich sie wider alle Vernunft und allen Willen als etwas Gespenstisches empfinden, als kämen sie von ihr, als wär es ihr Gruß ... als wollte sie noch immer, auch jetzt noch, als Tote, von ihrer Liebe, von ihrer – verspäteten Treue erzählen. – Ach, wir verstehen den Tod nicht, nie verstehen wir ihn; und jedes Wesen ist in Wahrheit erst dann tot, wenn auch alle die gestorben sind, die es gekannt haben ... Ich habe die Blumen heute auch anders in die Hand genommen als sonst, zarter, als könnte man ihnen ein Leids antun, wenn man sie zu hart anfaßte ... als könnten ihre stillen Seelen leise zu wimmern anfangen. Und wie sie jetzt vor mir auf dem Schreibtisch stehen, in einem schlanken, mattgrünen Glas, da ist mir, als neigten sich die Blüten zu traurigem Dank. Das ganze Weh einer nutzlosen Sehnsucht duftet mir aus ihnen entgegen, und ich glaube, daß sie mir etwas erzählen könnten, wenn wir die Sprache alles Lebendigen und nicht nur die alles – Redenden verständen.

Ich will mich nicht beirren lassen. Es sind Blumen, weiter nichts. Es sind Grüße aus dem Jenseits ... Es ist kein Rufen, nein, kein Rufen aus dem Grabe. – Blumen sind es, und irgend eine Verkäuferin in einem Blumengeschäft hat sie ganz mechanisch zusammengebunden, ein bißchen Watte drum getan, in die weiße Schachtel gelegt und dann auf die Post gegeben. – Und nun sind sie eben da, warum denk ich drüber nach? –

Ich bin viel im Freien, mache weite, einsame Spaziergänge. Wenn ich unter Menschen bin, fühle ich keinen rechten Zusammenhang mit ihnen; die Fäden alle reißen ab. Das merk ich auch, wenn das liebe, blonde Mädel in meinem Zimmer sitzt und mir da alles Mögliche vorplaudert von ... ja, ich weiß gar nicht wovon. Denn wie sie wieder fort ist, da ist sie gleich, im ersten Augenblicke schon, so fern, als wäre sie weit weg, als nähme die Flut der Menschen sie gleich auf immer mit, als wäre sie spurlos verschwunden. Wenn sie nicht wiederkäme, könnte ich mich kaum wundern.

Die Blumen stehen in dem schlanken, grün schimmernden Glas, ihre Stengel ragen ins Wasser, und das Zimmer duftet davon. –

Sie duften noch immer, – obwohl sie schon eine Woche in meinem Zimmer sind und langsam zu welken beginnen. – Und ich begreife allen möglichen Unsinn, den ich belacht habe, ich begreife das Zwiesprachpflegen mit Gegenständen der Natur ... ich begreife, daß man auf Antwort warten kann, wenn man mit Wolken und Quellen spricht; denn auch ich starre ja diese Blumen an und warte, daß sie anfangen zu reden ... Ach nein, ich weiß ja, daß sie immer reden ... auch jetzt ... daß sie immerfort reden und klagen, und daß ich nahe daran bin, sie zu verstehen.

Wie froh bin ich, daß nun der starre Winter zu Ende geht. Schon schwimmt ein Ahnen des nahen Frühlings in der Luft. Die Zeit geht ganz eigen hin. Ich lebe nicht anders als sonst, und doch ist mir manchmal, als wären die Umrisse meines Daseins weniger fest gezeichnet. Schon das Gestern verschwimmt, und alles, was ein paar Tage zurückliegt, bekommt den Charakter eines unklaren Traumes. Immer von neuem, wenn Gretel mich verläßt, und insbesondere wenn ich sie mehrere Tage nicht sehe, da ist mir, als wäre das eine Geschichte, die längst, längst vorbei ist. Sie kommt immer von so weit, so weit! – Wenn sie dann zu plaudern anfängt, ist's freilich bald wieder beim alten, und ich habe ein deutliches Empfinden der Gegenwart und des Daseins. Und fast sind die Worte dann zu laut und die Farben zu grell; und wie das liebe Kind, kaum daß sie mich verläßt, in eine unsägliche Ferne entrückt ist, so jäh und glühend ist ihre Nähe. Sonst blieb mir doch noch ein Nachklang und ein Nachbild zurück von tönenden und lichten Augenblicken; jetzt aber verhallt und verlischt alles, plötzlich, wie in einer dumpfen Grotte. – Und dann bin ich allein mit meinen Blumen. Sie sind schon welk, ganz welk. Sie haben keinen Duft mehr. Gretel hatte sie bisher nicht beachtet; heute das erstemal weilte ihr Blick lange auf ihnen, und mir war, als wollte sie mich fragen. Und plötzlich schien sie eine geheime Scheu davon abzuhalten; – sie sprach überhaupt kein Wort mehr, nahm bald Abschied von mir und ging.

Sie blättern langsam ab. Ich rühre sie nie an; auch würden sie zwischen den Fingern zu Staub werden. Es tut mir unsäglich weh, daß sie welk sind. Warum ich nicht die Kraft habe, dem blöden Spuk ein Ende zu machen, weiß ich nicht. Sie machen mich krank, diese toten Blumen. Ich kann es zuweilen nicht aushalten, ich stürze davon. Und mitten auf der Straße packt es mich dann, und ich muß zurück, muß nach ihnen sehen. Und da find ich sie dann in demselben grünen Glas, wie ich sie verlassen, müd' und traurig. Gestern Abend hab' ich vor ihnen geweint, wie man auf einem Grabe weint, und habe gar nicht an die gedacht, von der sie eigentlich kommen. – Vielleicht irre ich mich! aber mir ist, als fühlte auch Gretel die Anwesenheit von irgend etwas Seltsamem in meinem Zimmer. Sie lacht nicht mehr, wenn sie bei mir ist. Sie spricht nicht so laut, nicht mit dieser frischen, lebhaften Stimme, die ich gewohnt war. Ich empfange sie freilich nicht mehr wie früher. Auch quält mich eine stete Angst, daß sie mich doch einmal fragen könnte; und ich weiß, daß mir jede Frage unerträglich wäre.

Oft nimmt sie ihre Handarbeit mit zu mir, und wenn ich noch über den Büchern bin, sitzt sie still am Tisch, häkelt oder stickt, wartet geduldig, bis ich die Bücher weglege und aufstehe und zu ihr treten, ihr die Arbeit aus der Hand zu nehmen. Dann entferne ich den grünen Schirm von der Lampe, bei der sie gesessen, und durchs ganze Zimmer fließt das freundliche, milde Licht. Ich habe es nicht gern, wenn die Ecken im Dunkeln sind.

Frühling! – Weit offen steht mein Fenster. Am späten Abend hab' ich mit Gretel auf die dunkle Straße hinausgeschaut. Die Luft um uns war weich und warm. Und wie ich zur Straßenecke hinsah, wo die Laterne ist, die ein schwaches Licht verbreitet, stand plötzlich ein Schatten dort. Ich sah ihn und sah ihn nicht ... Ich weiß, daß ich ihn nicht sah ... Ich schloß die Augen. Und durch die geschlossenen Lider konnte ich plötzlich sehen, und da stand das elende Geschöpf, im schwachen Licht der Laterne, und ich sah das Gesicht unheimlich deutlich, als wenn es von einer gelben Sonne beleuchtet würde, und sah in dem verhärmten, blassen Gesicht die großen, verwunderten Augen ... Da ging ich langsam vom Fenster weg und setzte mich zum Schreibtisch; auf dem flackerte das Kerzenlicht im Windhauch, der von draußen kam. Und ich blieb regungslos sitzen; denn ich wußte, daß das arme Geschöpf an der Straßenecke stand und wartete; und wenn ich gewagt hätte, die toten Blumen anzufassen, so hätt' ich sie aus dem Glas genommen und sie ihr gebracht ... So dacht' ich, dacht' es ganz fest, und wußte zugleich, daß es unsinnig war. Gretel verließ nun auch das Fenster und blieb einen Augenblick hinter meinem Sessel stehen und berührte mit ihren Lippen mein Haar. Dann ging sie, ließ mich allein ...

Ich starrte die Blumen an. Es sind gar keine mehr, es sind fast nur mehr nackte Stengel, dürr und erbärmlich... Sie machen mich krank und rasend. – Und es muß wohl zu begreifen sein; sonst hätte Gretel mich doch einmal gefragt; aber sie fühlt es ja auch – sie flieht zuweilen, als wenn Gespenster in meinem Zimmer wären. –

Gespenster! – Sie sind, sie sind! – Tote Dinge spielen das Leben. Und wenn welkende Blumen nach Moder riechen, so ist es nur Erinnerung an die Zeit, wo sie blühten und dufteten. Und Gestorbene kommen wieder, so lang wir sie nicht vergessen. – Was hilft's, daß sie nicht mehr sprechen kann; – ich kann sie ja noch hören! Sie erscheint nicht mehr, aber ich kann sie noch sehen! – – Und der Frühling draußen, und die Sonne, die hell über meinen Teppich fließt, und der Hauch von frischem Flieder, der vom nahen Parke hereinkommt, und die Menschen, die unten vorbeigehen, und die mich nichts kümmern, gerade das ist das Lebendige? Ich kann die Vorhänge herablassen, und die Sonne ist tot. Ich will von all diesen Menschen nichts mehr wissen, und sie sind tot. Ich schließe das Fenster, kein Fliederduft mehr weht um mich, und der Frühling ist tot. Ich bin mächtiger als die Sonne und die Menschen und der Frühling. Aber mächtiger als ich ist die Erinnerung, die kommt, wann sie will, und vor der es kein Fliehen gibt. Und diese dürren Stengel im Glas sind mächtiger als aller Fliederduft und Frühling.

Über diesen Blättern bin ich gesessen, als Gretel hereintrat. Noch nie war sie so früh am Tag gekommen; selten vor Eintritt der Dämmerung. Ich war erstaunt, fast betroffen. Ein paar Sekunden blieb sie in der Tür stehen; und ich schaute sie an, ohne sie zu begrüßen. Da lächelte sie und trat näher. Sie trug einen Strauß frischer Blumen in der Hand. Dann ist sie, ohne ein Wort zu reden, bis zu meinem Schreibtisch gekommen und hat die Blumen vor mich hingelegt. Und in der nächsten Sekunde greift sie nach den verwelkten im grünen Glas. Mir war, als griffe man mir ins Herz; – aber ich konnte nichts sagen... Und wie ich aufstehen will, das Mädel beim Arm packen, schaut sie mich lachend an. Und hält den Arm mit den welken Blumen hoch, eilt hinter dem Schreibtisch zum Fenster, und wirft sie einfach hinunter auf die Straße. Mir ist, als müßt' ich ihnen nach; aber da steht das Mädel, an die Brüstung gelehnt, das Gesicht mir zugewandt. Und über ihren blonden Kopf fließt die Sonne, die warme, die lebendige... Und reicher Fliederduft kommt von drüben. Und ich sehe auf das leere grüne Glas, das auf dem Schreibtisch steht; ich weiß nicht, wie mir ist; freier glaub ich, – viel freier als früher. Da kommt Gretel herzu, nimmt ihren kleinen Strauß und hält ihn mir vor's Gesicht; kühlen weißen Flieder... Ein so gesunder frischer Duft; – so weich, so kühl; ich wollte mein Gesicht ganz darin vergraben. – Lachende, weiße, küssende Blumen – und ich fühlte, daß der Spuk vorbei war. – Gretel stand hinter mir und fuhr mir mit ihren wilden Händen ins Haar. Du lieber Narr, sagte sie. – Wußte sie, was sie getan?... Ich nahm ihre Hände und küßte sie. – – Und abends sind wir ins Freie hinaus, in den Frühling. Eben bin ich mit ihr zurückgekommen. Die Kerze habe ich angezündet; wir sind viel gegangen, und Gretel ist so müde geworden, daß sie auf dem Lehnstuhle neben dem Ofen eingeschlummert ist. Sie ist sehr schön, wie sie da im Schlummer lächelt.

Vor mir im schlanken grünen Glas steht der Flieder. – Unten auf der Straße – nein, nein, sie liegen längst nicht mehr da unten. Schon hat sie der Wind mit dem andern Staub verweht.

DER WITWER

Er versteht es noch nicht ganz; so rasch ist es gekommen.

An zwei Sommertagen ist sie in der Villa krank gelegen, an zwei so schönen, daß die Fenster des Schlafzimmers, die auf den blühenden Garten sehen, immer offen stehen konnten; und am Abend des zweiten Tages ist sie gestorben, beinahe plötzlich, ohne daß man darauf gefaßt war. – Und heute hat man sie hinausgeführt, dort über die allmählich ansteigende Straße, die er jetzt vom Balkon aus, wo er auf seinem Lehnstuhl sitzt, bis zu ihrem Ende verfolgen kann, bis zu den niederen weißen Mauern, die den kleinen Friedhof umschließen, auf dem sie ruht.

Nun ist es Abend; die Straße, auf die vor wenig Stunden, als die schwarzen Wagen langsam hinaufrollten, die Sonne herabgebrannt hat, liegt im Schatten; und die weißen Friedhofsmauern glänzen nicht mehr.

Man hat ihn allein gelassen; er hat darum gebeten. Die Trauergäste sind alle in die Stadt zurückgefahren; die Großeltern haben auf seinen Wunsch auch das Kind mitgenommen, für die ersten paar Tage, die er allein sein will. Auch im Garten ist es ganz still; nur ab und zu hört er ein Flüstern von unten: die Dienstleute stehen unter dem Balkon und sprechen leise miteinander. Er fühlt sich jetzt müde, wie er es noch nie gewesen, und während ihm die Lider immer und immer von Neuem zufallen, – mit geschlossenen Augen sieht er die Straße wieder in der Sommerglut des Nachmittags, sieht die Wagen, die langsam hinaufrollen, die Menschen, die sich um ihn drängen, – selbst die Stimmen klingen ihm wieder im Ohr.

Beinah alle sind dagewesen, welche der Sommer nicht allzuweit fortgeführt hatte, alle sehr ergriffen von dem frühen und raschen Tod der jungen Frau, und sie haben milde Worte des Trostes zu ihm gesprochen. Selbst von entlegenen Orten sind manche gekommen, Leute, an die er gar nicht gedacht; und Manche, von denen er kaum die Namen kannte, haben ihm die Hand gedrückt. Nur der ist nicht dagewesen, nach dem er sich am meisten gesehnt, sein liebster Freund. Er ist freilich ziemlich weit fort – in einem Badeort an der Nordsee, und gewiß hat ihn die Todesnachricht zu spät getroffen, als daß er noch rechtzeitig hätte abreisen können. Er wird erst morgen da sein können.

Richard öffnet die Augen wieder. Die Straße liegt nun völlig im Abendschatten, nur die weißen Mauern schimmern noch durchs Dunkel, und das macht ihn schauern. Er steht auf, verläßt den Balkon und tritt ins angrenzende Zimmer. Es ist das seiner Frau – gewesen. Er hat nicht daran gedacht, wie er rasch hineingetreten ist; er kann auch in der Dunkelheit nichts mehr darin ausnehmen; nur ein vertrauter Duft weht ihm entgegen. Er zündet die blaue Kerze an, die auf dem Schreibtisch steht, und wie er nun das ganze Gemach in seiner Helle und Freundlichkeit zu überschauen vermag, da sinkt er auf den Diwan hin und weint.

Lange weint er; – wilde und gedankenlose Tränen, und wie er sich wieder erhebt, ist sein Kopf dumpf und schwer. Es flimmert ihm vor den Blicken, die Kerzenflamme auf dem Schreibtisch brennt trüb. Er will es lichter haben, trocknet seine Augen und zündet alle sieben Kerzen des Armleuchters an, der auf der kleinen Säule neben dem Klavier steht. Und nun fließt Helle durchs ganze Gemach, in alle Ecken, der zarte Goldgrund der Tapete glitzert, und es sieht hier aus wie an manchem Abend, wenn er hereingetreten ist und *sie* über einer Lektüre oder über Briefen fand. Da hat sie aufgeschaut, sich lächelnd zu ihm gewandt und seinen Kuß erwartet. – Und ihn schmerzt die Gleichgültigkeit der Dinge um ihn, die weiter starr sind und weiter glitzern, als wüßten sie nicht, daß sie nun etwas Trauriges und Unheimliches geworden sind. So tief wie in diesem Augenblick hat er es noch nicht gefühlt, wie einsam er geworden ist; und so mächtig wie in diesem Augenblick hat er die Sehnsucht nach seinem Freunde noch nicht empfunden. Und wie er sich nun vorstellt, daß der bald kommen und liebe Worte zu ihm reden wird, da fühlt er, daß doch auch für ihn das Schicksal noch etwas übrig hat, das Trost bedeuten könnte. Wär' er nur endlich da! . . . Er wird ja kommen, morgen früh wird er da sein. Und da muß er auch lang bei ihm bleiben; viele Wochen lang; er wird ihn nicht fortlassen, bevor es sein *muß*. Und da werden sie beide im Garten spazierengehen und, wie früher so oft, von tiefen und seltsamen Dingen sprechen, die *über* dem Schicksal des gemeinen Tages sind. Und abends werden sie auf dem Balkon sitzen wie früher, den dunklen Himmel über sich, der so still und groß ist; werden da zusammen plaudern bis in die späte Nachtstunde, wie sie es ja auch früher so oft getan, wenn *sie*, die in ihrem frischen und hastigen Wesen an ernsteren Gesprächen wenig Gefallen fand, ihnen schon längst lächelnd gute Nacht gesagt hatte, um auf ihr Zimmer zu gehn. Wie oft haben ihn diese Gespräche über die Sorgen und Kleinlichkeiten der Alltäglichkeit emporgehoben; – jetzt aber werden sie mehr, jetzt werden sie Wohltat, Rettung für ihn sein.

Immer noch geht Richard im Zimmer hin und her, bis ihn endlich der gleichmäßige Ton seiner eigenen Schritte zu stören anfängt. Da setzt er sich vor den kleinen Schreibtisch, auf dem die blaue Kerze steht, und betrachtet mit einer Art von Neugier die hübschen und zierlichen Dinge, die vor ihm liegen. Er hat sie doch eigentlich nie recht bemerkt, hat immer nur das Ganze gesehen. Die elfenbeinernen Federstiele, das schmale Papiermesser, das schlanke Petschaft mit dem Onyxgriff, die kleinen Schlüsselchen, welche eine Goldschnur zusammenhält; er nimmt sie nacheinander in die Hand, wendet sie hin und her und legt sie wieder sachte auf ihren Platz, als wären es wertvolle und gebrechliche Dinge. Dann öffnet er die mittlere Schreibtischlade und sieht da im offenen Karton das mattgraue Briefpapier liegen, auf dem *sie* zu schreiben pflegte, die kleinen Kuverts mit *ihrem* Monogramm, die schmalen, langen Visitenkarten mit *ihrem* Namen. Dann greift er mechanisch an die kleine Seitenlade, die versperrt ist. Er merkt es anfangs gar nicht, zieht nur immer wieder, ohne zu denken. Allmählich aber wird das gedankenlose Rütteln ihm bewußt, und er müht sich und *will* endlich öffnen und nimmt die kleinen Schlüssel zur Hand, die auf dem Schreibtisch liegen. Gleich der erste, den er versucht, paßt auch; die Lade ist offen. Und nun sieht er, von blauen Bändern sorgfältig zusammengehalten, die Briefe liegen, die er selbst an sie geschrieben. Gleich den, der oben liegt, erkennt er wieder. Es ist sein erster Brief an sie, noch aus der Zeit der Brautschaft. Und wie er die zärtliche Aufschrift liest, Worte, die wieder ein trügerisches Leben in das verödete Gemach zaubern, da atmet er schwer auf und spricht dann leise vor sich hin, immer wieder dasselbe: ein wirres, entsetzliches: Nein ... nein ... nein ...

Und er löst das Seidenband und läßt die Briefe zwischen den Fingern gleiten. Abgerissene Worte fliegen vor ihm vorüber, kaum hat er den Mut, einen der Briefe ganz zu lesen. Nur den letzten, der ein paar kurze Sätze enthält – daß er erst spät abends aus der Stadt herauskommen werde – daß er sich unsäglich freue, das liebe, süße Gesicht wiederzusehen –, den liest er sorgsam, Silbe für Silbe – und wundert sich sehr; denn ihm ist, als hätte er diese zärtlichen Worte vor vielen Jahren geschrieben – nicht vor einer Woche, und es ist doch nicht länger her.

Er zieht die Lade weiter heraus, zu sehen, ob er noch was fände. Noch einige Päckchen liegen da, alle mit blauen Seidenbändern umwunden, und unwillkürlich lächelt er traurig. Da sind Briefe von ihrer Schwester, die in Paris lebt – er hat sie immer gleich mit ihr lesen müssen; da sind auch Briefe ihrer Mutter mit dieser eigentümlich männlichen Schrift, über die er sich stets gewundert hat. Auch Briefe mit Schriftzügen liegen da, die er nicht gleich erkennt; er löst das Seidenband und sieht nach der Unterschrift – sie kommen von einer ihrer Freundinnen, einer, die heute auch dagewesen ist, sehr blaß, sehr verweint. – Und ganz hinten liegt noch ein Päckchen, das er herausnimmt wie die anderen und betrachtet. – Was für eine Schrift? Eine unbekannte. – Nein, keine unbekannte ... Es ist Hugos Schrift. Und das erste Wort, das Richard liest, noch bevor das blaue Seidenband herabgerissen ist, macht ihn für einen Augenblick erstarren ... Mit großen Augen schaut er um sich, ob denn im Zimmer noch alles ist, wie es gewesen, und schaut dann auf die Decke hinauf, und dann wieder auf die Briefe, die stumm vor ihm liegen und ihm doch in der nächsten Minute alles sagen sollen, was das erste Wort ahnen ließ ... Er will das Band entfernen – es ist ihm, als wehrte es sich, die Hände zittern ihm, und er reißt es endlich gewaltsam auseinander. Dann steht er auf. Er nimmt das Päckchen in beide Hände und geht zum Klavier hin, auf dessen glänzend schwarzen Deckel das Licht von den sieben Kerzen des Armleuchters fällt. Und mit beiden Händen auf das Klavier gestützt, liest er sie, die vielen kurzen Briefe mit der kleinen verschnörkelten Schrift, einen nach dem andern, nach jedem begierig, als wenn er der erste wäre. Und alle liest er sie, bis zum letzten, der aus jenem Orte an der Nordsee gekommen ist – vor ein paar Tagen. Er wirft ihn zu den übrigen und wühlt unter ihnen allen, als suche er noch etwas, als könne irgend was zwischen diesen Blättern aufflattern, das er noch nicht entdeckt, irgend etwas, das den Inhalt aller dieser Briefe zunichte machen und die Wahrheit, die ihm plötzlich geworden, zum Irrtume wandeln könnte ... Und wie endlich seine Hände innehalten, ist ihm, als wäre es nach einem ungeheueren Lärm mit einem Male ganz still geworden ... Noch hat er die Erinnerung aller jener Geräusche: wie die zierlichen Gerätschaften auf dem Schreibtisch klangen ... wie die Lade knarrte ... wie das Schloß klappte ... wie das Papier knitterte und rauschte ... den Ton seiner hastigen Schritte ... sein rasches, stöhnendes Atmen – nun aber ist kein Laut mehr im Gemach. Und er staunt nur, wie er das mit einem Schlage so völlig begreift, obwohl er doch nie daran gedacht. Er möchte es lieber so wenig verstehen wie den Tod; er sehnt sich nach dem bebenden heißen Schmerz, wie ihn das Unfaßliche bringt, und hat doch nur die Empfindung einer unsäglichen Klarheit, die in all seine Sinne zu strömen scheint, so daß er die Dinge im Zimmer mit schärferen Linien sieht als früher und die tiefe Stille zu hören meint, die um ihn ist. Und langsam geht er zum Diwan hin, setzt sich nieder und sinnt ...

Was ist denn geschehen?

Es hat sich wieder einmal zugetragen, was alle Tage geschieht, und er ist einer von denen gewesen, über die Manche lachen. Und er wird ja auch gewiß –, morgen oder in wenigen Stunden schon – wird er all das Furchtbare empfinden, das jeder Mensch in solchen Fällen empfinden muß ... er ahnt es ja, wie sie über ihn kommen wird, die namenlose Wut, daß dieses Weib zu früh für seine Rache gestorben; und wenn der andere wiederkehrt, so wird er ihn mit diesen Händen niederschlagen wie einen Hund. Ah, wie sehnt er sich nach diesen wilden und ehrlichen Gefühlen – und wie wohler wird ihm dann sein als jetzt, da die Gedanken sich stumpf und schwer durch seine Seele schleppen ...

Jetzt weiß er nur, daß er plötzlich alles verloren hat, daß er sein Leben ganz von vorne beginnen muß wie ein Kind; denn er kann ja von seinen Erinnerungen keine mehr brauchen. Er müßte jeder erst die Maske herunterreißen, mit der sie ihn genarrt. Denn er hat nichts gesehen, gar nichts, hat geglaubt und vertraut, und der beste Freund, wie in der Komödie, hat ihn betrogen ... Wäre es nur der, gerade der nicht gewesen! Er weiß es ja und hat es ja selbst erfahren, daß es Wallungen des Blutes gibt, die ihre Wellen kaum bis in die Seele treiben, und es ist ihm, als wenn er der Toten alles verzeihen könnte, was *sie* wieder rasch vergessen hätte, irgend wen, den *er* nicht gekannt, irgendeinen, der ihm wenigstens nichts *bedeutet* hätte – nur diesen nicht, den er so lieb gehabt wie keinen anderen Menschen und mit dem ihn ja mehr verbindet, als ihn je mit seinem eigenen Weib verbunden, die ihm niemals auf den dunkleren Pfaden seines Geistes gefolgt ist; die ihm Lust und Behagen, aber nie die tiefe Freude des

Verstehens gegeben. Und hat er es denn nicht immer gewußt, daß die Frauen leere und verlogene Geschöpfe sind, und ist es ihm denn nie in den Sinn gekommen, daß sein Weib ein Weib ist, wie alle anderen, leer, verlogen und mit der Lust, zu verführen? Und hat er denn nie gedacht, daß sein Freund den Weibern gegenüber, so hoch er sonst gestanden sein mag, ein Mann ist wie andere Männer und dem Rausch eines Augenblicks erliegen konnte? Und verraten es nicht manche scheuen Worte dieser glühenden und zitternden Briefe, daß er anfangs mit sich gekämpft, daß er versucht hat, sich loszureißen, daß er endlich dieses Weib angebetet und daß er gelitten hat? ... Unheimlich ist es ihm beinahe, wie ihm alles das so klar wird, als stünde ein Fremder da, ihm's zu erzählen. Und er kann nicht rasen, so sehr er sich danach sehnt; er *versteht* es einfach, wie er es eben immer bei anderen verstanden hat. Und wie er nun daran denkt, daß seine Frau da draußen liegt, auf dem stillen Friedhof, da weiß er auch, daß er sie nie wird hassen können und daß aller kindische Zorn, selbst wenn er noch über die weißen Mauern hinflattern könnte, doch auf dem Grabe selbst mit lahmen Flügeln hinsinken würde. Und er erkennt, wie manches Wort, das sich kümmerlich als Phrase fristet, in einem grellen Augenblicke seine ewige Wahrheit zu erkennen gibt, denn plötzlich geht ihm der tiefe Sinn eines Wortes auf, das ihm früher schal geklungen: Der Tod versöhnt. Und er weiß es: wenn er jetzt mit einem Male jenem anderen gegenüberstände, er würde nicht nach gewaltigen und strafenden Worten suchen, die ihm wie eine lächerliche Wichtigtuerei irdischer Kleinlichkeit der Hoheit des Todes gegenüber erschienen – nein, er würde ihm ruhig sagen: Geh, ich hasse dich nicht.

Er *kann* ihn nicht hassen, er sieht zu klar. So tief kann er in andere Seelen schauen, daß es ihn beinahe befremdet. Es ist, als wäre es gar nicht mehr sein Erlebnis – er fühlt es als einen zufälligen Umstand, daß diese Geschichte gerade ihm begegnet ist. Er kann eigentlich nur eines nicht verstehen: daß er es nicht immer, nicht gleich von Anfang an gewußt und – begriffen hat. Es war alles so einfach, so selbstverständlich, und aus denselben Gründen kommend wie in tausend anderen Fällen. Er erinnert sich seiner Frau, wie er sie im ersten, zweiten Jahre seiner Ehe gekannt, dieses zärtlichen, beinahe wilden Geschöpfes, das ihm damals mehr eine Geliebte gewesen ist als eine Gattin. Und hat er denn wirklich geglaubt, daß dieses blühende und verlangende Wesen, weil über *ihn* die gedankenlose Müdigkeit der Ehe kam –

eine andere geworden ist? Hat er diese Flammen für plötzlich erloschen gehalten, weil *er* sich nicht mehr nach ihnen sehnte? Und daß es gerade – *Jener* war, der ihr gefiel, war das etwa verwunderlich? Wie oft, wenn er seinem jüngeren Freunde gegenübersaß, der trotz seiner dreißig Jahre noch die Frische und Weichheit des Jünglings in den Zügen und in der Stimme hatte – wie oft ist es ihm da durch den Sinn gefahren: Der muß den Weibern wohl gefallen können ... Und nun erinnert er sich auch, wie im vorigen Jahre gerade damals, als ... es begonnen haben mußte, wie Hugo damals eine ganze Zeit hindurch ihn seltener besuchen kam als sonst ... Und er, der richtige Ehemann, hat es ihm damals gesagt: Warum kommst du denn nicht mehr zu uns? Und hat ihn selbst manchmal aus dem Büro abgeholt, hat ihn mit herausgenommen aufs Land, und wenn er fort wollte, hat er selbst ihn zurückgehalten mit freundschaftlich scheltenden Worten. Und niemals hat er was bemerkt, nie das geringste geahnt. Hat er denn die Blicke der beiden nicht gesehen, die sich feucht und heiß begegneten? Hat er das Beben ihrer Stimmen nicht belauscht, wenn sie zueinander redeten? Hat er das bange Schweigen nicht zu deuten gewußt, das zuweilen über ihnen war, wenn sie in den Alleen des Gartens hin und her spazierten? Und hat er denn nicht bemerkt, wie Hugo oft zerstreut, launisch und traurig gewesen ist – seit jenen Sommertagen des vorigen Jahres, in denen ... es begonnen hat? Ja, das hat er bemerkt, und hat sich auch wohl zuweilen gedacht: Es sind Weibergeschichten, die ihn quälen – und sich gefreut, wenn er den Freund in ernste Gespräche ziehen und über diese kleinlichen Leiden erheben konnte ... Und jetzt, wie er dieses ganze vergangene Jahr rasch an sich vorübergleiten läßt, merkt er nicht mit einem Mal, daß die frühere Heiterkeit des Freundes nie wieder ganz zurückgekommen ist, daß er sich nur allmählich daran gewöhnt hatte, wie an alles, was allmählich kommt und nicht mehr schwindet? ...

Und ein seltsames Gefühl quillt in seiner Seele empor, das er sich anfangs kaum zu begreifen traut, eine tiefe Milde – ein großes Mitleid für diesen Mann, über den eine elende Leidenschaft wie ein Schicksal hereingebrochen ist; der in diesem Augenblick vielleicht, nein, gewiß, mehr leidet als er; für diesen Mann, dem ja ein Weib gestorben, die er geliebt hat, und der vor einen Freund treten soll, den er betrogen.

Und er kann ihn nicht hassen; denn er hat ihn noch lieb. Er weiß ja, daß es anders wäre, wenn – *sie* noch lebte. Da wäre auch diese Schuld etwas, das von *ihrem* Dasein und Lächeln den Schein des Wichtigen liehe. Nun aber verschlingt dieses unerbittliche Zuendesein alles, was an jenem erbärmlichen Abenteuer bedeutungsvoll erscheinen wollte.

In die tiefe Stille des Gemachs zieht ein leises Beben ... Schritte auf der Treppe. – Er lauscht atemlos; er hört das Schlagen seines Pulses.

Draußen geht die Tür.

Einen Augenblick ist ihm, als stürze alles wieder hin, was er in seiner Seele aufgebaut; aber im nächsten steht es wieder fest. – Und er weiß, was er ihm sagen wird, wenn er hereintritt: Ich hab' es verstanden – bleib!

Eine Stimme draußen, die Stimme des Freundes.

Und plötzlich fährt ihm durch den Kopf, daß dieser Mann jetzt, ein Ahnungsloser, da hereintreten wird, daß er selbst es ihm erst wird sagen müssen ...

Und er möchte sich vom Diwan erheben, die Tür verschließen – denn er fühlt, daß er keine Silbe wird sprechen können. Und er kann sich ja nicht einmal bewegen, er ist wie erstarrt. Er wird ihm nichts, kein Wort wird er ihm heute sagen, morgen erst ... morgen ...

Es flüstert draußen. Richard kann die leise Frage verstehen: »Ist er allein?«

Er wird ihm nichts, kein Wort wird er ihm heute sagen; morgen erst – oder später ...

Die Tür öffnet sich, der Freund ist da. Er ist sehr blaß und bleibt eine Weile stehen, als müßte er sich sammeln, dann eilt er auf Richard zu und setzt sich neben ihn auf den Diwan, nimmt seine beiden Hände, drückt sie fest, – will sprechen, doch versagt ihm die Stimme.

Richard sieht ihn starr an, läßt ihm seine Hände. So sitzen sie eine ganze Weile stumm da.

Mein armer Freund, sagt endlich Hugo ganz leise.

Richard nickt nur mit dem Kopf, er kann nicht reden. Wenn er ein Wort herausbrächte, könnte er ihm doch nur sagen: Ich weiß es ...

Nach ein paar Sekunden beginnt Hugo von neuem: Ich wollte schon heute früh da sein. Aber ich habe dein Telegramm erst spät abends gefunden, als ich nach Hause kam.

Ich dachte es, erwidert Richard und wundert sich selbst, wie laut und ruhig er spricht. Er schaut dem andern tief in die

Augen ... Und plötzlich fällt ihm ein, daß dort auf dem Klavier – die Briefe liegen. Hugo braucht nur aufzustehen, ein paar Schritte zu machen – und sieht sie ... und weiß alles. Unwillkürlich faßt Richard die Hände des Freundes – das darf noch nicht sein; *er* ist es, der vor der Entdeckung zittert.

Und wieder beginnt Hugo zu sprechen. Mit leisen, zarten Worten, in denen er es vermeidet, den Namen der Toten auszusprechen, frägt er nach ihrer Krankheit, nach ihrem Sterben. Und Richard antwortet. Er wundert sich anfangs, daß er das kann; daß er die widerlichen und gewöhnlichen Worte für all das Traurige der letzten Tage findet. Und ab und zu streift sein Blick das Gesicht des Freundes, der blaß, mit zuckenden Lippen lauscht.

Wie Richard innehält, schüttelt der andere den Kopf, als hätte er Unbegreifliches, Unmögliches vernommen. Dann sagt er: Es war mir furchtbar, heute nicht bei dir sein zu können. Das war wie ein Verhängnis.

Richard sieht ihn fragend an.

Gerade an jenem Tag ... in derselben Stunde waren wir auf dem Meer.

Ja, ja ...

Es gibt keine Ahnungen! Wir sind gesegelt, und der Wind war gut, und wir waren so lustig ... Entsetzlich, entsetzlich.

Richard schweigt.

Du wirst doch aber jetzt nicht hier bleiben, nicht wahr?

Richard schaut auf. Warum?

Nein, nein, du darfst nicht.

Wohin soll ich denn gehn? ... Ich denke, du bleibst jetzt bei mir? ... Und eine Angst überfällt ihn, daß Hugo wieder weggehen könnte, ohne zu wissen, was geschehen.

Nein, erwiderte der Freund, ich nehme dich mit, du fährst mit mir weg.

Ich mit dir?

Ja ... Und das sagt er mit einem milden Lächeln.

Wohin willst du denn?

Zurück! ...

Wieder an die Nordsee?

Ja, und mit dir. Es wird dir wohltun. Ich lasse dich ja gar nicht hier, nein! ... Und er zieht ihn wie zu einer Umarmung an sich ... Du mußt zu uns! ...

Zu uns? ...

Ja.

Was bedeutet das »zu uns«? Bist du nicht allein?
Hugo lächelt verlegen: Gewiß bin ich allein ...
Du sagst »uns« ...
Hugo zögert eine Weile. Ich wollte es dir nicht gleich mitteilen, sagt er dann.
Was?...
Das Leben ist so sonderbar – ich habe mich nämlich verlobt ...
Richard schaut ihn starr an ...
Darum meint' ich: »Zu uns« ... Darum geh' ich auch wieder an die Nordsee zurück, und du sollst mit mir fahren. – Ja? Und er sieht ihm mit hellen Augen ins Gesicht.
Richard lächelt. Gefährliches Klima an der Nordsee.
Wieso?
So rasch, so rasch!... Und er schüttelt den Kopf.
Nein, mein Lieber, erwidert der andere, nicht eben rasch. Es ist eigentlich eine alte Geschichte.
Richard lächelt noch immer. Wie?... eine alte Geschichte?
Ja.
Du kennst deine Braut von früher her?...
Ja, seit diesem Winter.
Und hast sie lieb?...
Seit ich sie kenne, erwidert Hugo und blickt vor sich hin, als kämen ihm schöne Erinnerungen.
Da steht Richard plötzlich auf, mit einer so heftigen Bewegung, daß Hugo zusammenfährt und zu ihm aufschaut. Und da sieht er, wie zwei große fremde Augen auf ihm ruhen, und sieht ein blasses, zuckendes Gesicht über sich, das er kaum zu kennen glaubt. Und wie er angstvoll sich erhebt, hört er, wie von einer fremden, fernen Stimme, kurze Worte zwischen den Zähnen hervorgepreßt: »Ich weiß es.« Und er fühlt sich an beiden Händen gepackt und zum Klavier hingezerrt, daß der Armleuchter auf der Säule zittert. Und dann läßt Richard seine Arme los und fährt mit beiden Händen unter die Briefe, die auf dem schwarzen Deckel liegen, und wühlt, und läßt sie hin und her fliegen ...
Schurke! schreit er, und wirft ihm die Blätter ins Gesicht.

EIN ABSCHIED

Eine Stunde wartete er schon. Das Herz klopfte ihm, und zuweilen war ihm, als hätte er vergessen zu atmen; dann zog er die Luft in tiefen Zügen ein, aber es wurde ihm nicht wohler. Er hätte eigentlich schon daran gewöhnt sein können, es war ja immer dasselbe; immer mußte er warten, eine Stunde, zwei, drei, und wie oft vergebens. Und er konnte es ihr nicht einmal zum Vorwurf machen, denn wenn ihr Mann länger zu Hause blieb, wagte sie sich nicht fort; und erst wenn der weggegangen war, kam sie hereingestürzt, ganz verzweifelt, ihm rasch einen Kuß auf die Lippen drückend, und gleich wieder davon, die Treppen hinunterfliegend, und ließ ihn wieder allein. Dann, wenn sie fort war, pflegte er sich auf den Divan zu legen, ganz matt von der Aufregung dieser entsetzlichen Wartestunden, die ihn unfähig zu aller Arbeit machten, die ihn langsam ruinierten. Das ging nun schon ein viertel Jahr lang so, seit dem Ende des Frühlings. Jeden Nachmittag von drei Uhr an war er in seinem Zimmer bei heruntergelassenen Rouleaus und konnte nichts beginnen; hatte nicht die Geduld, ein Buch, kaum, eine Zeitung zu lesen, war nicht imstande, einen Brief zu schreiben, tat nichts als Zigaretten rauchen, eine nach der andern, daß das Zimmer ganz im blaugrauen Dunste dalag. Die Tür zum Vorzimmer stand immer offen; und er war ganz allein zu Hause, denn sein Diener durfte nicht da sein, wenn sie kommen sollte; und wenn dann plötzlich die Klingel schrillte, fuhr er immer erschreckt zusammen. Aber wenn nur *sie* es war, wenn sie es nur endlich wirklich war, da war es ja schon gut! Da war ihm, als löste sich ein Bann, als wäre er wieder ein Mensch geworden, und er weinte manchmal vor lauter Glück, daß sie nur endlich einmal da war, und daß er nicht mehr warten mußte. Dann zog er sie rasch in sein Zimmer, die Tür wurde geschlossen, und sie waren sehr selig.

Es war verabredet, daß er täglich bis punkt sieben zu Hause zu bleiben hatte; denn nachher *durfte* sie gar nicht mehr kommen – er hatte ihr ausdrücklich gesagt, daß er um sieben immer weggehen würde, weil ihn das Warten so nervös machte. Und doch blieb er immer länger zu Hause, und erst um acht pflegte er auf die Straße hinunterzugehen. – Dann dachte er schaudernd an die verflossenen Stunden und erinnerte sich mit Wehmut des vorigen Sommers, da er seine ganze Zeit für sich gehabt, an schönen Nachmittagen oft aufs Land gefahren, im August schon ins Seebad gereist, und gesund und glücklich gewesen war; – und er sehnte sich nach Freiheit, nach Reisen, nach der Ferne, nach dem Alleinsein, aber er konnte nicht weg von ihr; denn er betete sie an.

Heute schien ihm der ärgste von allen Tagen. Gestern war sie gar nicht gekommen, und er hatte auch keinerlei Nachricht von ihr erhalten. – Es war bald sieben; aber er wurde heute nicht ruhiger. Er wußte nicht, was er beginnen sollte. Das Entsetzliche war, daß er keinen Weg zu ihr hatte. Er konnte nichts anderes tun, als vor ihr Haus gehen und ein paarmal vor den Fenstern auf und ab spazieren; aber er durfte nicht zu ihr, durfte niemand zu ihr schicken, konnte sich bei niemandem nach ihr erkundigen. Denn kein Mensch ahnte nur, daß sie einander kannten. Sie lebten in einer ruhelosen, angstvollen und glühenden Zärtlichkeit hin und hätten gefürchtet, sich vor anderen jeden Augenblick zu verraten. Er fand es wohl schön, daß ihr Verhältnis in tiefster Verborgenheit fortdauerte; aber solche Tage, wie der heutige, waren um so qualvoller.

Es war acht Uhr geworden – sie war nicht gekommen. Die letzte Stunde war er ununterbrochen an der Türe gestanden und hatte durchs Guckfensterchen auf den Gang hinausgeschaut. Eben waren die Gasflammen auf der Stiege angezündet worden. Jetzt ging er in sein Zimmer zurück, und todmüde warf er sich auf den Divan. Es war ganz dunkel im Zimmer, er schlummerte ein. Nach einer halben Stunde erhob er sich und entschloß sich, fortzugehen. Er hatte Kopfschmerzen, und die Beine taten ihm weh, als wäre er stundenlang herumgelaufen.

Er nahm den Weg zu ihrem Hause. Es war ihm wie eine Beruhigung, als er die Rouleaus in allen Fenstern heruntergelassen sah. Durch die des Speisezimmers und die des Schlafzimmers schimmerte ein Lichtschein. – Er spazierte ein halbe Stunde auf dem gegenüberliegenden Trottoir hin und her, immer den Blick auf die Fenster geheftet. Die Straße war wenig belebt. Erst als sich einige Stubenmädchen und die Hausmeisterin vor dem Tore zeigten, entfernte er sich, um nicht aufzufallen. In dieser Nacht schlief er fest und gut.

Am nächsten Vormittag blieb er lange im Bette liegen; er hatte einen Zettel ins Vorzimmer gelegt, man dürfe ihn nicht wecken. Um zehn Uhr klingelte er. Der Diener brachte ihm das Frühstück; auf der Untertasse lag die eingelaufene Post; von *ihr* war kein Brief da. Aber er sagte sich gleich, daß sie nun um so sicherer selber am Nachmittag bei ihm sein werde, und so verbrachte er die Zeit bis drei Uhr ziemlich ruhig.

Punkt drei, aber auch nicht eine Minute früher, kam er vom Mittagessen nach Hause. Er setzte sich auf einen Sessel im Vorzimmer, um nicht immer hin- und herlaufen zu müssen, wenn er ein Geräusch im Stiegenhaus vernahm. Aber er war ganz froh, wenn er nur überhaupt Schritte in der Flur unten hörte; es war doch immer wieder eine neue Hoffnung. Doch jede war vergebens. Es wurde vier – fünf – sechs – sieben – sie kam nicht. Dann lief er in seinem Zimmer hin und her und stöhnte leise, und als ihm schwindlig wurde, warf er sich aufs Bett. Er war völlig verzweifelt; das war nicht mehr zu ertragen – das beste: fort, fort – dieses Glück war doch zu teuer bezahlt! ... Oder er mußte wieder eine Änderung treffen – z.B. nur *eine* Stunde warten – oder zwei – aber so konnte das nicht weiter gehen, da mußte alles in ihm zu Grunde gerichtet werden, die Arbeitskraft, die Gesundheit, schließlich auch die Liebe. Er merkte, daß er an *sie* überhaupt gar nicht mehr dachte; seine Gedanken wirbelten wie in einem wüsten Traum. Er sprang vom Bett herunter. Er riß das Fenster auf, sah auf die Straße hinab, in die Dämmerung.... Ah... da... dort an der Ecke... in jeder Frau glaubte er sie zu erkennen. Er entfernte sich wieder vom Fenster; sie durfte ja nicht mehr kommen; die Zeit war ja überschritten. Und plötzlich kam es ihm unerhört albern vor, daß er nur diese wenigen Stunden zum Warten bestimmt hatte. Vielleicht hätte sie gerade jetzt Gelegenheit gehabt.... vielleicht wäre es ihr heute vormittags möglich gewesen, zu ihm zu kommen – und schon hatte er auf den Lippen, was er nächstens sagen wollte, und flüsterte es vor sich hin: »Den ganzen Tag werde ich von jetzt an zu Hause sein und dich erwarten; von früh bis in die Nacht.« Aber wie er es ausgesprochen, begann er selbst zu lachen, und dann flüsterte er vor sich hin: »Aber ich werde ja toll, toll, toll!« – Wieder stürzte er zu ihrem Hause. – Es war alles wie gestern. Lichter schimmerten durch die geschlossenen Rouleaus. Wieder spazierte er eine halbe Stunde auf dem gegenüberliegenden Trottoir hin und her – wieder entfernte er sich, als die Hausmeisterin und einige Dienstmädchen aus dem Tore traten. Es kam ihm heute vor, als sähen ihn die an, und er war überzeugt, daß sie sich über ihn unterhielten und sagten: Das ist derselbe Herr, der gestern hier um dieselbe Zeit auf und ab gegangen ist. Er spazierte in nahen Gassen umher, aber als es von den Türmen zehn Uhr schlug und die Tore geschlossen wurden, kam er wieder und starrte zu den Fenstern hinauf. Nur durch das letzte, wo das Schlafzimmer lag, schimmerte ein Lichtstrahl. Er sah hin wie gebannt. – Nun stand er hilflos da und konnte nichts tun und nicht fragen. – Ihn schauderte vor den Stunden, die ihm bevorstanden. Eine Nacht, ein Morgen, ein Tag bis drei Uhr. – Ja, bis drei – und dann . . . wenn sie wieder nicht käme? . . . Ein leerer Wagen fuhr vorbei, er winkte dem Kutscher und ließ sich in den nächtlichen Straßen langsam hin- und herfahren . . . . Er erinnerte sich des letzten Zusammenseins mit ihr . . . nein, nein, sie hatte nie aufgehört, ihn zu lieben – nein, das gewiß nicht! – Oder sollte man bei ihr zu Hause einen Verdacht gefaßt haben? . . . Nein, das war ja nicht möglich . . . es war bisher auch nicht eine Spur davon aufgetaucht – und sie war ja so vorsichtig. – Es konnte also nur einen Grund geben: sie war leidend und lag zu Bette. Und deswegen konnte sie auch keine Nachricht an ihn gelangen lassen . . . Und morgen würde sie aufstehen und vor allem anderen ein paar Zeilen an ihn senden, ihn zu beruhigen. . . . Ja, wenn sie aber erst in zwei Tagen oder noch später das Bett verlassen konnte . . . wenn sie ernstlich krank . . . um Himmels willen . . . wenn sie schwer krank wäre . . . Nein, nein, nein . . . warum denn gleich schwer krank! . . .

Plötzlich kam ihm ein Gedanke, der ihm ein erlösender erschien. Da sie ganz sicher krank war, konnte er ja morgen zu ihr hinaufschicken und nach ihrem Befinden fragen lassen. Der Bote brauchte ja selbst nicht zu wissen, von wem er den Auftrag hatte – er konnte den Namen schlecht verstanden haben . . . Ja, ja, so sollte es geschehen! – Er war ganz glücklich, daß ihm dieser Einfall gekommen war.

So verstrich ihm die Nacht und der nächste Tag, obwohl er keine Nachricht erhielt, ruhiger, und selbst den Nachmittag verbrachte er unter geringerer Aufregung als sonst; – er wußte ja, daß schon am Abend, heute noch, die Ungewißheit zu Ende sein würde. Er sehnte sich nach ihr zärtlicher und besser als in den letzten Tagen.

Um acht Uhr abends verließ er sein Haus. An einer etwas entfernteren Straßenecke nahm er einen Dienstmann auf, der ihn nicht kannte. Er winkte ihm, mitzugehen. Nicht weit von ihrer Wohnung blieb er mit ihm stehen. Er entließ ihn mit einem eindringlichen und genauen Auftrag.

Er sah beim Schein der Straßenlaterne auf die Uhr und begann hin und her zu gehen. Aber gleich fiel ihm ein: wenn der Gatte doch einen Verdacht erfaßt hätte, den Dienstmann ins Verhör nähme, sich von ihm hierher führen ließe? Rasch folgte er dem Boten; dann mäßigte er den Schritt und blieb in einiger Entfernung hinter ihm. Endlich sah er ihn in dem Hause verschwinden. Albert stand sehr weit, er mußte seinen Blick anstrengen, um das Tor nicht aus den Augen zu verlieren... Schon nach drei Minuten sah er den Mann wieder heraustreten... Er wartete nur ein paar Sekunden, um zu sehen, ob dem Mann irgendwer nachspürte; es kam niemand. Jetzt eilte er ihm nach. – »Nun«, fragte er... »was gibts?« – »Der gnädige Herr läßt sich schön empfehlen,« antwortete der Mann, »und der gnädigen Frau geht es noch nicht besser, sie wird erst in ein paar Tagen aufstehen können.«

»Mit wem haben Sie gesprochen?«

»Mit einem Dienstmädel; sie ist ins Zimmer gegangen und ist gleich wieder heraus, ich glaub, es war grad der Herr Doktor da...«

»Was hat sie gesagt?« Er ließ sich die Botschaft noch ein paarmal wiederholen und sah endlich ein, daß er kaum mehr wußte als vorher. Sie mußte ernstlich krank sein; man erkundigte sich offenbar von vielen Seiten – dadurch war auch sein Bote nicht aufgefallen... Aber um so mehr konnte er wagen. – Er bestellte den Mann für morgen auf dieselbe Stunde.–

Erst in ein paar Tagen würde sie aufstehen – und mehr wußte er nicht... Und ob sie an ihn dachte, ob sie sich nur vorstellen konnte, was er um sie litt – er wußte nichts. –

Ob sie vielleicht erraten, daß *er* es gewesen, von dem diese letzte Erkundigung gekommen war?... Der gnädige Herr läßt sich empfehlen; nicht sie, *er*; ihr durfte man es vielleicht gar nicht sagen... Ja, und was fehlte ihr? Die Namen von hundert Krankheiten gingen ihm gleichzeitig durch den Kopf. – Nun, in ein paar Tagen würde sie aufstehen, – es konnte also nichts Ernstes sein... Aber das sagte man ja immer, auch wie sein eigener Vater auf den Tod krank gelegen war, hatte man das immer den Leuten gesagt... Er merkte, daß er zu laufen begonnen, da er wieder in eine belebtere Gasse gekommen war, wo ihn die vielen Passanten hinderten. Er wußte, daß die Zeit bis zum morgigen Abend ihm wie eine Ewigkeit erscheinen würde.

Die Stunden gingen hin, und er wunderte sich selbst in manchen Momenten, daß er an eine ernste Krankheit der Geliebten gar nicht glauben konnte. Dann erschien es ihm gleich wieder wie eine Sünde, daß er so ruhig war ... Und nachmittags – wie lange war das schon nicht geschehen! – las er ganze Stunden lang in einem Buche, als gäbe es nichts zu fürchten und nichts zu wünschen. –

Der Dienstmann stand schon an der Ecke, als Albert sich am Abend dort einfand. – Heute bekam der Mann außer der gestrigen Weisung noch den Auftrag, mit dem Stubenmädchen womöglich ein Gespräch zu beginnen und in Erfahrung zu bringen, was der gnädigen Frau eigentlich fehlte. – Es dauerte länger als gestern, ehe der Mann sich wieder zeigen wollte, und Albert begann unruhig zu werden. Fast eine viertel Stunde verging, bis er den Mann aus dem Hause treten sah; Albert lief ihm entgegen. –

»Der gnädigen Frau soll es sehr schlecht gehen ...«

»Was?« schrie Albert.

»Der gnädigen Frau soll es sehr schlecht gehen«, wiederholte der Mann.

»Wen haben Sie gesprochen? Was hat man Ihnen gesagt? ...«

»Das Stubenmädel hat mir gesagt, daß es sehr gefährlich ist ... Heut waren schon drei Doktoren da, und der gnädige Herr soll ganz desparat sein.«

»Weiter ... weiter ... was fehlt ihr? haben Sie nicht gefragt? Ich hab Ihnen ja –«

»Freilich! ... Ein Kopftyphus soll's sein, und die gnädige Frau weiß gar nichts mehr von sich seit zwei Tagen.«

Albert blieb stehen und schaute den Mann wie abwesend an ... Dann fragte er:

»Sonst wissen Sie nichts?«

Der Mann fing seine Geschichte von vorne zu erzählen an, und Albert hörte zu, als brächte ihm jedes Wort etwas Neues. Dann bezahlte er ihn und ging geradeswegs wieder in die Straße zurück vor das Haus der Geliebten. Ja, nun konnte er freilich unbehelligt dastehen; – wer kümmerte sich droben um ihn? Und er starrte hinaus zu dem Schlafzimmer und wollte mit seinem Blicke durch die Glasscheiben und Vorhänge hindurchdringen. Das Krankenzimmer – ja! – es war so selbstverständlich, daß da hinter diesen stillen Fenstern ein Schwerkranker liegen mußte! – wie hatte er es nur nicht gleich am ersten Abende gewußt? Heute sah er ein, daß es gar nicht anders sein konnte. – Ein Wagen fuhr vor; Albert stürzte hinüber, er sah einen Herrn aussteigen, der nur der Arzt sein konnte, und im Tor verschwinden. Albert blieb ganz nahe stehen, um das Herunterkommen des Arztes abzuwarten in der unbestimmten Hoffnung, von dessen Zügen etwas ablesen zu können... Er stand einige Minuten ganz unbeweglich, und dann begann der Erdboden mit ihm langsam auf und nieder zu gehen. Da merkte er, daß ihm die Augen zugefallen waren; und wie er sie öffnete, war ihm, als hätte er schon Stunden lang da geträumt und wachte nun erfrischt auf. Daß sie schwer krank war, konnte er glauben, aber gefährlich, nein... So jung, so schön und so geliebt... Und plötzlich schoß ihm wieder das Wort: »Kopftyphus« durch den Sinn... Er wußte nicht recht, was das eigentlich war. Er erinnerte sich, es zuweilen im Verzeichnis der Verstorbenen als Todesursache gelesen zu haben. – Er stellte sich jetzt ihren Namen gedruckt vor, dazu ihr Alter, und dazu »gestorben am 20. August an Kopftyphus«... Das war unmöglich, vollkommen unmöglich... jetzt, da er sichs vorgestellt hatte, war es schon ganz unmöglich; ... das wäre zu seltsam, daß er das in ein paar Tagen wirklich gedruckt lesen sollte... Er glaubte geradezu, das Schicksal überlistet zu haben. – Der Doktor trat aus dem Haustor. Albert hatte fast an ihn vergessen – nun stockte ihm der Atem. Die Züge des Arztes waren ganz leidenschaftslos und ernst. Er rief dem Kutscher eine Adresse zu, dann stieg er ein und der Wagen fuhr mit ihm davon. – Warum habe ich ihn denn nicht gefragt, dachte Albert... dann war er aber wieder froh, daß er es nicht getan. Am Ende hätte er sehr Schlimmes gehört. So konnte er weiter hoffen... Er entfernte sich langsam vom Haustor und nahm sich vor, nicht früher als in einer Stunde wieder da zu sein... Und plötzlich mußte er sich vorstellen, wie sie das erste Mal nach ihrer Genesung zu ihm kommen würde... Es war ein so deutliches Bild, daß er ganz erstaunt war. Er wußte sogar, daß an diesem Tage ein feiner, grauer Regen herunterrieseln würde. Und sie hat einen Mantel um, der ihr schon im Vorzimmer von der Schulter fällt, und stürzt in seine Arme und kann nur weinen und weinen. Da hast du mich wieder... flüstert sie endlich... da bin ich! Plötzlich schrak Albert zusammen... Er wußte, daß das nie, niemals sein würde... Jetzt hatte das Schicksal ihn überlistet!... Nie wieder würde sie zu ihm kommen – vor fünf Tagen war sie das letzte Mal bei ihm gewesen, und er hatte sie auf immer gehen lassen, und er hatte es nicht gewußt ...

Und wieder lief er durch die Straßen, die Gedanken sausten ihm durch den Kopf, er sehnte sich danach, die Besinnung zu verlieren. Jetzt war er wieder vor ihrem Hause ... Noch war das Tor geöffnet, und oben brannten die Lichter im Speise- und Schlafzimmer ... Albert rannte weg. Er wußte: wäre er noch einen Augenblick stehen geblieben, so hätte er hinaufstürzen müssen, zu ihr – an ihr Bett – zu der Geliebten. – Und wie es seine Art war, mußte er auch das zu Ende denken. Und da sah er, wie der Gatte, der mit einem Mal alles erfaßt, zu der Kranken eilte, die bewegungslos dalag, und sie schüttelte und ihr ins Ohr schrie: Dein Geliebter ist da, dein Geliebter ist da! – Aber sie war schon tot ...

... In schweren Träumen verging ihm die Nacht, in dumpfer Müdigkeit der Tag. Schon um elf schickte er wieder einen Dienstmann aus, der sich erkundigen sollte. Jetzt konnte das ruhig geschehen; wer kümmerte sich um die Leute, die nachfragen kamen! Die Nachricht, die er erhielt, lautete: Unverändert ... – Den ganzen Nachmittag lag er zu Hause auf seinem Divan und verstand sich selber nicht. Es war ihm alles ganz gleichgültig; und er dachte: es ist doch schön, so müde zu sein ... Er schlief sehr viel. Aber als es dunkel wurde, sprang er plötzlich auf, in einer Art von Staunen, als wäre jetzt erst, das erste Mal in dieser ganzen wirren Zeit, Klarheit über ihn gekommen. Und eine ungeheure Sehnsucht nach Gewißheit bemächtigte sich seiner – heute mußte er den Arzt selbst sprechen. – Er eilte vor ihr Haus. Die Hausbesorgerin stand davor. Er trat auf sie zu und, indem er sich selbst über seine Ruhe wunderte, fragte er sie harmlos: »Wie gehts denn Frau ...?« Die Hausbesorgerin antwortete: »Oh, der gehts sehr schlecht; die wird nimmer aufstehn ...«

»Ah!« erwiderte Albert sehr verbindlich und setzte hinzu: »Das ist aber traurig.«

»Freilich,« meinte die andere, »das ist sehr traurig – so eine junge, schöne Frau.« Damit verschwand sie im Toreingang. –

Albert sah ihr nach ... Die hat mir wohl nichts angemerkt, dachte er, und im selben Moment fuhr ihm auch schon der Gedanke durch den Kopf, ob er sich nicht in die Wohnung wagen könnte, da er ja ein solcher Künstler in der Verstellung wäre ... Da kam der Wagen des Arztes angefahren. Albert grüßte, als dieser ausstieg, und erhielt einen höflichen Dank. Das war ihm angenehm – nun war er gewissermaßen bekannt mit ihm geworden und konnte eher fragen, wenn er herunterkäme...

Regungslos blieb er stehen, und es tat ihm wohl, zu denken, daß der Arzt bei ihr wäre. Er blieb lange aus... Jedenfalls mußte noch irgend eine Möglichkeit zu retten da sein, sonst hielte er sich nicht so lange da oben auf. Oder sie lag schon in der Agonie ... Oder ... Ah, weg, weg, weg! – Er wollte alle Gedanken verscheuchen, es war ja nutzlos – es war ja alles möglich. – Plötzlich war es ihm, als hörte er den Doktor reden; – er verstand sogar die Worte: das ist die Krise. Und unwillkürlich schaute er zum Fenster auf, das geschlossen war. Er überlegte, ob nicht unter gewissen Umständen, zum Beispiel bei aufgeregten und dadurch geschärften Sinnen, auch durch geschlossene Fenster die Worte eines Menschen zu vernehmen wären. Ja, natürlich, er hatte sie ja *gehört*, gehört nicht wie in der Einbildung, sondern wie wirklich gesprochene Worte. – ... Aber schon in demselben Augenblick trat der Arzt aus dem Tor. Albert machte einen Schritt auf ihn zu. Der Arzt mochte ihn für einen Verwandten der Familie halten und, ihm die ungesprochene Frage von den Augen lesend, schüttelte er den Kopf. Aber Albert wollte das nicht verstehen. Er begann zu reden. »Darf ich fragen, Herr Professor, wie...« Der Arzt stand mit einem Fuße auf dem Wagentritt und schüttelte wieder den Kopf... »Recht schlimm,« sagte er und sah den jungen Mann an... »Sie sind der Bruder, nicht wahr?«... »Jawohl«, sagte Albert..... Der Arzt sah ihn mitleidig an. Dann setzte er sich in den Wagen, nickte dem jungen Mann zu und fuhr davon. –

Albert schaute dem Wagen beklommen nach, als verschwände eine letzte Hoffnung mit ihm. Dann ging er. Er sprach leise mit sich selbst, beinahe sinnlose Sätze, und die Zähne klapperten ihm dabei. – Also, was machen wir heute?... Aufs Land ist's zu spät, aufs Land ist's zu spät. Es ist zu spät, es ist zu spät... Ja, ich bin traurig! Bin ich traurig? Bin ich zu Tode betrübt? Nein, ich gehe spazieren, ich empfinde ja gar nichts, gar nichts. Ich könnte jetzt ins Theater gehen, ja, oder aufs Land fahren – ... O nein, das glaub' ich nur... das ist alles Wahnsinn, weil ich so tief ergriffen bin. Ja... ergriffen bin ich, erschüttert! Es ist ein hoher Moment, ich muß ihn festhalten können! Etwas genau verstehen und nichts empfinden... nichts... nichts. – Es fröstelte ihn... Nach Hause, nach Hause. Ich muß irgend etwas Ähnliches einmal erlebt haben... aber wann, wann?... Vielleicht einmal im

Traum? ... Oder ist das ein Traum? ... Ja, jetzt geh ich nach Hause wie alle Abende, als wäre nichts geschehen, als wäre nicht das Geringste geschehen. – Aber was rede ich mir denn ein! Ich werde ja nicht zu Hause bleiben, ich werde ja mitten in der Nacht wieder davon rennen, vors Haus der Geliebten, vors Haus der sterbenden Geliebten ... Und seine Zähne schlugen aufeinander. –

Plötzlich fand er sich in seinem Zimmer und konnte sich nicht daran erinnern, wie er heraufgekommen war. Er machte Licht und setzte sich auf den Divan. Ich weiß, wie es ist, sagte er zu sich: der Schmerz klopft an, und ich lasse ihn nicht ein. Aber ich weiß, daß er draußen steht, durchs Guckfenster kann ich ihn sehen. – – Ah wie dumm, wie dumm ... Also meine Geliebte wird sterben ... ja, sie wird, sie wird! Oder hoffe ich vielleicht noch und bin darum so ruhig? Nein, ich weiß es ganz bestimmt. Ach, und der Arzt hat mich für den Bruder gehalten! Wenn ich ihm geantwortet hätte: Nein, ich bin ihr Geliebter, oder: Ich bin ihr Seladon. Ich bin ihr erschütterter Seladon ...

Herr im Himmel! schrie er plötzlich laut; sprang auf und lief im Zimmer hin und her ... Ich hab ihm aufgetan! Der Schmerz ist da! ... Anna, Anna, meine süße, meine einzige, meine geliebte Anna! ... Und ich kann nicht bei dir sein! Gerade ich nicht, ich, der einzige, der zu dir gehört ... Vielleicht ist sie gar nicht bewußtlos! Was wissen wir denn überhaupt davon! Und sie sehnt sich nach mir, – und ich kann nicht hin – darf nicht hin. Oder vielleicht, im letzten Augenblick, wenn sie von allen irdischen Rücksichten sich löst, wird sie es sagen, wird flüstern: Ruft ihn mir – ich will ihn noch einmal sehen ... Und was wird *er* tun? ...

Nach einer Weile stand ihm der ganze Vorgang vor den Augen. Er sah sich die Treppe hinaufeilen, der Mann empfing ihn, führte ihn selbst zum Bette der Sterbenden, die lächelte ihn an mit brechenden Augen, – er beugte sich zu ihr, sie umarmte ihn, und wie er sich erhob, hatte sie den letzten Atemzug getan – ... Und jetzt trat der Mann hinzu und sagte ihm: Nun gehen Sie wieder, mein Herr, wir werden einander wohl bald mehr zu sagen haben ... Aber so ist das Leben nicht, nein ... Das wäre ja das Schönste, das Allerschönste; sie noch einmal sehen, fühlen, daß er von ihr geliebt wird! – Er mußte sie ja noch einmal sehen, auf irgend eine Weise ... ja, er konnte sie doch um Himmels willen nicht sterben lassen, ohne sie noch einmal gesehen zu haben. Das wäre zu entsetzlich! Er hatte es ja noch gar nicht recht ausgedacht. Ja, aber was tun? Es war bald Mitternacht! Unter welchem Vorwand könnte ich jetzt hinauf, fragte er sich. Brauch' ich denn jetzt einen Vorwand ... jetzt, da der Tod ... Aber selbst wenn sie ... stirbt – habe ich ein Recht, *ihr* Geheimnis zu verraten, ihr Gedächtnis bei ihrem Manne, bei ihrer Familie zu beflecken – –? ... Aber ... ich könnte mich ja wahnsinnig stellen. Ah – ich kann mich ja ganz gut verstellen ... o Gott – was ist das wieder für ein Komödieneinfall! ... Allerdings, wenn man die Rolle gut durchführte und gleich fürs ganze Leben ins Narrenhaus gesperrt würde ... Oder wenn sie gesund würde und sie selbst mich dann für einen Wahnsinnigen erklärte, den sie nie gekannt, nie gesehen habe –! ... – Oh, mein Kopf, mein Kopf! – Er warf sich aufs Bett. Jetzt kam er zum Bewußtsein der Nacht und der Stille, die um ihn war. – Nun, sagte er sich, will ich in Ruhe nachdenken. Ich will sie noch einmal sehen ... ja, jedenfalls ... das steht fest.

Und weiter wirbelten seine Gedanken: in hundert Verkleidungen sah er sich die Treppe zu ihrer Wohnung hinaufsteigen: als Assistent des Professors, als Apothekergehilfe, als Lakai, als Beamter einer Bestattungsgesellschaft, als Bettler; zuletzt sah er sich gar als Leichendiener neben der Toten sitzen, die er nicht kennen durfte, hüllte sie in das weiße Tuch und legte sie in den Sarg ...

Er wachte in der Morgendämmerung auf. Das Fenster war offen gewesen, und obwohl er angekleidet auf dem Bette gelegen war, fröstelte ihn, da ein leichter Regen begonnen und der Wind ein paar Tropfen bis ins Zimmer streute. –

Also der Herbst ist da, dachte Albert ... Dann erhob er sich und schaute auf die Uhr. – So hab ich doch fünf Stunden fest geschlafen. – In dieser Zeit kann ... viel geschehen sein. – Er schauerte zusammen. – Sonderbar, ich weiß plötzlich ganz genau, was ich zu tun habe. Ich werde jetzt hingehen, bis vor die Wohnungstür, den Kragen heraufgeschlagen, und ... selbst ... fragen ...

Er schenkte sich ein Glas Kognak ein, das er rasch austrank. Dann ging er zum Fenster. Pfui, wie die Straßen aussehen. Sehr früh ist's noch.... Das sind lauter Menschen, die schon um sieben Uhr zu tun haben. – – Ja, heute bin ich auch ein Mensch, der schon um sieben zu tun hat. – – »Recht schlimm,« hat der Doktor gestern gesagt ... Aber daran ist noch niemand gestorben ... Und ich hatte doch gestern ununterbrochen die Empfindung, als wenn sie schon ... geh'n wir, geh'n wir ... Er zog sich den

Überzieher an, nahm einen Regenschirm und trat ins Vorzimmer. Sein Diener machte ein erstauntes Gesicht. Ich komme bald wieder, sagte er und ging. –

Er machte kleine, langsame Schritte; es war ihm eigentlich sehr peinlich, selbst hinaufzugehen. Was sollte er nur sagen?

– Er kam immer näher; schon war er in der Straße, sah von ferne das Haus. Es schien ihm so fremd. Zu solcher Stunde hatte er es freilich nie gesehen. Wie sonderbar doch diese fahlen Lichter waren, die der Regenmorgen über die Stadt breitete. Ja, an solchen Tagen stirbt man. – Wenn Anna an jenem Tage, da sie das letztemal bei ihm war, einfach von ihm Abschied genommen hätte, er hätte sie heute vielleicht schon vergessen gehabt. Ja, ganz gewiß – denn es war ganz unheimlich, wie lang es ihm erschien, daß er sie das letzte Mal gesehen. Was so ein Regenmorgen für falsche Begriffe von der Zeit schafft ... ach Gott ... Albert war sehr müde, sehr zerstreut .... Fast wäre er an dem Hause vorübergegangen.

Das Tor war offen; gerade kam ihm ein Bursch mit Milchkannen in der Hand daraus entgegen. Albert ging sehr ruhig die paar Schritte durch den Torweg – plötzlich, wie er die ersten Stufen der Treppe betreten wollte, durchzuckte ihn das volle Bewußtsein von allem, was geschehen war, was jetzt geschah, was er erfahren wollte. Es war ihm, als hätte er den Weg bis hierher noch im Halbschlaf zurückgelegt und wachte nun jählings auf. Er faßte mit beiden Händen nach seinem Herzen, bevor er weiterschritt. Das also war die Treppe ... er hatte sie ja früher nie gesehen. Sie lag noch im Halbdunkel; kleine Gasflämmchen brannten an der Wand ... Hier im ersten Stock war die Wohnung. Was war das? ... Beide Türflügel standen offen. – Er konnte das Vorzimmer sehen – aber es war kein Mensch da. Er machte eine kleine Tür auf, die führte in die Küche. Auch da war niemand. Er blieb eine Weile unschlüssig stehen. Jetzt öffnete sich die Tür, die zu den Wohnräumen führte, und ein Dienstmädchen kam leise heraus, ohne ihn zu bemerken. Albert trat auf sie zu.

»Wie geht's der gnädigen Frau?« fragte er.

– Das Mädchen schaute ihn gedankenlos an.

»– Vor einer halben Stunde ist sie gestorben,« sage sie. Damit wandte sie sich um und ging in die Küche.

Albert hatte die Empfindung, als wenn die Welt um ihn plötzlich totenstille würde; er wußte ganz bestimmt, daß in diesem Moment alle Herzen zu schlagen, alle Menschen zu gehen, alle

Wagen zu fahren, alle Uhren zu ticken aufhörten. Er spürte, wie die ganze lebende, sich bewegende Welt innehielt, zu leben und sich zu bewegen. Also das ist der Tod, dachte er ... Ich hab' es gestern doch nicht verstanden ...

Entschuldigen Sie, sagte eine Stimme neben ihm; es war ein schwarzgekleideter Herr, der von der Treppe aus ins Vorzimmer treten wollte, und den Albert, der gerade in der Tür stand, daran hinderte. Albert trat einen Schritt weiter hinein und ließ den Herrn vorbei. Dieser kümmerte sich nicht weiter um ihn, sondern begab sich rasch in die Wohnung und ließ die Tür halb offen. Albert konnte nun in das nächste Zimmer sehen. Es war fast dunkel darin, da die Vorhänge niedergelassen waren; er sah ein paar Gestalten, die um einen Tisch saßen, sich erheben und den eintretenden Herrn begrüßen. Er hörte sie flüstern ... Dann verschwanden sie in einem Nebenraum. Albert blieb an der Türe stehen und dachte: Da drin liegt sie ... Es ist noch keine Woche, daß ich sie in meinen Armen hielt ... Und ich darf nicht hinein. – Er hörte Stimmen auf der Treppe. Zwei Frauen kamen herauf und gingen an ihm vorbei. Die eine, jüngere, hatte verweinte Augen. Sie sah der Geliebten ähnlich. Es war gewiß ihre Schwester, von der sie ihm einigemal gesprochen. Eine ältere Dame kam den zwei Frauen entgegen, umarmte beide und schluchzte leise. »Vor einer halben Stunde,« sagte die alte Dame – »ganz plötzlich« ... Sie konnte vor Tränen nicht weiterreden; alle drei verschwanden durch das halbdunkle Zimmer in den Nebenraum. Niemand beachtete ihn.

Ich kann ja hier nicht stehen bleiben, dachte Albert. Ich will hinunter und werde nach einer Stunde wiederkommen. – Er entfernte sich und war in ein paar Augenblicken auf der Straße. Das Getriebe des Morgens hatte begonnen; viele Leute hasteten an ihm vorüber, und die Wagen rollten.

Nach einer Stunde werden mehr Menschen oben sein, und ich kann mich ganz leicht unter sie mischen. Wie doch Gewißheit tröstet ... Es ist mir wohler als gestern; obzwar sie gestorben ist ... Vor einer halben Stunde ... In tausend Jahren wird sie dem Leben nicht ferner sein als jetzt ... und doch, das Bewußtsein, daß sie vor einer Stunde noch geatmet hat, gibt mir den Eindruck, als wenn sie jetzt noch irgend etwas vom Dasein wissen müßte; irgendwas, das man nicht ahnt, solange man noch atmet ... vielleicht ist der unfaßbare Augenblick, in dem wir vom Leben zum Tode übergehen, unsere arme Ewigkeit ... Ja, nun ist es auch aus mit dem Warten am Nachmittag ... Ich werde nicht mehr am Guckfenster stehen – nie mehr, nie mehr ... – Diese Stunden traten ihm nun wieder in unsäglicher Schönheit vor Augen. Vor wenigen Tagen noch war er so glücklich gewesen – ja, glücklich. Es war eine schwüle, tiefe Seligkeit gewesen. Ach, wenn ihre Schritte über die letzten Stufen eilten ... wenn sie ihm in die Arme gestürzt kam ... und wenn sie in dem dämmerigen Zimmer, das von Blumen und Zigaretten duftete, wortlos und regungslos auf den weißen Polstern lagen ... Aus, aus ...

Ich werde abreisen, es ist das einzige, was ich tun kann. Werde ich denn mein Zimmer überhaupt noch betreten können! Ich werde ja weinen müssen, ich werde tagelang, immer, immer werde ich weinen ...

Er kam an einem Kaffeehaus vorbei. Es fiel ihm ein, daß er gestern mittag keinen Bissen genossen; er ging hinein, frühstükken. – Als er das Lokal wieder verließ, war es neun Uhr vorbei. – Nun kann ich wieder hin – ich muß sie ja noch einmal sehen – was tu' ich nur dort? ... Werde ich sie sehen können? ... Ich muß sie sehen ... ja, ich muß meine, meine, meine geliebte tote Anna ein letztesmal sehen. – Aber wird man mich in das Sterbezimmer lassen? ... Gewiß; es werden mehr Leute dort sein, und alle Türen werden offen stehen ...

Er eilte hin. – Beim Tor stand die Hausbesorgerin, sie grüßte ihn, als er vorbeiging; auf der Treppe lief er zwei Herren vor, die gleichfalls hinaufgingen. Schon im Vorzimmer standen einige Leute. Die Tür war flügelweit offen; Albert trat ein. Der Vorhang des einen Fensters war zurückgeschlagen, und es fiel einiges Licht in den Raum. Da waren etwa zwölf Menschen, die saßen oder standen und sehr leise sprachen. Die alte Dame, die er schon früher gesehen, saß ganz zusammengebrochen in der Ecke eines dunkelroten Sofas. Als Albert an ihr vorüberkam, sah sie ihn an; da blieb er vor ihr stehen und reichte ihr die Hand. – Sie nickte mit dem Kopfe und fing wieder an zu weinen. Albert schaute um sich; die zweite Tür, die zum Nebenzimmer führte, war geschlossen. Er wandte sich an einen Herrn, der am Fenster stand und ganz gedankenlos durch die Spalte des Vorhangs hinausschaute ... »Wo liegt sie?« fragte er. Der Herr wies mit der Hand nach der rechten Seite. Albert öffnete leise die Türe. Er war geblendet von dem vollen Licht, das ihm da entgegenströmte. Er befand sich in einem ganz lichten, kleinen Zimmer mit Tapeten weiß in gold und hellblauen Möbeln. Kein Mensch war da. Die Türe zum nächsten Zimmer war nur angelehnt. Er trat ein. Es war das Schlafgemach. –

Die Fensterläden waren geschlossen; eine Ampel brannte. Auf dem Bette lag die Tote ausgestreckt. Die Decke war bis zu ihren Lippen hingebreitet; zu ihren Häupten auf dem Nachtkästchen brannte eine Kerze, deren Licht grell auf das aschgraue Antlitz fiel. Er hätte sie nicht erkannt, wenn er nicht gewußt hätte, daß sie es war. Erst allmählich ging ihm die Ähnlichkeit auf – erst allmählich wurde es Anna, seine Anna, die da lag, und das erstemal seit dem Beginne dieser entsetzlichen Tage fühlte er Tränen in seine Augen kommen. Ein heißer, brennender Schmerz lag ihm auf der Brust, er hätte aufschreien mögen, vor sie hinsinken, ihre Hände küssen ... Jetzt erst merkte er, daß er nicht allein mit ihr war. Jemand kniete zu Füßen des Bettes, hatte den Kopf in der Decke vergraben und hielt die eine Hand der Toten in seinen beiden Händen fest. In dem Momente, da Albert eben einen Schritt näher zu treten versucht war, hob jener den Kopf. Was werde ich ihm denn sagen? – Aber schon fühlte er von dem Knienden seine rechte Hand ergriffen und gedrückt und hörte ihn mit tränenerstickter Stimme flüstern: Dank, Dank. – Und dann wandte sich der Weinende wieder weg, ließ den Kopf niedersinken und schluchzte leise in die Decke. Albert blieb noch eine Weile stehen und betrachtete das Gesicht der Toten mit einer Art von kalter Aufmerksamkeit. Die Tränen waren ihm wieder ganz ausgeblieben. Sein Schmerz wurde plötzlich ganz dürr und wesenlos. Er wußte, daß ihm diese Begegnung später einmal schauerlich und komisch zugleich vorkommen würde. Er wäre sich sehr lächerlich erschienen, hätte er mit diesem da zusammen geschluchzt.

Er wandte sich zum Gehen. An der Tür blieb er noch einmal stehen und schaute zurück. Das Flimmern der Kerze machte, daß er ein Lächeln um Annas Lippen zu sehen glaubte. Er nickte ihr zu, als nähme er Abschied von ihr und sie könnte es sehen. Jetzt wollte er gehen, aber nun war es ihm, als hielte sie ihn mit diesem Lächeln fest. Und es wurde mit einemmal ein verächtliches, fremdes Lächeln, das zu ihm zu reden schien, und er konnte es verstehen. Und das Lächeln sagte: Ich habe dich geliebt, und nun stehst du da wie ein Fremder und verleugnest mich. Sag' ihm doch, daß ich die Deine war, daß es *dein* Recht ist, vor diesem Bette niederzuknien und meine Hände zu küssen. – Sag' es ihm! Warum sagst du's ihm denn nicht?

Aber er wagte es nicht. Er hielt die Hand vor die Augen, um ihr Lächeln nicht mehr zu sehen ... Auf den Fußspitzen drehte er sich um, verließ das Zimmer und schloß die Türe hinter sich. Er ging schaudernd durch den lichten Salon, drückte sich dann in dem halbdunklen Zimmer an allen den Leuten vorbei, die miteinander flüsterten und unter denen er nicht bleiben durfte; dann eilte er durchs Vorzimmer und über die Treppe hinab, und wie er zum Tor hinaus war, schlich er sich an der Mauer des Hauses weiter, und sein Schritt wurde immer schneller, und es trieb ihn aus der Nähe des Hauses, und er eilte tief beschämt durch die Straßen; denn ihm war, als dürfe er nicht trauern wie die anderen, als hätte ihn seine tote Geliebte davongejagt, weil er sie verleugnet.

DER EMPFINDSAME

EINE BURLESKE

Die jungen Leute waren heute sehr traurig. Sie dachten an den armen Fritz Platen, der so oft da neben ihnen gesessen war, plaudernd, lächelnd, Kaffee trinkend, Zigaretten rauchend. Eines Abends vor acht Tagen war er nicht gekommen, sondern war zu Hause geblieben, hatte sich vor seinen Schreibtisch gesetzt und sich eine Kugel durch den Kopf geschossen. Niemand wußte, warum. Fritz Platen war ein lieber, junger Mensch gewesen, bildhübsch, ziemlich wohlhabend und ein bißchen empfindsam. Und sie sprachen darüber, wie dumm oder wenigstens wie unbegreiflich das von so einem netten, hübschen, wohlhabenden und empfindsamen jungen Menschen sei, eines Tages plötzlich nicht ins Kaffeehaus zu kommen, sondern zu Hause zu bleiben und sich totzuschießen.

»Zu empfindsam«, sagte plötzlich einer von den jungen Leuten, und das war Albert Rhode, der beste Freund des Toten, der einzige, der sogar Trauer für ihn trug. – »Wieso?« fragten die zwei anderen, Hugo Friedel und der kleine Willner.

»An seiner Empfindsamkeit ist er gestorben, und ich will euch zum Beweis dafür einen merkwürdigen Brief vorlesen.«

»Ist also doch einer dagewesen?«

Rhode schüttelte den Kopf. »Keiner von ihm, ihr wißt es ja. Aber ich habe heute seine Papiere geordnet, und da habe ich einen gefunden, der am Tage seines Selbstmordes an ihn gelangt ist, und der löst das Rätsel.«

Die beiden anderen waren höchst erstaunt. »Von wem ist dieser Brief?« fragten sie. – »Ich kann den Namen der Schreiberin nicht nennen, denn aller Wahrscheinlichkeit nach wird sie bald eine sehr berühmte Person sein.«

»Woher ist der Brief?« fragten die anderen.

»Auch das muß ich verschweigen, denn das würde leicht auf die Spur führen.«

»So lies«, riefen die anderen. Albert Rhode zog seine Brieftasche hervor und entnahm ihr einen mehrfach zusammengelegten Brief.

Während er ihn entfaltete, versuchten die anderen, jedoch vergeblich, die Unterschrift zu entziffern ... Albert Rhode schüttelte den Kopf und reichte ihnen den Brief hin. Er wies auf die letzte Seite. Statt der Unterschrift eine Stelle, wo das Papier abgeschabt und grau aussah ... Er hatte den Namen ausradiert.

»Übrigens ist das nebensächlich«, sagte der kleine Willner, sehr diskret war. – »Gewiß«, erwiderte Albert Rhode. »Nun hört.« Und er nahm den Brief in die Hand und begann langsam zu lesen: »Mein lieber, lieber Fritz« ...

Albert Rhode unterbrach sich. Seine Stimme hatte gezittert. Er biß sich auf die Lippen. Die anderen sahen vor sich hin und waren etwas verlegen. Albert Rhode faßte sich, schüttelte den Kopf und fuhr sich mit den Fingern der linken Hand zwischen Kragen und Hals einige Male hin und her. Dann las er weiter: »Wenn Du diesen Brief erhältst, bin ich fort, weit fort, vielleicht für immer. Ich habe Dir's nicht sagen wollen. Es hätte Dir weh getan und mir auch. Lieber sag' ich Dir so adieu und habe als letzte Erinnerung von Dir Dein liebes, lächelndes Gesicht und Deine Worte: Also morgen abend, mein Schatz ... Du hättest ja geweint, und ich hätte mit Dir weinen müssen, und das wäre nicht schön gewesen. Drum ist es besser so. Ich habe dich auch sehr lieb so, wie ich Dich jetzt vor mir sehe, wenn ich die Augen schließe. Es ist gerade eine Stunde, daß ich Dich verlassen habe. Nicht wahr, Du liegst noch auf Deinem Diwan und träumst davon, wie glücklich wir vor einer Stunde gewesen sind. Und auch ich bin allein in meinem Zimmer, habe mir's bequem gemacht. Eine Reisetasche steht neben dem Bett, und im Vorzimmer rumort Mama, packt noch, denn morgen früh, Fritz, lange bevor der Brief da in Deinen Händen sein darf, morgen früh reisen wir ab, Mama und ich, und in acht Tagen steh' ich das erstemal auf der Bühne. Ja, Fritz, ich hab' ein Engagement, und Dir dank' ich es, Dir gerade, der mich vielleicht niemals von seiner Seite gelassen hätte. Deine Liebe, die mir mehr gewesen ist, als Du ahntest, und weniger, als Du wolltest.

Es ist meine Pflicht, Dir diese dunklen Worte zu erklären, ich fühle es wohl. Ich glaube, daß ich sogar ein bißchen Verzeihung brauche, denn es ist möglich, daß Du mir böse sein wirst.

Erinnerst Du Dich des Abends, an dem wir uns das erstemal begegnet sind? Aber was frage ich Dich ... wie oft haben wir von diesem Abend miteinander gesprochen! Erst heute hast Du mir ja wieder gesagt, daß Du es nicht fassen könntest, wie Du Dich kaum eine Stunde nach dem ersten Lächeln, mit dem Du die Unbekannte auf der Straße begrüßtest, in ihren Armen – und in den Armen eines unschuldigen Mädchens fandest. Dieses Staunen, in dem wohl auch ein bißchen Stolz gewesen ist, nicht wahr, Du lieber Fritz, wird nun bald ein Ende haben. Denn was Dir damals geglückt ist, hätte vielleicht auch anderen an diesem Abend glücken können. Dein Stolz darf nur sein, daß ich Dir treu geblieben bin, denn das hab' ich an jenem Abend nicht vorhergesehen.

Weißt Du noch, wie ich am Café Impérial vorüberging vor dem Tisch, wo Du so ganz allein dasaßest, mit den vielen Zeitungen auf dem Sessel neben Dir, die Du gar nicht anschautest? Du hast in die Luft gestarrt, und anfangs sahst Du mich auch so an, als wenn ich Luft wäre, bis Du merktest, daß auch ich Dich ansah, und da hast Du gelächelt und bist aufgestanden und bist eine Weile hinter mir gegangen in respektvoller Entfernung, bis die Entfernung und, ach Gott, auch der Respekt immer geringer wurden, und dann kamst Du näher zu mir und näher. Am Gitter des Stadtparkes hörte ich schon, wie Du leise vor Dich hin pfiffst, um Dir Mut zu machen. Und dann sprachst Du mich an: ›Erlauben Sie, mein Fräulein, daß ich mich Ihrem einsamen Spaziergange‹... und so weiter... Es war nicht sehr klug, aber es hätte noch dümmer sein dürfen. Denn ich hatte Dich mit Sehnsucht erwartet. Dich, gerade Dich? Ja, Dich, denn Du bist ja der Richtige gewesen.

An diesem Abend, mein lieber Fritz, bin ich von meinem Arzt gekommen, von meinem vierundzwanzigsten, glaub' ich. Von dem einen zum andern war ich gelaufen, ruhelos, mit der Zeit fast hoffnungslos, denn ich wollte meine schöne, meine wunderschöne Stimme wieder haben, die ich mit sechzehn gehabt hatte, und keiner konnte sie mir wiedergeben. Ja, mein Fräulein, Ihnen fehlt eigentlich gar nichts... sagten sie alle. Aber behandelt haben sie mich alle. Du ahnst nicht, was ich ausgestanden habe. Ich bin gepinselt, elektrisiert, geätzt, massiert worden – massiert am ganzen Körper wegen zweier kleiner Stimmbänder, die nicht ordentlich schließen wollten. Man hat mich höflich, man hat mich grob, man hat mich – beinahe zärtlich behandelt. Daß ich wieder meine Stimme bekommen würde, hat mir jeder versichert, aber – und das sagten sie alle, nachdem sie mich wochenlang behandelt hatten – Sie sind ja ganz gesund. Gesund, ich! die sich gar kein Leben ohne ihre Kunst vorstellen könnte, ich, die von ihrem vierzehnten Jahre an nur von Erfolgen auf der Bühne, von einem

Triumphzug durch die ganze Welt, von einer Zukunft als große und berühmte Sängerin geträumt hatte.

Aber das ging so durch drei Jahre, durch drei volle Jahre. Auch von einem Gesangslehrer zum andern bin ich in dieser Zeit gewandert. Ich dachte, es läge vielleicht an der Stimmbildung. Und da mir jeder sagte, der vorige habe mir die Stimme verdorben, so bedeutete jeder neue für mich eine neue Hoffnung. Aber vergeblich, alles war vergeblich. Erst mein vierundzwanzigster Arzt – ich übertreibe vielleicht ein wenig, aber ich bleibe der Kürze halber bei der Zahl vierundzwanzig – hat mich gerettet, oder hat mir das Mittel zu meiner Rettung gegeben. Allerdings ist es mir seither schon manchmal so vorgekommen, als täte ich den dreiundzwanzig anderen auch Unrecht, denn sie haben es an Andeutungen nicht fehlen lassen. Aber dieser vierundzwanzigste war so deutlich, so göttlich grob, er hat es so einfach, so kurz ausgedrückt, daß es mir gleich das erstemal nicht wie ein Scherz, wie eine Galanterie, wie eine Dummheit oder wie eine Impertinenz vorkam, sondern wie das einzige, schwere, aber auch sichere Mittel zu meiner Heilung.

Mancher hatte schon gesagt: Ach, mein Fräulein, Sie sind eben nervös, es wäre gut, wenn Sie heirateten; und andere drückten sich ungeheuer vorsichtig aus und sprachen von einer durchgreifenden Änderung der Lebensweise; und einige waren riesig verschmitzt und sagten: Fräulein, waren Sie denn noch nie verliebt ... Und andere waren wieder frech und sagten: Wissen Sie, was Sie brauchten ... und machten sehr glühende Augen, und das war mir so zuwider ... Freilich ging's mir selbst zuweilen durch den Kopf, aber doch nur so, als wenn es gar nie ernst werden könnte, und wenn ich daran denken wollte, daß ich dadurch meine schöne, wunderschöne Stimme wiederbekommen sollte – ich hab' einfach lachen müssen. Aber ich fing an zu verzweifeln. Meine Stimme blieb, wie sie war. Ich ermattete nach zwei Tönen, und die Kolleginnen, mit denen ich zu studieren begonnen, wurden alle fertig, gingen ins Engagement und feierten Triumphe. Ich führte ein unheimliches Leben. Es gab Zeiten, in denen ich von drei oder vier Ärzten zugleich behandelt wurde, von einem zum andern lief wie im Traume, drei Kuren zugleich über mich ergehen ließ. Ich verbrachte schauerliche Nächte. Ich träumte von den Erfolgen meiner Kolleginnen. Weißt Du, was das bedeutet? Nach einer Nacht, in der ich drei solche Träume gehabt, nach einem Vormittag, an dem ich bei zwei Gesangsprofessoren gewesen, nach einem Nachmittag, an dem mich zwei Ärzte behandelt, begab ich mich – es war fünf Uhr abends – zum dritten, das heißt zum vierundzwanzigsten. Sein Name war mir schon oft genannt worden. Durch einen Zufall hatte ich bisher versäumt, ihn zu Rate zu ziehen. Ich sagte schon, es war fünf. Sein Wagen stand vor dem Haustor, und wie ich hinauf kam, stand er, der Professor selbst, mit Hut und Rock im Vorzimmer zum Weggehen bereit. Er schrie mich beinahe an: ›Was wollen Sie?‹ Und noch bevor ich antworten konnte: ›... Ich habe keine Zeit, ich muß fort, kommen Sie morgen.‹ Er war noch nicht alt, vielleicht fünfundvierzig. Und seine Grobheit machte mir gar nicht bange. ›Bitte, untersuchen Sie mich doch noch‹, bat ich einfach. Er war beinahe starr, um so mehr, als ich, ohne seine Antwort abzuwarten, voran ins Zimmer ging. Er folgte mir. Ich durchschritt das Wartezimmer, vor der Türe zum Operationszimmer blieb ich stehen. Er öffnete, ging mir voraus, und jetzt erst nahm er den Hut ab, warf ihn auf einen Sessel, setzte sich selbst auf den Stuhl vor dem Schreibtisch und begann mich auszufragen, fast ohne mich anzusehen. Dann untersuchte er mich, spiegelte mir in den Hals, stellte einige Fragen an mich und schaute mich, nachdem ich ihm alles sehr ehrlich beantwortete, eine Weile mit einem ernsten, beinahe bösen Blick an. Dann stand er auf. ›Ihnen fehlt nichts‹, sagte er, ›adieu.‹ Ich erwiderte heftig: ›Das haben alle gesagt, das ist nichts Neues.‹ Er noch heftiger: ›Ich bin ja nicht dazu da, um Ihnen was Neues zu sagen...‹ Ich mit zusammengepreßten Zähnen: ›Meine Stimme will ich wieder haben.‹

›Ihre Stimme, ja, dafür gibt's kein Rezept, das man aufschreiben kann.‹

Ich, von einem Hoffnungsstrahl durchleuchtet: ›Aber vielleicht sagen...‹ Er, indem er den Hut in die Hand nimmt: ›Sagen, ja.‹ Ich, in meiner Erregung, statt ihn zu bitten, schreie ihn an, wütend, fast weinend: ›Also was soll ich nehmen?‹

Darauf er, wütend, als wenn er mir was antun wollte, auf mich zu und schreit: ›Einen Liebhaber...‹

Fritz, so wie dieser Mann mußte man mir's sagen. Das war deutlich. Ich spürte ja wieder in dem Augenblick, da ich es hörte, daß mir dasselbe schon viele, möglicherweise alle gesagt hatten. Aber so beiläufig, so ohne wissenschaftlichen Ernst. Und die meisten mit so schlecht verhehltem Egoismus. Der aber sagte jene Worte in einem Ton, mit dem er auch hätte sagen können:

›Chinin oder Zyankali...‹ Das erstemal hatte ich einen ärztlichen Rat bekommen, und noch während ich die Treppe hinunterstieg, war ich fest entschlossen, ihn zu befolgen.

Und da ging ich zufällig vor dem Café Impérial vorbei. Sei aber nicht gar zu böse. Ich war schon eine Stunde spazierengegangen, hatte viele junge und hübsche Männer begegnet, und mancher hat mich angesehen und mancher angelächelt. Du warst der erste, dessen Lächeln ich erwiderte, nicht wahr, sonst wärst Du doch auch nicht so keck gewesen und mir nachgegangen? Und Du bist auch nicht böse, daß ich Dir nicht gleich alles gestanden. Ich war ja in den ersten Tagen nahe daran. Da überlegte ich aber, daß es Dich zu sehr verstimmen könnte – und das hätte Deiner Zärtlichkeit und auch mir natürlich geschadet... Und dann, daß ich Dir's nur gestehe, es gab wirklich Momente, da ich fast vergaß, was Du mir ursprünglich bedeuten solltest, und ich begann mich in Dich zu verlieben, wie in einen Geliebten, den man nur zu seinem Vergnügen hat. Schau, Fritz, ich muß aufrichtig sein, ich bin Dir zu viel Dank schuldig. Du weißt, daß meine Stimme wunderschön geworden ist. Von Tag zu Tag konnte ich den Fortschritt merken. Mein Gesangslehrer war frappiert. Die Agenten, denen ich vorgesungen habe, waren entzückt. Und der Direktor... vom...-Theater (Rhode verschwieg die Namen), vor dem ich vor acht Tagen Probe sang, hat mich sofort auf drei Jahre mit steigender Gage für erste Partien engagiert. Fritz, Fritz... ich kann meiner Kunst leben, wie es der Traum meiner Kinder- und Mädchenjahre war. Ich werde eine gefeierte Sängerin sein, und Du wirst das Bewußtsein haben, daß ich es in Deinen Armen geworden bin. Wenn Du mich wirklich so lieb gehabt hast, wie Du mir's so oft gesagt, so muß Dir das ein Trost dafür sein, daß Du die Geliebte verloren.

Und wer weiß, wie gern ich Dich gehabt hätte, wenn ich nicht immer daran hätte denken müssen, daß Du mir eigentlich verschrieben worden bist! Leb wohl, mein lieber Fritz, glaube, daß, während ich diesen Lebenslauf niederschreibe, eine Träne über meine Wange fließt, und denke in Güte eines Wesens, das Dir so lange dankbar sein wird, als es atmet und singt.« –

»Hier folgt die Unterschrift«, schloß Albert Rhode und ließ den Brief auf die Marmorplatte des Tisches sinken.

Die Freunde waren still.

»Und du glaubst«, fragte endlich Hugo, »daß er aus diesem Grunde...?«

Albert Rhode nickte. »Gewiß. Ich stelle mir das auch sehr entsetzlich vor. Denk dir nur, glauben, daß man von einem jungen Mädchen angebetet wurde, und erfahren, daß sie einen – eingenommen hat. Er mußte sich ja selber nach Empfang dieses Briefes widerwärtig und unheimlich vorkommen. Die ganze Zeit, die er mit ihr verbracht hatte, mußte ihm ja als vergiftet erscheinen.«

»Daß er sich erschossen hat wegen dieser herzlosen Person, das ist doch übertrieben und kaum zu begreifen«, fanden die Freunde.

»Wenn man zu empfindsam ist«, sagte Rhode . . .

»Es ist sehr traurig. Und du willst uns den Namen dieser Dame nicht sagen?« – »Nein, sie wird sehr berühmt werden, dank unserm armen Fritz.«

Der andere schüttelte den Kopf.

»Und sein Name«, fuhr Albert Rhode fort, indem er den Brief zerknitterte und in die Tasche steckte, »sein Name – so ungerecht ist der Ruhm – wird in keiner Musikgeschichte zu finden sein.«

DIE FRAU DES WEISEN

Hier werde ich lange bleiben. Über diesem Orte zwischen Meer und Wald liegt eine schwermütige Langeweile, die mir wohltut. Alles ist still und unbewegt. Nur die weißen Wolken treiben langsam; aber der Wind streicht so hoch über Wellen und Wipfel hin, daß das Meer und die Bäume nicht rauschen. Hier ist tiefe Einsamkeit, denn man fühlt sie immer; auch wenn man unter den vielen Leuten ist, im Hotel, auf der Promenade. Die Kurkapelle spielt meist melancholische schwedische und dänische Lieder, aber auch ihre lustigen Stücke klingen müd und gedämpft. Wenn die Musikanten fertig sind, steigen sie schweigend über die Stufen aus dem Kiosk herab und verschwinden mit ihren Instrumenten langsam und traurig in den Alleen.

Dies schreibe ich auf ein Blatt, während ich mich in einem Boote längs des Ufers hin rudern lasse.

Das Ufer ist mild und grün. Einfache Landhäuser mit Gärten; in den Gärten gleich am Wasser Bänke; hinter den Häusern die schmale, weiße Straße, jenseits der Straße der Wald. Der dehnt sich ins Land, weit, leicht ansteigend, und dort, wo er aufhört, steht die Sonne. Auf der schmalen und langgestreckten gelben Insel drüben liegt ihr Abendglanz. Der Ruderer sagt, man kann in zwei Stunden dort sein. Ich möchte wohl einmal hin. Aber hier ist man seltsam festgehalten; immer bin ich im nächsten Umkreis des kleinen Orts; am liebsten gleich am Ufer oder auf meiner Terrasse.

Ich liege unter den Buchen. Der schwere Nachmittag drückt die Zweige nieder; ab und zu hör' ich nahe Schritte von Menschen, die über den Waldweg kommen; aber ich kann sie nicht sehen, denn ich rühre mich nicht, und meine Augen tauchen in die Höhe. Ich höre auch das helle Lachen von Kindern, aber die große Stille um mich trinkt alles Geräusch rasch auf, und ist es kaum eine Sekunde lang verklungen, so scheint es längst vorbei. Wenn ich die Augen schließe und gleich wieder öffne, so erwache ich wie aus einer langen Nacht. So entgleite ich mir selbst und verschwebe wie ein Stück Natur in die große Ruhe um mich.

Mit der schönen Ruhe ist es aus. Nicht im Ruderboot und nicht unter Buchen wird sie wiederkommen. Alles scheint mit einem Male verändert. Die Melodien der Kapelle klingen sehr heiß und lustig; die Leute, die an einem vorbeigehen, reden viel; die Kinder lachen und schreien. Sogar das liebe Meer, das so schweigend schien, schlägt nachts lärmend an das Ufer. Das Leben ist wieder laut für mich geworden. Nie war ich so leicht vom Hause abgereist; ich hatte nichts Unvollendetes zurückgelassen. Ich hatte mein Doktorat gemacht; eine künstlerische Illusion, die mich eine Jugend hindurch begleitet, hatte ich endgültig begraben, und Fräulein Jenny war die Gattin eines Uhrmachers geworden. So hatte ich das seltene Glück gehabt, eine Reise anzutreten, ohne eine Geliebte zu Hause zu lassen und ohne eine Illusion mitzunehmen. In der Empfindung eines abgeschlossenen Lebensabschnittes hatte ich mich sicher und wohl gefühlt. Und nun ist alles wieder aus; – denn Frau Friederike ist da.

Spät abends auf meiner Terrasse; ich hab' ein Licht auf meinen Tisch gestellt und schreibe. Es ist die Zeit, über alles ins Klare zu kommen. Ich zeichne mir das Gespräch auf, das erste mit ihr nach sieben Jahren, das erste nach jener Stunde...

Es war am Strand, um die Mittagszeit. Ich saß auf einer Bank. Zuweilen gingen Leute an mir vorüber. Eine Frau mit einem kleinen Jungen stand auf der Landungsbrücke, zu weit, als daß ich die Gesichtszüge hätte ausnehmen können. Sie war mir übrigens durchaus nicht aufgefallen; ich wußte nur, daß sie schon lange dort gestanden war, als sie endlich die Brücke verließ und mir immer näher kam. Sie führte den Knaben an der Hand. Nun sah ich, daß sie jung und schlank war. Das Gesicht kam mir bekannt vor. Sie war noch zehn Schritte von mir; da erhob ich mich rasch und ging ihr entgegen. Sie hatte gelächelt, und ich wußte, wer sie war.

»Ja, ich bin es,« sagte sie und reichte mir die Hand.

»Ich habe Sie gleich erkannt,« sagte ich.

»Ich hoffe, das ist nicht zu schwer gewesen,« erwiderte sie. »Und Sie haben sich eigentlich auch gar nicht verändert.«

»Sieben Jahre...« sagte ich.

Sie nickte. »Sieben Jahre...«

Wir schwiegen beide. Sie war sehr schön. Jetzt glitt ein Lächeln über ihr Gesicht, sie wandte sich zu dem Jungen, den sie noch immer an der Hand hielt, und sagte: »Gib dem Herrn die Hand.« Der Kleine reichte sie mir, schaute mich aber dabei nicht an.

»Das ist mein Sohn,« sagte sie.

Es war ein hübscher brauner Bub mit hellen Augen.

»Es ist doch schön, daß man einander wieder begegnet im Leben,« begann sie, »ich hätte nicht gedacht...«

»Es ist auch sonderbar,« sagte ich.

»Warum?« fragte sie, indem sie mir lächelnd und das erstemal ganz voll in die Augen sah. »Es ist Sommer... alle Leute reisen, nicht wahr?«

Jetzt lag mir die Frage nach ihrem Mann auf den Lippen; aber ich vermochte es nicht, sie auszusprechen.

»Wie lange werden Sie hier bleiben?« fragte ich.

»Vierzehn Tage. Dann treffe ich mit meinem Manne in Kopenhagen zusammen.«

Ich sah sie mit einem raschen Blick an; der ihre antwortete unbefangen: »Wundert dich das vielleicht?«

Ich fühlte mich unsicher, unruhig beinahe. Wie etwas Unbegreifliches erschien es mir plötzlich, daß man Dinge so völlig vergessen kann. Denn nun merkte ich erst: an jene Stunde vor sieben Jahren hatte ich seit lange so wenig gedacht, als wäre sie nie erlebt worden.

»Sie werden mir aber viel erzählen müssen,« begann sie aufs neue, »sehr, sehr viel. Gewiß sind Sie schon lange Doktor?«

»Nicht so lange – seit einem Monat.«

»Sie haben aber noch immer Ihr Kindergesicht,« sagte sie. »Ihr Schnurrbart sieht aus, als wenn er aufgeklebt wäre.«

Vom Hotel her, überlaut, tönte die Glocke, die zum Essen rief.

»Adieu,« sagte sie jetzt, als hätte sie nur darauf gewartet.

»Können wir nicht zusammen gehen?« fragte ich.

»Ich speise mit dem Buben auf meinem Zimmer, ich bin nicht gern unter so vielen Menschen.«

»Wann sehen wir uns wieder?«

Sie wies lächelnd mit den Augen auf die kleine Strandpromenade. »Hier muß man einander doch immer begegnen,« sagte sie – und als sie merkte, daß ich von ihrer Antwort unangenehm berührt war, setzte sie hinzu: »Besonders, wenn man Lust dazu hat. – Auf Wiedersehen.«

Sie reichte mir die Hand, und ohne sich noch einmal umzusehen, entfernte sie sich. Der kleine Junge blickte aber noch einmal nach mir zurück.

Ich bin den ganzen Nachmittag und den ganzen Abend auf der Promenade hin und her gegangen, und sie ist nicht gekommen. Am Ende ist sie schon wieder fort? Ich dürfte eigentlich nicht darüber staunen.

Ein Tag ist vergangen, ohne daß ich sie gesehen. Den ganzen Vormittag hat es geregnet, und außer mir war fast niemand auf der Promenade. Ein paarmal bin ich an dem Haus vorbei, in dem sie wohnt, ich weiß aber nicht, welches ihre Fenster sind. Nachmittag ließ der Regen nach, und ich machte einen langen Spaziergang auf der Straße längs des Meeres bis zum nächsten Orte. Es war trüb und schwül.

Auf dem Wege habe ich an nichts anderes denken können als an jene Zeit. Alles habe ich deutlich wieder vor mir gesehen. Das freundliche Haus, in dem ich gewohnt, und das Gärtchen mit den grünlackierten Stühlen und Tischen. Und die kleine Stadt mit ihren stillen weißen Straßen. Und die fernen, im Nebel verschwimmenden Hügel. Und über all dem lag ein Stück blaßblauer Himmel, der so dazugehörte, als wenn er auf der ganzen Welt nur dort so blaß und blau gewesen wäre. Auch die Menschen von damals sah ich alle wieder; meine Mitschüler, meine Lehrer, auch Friederikens Mann. Ich sah ihn anders, als er mir in jenem letzten Augenblick erschienen war; – ich sah ihn mit dem milden, etwas müden Ausdruck im Gesicht, wie er nach der Schule auf der Straße an uns Knaben freundlich grüßend vorüberzuschreiten pflegte, und wie er bei Tische zwischen Friederike und mir, meist schweigend, saß; ich sah ihn, wie ich ihn oft von meinem Fenster aus erblickt hatte: im Garten vor dem grünlackierten Tisch, die Arbeiten von uns Schülern korrigierend. Und ich erinnerte mich, wie Friederike in den Garten gekommen war, ihm den Nachmittagskaffee gebracht und dabei zu meinem Fenster hinaufgeschaut hatte, lächelnd, mit einem Blicke, den ich damals nicht verstanden ... bis zu jener letzten Stunde. – Jetzt weiß ich auch, daß ich mich oft an all das erinnert habe. Aber nicht wie an etwas Lebendiges, sondern wie an ein Bild, das still und friedlich an einer Wand zu Hause hängt.

Wir sind heute am Strand nebeneinander gesessen und haben miteinander gesprochen wie Fremde. Der Bub spielte zu unseren Füßen mit Sand und Steinen. Es war nicht, als wenn irgend etwas auf uns lastete: wie Menschen, die einander nichts bedeuten, und die der Zufall des Badelebens auf kurze Zeit zusammengeführt, haben wir miteinander geplaudert; über das Wetter, über die Gegend, über die Leute, auch über Musik und über ein paar neue Bücher. Während ich neben ihr saß, empfand ich es nicht unangenehm; als sie aber aufstand und fortging, war es mir mit einemmal unerträglich. Ich hätte ihr nachrufen mögen: Laß mir doch etwas da; aber sie hätte es nicht einmal verstanden. Und wenn ich's überlege, was durfte ich anderes erwarten? Daß sie mir bei unserer ersten Begegnung so freundlich entgegengekommen, war offenbar nur in der Überraschung begründet; vielleicht auch in dem frohen Gefühl, an einem fremden Orte einen alten Bekannten wiederzufinden. Nun aber hat sie Zeit gehabt, sich an alles zu erinnern wie ich; und was sie auf immer vergessen zu haben hoffte, ist mächtig wieder aufgetaucht. Ich kann es ja gar nicht ermessen, was sie um meinetwillen hat erdulden müssen, und was sie vielleicht noch heute leiden muß. Daß sie mit ihm zusammengeblieben ist, seh' ich wohl; und daß sie sich wieder versöhnt haben, dafür ist der vierjährige Junge ein lebendiges Zeugnis; – aber man kann sich versöhnen, ohne zu verzeihen, und man kann verzeihen, ohne zu vergessen. – – Ich sollte fort, es wäre besser für uns beide.

In einer seltsamen, wehmütigen Schönheit steigt jenes ganze Jahr vor mir auf, und ich durchlebe alles aufs neue. Einzelheiten fallen mir wieder ein. Ich erinnere mich des Herbstmorgens, an dem ich, von meinem Vater begleitet, in der kleinen Stadt ankam, wo ich das letzte Gymnasialjahr zubringen sollte. Ich sehe das Schulgebäude deutlich wieder vor mir, mitten in dem Park mit seinen hohen Bäumen. Ich erinnere mich an mein ruhiges Arbeiten in dem schönen geräumigen Zimmer, an die freundlichen Gespräche über meine Zukunft, die ich bei Tisch mit dem Professor führte und denen Friederike lächelnd lauschte; an die Spaziergänge mit Kollegen auf die Landstraße hinaus bis zum nächsten Dorf; und alle Nichtigkeiten ergreifen mich so tief, als wenn sie meine Jugend zu bedeuten hätten. Wahrscheinlich würden alle diese Tage im tiefen Schatten des Vergessens liegen, wenn nicht von jener letzten Stunde ein geheimnisvoller Glanz auf sie zurückfiele. Und das Merkwürdigste ist: seit Friederike in meiner Nähe weilt, scheinen mir jene Tage sogar näher als die vom heurigen Mai, da ich das Fräulein liebte, das im Juni den Uhrmacher geheiratet hat.

Als ich heute frühmorgens an mein Fenster trat und auf die große Terrasse hinunterblickte, sah ich Friederike mit ihrem Buben an einem der Tische sitzen; sie waren die ersten Frühstücksgäste. Ihr Tisch war grade unter meinem Fenster, und ich rief ihr einen guten Morgen zu. Sie schaute auf. »So früh schon wach?« sagte sie. »Wollen Sie nicht zu uns kommen?«

In der nächsten Minute saß ich an ihrem Tisch. Es war ein wunderbarer Morgen, kühl und sonnig. Wir plauderten wieder über so gleichgültige Dinge als das letztemal, und doch war alles anders. Hinter unseren Worten glühte die Erinnerung. Wir gingen in den Wald. Da fing sie an, von sich zu sprechen und von ihrem Heim.

»Bei uns ist alles noch geradeso wie damals,« sagte sie, »nur unser Garten ist schöner geworden; mein Mann verwendet jetzt viel Sorgfalt auf ihn, seit wir den Buben haben. Im nächsten Jahr bekommen wir sogar ein Glashaus.«

Sie plauderte weiter. »Seit zwei Jahren gibt es ein Theater bei uns, den ganzen Winter bis Palmsonntag wird gespielt. Ich gehe zwei-, dreimal in der Woche hinein, meistens mit meiner Mutter, der macht es großes Vergnügen.«

»Ich auch Theater!« rief der Kleine, den Friederike an der Hand führte.

»Freilich, du auch. Sonntag nachmittag«, wandte sie sich erklärend an mich, »spielen sie nämlich manchmal Stücke für die Kinder; da gehe ich mit dem Buben hin. Aber ich amüsiere mich auch sehr gut dabei.«

Von mir mußte ich ihr mancherlei erzählen. Nach meinem Beruf und anderen ernsten Dingen fragte sie wenig; sie wollte vielmehr wissen, wie ich meine freie Zeit verbrächte, und ließ sich gern über die geselligen Vergnügungen der großen Stadt berichten.

Die ganze Unterhaltung floß heiter fort; mit keinem Wort wurde jene gemeinschaftliche Erinnerung angedeutet – und doch war sie ihr gewiß ununterbrochen so gegenwärtig wie mir. Stundenlang spazierten wir herum, und ich fühlte mich beinahe glücklich. Manchmal ging der Kleine zwischen uns beiden, und da begegneten sich unsere Hände über seinen Locken. Aber wir taten beide, als wenn wir es nicht bemerkten, und redeten ganz unbefangen weiter.

Als ich wieder allein war, verflog mir die gute Stimmung bald. Denn plötzlich fühlte ich wieder, daß ich nichts von Friederike wußte. Es war mir unbegreiflich, daß mich diese Ungewißheit nicht während unseres ganzen Gesprächs gequält und es kam mir sonderbar vor, daß Friederike selbst nicht das Bedürfnis gehabt hatte, davon zu sprechen. Denn selbst wenn ich annehmen wollte, daß zwischen ihr und ihrem Manne seit Jahren jener Stunde nicht mehr gedacht worden war – sie selbst konnte sie doch nicht vergessen haben. Irgend etwas Ernstes mußte damals meinem stummen Abschied gefolgt sein – wie hat sie es vermocht, nicht davon zu reden? Hat sie vielleicht erwartet, daß ich selbst beginne? Was hat mich davon zurückgehalten? Dieselbe Scheu vielleicht, die ihr eine Frage verbot? Fürchten wir uns beide, daran zu rühren? – Das ist wohl möglich. Und doch muß es endlich geschehen; denn bis dahin bleibt etwas zwischen uns, was uns trennt. Und daß uns etwas trennt, peinigt mich mehr als alles andere.

Nachmittag bin ich im Walde herumgeschlendert, dieselben Wege wie morgens mit ihr. Es war in mir eine Sehnsucht wie nach einer unendlich Geliebten. Am späten Abend ging ich an ihrem Haus vorbei, nachdem ich sie vergebens überall gesucht. Sie stand am Fenster. Ich rief hinauf, wie sie heute früh zu mir: »Kommen Sie nicht herunter?«

Sie sagte, kühl, wie mir vorkam: »Ich bin müd. Gute Nacht« – und schloß das Fenster.

In der Erinnerung erscheint mir Friederike in zwei verschiedenen Gestalten. Meist seh' ich sie als eine blasse, sanfte Frau, die, mit einem weißen Morgenkleid angetan, im Garten sitzt, wie eine Mutter zu mir ist und mir die Wangen streichelt. Hätte ich nur diese hier wiedergetroffen, so wäre meine Ruhe gewiß nicht gestört worden und ich läge nachmittags unter den schattigen Buchen wie in den ersten Tagen meines Hierseins.

Aber auch als eine völlig andere erscheint sie mir, wie ich sie doch nur einmal gesehen; und das war in der letzten Stunde, die ich in der kleinen Stadt verbrachte.

Es war der Tag, an dem ich mein Abiturientenzeugnis bekommen hatte. Wie alle Tage hatte ich mit dem Professor und seiner Frau zu Mittag gespeist, und, da ich nicht zur Bahn begleitet werden wollte, hatten wir einander gleich beim Aufstehen vom Tische Adieu gesagt. Ich empfand durchaus keine Rührung. Erst wie ich in meinem kahlgeräumten Zimmer auf dem Bette saß, den gepackten Koffer zu meinen Füßen, und zu dem weit offenen Fenster hinaus über das zarte Laub des Gärtchens zu den weißen Wolken sah, die regungslos über den Hügeln standen, kam leicht, beinahe schmeichelnd, die Wehmut des Abschiedes über mich. Plötzlich öffnete sich die Tür. Friederike trat herein. Ich erhob mich rasch. Sie trat näher, lehnte sich an den Tisch, stützte beide Hände nach rückwärts auf dessen Kante und sah mich ernst an. Ganz leise sagte sie: »Also heute?« Ich nickte nur und fühlte das erstemal sehr tief, wie traurig es eigentlich war, daß ich von hier fort mußte. Sie schaute eine Weile zu Boden und schwieg. Dann erhob sie den Kopf und kam näher auf mich zu. Sie legte beide Hände ganz leicht auf meine Haare, wie sie es ja schon früher oft getan, aber ich wußte in diesem Moment, daß es etwas anderes bedeutete als sonst. Dann ließ sie ihre Hände langsam über meine Wangen heruntergleiten, und ihr Blick ruhte mit unendlicher Innigkeit auf mir. Sie schüttelte den Kopf mit einem schmerzlichen Ausdruck, als könnte sie irgend etwas nicht fassen. »Mußt du denn schon heute weg?« fragte sie leise. – »Ja«, sagte ich. – »Auf immer?« rief sie aus. »Nein«, antwortete ich. – »O ja,« sagte sie mit schmerzlichem Zucken der Lippen, »es ist auf immer. Wenn du uns auch einmal besuchen wirst ... in zwei oder drei Jahren – heute gehst du doch für immer von uns fort.« – Sie sagte das mit einer Zärtlichkeit, die gar nichts Mütterliches mehr hatte. Mich durchschauerte es. Und plötzlich küßte sie mich. Zuerst dachte ich nur: das hat sie ja nie getan. Aber als ihre Lippen sich von den meinen gar nicht lösen wollten, verstand ich, was dieser Kuß zu bedeuten hatte. Ich war verwirrt und glücklich; ich hätte weinen mögen. Sie hatte die Arme um meinen Hals geschlungen, ich sank, als wenn sie mich hingedrängt hätte, in die Ecke des Divans; Friederike lag mir zu Füßen auf den Knien und zog meinen Mund zu dem ihren herab. Dann nahm sie meine beiden Hände und vergrub ihr Gesicht darin. Ich flüsterte ihren Namen und staunte, wie schön er war. Der Duft von ihren Haaren stieg zu mir auf; ich atmete ihn mit Entzücken ein ... In diesem Augenblicke – ich glaubte vor Schrecken starr zu werden – öffnet sich leise die Tür, die nur angelehnt war, und Friederikens Mann steht da. Ich will aufschreien, bringe aber keinen Laut hervor. Ich starre ihm ins Gesicht – ich kann nicht sehen, ob sich irgendwas in seinem Ausdruck verändert – denn noch im selben Augenblick ist er wieder verschwunden und die Tür geschlossen. Ich will mich erheben, meine Hände befreien, auf denen noch immer

Friederikens Antlitz ruht, will sprechen, stoße mühsam wieder ihren Namen hervor – da springt sie selbst mit einem Male auf – totenbleich – flüstert mir beinahe gebieterisch zu: »Schweig!« und steht eine Sekunde lang regungslos da, das Gesicht der Türe zugewandt, als wolle sie lauschen. Dann öffnet sie leicht und blickt durch die Spalte hinaus. Ich stehe atemlos. Jetzt öffnet sie ganz, nimmt mich bei der Hand und flüstert: »Geh, geh, rasch.« Sie schiebt mich hinaus – ich schleiche rasch über den kleinen Gang bis zur Stiege, dann wende ich mich noch einmal um – und sehe sie an der Türe stehen, mit unsäglicher Angst in den Mienen, und mit einer heftigen Handbewegung, die mir andeutet: fort! fort! Und ich stürze davon.

An das, was zunächst geschah, denke ich wie an einen tollen Traum. Ich bin zum Bahnhof geeilt, von tödlicher Angst gepeinigt. Ich bin die Nacht durchgefahren und habe mich im Kupee schlaflos herumgewälzt. Ich bin zu Hause angekommen, habe erwartet, daß meine Eltern schon von allem unterrichtet seien und bin beinahe erstaunt gewesen, als sie mich mit Freundlichkeit und Freude empfingen. Dann habe ich noch tagelang in heftiger Erregung hingebracht, auf irgend etwas Schreckliches gefaßt; und jedes Klingeln an der Türe, jeder Brief machte mich zittern. Endlich kam eine Nachricht, die mich beruhigte: es war eine Karte von einem Schulkameraden, der in der kleinen Stadt zu Hause war, und der mir harmlose Neuigkeiten und lustige Grüße sandte. Also, es war nichts Entsetzliches geschehen, zum mindesten war es zu keinem öffentlichen Skandal gekommen. Ich durfte glauben, daß sich zwischen Mann und Frau alles im stillen abgespielt, daß er ihr verziehen, daß sie bereut hatte.

Trotzdem lebte dieses erste Abenteuer in meiner Erinnerung anfangs als etwas Trauriges, beinahe Düsteres fort, und ich erschien mir wie einer, der ohne Schuld den Frieden eines Hauses vernichtet hat. Allmählich verschwand diese Empfindung, und später erst, als ich in neuen Erlebnissen jene Stunde besser und tiefer verstehen lernte, kam zuweilen eine seltsame Sehnsucht nach Friederike über mich – wie der Schmerz darüber, daß eine wunderbare Verheißung sich nicht erfüllt hätte. Aber auch diese Sehnsucht ging vorüber, und so war es geschehen, daß ich die junge Frau beinahe völlig vergessen hatte. – Nun aber ist mit einemmal alles wieder da, was jenes Geschehnis damals zum Erlebnis machte; und alles ist heftiger als damals, denn ich liebe Friederike.

Heute scheint mir alles so klar, was mir noch in den letzten Tagen rätselhaft gewesen ist. Wir sind spät abends am Strand gesessen, wir zwei allein; der Junge war schon zu Bette gebracht. Ich hatte sie am Vormittag gebeten, zu kommen; ganz harmlos; nur von der nächtlichen Schönheit des Meeres hatte ich gesprochen, und wie wunderbar es wäre, wenn alles ganz still ringsum, am Ufer zu sein und in die große Dunkelheit hinauszublicken. Sie hatte nichts gesagt, aber ich wußte, daß sie kommen würde. Und nun sind wir am Strand gesessen, beinahe schweigend, unsere Hände ineinander geschlungen, und ich fühlte, daß Friederike mir gehören mußte, wann ich wollte. Wozu über das Vergangene reden, dachte ich – und ich wußte, daß *sie* von unserem ersten Wiedersehen an so gedacht. Sind wir denn noch dieselben, die wir damals waren? Wir sind so leicht, so frei; die Erinnerungen flattern hoch über uns, wie ferne Sommervögel. Vielleicht hat sie noch manches andere erlebt während der sieben Jahre, wie ich; – was geht es mich an? Jetzt sind wir Menschen von heute und streben zu einander. Sie war gestern vielleicht eine Unglückliche, vielleicht eine Leichtsinnige; heute sitzt sie schweigend neben mir am Meer und hält meine Hand und sehnt sich, in meinen Armen zu sein.

Langsam begleitete ich sie die wenigen Schritte bis zu ihrem Hause. Lange schwarze Schatten warfen die Bäume längs der Straße.

»Wir wollen morgen früh eine Fahrt im Segelboot machen,« sagte ich.

»Ja«, erwiderte sie.

»Ich werde an der Brücke warten, um sieben Uhr . . .«

»Wohin?« fragte sie.

»Zu der Insel drüben . . . wo der Leuchtturm steht, sehen Sie ihn?«

»O ja, das rote Licht. Ist es weit?«

»Eine Stunde; – wir können sehr bald zurück sein.«

»Gute Nacht«, sagte sie und trat in die Hausflur.

Ich ging. – – In ein paar Tagen wirst du mich vielleicht wieder vergessen haben, dachte ich, aber morgen ist ein schöner Tag.

Ich war früher auf der Brücke als sie. Das kleine Boot wartete; der alte Jansen hatte die Segel aufgespannt und rauchte, am Steuer sitzend, seine Pfeife. Ich sprang zu ihm hinein und ließ mich von den Wellen schaukeln. Ich schlürfte die Minuten der Erwartung ein wie einen Morgentrunk. Die Straße, auf die ich meinen Blick gerichtet hatte, war noch ganz menschenleer. Nach einer Viertelstunde erschien Friederike. Schon von weitem sah ich sie, es schien mir, als ginge sie rascher als sonst: als sie die Brücke betrat, erhob ich mich; jetzt erst konnte sie mich sehen und grüßte mich mit einem Lächeln. Endlich war sie am Ende der Brücke, ich reichte ihr die Hand und half ihr ins Boot. Jansen machte das Tau los, und unser Schiff glitt davon. Wir saßen eng beieinander; sie hing sich in meinen Arm. Sie war ganz weiß gekleidet und sah aus wie ein achtzehnjähriges Mädchen.

»Was gibts auf dieser Insel zu sehen?« fragte sie.

Ich mußte lächeln.

Sie errötete und sagte: »Der Leuchtturm jedenfalls?«

»Vielleicht auch die Kirche«, setzte ich dazu.

»Fragen Sie doch den Mann . . .« Sie wies auf Jansen.

Ich fragte ihn. »Wie alt ist die Kirche auf der Insel?«

Aber er verstand kein Wort deutsch; und so konnten wir uns nach diesem Versuch noch einsamer miteinander fühlen als früher.

»Dort drüben,« sagte sie und wies mit den Augen hin – »ist das auch eine Insel?«

»Nein,« antwortete ich, »das ist Schweden selbst, das Festland.«

»Das wär noch schöner«, sagte sie.

»Ja,« erwiderte ich – »aber dort müßte man bleiben können . . . lang . . . immer –«

Wenn sie mir jetzt gesagt hätte: Komm, wir wollen zusammen in ein anderes Land und wollen nie wieder zurück – ich wäre darauf eingegangen. Wie wir so auf dem Boote hinglitten, von der reinen Luft umspielt, den hellen Himmel über uns und um uns das glitzernde Wasser, da schien es mir eine festliche Fahrt, wir selbst ein königliches Paar, und alle früheren Bedingungen unseres Daseins abgefallen.

Bald konnten wir die kleinen Häuser auf der Insel unterscheiden; die weiße Kirche auf dem Hügel, der sich, allmählich ansteigend, der ganzen Insel entlang hinzog, bot sich in schärferen Umrissen dar. Unser Boot flog geradwegs dem Ufer entgegen. In unserer Nähe zeigten sich kleine Fischerkähne; einige, an denen die Ruder eingezogen waren, trieben lässig auf dem Wasser hin. Friederike hatte den Blick meist auf die Insel gerichtet; aber sie *schaute* nicht. In weniger als einer Stunde fuhren wir in den Hafen ein, der rings von einer hölzernen Brücke umschlossen war, so daß man sich in einem kleinen Teich vermeinen konnte.

Ein paar Kinder standen auf der Brücke. Wir stiegen aus und gingen langsam ans Ufer; die Kinder hinter uns; aber die verloren sich bald. Das ganze Dorf lag vor uns; es bestand aus höchstens zwanzig Häusern, die rings verstreut waren. Wir sanken fast in den dünnen, braunen Sand ein, den das Wasser hier angeschwemmt hat. Auf einem sonnbeglänzten freien Platz, der bis ans Meer hinunterreichte, hingen Netze, zum Trocknen ausgebreitet; ein paar Weiber saßen vor den Haustüren und flickten Netze. Nach hundert Schritten waren wir ganz allein. Wir waren auf einen schmalen Weg geraten, der uns von den Häusern fort dem Ende der Insel zuführte, wo der Leuchtturm stand. Zu unserer Linken, durch ärmliches Ackerland, das immer schmäler wurde, von uns getrennt, lag das Meer; zu unserer Rechten stieg der Hügel an, auf dessen Kamm wir den Weg zur Kirche laufen sahen, die in unserem Rücken war. Über all dem lag schwer die Sonne und das Schweigen. – Friederike und ich hatten die ganze Zeit über nichts gesprochen. Ich fühlte auch kein Verlangen darnach; mir war unendlich wohl, so mit ihr in der großen Stille hinzuwandeln.

Aber sie begann zu sprechen.

»Heute vor acht Tagen«, sagte sie ...

»Nun –?«

»Da hab ich noch nichts gewußt ... noch nicht einmal, wohin ich reisen werde.«

Ich antwortete nichts.

»Ah, ist's da schön,« rief sie aus und ergriff meine Hand.

Ich fühlte mich zu ihr hingezogen; am liebsten hätte ich sie in meine Arme geschlossen und auf die Augen geküßt.

»Ja?« fragte ich leise.

Sie schwieg und wurde eher ernst.

Wir waren bis zu dem Häuschen gekommen, das an den Leuchtturm angebaut war; hier endete der Weg; wir mußten umkehren. Ein schmaler Feldweg führte ziemlich steil den Hügel hinan. Ich zögerte.

»Kommen Sie«, sagte sie.

Wie wir jetzt gingen, hatten wir die Kirche im Auge. Ihr näherten wir uns. Es war sehr warm. Ich legte meinen Arm um Friederikens Hals; sie mußte ganz nahe bei mir bleiben, wenn sie nicht abgleiten wollte. Ich berührte mit der Hand ihre heißen Wangen.

»Warum haben wir eigentlich die ganze Zeit nichts von Ihnen

gehört?« fragte sie plötzlich – »ich wenigstens,« setzte sie hinzu, indem sie zu mir aufschaute.

»Warum«, wiederholte ich befremdet.

»Nun ja!«

»Wie konnte ich denn?«

»O *darum*«, sagte sie. »Waren Sie denn verletzt?«

Ich war zu sehr erstaunt, um etwas erwidern zu können.

»Nun, was haben Sie sich eigentlich gedacht?«

»Was ich mir –«

»Ja – – oder erinnern Sie sich gar nicht mehr?«

»Gewiß, ich erinnere mich. Warum sprechen Sie jetzt davon?«

»Ich wollte Sie schon lange fragen«, sagte sie.

»So sprechen Sie«, erwiderte ich tief bewegt.

»Sie haben es für eine Laune gehalten« – »o gewiß!« setzte sie lebhaft hinzu, als sie merkte, daß ich etwas entgegnen wollte – »aber ich sage Ihnen, es war keine. Ich habe mehr gelitten in jenem Jahre, als ein Mensch weiß.«

»In welchem?«

»Nun ... als Sie bei uns ... Warum fragen Sie das? – Anfangs habe ich mir selbst ... Aber warum erzähle ich Ihnen das?«

Ich faßte heftig ihren Arm. »Erzählen Sie ... ich bitte Sie ... ich habe Sie ja lieb.«

»Und ich dich,« rief sie plötzlich aus; nahm meine beiden Hände und küßte sie – »immer – immer.«

»Ich bitte dich, erzähle mir weiter,« sagte ich; »und alles, alles ...«

Sie sprach, während wir langsam den Feldweg in der Sonne weiterschritten.

»Anfangs habe ich mir selbst gesagt: er ist ein Kind ... wie eine Mutter habe ich ihn gern. Aber je näher die Stunde kam, um die Sie abreisen sollten ...«

Sie unterbrach sich eine Weile, dann sprach sie weiter:

»Und endlich war die Stunde da. – Ich habe nicht zu dir wollen – ich weiß nicht, was mich hinaufgetrieben hat. Und wie ich schon bei dir war, hab ich dich auch nicht küssen wollen – aber ...«

»Weiter, weiter,« sagte ich.

»Und dann hab ich dir plötzlich gesagt, daß du gehen sollst – du hast wohl gemeint, das ganze war eine Komödie, nicht wahr?«

»Ich verstehe dich nicht.«

»Das habe ich die ganze Zeit gedacht. Ich habe dir sogar

schreiben wollen ... Aber wozu? ... Also ... der Grund, daß ich dich weggeschickt habe, war ... Ich hatte mit einem Male Angst bekommen.«

»Das weiß ich.«

»Wenn du das weißt – warum hab ich nie wieder von dir gehört?« rief sie lebhaft aus.

»Warum hast du Angst bekommen?« fragte ich, allmählich verstehend.

»Weil ich glaubte, es wäre jemand in der Nähe.«

»Du glaubtest? Wie kam das?«

»Ich meinte Schritte auf dem Gang zu hören. Das wars. Schritte! Ich dachte, *er* wär es ... Da hat mich die Furcht gepackt – denn es wäre entsetzlich gewesen, wenn er – o, ich will gar nicht daran denken. – Aber niemand war da – niemand. Erst spät am Abend ist er nach Hause gekommen, du warst längst, längst fort.« –

Während sie das erzählte, fühlte ich, wie irgend etwas in meinem Innern erstarrte. Und als sie geendet hatte, schaute ich sie an, als müßte ich sie fragen: Wer bist du? – Ich wandte mich unwillkürlich nach dem Hafen, wo ich die Segel unseres Bootes glänzen sah, und ich dachte: Wie lange, wie unendlich lange ist es her, daß wir auf diese Insel gekommen sind? Denn ich bin mit einer Frau hier gelandet, die ich geliebt habe, und jetzt geht eine Fremde an meiner Seite. Es war mir unmöglich, auch nur ein Wort zu sprechen. Sie merkte es kaum; sie hatte sich in meinen Arm gehängt und hielt es wohl für zärtliches Schweigen. Ich dachte an *ihn*. Er hat es ihr also nie gesagt! Sie weiß es nicht, sie hat es nie gewußt, daß er sie zu meinen Füßen liegen sah. Er hat sich damals von der Tür wieder davongeschlichen und ist erst später .... stundenlang später zurückgekommen und hat ihr nichts gesagt! Und er hat die ganzen Jahre an ihrer Seite weitergelebt, ohne sich mit einem Worte zu verraten! Er hat ihr verziehen – und sie hat es nicht gewußt!

Wir waren in der Nähe der Kirche angelangt; kaum zehn Schritte vor uns lag sie. Hier bog ein steiler Weg ab, der in wenigen Minuten ins Dorf führen mußte. Ich schlug ihn ein. Sie folgte mir.

»Gib mir die Hand,« sagte sie, »ich gleite aus.« Ich reichte sie ihr, ohne mich umzuwenden. »Was hast du denn?« fragte sie. Ich konnte nichts antworten und drückte ihr nur heftig die Hand, was sie zu beruhigen schien. Dann sagte ich, nur um etwas zu

reden: »Es ist schade, wir hätten die Kirche besichtigen können.«
– Sie lachte: »An der sind wir ja vorüber, ohne es zu merken!«

»Wollen Sie zurück?« fragte ich.

»O nein, ich freue mich, bald wieder im Boot zu sitzen. Einmal möchte ich mit Ihnen allein so eine Segelpartie machen, ohne diesen Mann.«

»Ich verstehe mich nicht auf Segeln.«

»O,« sagte sie und hielt inne, als wäre ihr plötzlich etwas eingefallen, was sie doch nicht sagen wollte. – Ich fragte nicht. Bald waren wir auf der Brücke. Das Boot lag bereit. Die Kinder waren wieder da, die uns beim Kommen begrüßt hatten. Sie sahen uns mit großen blauen Augen an. Wir segelten ab. Das Meer war ruhiger geworden; wenn man die Augen schloß, merkte man kaum, daß man sich in Bewegung befand.

»Zu meinen Füßen sollen Sie liegen,« sagte Friederike, und ich streckte mich am Boden des Kahnes aus, legte meinen Kopf auf den Schoß Friederikens. Es war mir recht, daß ich ihr nicht ins Gesicht sehen mußte. Sie sprach, und mir war, als klänge es aus weiter Ferne. Ich verstand alles und konnte doch zugleich meine Gedanken weiter denken.

Mich schauderte vor ihr.

»Heute Abend fahren wir zusammen aufs Meer hinaus,« sagte sie.

Etwas Gespenstisches schien mir um sie zu gleiten.

»Heut Abend aufs Meer,« wiederholte sie langsam, »auf einem Ruderboot. Rudern kannst du doch?«

»Ja«, sagte ich. Mich schauderte vor dem tiefen Verzeihen, das sie schweigend umhüllte, ohne daß sie es wußte.

Sie sprach weiter. »Wir werden uns ins Meer hinaustreiben lassen – und werden allein sein. – Warum redest du nicht?« fragt sie.

»Ich bin glücklich,« sagte ich.

Mir schauerte vor dem stummen Schicksal, das sie seit so vielen Jahren erlebt, ohne es zu ahnen.

Wir glitten hin.

Einen Augenblick fuhr es mir durch den Sinn: Sag es ihr. Nimm dieses Unheimliche von ihr; dann wird sie wieder ein Weib sein für dich wie andere, und du wirst sie begehren. Aber ich durfte es nicht. – Wir legten an.

Ich sprang aus dem Boot; half ihr beim Aussteigen.

»Der Bub wird sich schon nach mir sehnen. Ich muß rasch gehen. Lassen Sie mich jetzt allein.«

Es war lebhaft am Strand; ich merkte, daß wir von einigen Leuten beobachtet wurden.

»Und heute Abend,« sagte sie, »um neun bin ich . . . aber was hast du denn?«

»Ich bin sehr glücklich,« sagte ich.

»Heute Abend,« sagte sie, »um neun Uhr bin ich hier am Strand, bin ich bei dir. – Auf Wiedersehen!«

Und sie eilte davon.

»Auf Wiedersehen!« sagte auch ich und blieb stehen. – Aber ich werde sie nie wiedersehen.

Während ich diese Zeilen schreibe, bin ich schon weit fort – weiter mit jeder Sekunde; ich schreibe sie in einem Kupee des Eisenbahnzuges, der vor einer Stunde von Kopenhagen abgefahren ist. Eben ist es neun. Jetzt steht sie am Strande und wartet auf mich. Wenn ich die Augen schließe, sehe ich die Gestalt vor mir. Aber es ist nicht eine Frau, die dort am Ufer im Halbdunkel hin und her wandelt – ein Schatten gleitet auf und ab.

NACHWORT
UND BIBLIOGRAPHISCHES VERZEICHNIS

Die siebenbändige Taschenbuchausgabe enthält alle erzählenden Schriften, die zu Lebzeiten Arthur Schnitzlers als Einzelausgaben, in Zeitschriften und in den früheren Gesamtausgaben erschienen waren, sowie bisher aus dem Nachlaß veröffentlichte Novellen.

Die Anordnung ist chronologisch, eine hier allerdings problematische Methode, da es die Arbeitsweise des Dichters nahezu unmöglich macht, das Entstehungsjahr eines Werkes mit Genauigkeit anzugeben. Da Arthur Schnitzler alle Skizzen und Vorarbeiten zu seinen Schriften sorgfältig aufbewahrte, und zwar weil er sie – wie es in den testamentarischen Bestimmungen über den literarischen Nachlaß heißt – »zum Mindesten interessant als Beiträge zur Physiologie (auch Pathologie!) des Schaffens« erachtete, läßt sich diese Arbeitsweise genau rekonstruieren. Der erste Einfall wurde meist in Form einer kurzen, oft nur wenige Zeilen umfassenden Notiz niedergeschrieben. Der erste Versuch einer Ausarbeitung wurde dann (in früheren Jahren handgeschrieben, in späteren der Sekretärin in die Maschine diktiert und immer genau datiert) mit Absicht weggelegt und nach einiger Zeit, oft erst nach mehreren Jahren, wieder vorgenommen und mit zahlreichen, oft nur schwer zu entziffernden Korrekturen versehen. Die so erarbeitete Neufassung wurde wieder niedergeschrieben, beziehungsweise diktiert, ein Vorgang, der sich mehrmals wiederholte, bis schließlich eine Fassung zustande kam, die der Veröffentlichung wert erschien. Auf diese Weise erstreckte sich die Arbeit an einzelnen Werken meist über Jahrzehnte, wobei nicht selten auch die Form grundlegende Veränderungen erfuhr. Als ein typisches Beispiel mag die »Abenteurernovelle« dienen. Der Stoff wurde zuerst im Jahre 1902 skizziert, und zwar als fünfaktiges Versdrama. Diese frühere Form erfuhr weitere Umgestaltungen in den Jahren 1909, 1911 und 1913, bis endlich im Jahre 1925 der erste Entwurf der erzählenden Fassung niedergeschrieben wurde. Das hier zum Abdruck gelangende Fragment wurde in den ersten Monaten des Jahres 1928 diktiert. Als ein weiteres Beispiel sei die Novelle »Der Sohn« erwähnt, die, im Jahre 1892 veröffentlicht, eine Vorstudie zu dem fast vier Jahrzehnte später (1928) erschienenen Roman »Therese« darstellt. Die wohl einzige Ausnahme bildet die Monolognovelle »Leutnant Gustl«, die innerhalb von fünf Tagen (13. bis 17. Juli 1900) entstand.

Die im nachfolgenden bibliographischen Verzeichnis den einzelnen Titeln beigefügten Jahreszahlen bedeuten also nicht eigentlich Entstehungsjahre, sondern jeweils den Zeitpunkt, zu dem die Arbeit an dem betreffenden Werk abgeschlossen wurde. Bei in den früheren Gesamtausgaben enthaltenen Werken wurden die dort verwendeten, also noch vom Dichter selbst autorisierten Jahreszahlen übernommen, wobei sich allerdings in einigen Fällen Korrekturen offensichtlicher Irrtümer als notwendig erwiesen. Bei aus dem Nachlaß veröffentlichten Arbeiten wurde das Jahr der letzten Abschrift angegeben. Die in diesen, durchwegs in Maschinenschrift vorliegenden Abschriften enthaltenen handschriftlichen Notizen wurden nach Möglichkeit, d. h. soweit ihre Absicht unmißverständlich war, berücksichtigt.

Im Nachlaß befinden sich außer den hier veröffentlichten Arbeiten noch zahlreiche weitere Novellen und Novellenfragmente aus früheren Jahren, die teilweise in den Band »Entworfenes und Verworfenes«, hrsg. von Reinhard Urbach (S. Fischer Verlag, Frankfurt a. Main 1977) aufgenommen wurden.

Das folgende Verzeichnis gibt Auskunft über Erstdrucke und erste Buchausgaben und stützt sich weitgehend auf den »Schnitzler-Kommentar zu den erzählenden Schriften und dramatischen Werken«, von Reinhard Urbach (Winkler Verlag, München 1974), wo auch genaue Angaben über Wiederabdrucke einzelner Werke in Zeitschriften und Almanachen, sowie über spätere, in manchen Fällen illustrierte Einzelausgaben, zu finden sind.

Die folgenden Abkürzungen wurden verwendet: E – Erstdruck, B – Erste Buchausgabe, SFV – S. Fischer Verlag, Berlin.

15. Mai 1862: Arthur Schnitzler in Wien geboren

WELCH EINE MELODIE (1885); Nachlaß. E: Die Neue Rundschau, XLIII. Jahrgang, 5. Heft, Mai 1932. B: Die kleine Komödie, SFV, 1932.

ER WARTET AUF DEN VAZIERENDEN GOTT (1886). E: Deutsche Wochenschrift, IV. Jahrgang, 50. Heft, 12. Dezember 1886. B: Die kleine Komödie, SFV, 1932.

AMERIKA (1887). E: An der schönen blauen Donau, IV. Jahrgang, 9. Heft, 1889. B: Die kleine Komödie, SFV, 1932.

ERBSCHAFT (1887); Nachlaß. E und B: Die kleine Komödie, SFV, 1932.

MEIN FREUND YPSILON (1887). E: An der schönen blauen Donau, IV. Jahrgang, 2. Heft, 1889. B: Die kleine Komödie, SFV, 1932.

DER FÜRST IST IM HAUSE (1888); Nachlaß. E: Arbeiter-Zeitung, Wien, 15. Mai 1932. B: Die kleine Komödie, SFV, 1932.

DER ANDERE (1889). E: An der schönen blauen Donau, IV. Jahrgang, 21. Heft, 1889. B: Die kleine Komödie, SFV, 1932.

REICHTUM (1889). E: Moderne Rundschau, III. Jahrgang, 11. und 12. Heft, 1891. B: Die kleine Komödie, SFV, 1932.

DER SOHN (1889). E: Freie Bühne für den Entwicklungskampf der Zeit, III. Jahrgang, 1. Heft, Januar 1892. B: Die kleine Komödie, SFV, 1932.

DIE DREI ELIXIRE (1890). E: Moderner Musen-Almanach; 2. Jahrgang; München, 1894. B: Die kleine Komödie, SFV, 1932.

DIE BRAUT (1891); Nachlaß. E und B: Die kleine Komödie, SFV, 1932.

STERBEN (1892). E: Neue Deutsche Rundschau, V. Jahrgang, 10. bis 12. Heft, Oktober-Dezember 1894. B: SFV, 1895.

DIE KLEINE KOMÖDIE (1893). E: Neue Deutsche Rundschau, VI. Jahrgang, 8. Heft, August 1895. B: Die kleine Komödie, SFV, 1932.

KOMÖDIANTINNEN: HELENE – FRITZI (1893); Nachlaß. E und B: Die kleine Komödie, SFV, 1932.

BLUMEN (1894). E: Neue Revue; V. Jahrgang, 33. Heft, Wien, August 1894. B: Die Frau des Weisen, SFV, 1898.

DER WITWER (1894). E: Wiener Allgemeine Zeitung, 25. Dezember 1894. B: Die kleine Komödie, SFV, 1932.

EIN ABSCHIED (1895). E: Neue Deutsche Rundschau, VII. Jahrg., 2. Heft, Februar 1896. B: Die Frau des Weisen, SFV, 1898.

DER EMPFINDSAME (1895). E: Die Neue Rundschau, XL. Jahrgang, 5. Heft, Mai 1932. B: Die kleine Komödie, SFV, 1932.

DIE FRAU DES WEISEN (1896). E: Die Zeit, X. Band, Nr. 118–120, Wien, 2., 9. u. 16. Januar 1897. B: Die Frau des Weisen, SFV, 1898.

DER EHRENTAG (1897). E: Die Romanwelt, V. Jahrgang, I. Band, 16. Heft, Berlin, 1897. B: Die Frau des Weisen, SFV, 1898.

DIE TOTEN SCHWEIGEN (1897). E: Cosmopolis, VIII. Jahrgang, Nr. 22, Oktober 1897. B: Die Frau des Weisen, SFV, 1898.

UM EINE STUNDE (1899). E: Neue Freie Presse, Wien, 24. Dezember 1899. B: Die kleine Komödie, SFV, 1932.

DIE NÄCHSTE (1899); Nachlaß. E: Neue Freie Presse, Wien, 27. März 1932. B: Die kleine Komödie, SFV, 1932.

ANDREAS THAMEYERS LETZTER BRIEF (1900). E: Die Zeit, XXXII. Band, Nr. 408, Wien, 26. Juli 1902. B: Die griechische Tänzerin, Wiener Verlag, Wien und Leipzig, 1905.

FRAU BERTA GARLAN (1900). E: Neue Deutsche Rundschau, XII. Jahrgang, 1. bis 3. Heft, Januar–März 1901. B: SFV, 1901.

EIN ERFOLG (1900); Nachlaß. E: Die Neue Rundschau, XL. Jahrgang, 5. Heft, Mai 1932. B: Die kleine Komödie, SFV, 1932.
LEUTNANT GUSTL (1900). E: Neue Freie Presse, Wien, 25. Dezember 1900. B: SFV, 1901.
DER BLINDE GERONIMO UND SEIN BRUDER (1900). E: Die Zeit, XXV. Band, Nr. 325–326, und XXVI. Band, Nr. 327–328; Wien, Dezember 1900 – Januar 1901. B: Die griechische Tänzerin, Wiener Verlag, Wien und Leipzig, 1905.
LEGENDE (FRAGMENT) (1900); Nachlaß. E und B: Die kleine Komödie, SFV, 1932.
WOHLTATEN, STILL UND REIN GEGEBEN (1900); Nachlaß. E: Neues Wiener Tagblatt, 25. Dezember 1931. B: Die kleine Komödie, SFV, 1932.
DIE GRÜNE KRAWATTE (1901). E: Neues Wiener Journal, 25. Oktober 1903. B: Die kleine Komödie, SFV, 1932.
DIE FREMDE (1902). E (unter dem Titel DÄMMERSEELE): Neue Freie Presse, Wien, 18. Mai 1902. B: Dämmerseelen, SFV, 1907.
EXZENTRIK (1902). E: Jugend, Nr. 30, München, 1902. B: Die griechische Tänzerin, Wiener Verlag, Wien und Leipzig, 1905.
DIE GRIECHISCHE TÄNZERIN (1902). E: Die Zeit, Wien, 28. September 1902. B: Die griechische Tänzerin, Wiener Verlag, Wien und Leipzig, 1905.
DIE WEISSAGUNG (1902). E: Neue Freie Presse, Wien, 24. Dezember 1905. B: Dämmerseelen, SFV, 1907.
DAS SCHICKSAL DES FREIHERRN VON LEISENBOHG (1903). E: Die Neue Rundschau, XV. Jahrgang, 7. Heft, Juli 1904. B: Dämmerseelen, SFV, 1907.
DAS NEUE LIED (1905). E: Neue Freie Presse, Wien, 23. April 1905. B: Dämmerseelen, SFV, 1907.
DER TOTE GABRIEL (1906). E: Neue Freie Presse, Wien, 19. Mai 1907. B: Masken und Wunder, SFV, 1912.
GESCHICHTE EINES GENIES (1907). E: Arena, II. Jahrgang, 12. Heft, März 1907. B: Die kleine Komödie, SFV, 1932.
DER TOD DES JUNGGESELLEN (1907). E: Österreichische Rundschau, XV. Band, 1. Heft, Wien, April 1908. B: Masken und Wunder, SFV, 1912.
DER WEG INS FREIE (1908). E: Die Neue Rundschau, XIX. Jahrgang, 1. bis 6. Heft, Januar–Juni 1908. B: SFV, 1908.
DIE HIRTENFLÖTE (1909). E: Die Neue Rundschau, XXII. Jahrgang, 9. Heft, September 1911. B: Deutsch-Österreichischer Verlag, Wien 1912.
DIE DREIFACHE WARNUNG (1909). E: Die Zeit, Wien, 4. Juni 1911. B: Masken und Wunder, SFV, 1912.
DAS TAGEBUCH DER REDEGONDA (1909). E: Süddeutsche Monatshefte, IX. Jahrgang, 1. Heft, Oktober 1911. B: Masken und Wunder, SFV, 1912.
DER MÖRDER (1910). E: Neue Freie Presse, Wien, 4. Juni 1911. B: Masken und Wunder, SFV, 1912.
FRAU BEATE UND IHR SOHN (1912). E: Die Neue Rundschau, XXIV. Jahrgang, 2.–4. Heft, Februar–April 1913. B: SFV, 1913.

DOKTOR GRÄSLER, BADEARZT (1914). E: Berliner Tageblatt, 10. Februar–17. März 1917. B: SFV, 1917.
DER LETZTE BRIEF EINES LITERATEN (1917); Nachlaß. E: Die Neue Rundschau, XLIII. Jahrgang, 1. Heft, Januar 1932. B: Ausgewählte Erzählungen, S. Fischer Verlag, Frankfurt am Main, 1950.
CASANOVAS HEIMFAHRT (1917). E: Die Neue Rundschau, XXIX. Jahrgang, 7.–9. Heft, Juli–September 1918. B: SFV, 1918.
FLUCHT IN DIE FINSTERNIS (1917). E: Vossische Zeitung, Berlin, 13.–30. Mai 1931. B: SFV, 1931.
FRÄULEIN ELSE (1923). E: Die Neue Rundschau, XXXV. Jahrgang, 10. Heft, Oktober 1924. B: Paul Zsolnay Verlag, Berlin, Wien, Leipzig, 1924.
DIE FRAU DES RICHTERS (1924). E: Vossische Zeitung, Berlin, August 1925. B: Propyläen Verlag, Berlin, ohne Jahr (1925).
TRAUMNOVELLE (1925). E: Die Dame, LIII. Jahrgang, 6.–12. Heft, Berlin, 1925–26. B: SFV, 1926.
SPIEL IM MORGENGRAUEN (1926). E: Berliner Illustrierte Zeitung, XXXV. und XXXVI. Jahrgang, 5. Dezember 1926–9. Januar 1927. B: SFV, 1927.
BOXERAUFSTAND (FRAGMENT) (1926?); Nachlaß. E: Die Neue Rundschau, LXVIII. Jahrgang, 1. Heft (1957). B: Gesammelte Werke. Die erzählenden Schriften, Bd. I, S. Fischer Verlag, Frankfurt a. Main, 1961.
ABENTEURERNOVELLE (FRAGMENT) (1928); Nachlaß. E und B: Bermann-Fischer Verlag, Wien, 1937.
DER SEKUNDANT (1927–31); Nachlaß. E: Vossische Zeitung, Berlin, 1.–4. Januar 1932. B: Gesammelte Werke. Die erzählenden Schriften, Bd. II, S. Fischer Verlag, Frankfurt a. Main, 1961.
THERESE (1928). E und B: SFV, 1928.

21. Oktober 1931: Arthur Schnitzler in Wien gestorben

Arthur Schnitzler

Das erzählerische Werk in sieben Bänden

BAND 1: **Die Frau des Weisen und andere Erzählungen**
Inhalt: Welch eine Melodie · Er wartet auf den vazierenden Gott · Amerika
Erbschaft · Mein Freund Ypsilon · Der Fürst ist im Haus
Der Andere · Reichtum · Der Sohn · Die drei Elixiere · Die Braut
Sterben · Die kleine Komödie · Komödiantinnen · Blumen · Der Witwer
Ein Abschied · Der Empfindsame · Die Frau des Weisen
Band 1960

BAND 2: **Leutnant Gustl und andere Erzählungen**
Inhalt: Der Ehrentag · Die Toten schweigen · Um eine Stunde · Die Nächste
Andreas Thameyers letzter Brief · Frau Berta Garlan · Ein Erfolg
Leutnant Gustl · Der blinde Geronimo und sein Bruder · Legende
Wohltaten, still und rein gegeben · Die grüne Krawatte
Band 1961

BAND 3: **Doktor Gräsler, Badearzt und andere Erzählungen**
Inhalt: Die Fremde · Exzentrik · Die griechische Tänzerin · Die Weissagung
Das Schicksal des Freiherrn von Leisenbogh · Das neue Lied
Der tote Gabriel · Geschichte eines Genies · Der Tod des Junggesellen
Die Hirtenflöte · Die dreifache Warnung · Das Tagebuch der Redegonda
Der Mörder · Frau Beate und ihr Sohn · Doktor Gräsler, Badearzt
Band 1962

BAND 4: **Der Weg ins Freie**
Roman. Band 1963

BAND 5: **Casanovas Heimfahrt und andere Erzählungen**
Inhalt: Der letzte Brief eines Literaten · Casanovas Heimfahrt
Flucht in die Finsternis · Fräulein Else
Band 1964

BAND 6: **Traumnovelle und andere Erzählungen**
Inhalt: Die Frau des Richters · Traumnovelle · Spiel im Morgengrauen
Boxeraufstand · Abenteurernovelle · Der Sekundant
Band 1965

BAND 7: **Therese**
Chronik eines Frauenlebens. Band 1966

Fischer Taschenbuch Verlag

Arthur Schnitzler

Das dramatische Werk in acht Bänden

BAND 1: **Liebelei und andere Dramen**
*Inhalt: Alkandi's Lied · Anatol · Anatols Größenwahn · Das Märchen
Die überspannte Person · Halbzwei · Liebelei*
Band 1967

BAND 2: **Reigen und andere Dramen**
Inhalt: Freiwild · Reigen · Das Vermächtnis · Paracelsus · Die Gefährtin
Band 1968

BAND 3: **Der grüne Kakadu und andere Dramen**
*Inhalt: Der grüne Kakadu · Der Schleier der Beatrice · Sylvesternacht
Lebendige Stunden*
Band 1969

BAND 4: **Der einsame Weg und andere Dramen**
Inhalt: Der einsame Weg · Marionetten · Zwischenspiel · Der Ruf des Lebens
Band 1970

BAND 5: **Komtesse Mizzi und andere Dramen**
*Inhalt: Komtesse Mizzi oder Der Familientag · Die Verwandlung des Pierrot
Der tapfere Kassian (Singspiel) · Der junge Medardus*
Band 1971

BAND 6: **Professor Bernhardi und andere Dramen**
Inhalt: Das weite Land · Der Schleier der Pierrette · Professor Bernhardi
Band 1972

BAND 7: **Fink und Fliederbusch und andere Dramen**
*Inhalt: Komödie der Worte · Fink und Fliederbusch
Die Schwestern oder Casanova in Spa*
Band 1973

BAND 8: **Komödie der Verführung und andere Dramen**
*Inhalt: Der Gang zum Weiher · Komödie der Verführung
Im Spiel der Sommerlüfte*
Band 1974

Fischer Taschenbuch Verlag

Arthur Schnitzler
Jugend in Wien

Eine Autobiographie

Herausgegeben von Therese Nickl und
Heinrich Schnitzler

Arthur Schnitzler war bereits über fünfzig und auf der Höhe seines Lebens und seines Ruhmes, als er zwischen 1915 und 1920 die Aufzeichnungen seiner Jugend in Wien niederschrieb. Der Lebensbericht, den Schnitzler bis zum Jahre 1900 fortzuführen plante, endet 1889, als Schnitzler Assistenzarzt seines Vaters an der Wiener Poliklinik und dabei war, seinen Weg zur Literatur zu finden. Arthur Schnitzler berichtet sehr aufrichtig von seiner Kindheit, von den Jugend- und Studienjahren in Wien, von dem Leben eines jungen Mannes aus großbürgerlichem Haus, von seinen Freundschaften und Liebschaften, von seiner Konfrontation mit dem Arztberuf, von seiner Dienstzeit als Militärarzt, von Reisen nach Berlin und London, aber auch von der Weltanschauung und den politischen Ereignissen seiner Jugendzeit zwischen 1862 und 1889. Natürlich spricht er auch von seinen ersten schriftstellerischen Versuchen, aber mit dem distanzierten Humor des reifen Erzählers, den Alfred Kerr vor einem halben Jahrhundert den »österreichischen Maupassant« genannt hat und den Friedrich Torberg in seinem klugen und verehrenden Nachwort heute mit Tschechow vergleicht. Aus den Begegnungen mit Freunden und geliebten Frauen ragt vor allem das Bild seiner späteren Gattin Olga Jussmann heraus, der er am Schluß des Bandes mit dem Bekenntnis tiefer Zuneigung ein zärtliches Denkmal setzt.

Band 2068

Fischer Taschenbuch Verlag

fi 1113 / 1

Arthur Schnitzler
Sein Leben · Sein Werk · Seine Zeit

*Herausgegeben von Heinrich Schnitzler,
Christian Brandstätter und Reinhard Urbach
368 Seiten. Mit 324 Abbildungen. Leinen im Schuber*

Kaum ein Autor der Wiener Jahrhundertwende stand so sehr im Brennpunkt von Polemik, Kritik und Verleumdung, war in so viele Skandale und Prozesse verwickelt wie Arthur Schnitzler. Gegen antisemitische Hetze hatte er sich ebenso zu wehren wie gegen mißverständliche Verehrung und böswillige Klischee-Urteile, die ihn zum leichtsinnigen Erotiker und oberflächlichen Causeur machen wollten. Doch am schwersten hatte er es mit sich selbst, wie eine Tagebucheintragung aus dem Jahre 1909 deutlich macht: »Hypochondrie, in jedem Sinne, der schwerste Mangel meines Wesens; sie verstört mir Lebensglück und Arbeitsfähigkeit – dabei gibt es keinen, der so geschaffen wäre, sich an allem zu freuen und der mehr zu thun hätte. –«

Leben, Werk und Umkreis des Dichters werden in diesem Band in Beziehung zu seiner Zeit gesetzt. Autobiographische Aufzeichnungen, zumeist unveröffentlichte Briefe und Tagebuchnotizen und zahlreiche bisher nicht bekannte Bilder fügen sich zu seiner authentischen Biographie zusammen.

S. Fischer

Arthur Schnitzler

Tagebuch 1879–1931

Bisher erschienen:
1879-1892. 488 Seiten, broschiert
1909-1912. 460 Seiten, broschiert
1913-1916. 432 Seiten, broschiert
1917-1919. 428 Seiten, broschiert

In Vorbereitung für 1989:
1893-1902. ca. 480 Seiten

(10 Bände geplant)

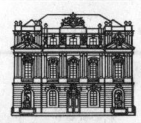

VERLAG DER ÖSTERREICHISCHEN AKADEMIE DER WISSENSCHAFTEN